Charles WADDINGTON

MEMBRE DE L'INSTITUT

LA

PHILOSOPHIE ANCIENNE

ET LA

CRITIQUE HISTORIQUE

PARIS

LIBRAIRIE HACHETTE ET Cie

79, BOULEVARD SAINT-GERMAIN, 79

1904

LA
PHILOSOPHIE ANCIENNE

ET LA

CRITIQUE HISTORIQUE

OUVRAGES DU MÊME AUTEUR

De Petri Rami vita, scriptis philosophia. Paris, 1848, Joubert, in-8.

La Psychologie d'Aristote. Paris, Joubert, 1848, in-8. Ouvrage couronné par l'Académie française en 1850. Trad. en italien (Firenze, 1856, in-8).

Ramus (Pierre de la Ramée). Paris, Meyrueis, 1855, in-8.

Essais de logique (leçons faites à la Sorbonne de 1850 à 1856, 1re série). Paris, Ladrange. 1857, in-8. Ouvrage couronné par l'Académie en 1858.

De l'âme humaine, études de psychologie (leçons faites à la Sorbonne de 1850 à 1856, 2e série). Paris, Ladrange, 1862, in-8. Traduit en allemand par le Pr Fred. Moesch. Leipzig, 1880, in-8.

Dieu et la conscience. Paris, Didier et Cie, 1869, in-8. — Deuxième édition, 1870, in-12. — Rappel de prix à l'Académie française, 1871.

La philosophie de la Renaissance. Paris, Meyrueis, 1872, in-8.

Les antécédents de la philosophie de la Renaissance. Paris, Meyrueis, 1873, in-8.

De l'athéisme en France à la fin du XVIIIe siècle. Paris, Georges Carré, 1894, in-8.

Mémoires insérés au *Compte rendu* de l'Académie des sciences morales et politiques :

De l'autorité d'Aristote au moyen âge, 1877.

De la renaissance des lettres et de la philosophie du XVe siècle, 1878.

Notice sur M. E. Caro, 1889.

La pensée et l'action, 1894.

Etc., etc.

Charles WADDINGTON

MEMBRE DE L'INSTITUT

LA
PHILOSOPHIE ANCIENNE
ET LA
CRITIQUE HISTORIQUE

PARIS

LIBRAIRIE HACHETTE ET Cie

79, BOULEVARD SAINT-GERMAIN, 79

1904

PRÉFACE

L'histoire de la philosophie abonde en enseignements précieux et qu'un philosophe ne saurait négliger, s'il a à cœur d'embrasser dans toute leur étendue les problèmes qu'il se pose, et si, en les traitant, il veut tout ensemble éviter les erreurs de ses devanciers et s'assimiler la part de vérité qu'ils ont pu découvrir. L'examen de leurs travaux peut seul l'instruire de tout cela. Aristote chez les anciens, Leibniz chez les modernes ont parfaitement mis en lumière l'importance d'une telle étude, et il y a lieu de s'étonner qu'elle ait été si tardivement incorporée à la philosophie et cultivée comme une branche de science. On peut dire sans paradoxe qu'avant Brucker l'histoire des anciens systèmes n'intéressait guère que de rares érudits, des chercheurs curieux, dont Bayle fut sans contredit le plus éminent[1].

Victor Cousin a été chez nous le premier qui ait entrepris, en historien à la fois et en philosophe, de démêler le sens et la filiation des grands systèmes philosophiques. Il nous a le premier enseigné à chercher dans l'antiquité les antécé-

---

[1]. Voir dans le Compte rendu de l'Académie des sciences morales et politiques, t. 148, p. 85, mes *Observations* sur les mérites de Bayle, considéré comme érudit et comme philosophe.

dents et les origines de la philosophie moderne et à faire de la philosophie ancienne une étude spéciale et approfondie.

Élevé à cette école, à laquelle appartenaient mes deux premiers maîtres, MM. Vacherot et Jules Simon, je me suis appliqué à mon tour, dans ma longue carrière de professeur, à enseigner l'histoire de la philosophie, surtout dans l'antiquité, suivant une méthode aussi exacte que possible.

Lorsque, après plusieurs années consacrées à la psychologie et à la logique d'Aristote, à l'histoire générale du scepticisme et du mysticisme, puis aux penseurs les plus originaux du Moyen âge et de la Renaissance, je m'adonnai plus spécialement à l'histoire de la philosophie ancienne avec le souci et la préoccupation constante de la méthode qui convient à l'étude du passé, je fus tout d'abord frappé et presque scandalisé de voir combien, en général, et même de nos jours, les philosophes qui ont traité ce sujet ont fait bon marché de cette méthode dans leur manière de comprendre et d'exposer la marche des idées et la suite des systèmes. Partant presque tous de notions préconçues, ils établissent à l'avance des lois absolues, auxquelles, suivant eux, l'esprit humain a dû partout et toujours obéir ; puis déduisant de la définition de chaque doctrine les conséquences qu'elle paraît comporter, ils déterminent *a priori* le développement de la pensée maîtresse qui a donné naissance à chaque système, et enfin ramènent bon gré mal gré tous les faits à un ordre purement logique. Or, procéder ainsi n'est point faire œuvre d'historien, car c'est méconnaître la nature de l'esprit humain et les conditions réelles de son développement historique, je veux dire l'activité multiple et confuse, souvent capricieuse et incohérente, d'intelligences individuelles, diversement modifiées par des circonstances variables, dans des temps et des milieux différents, où chacune apporte son caractère propre, son éducation, ses préjugés et ses tendances particulières.

Les idées, les opinions, les croyances sont des faits de la nature humaine qu'il ne suffit pas d'interpréter avec subtilité et de rattacher les uns aux autres d'une manière plus ou moins rigoureuse. A les traiter ainsi, on risque de n'en point comprendre le véritable sens et la valeur historique, si l'on ne tient pas compte des conditions dans lesquelles elles ont pris naissance, des variations qu'elles ont subies et de l'ordre où elles se sont succédé. Les idées, en un mot, ont leurs dates, et l'on ne peut pas plus dans cette partie de l'histoire que dans toute autre négliger impunément la chronologie.

Telle est la pensée dominante de la présente publication. Les différentes études qui s'y trouvent réunies ont pour objet principal de faire voir par quelques exemples, choisis surtout dans la philosophie grecque, à quelles erreurs parfois étranges s'exposent les plus savants quand il leur arrive d'oublier ou de mettre de côté les règles essentielles de la critique historique.

Une erreur assez répandue, touchant l'histoire de la philosophie ancienne, consiste à croire que cette histoire est faite, et qu'il ne reste que peu de chose à glaner après ceux qui, depuis Brucker, y ont consacré des ouvrages devenus classiques. C'est un préjugé que j'aurai l'occasion de combattre, en indiquant, dans le chapitre qui sert d'introduction à ce volume, les lacunes et les *desiderata* que cette étude présente encore de nos jours. La question des origines, en particulier, est loin d'être élucidée, et plus elle a d'intérêt pour les esprits curieux, plus il importe de ne s'y aventurer qu'avec une extrême prudence. Les hypothèses extravagantes de plusieurs philosophes du xviiie siècle sur l'homme primitif et sur *l'état de nature*, doivent nous rendre très circonspects en cette matière. Je ne conseillerai même à aucun philosophe de chercher les premières manifestations de la pensée chez les ancêtres plus que fabuleux que nous assignent gratuitement nos modernes évolutionnistes, tout en les dépouillant de la raison, de la liberté, du sens religieux et du sens moral, en un mot, de tout ce qui caractérise l'humanité[1]. Aussi bien, l'histoire ne commence-t-elle que là où la géologie a retrouvé des vestiges ou des débris d'œuvres dont l'homme seul s'est montré capable ici-bas. Encore n'est-ce là qu'un prélude à une époque historique. L'histoire proprement dite, celle qui atteint l'homme comme être intelligent et comme agent moral, n'est possible qu'après la formation des langues dont il s'est servi dans les temps primitifs. L'histoire, à ce degré, est une recherche qui se confond presque avec la philologie comparée. C'est grâce à elle qu'elle peut, de la parenté des plus anciens idiomes, conclure à celle des races qui les ont parlés, et essayer de reconstituer, pour ainsi dire, un fonds commun d'idées, premier point de départ de réflexions plus profondes et d'un véritable travail intellectuel.

J'ai essayé de montrer[2] comment, en partant de là, et en tenant compte du génie des races helléniques, surtout de la race ionienne, on a pu, à travers les transformations successives des traditions et des croyances importées de l'Asie par les anciens Pélasges, démêler et mettre en lumière les débuts et les premières phases d'une pensée originale, religieuse à la fois et poétique qui, personnifiée d'abord par Orphée, puis par des aèdes dont Homère fut le plus grand, devint par degrés capable, après Hésiode et les poètes cycliques, de parler en prose, de prendre pleinement conscience d'elle-même et enfin de se poser, à partir de Thalès et de Phérécyde, des problèmes de pure et libre spéculation.

La philosophie est dès lors fondée et les historiens, en y

---

1. Voir sur ce point le chapitre II, *pass.*, et notamment § IV, p. 44-45.
2. Chapitre III, § II.

procédant avec méthode, peuvent en suivre sans trop de peine, les premiers essais, à l'aide de témoignages autorisés, ou même de fragments authentiques des philosophes qui, avant le temps de Socrate, mirent par écrit leurs idées. Ces documents, malgré leur rareté et leur brièveté, suffisent pour démontrer le peu de solidité de certaines hypothèses, soit sur l'influence fort exagérée des races, soit sur la formation des premiers systèmes et des premières écoles au vi^e et au ve siècle avant notre ère, soit enfin sur les dates des différents philosophes de cette période et leurs relations avec ceux qu'on leur donne pour maîtres ou pour disciples. Sur tous ces points, en effet, il y a lieu de reviser et de rectifier l'histoire convenue des deux siècles qui précèdent Socrate. Je me suis proposé, dans le chapitre iii, d'en rétablir la vraie chronologie. Il y a surtout deux philosophes, Anaxagore et Démocrite, qu'il m'a paru nécessaire de remettre à leur place véritable dans le temps où s'exerça leur influence, l'un au milieu du ve siècle, dont il fut comme le chef et l'inspirateur, l'autre à la fin de ce même siècle, et dans le premier tiers du suivant.

Jusqu'à Socrate, les philosophes grecs, placés comme leurs prédécesseurs de l'Égypte, de la Chine et de l'Inde sous l'influence, bien des fois séculaire, de traditions et de croyances naturalistes, expliquaient uniquement l'origine des choses par l'évolution de causes matérielles, le Ciel, la Terre, l'eau, l'air ou le feu. Ils étaient tous physiciens, et, en construisant, chacun à sa manière, le système du monde, ils y faisaient à peine une place à l'homme intellectuel et moral.

Avec Socrate commence une ère nouvelle, non qu'il ait créé la morale, comme l'assure Diogène Laërce d'après quelques érudits de son temps, mais parce qu'il a le premier placé l'étude de l'homme au centre de la spéculation philosophique, et expliqué par un principe spirituel l'ordre qui règne dans le monde. De là une impulsion puissante qui dirigera la pensée grecque pendant plus de dix siècles, et dont l'esprit humain s'est encore inspiré dans les temps modernes, depuis Descartes jusqu'à nos jours.

La question qui prime toutes les autres, dans l'histoire de cette période classique des Platon et des Aristote, c'est de savoir si nous possédons dans leur intégrité les écrits auxquels ces deux beaux génies ont confié le trésor de leurs pensées. C'est sur cette question surtout que s'est exercée la critique, souvent téméraire, des philosophes et des philologues du xixe siècle. Deux méthodes contraires, ou du moins difficiles à concilier, sont ici en présence : celle qui s'appuie sur l'autorité des témoignages, et celle qui, laissant de côté les témoignages extérieurs, étudiés souvent d'une manière plus ou moins superficielle, donne la préférence à des preuves, dites *internes*, c'est-à-dire, puisées dans l'examen et l'appréciation des textes. Pour un historien de profession, le choix ne saurait être douteux, aucune hypothèse, aucun jugement littéraire ou philosophique ne pouvant prévaloir à ses yeux sur les témoignages proprement dits, première matière et premier antécédent de la science historique. Telle est du moins la thèse qu'un historien de la Grèce ancienne, M. G. Grote, a développée avec autant de force que de compétence dans son ouvrage sur *Platon et les autres disciples de Socrate*. Je crois avoir mis hors de doute (chap. iv) avec le secours de ce savant historien, l'authenticité de l'œuvre tout entière de Platon, je veux dire les 35 *Dialogues* qui, avec les *Lettres*, lui ont été attribués, sans aucune contestation, par tous les platoniciens de l'antiquité, et que le « canon » de Thrasylle distribue en neuf tétralogies.

A cette démonstration générale, j'ai ajouté (chap. v) une étude spéciale sur un des principaux ouvrages de Platon, le *Parménide*, si arbitrairement contesté par la critique moderne. Outre les mérites littéraires et l'importance philosophique de ce dialogue, auquel Proclus a consacré un célèbre commentaire, j'ai fait valoir, pour lui restituer sa date véritable, l'usage si remarquable que paraît en avoir fait Aristote, soit dans sa polémique contre la théorie des Idées, soit dans son traité *Des Sophismes*.

En passant de Platon à Aristote (chap. vi) j'ai dû constater que M. Grote, moins bien renseigné sur le disciple que sur le maître, niait à tort qu'il y eût, pour l'un comme pour l'autre, un *canon* faisant autorité, méconnaissant ainsi la valeur et le sens du travail de revision, accompli avec l'approbation de toute son école, par le péripatéticien Andronicus de Rhodes, et oubliant que, avant et après Andronicus, les écrits d'Aristote étaient conservés par ses disciples au Lycée, comme ceux de Platon à l'Académie. Plutarque parle du canon ou des cahiers (πίνακες) d'Andronicus comme étant, de son temps, dans toutes les mains[1].

La plupart des historiens de la philosophie, préoccupés de montrer l'originalité de chaque grand philosophe, et de marquer le sens précis de chaque système et de chaque théorie, sont tombés souvent dans l'excès contraire à celui qu'ils voulaient éviter. A force d'insister sur les différences, ils en viennent à omettre, à effacer même les ressemblances, ils négligent de dire ce que chaque penseur a hérité de ses devanciers, et ce qu'il a de commun avec ses adversaires. C'est cette erreur que je me suis surtout proposé de combattre en ce qui concerne Platon et Aristote, dont on a si fort accentué les dissentiments. De même qu'en parlant de Platon, on ne saurait oublier ce qu'il devait à Socrate, de même à mon avis, pour bien comprendre et pour exposer fidèlement la pensée d'Aristote, il faut commencer

---

1. *Vie de Sylla*, chap. 36.

par le considérer comme disciple et héritier de Platon. Il l'a continué, là même où il paraît s'être le plus éloigné de lui, en psychologie par exemple, en morale, en métaphysique ; et peut-être ai-je réussi à établir que ce sont les critiques qu'il adressait à la dialectique platonicienne qui lui suggérèrent sa théorie du syllogisme et celle de la démonstration [1].

Je n'ai pu me séparer de Platon et d'Aristote sans insister une fois de plus, à propos d'un livre de M. Ad. Franck, sur leur accord fondamental [2]. Il y a plaisir pour un philosophe à démontrer ainsi, contre le préjugé populaire, combien se ressemblent au fond ces illustres représentants de la philosophie, dont tant d'esprits superficiels ne veulent connaître que les oppositions et la rivalité. J'aurais voulu signaler de même les nombreux emprunts de Zénon et de Chrysippe à leurs prédécesseurs, notamment à Héraclite, à Socrate, à Platon, à Aristote. J'y renonce à regret, faute de pouvoir parler de Chrysippe avec toute la précision désirable [3]. Je laisse de côté l'Epicurisme, qui me paraît assez connu, et, portant ailleurs mon effort, je passe rapidement en revue les antécédents et les précurseurs du scepticisme en Grèce, afin de replacer Pyrrhon, son véritable fondateur, dans son milieu et dans son temps, en le rattachant d'une part à Démocrite et à son disciple Anaxarque, d'autre part à ces ascètes de l'Inde que les Grecs appelaient *gymnosophistes* [4].

Quoique le Pyrrhonisme ait disparu après Pyrrhon et Timon, beaucoup d'écrivains modernes leur donnent volontiers pour successeurs, à défaut de Pyrrhoniens proprement

---

1. Voir dans ce volume les chapitres v, vi et vii ; dans mes *Essais de logique*, le chapitre intitulé *De la découverte du Syllogisme*.
2. C'est le sujet du chapitre viii.
3. Voir plus loin (chapitre i, p. 8) ma pensée sur ce point.
4. Chapitre ix. *Pyrrhon et le Pyrrhonisme*.

dits, les dialecticiens de la nouvelle Académie. J'ai dû relever cette erreur et ramener à sa véritable signification le doute académique d'Arcésilas et de son école[1].

Une autre erreur, qui s'est accréditée sur le même sujet, consiste à placer au temps de Cicéron la renaissance du Pyrrhonisme en Grèce. Jamais peut-être on n'a plus manifestement contredit la chronologie, s'il est vrai, comme je crois l'avoir établi, que, suivant le seul témoignage précis qui existe sur les débuts de l'école des nouveaux Pyrrhoniens, le fondateur de cette école ne commença d'enseigner que dans la seconde moitié du second siècle de l'ère chrétienne[2].

Les quelques pages consacrées à Simplicius, à la fin de ce volume, sont destinées à justifier la confiance qu'on accorde généralement à un savant profondément versé dans la connaissance des anciens philosophes grecs, et qui avait encore sous les yeux leurs écrits, aujourd'hui perdus. C'est surtout sur son témoignage que je me suis appuyé pour faire ressortir le rôle prépondérant d'Anaxagore à Athènes au milieu du ve siècle, et pour lui restituer la première conception d'éléments simples, qu'il appelait lui-même indivisibles et insécables, ἄτομα, et dont plus tard Leucippe et Démocrite firent les principes de leur philosophie atomistique.

La philosophie grecque, on le voit, fait, pour ainsi dire, presque tous les frais des recherches historiques et critiques qu'on va lire. Deux chapitres seulement ont trait à l'Orient. Le chapitre II sur *Les idées morales dans l'antique Égypte* ne touche guère aux idées philosophiques des Égyptiens que pour constater leur peu d'importance, au moins en morale. Ce n'est que sous les Ptolémées que les derniers représentants de la philosophie grecque subirent l'influence essen-

---

1. Chapitre XI. *Le scepticisme après Pyrrhon*, § II.
2. Chapitre XI, § III.

tiellement mystique de la race avec laquelle ils étaient en contact à Alexandrie.

Dans le chapitre x, laissant pour ainsi dire la parole à l'historien si parfaitement compétent de la *Kabbale*, je me suis borné à analyser son savant ouvrage, sans y mêler d'autre critique qu'une allusion discrète aux emprunts que les kabbalistes me paraissent avoir faits à la philosophie de Platon.

Des considérations qui précèdent et des recherches consciencieuses sur lesquelles elles s'appuient, il est sans doute permis de conclure :

1º Qu'il reste beaucoup à faire pour donner à l'histoire de la philosophie ancienne l'étendue et la précision qu'elle comporte ;

2º Qu'un grand nombre d'erreurs s'y sont glissées, faute d'y avoir observé les règles de la critique historique, notamment en ce qui concerne la chronologie ;

3º Qu'enfin, si l'on veut connaître à fond cette matière et avec toute l'exactitude désirable, il faut absolument traiter les idées, les théories, les systèmes, comme tous les autres produits de l'activité de l'homme, en se souvenant toujours des conditions de temps, de milieu, de civilisation où ces faits se sont produits. La libre pensée qui leur a donné naissance est faite en partie de science, mais en grande partie aussi de foi, de tradition, d'opinion, de sentiment, de passion, d'ignorance même. Ses démarches n'étant pas toujours dictées par la pure logique, son histoire ne saurait être construite *a priori*, ni soumise à des règles fixes. C'est, par exemple, une entreprise chimérique de prétendre y faire régner un progrès nécessaire et continu, qui ne s'est réalisé nulle part ailleurs. De même que les arts et les lettres, les institutions, les lois, les mœurs et les autres éléments de la civilisation, les idées et les croyances ont leurs variations, leurs chutes et leurs relèvements.

Si ces conclusions sont approuvées par ceux de mes lecteurs qui sont voués aux études historiques, j'en serai assurément fort heureux ; car c'est en quelque sorte en leur nom que j'ai essayé de parler. Mais il est rare qu'un historien de profession entreprenne, comme l'a fait M. Grote pour Platon, d'élucider des questions réservées d'ordinaire aux philosophes. C'est en général aux philosophes que semble dévolue, d'un commun accord, la tâche de démêler l'histoire des questions qui les occupent et sur lesquelles ils ont une compétence spéciale. C'est donc à eux surtout que je soumets les critiques que je me suis fait un devoir d'adresser à l'histoire convenue de la philosophie ancienne, et c'est à eux qu'il appartient d'y faire droit, s'il y a lieu, en se rappelant cet avertissement que leur donnait naguère, avec autant d'esprit que d'autorité [1], un historien éminent, mon ancien et cher maître, M. Wallon : « Pour faire la philosophie de l'histoire (*de même que l'histoire de la philosophie*), il n'est pas inutile de savoir un peu d'histoire. »

« A la bonne heure ! dira-t-on peut-être. Mais est-il possible qu'un philosophe se contente de faire un simple récit et qu'il se plie au *Scribitur ad narrandum* de l'historien ? Quand il a recours à l'histoire, c'est d'ordinaire pour démontrer une thèse. Comment donc espérer qu'il s'abstienne de tout parti pris et renonce à tout dogmatisme ? »

Mais précisément l'histoire ne peut servir à prouver quoi que ce soit que si elle est faite sans parti pris, et suivant la vérité des faits, et quiconque veut s'en servir en philosophe doit savoir sur ce terrain pratiquer le doute méthodique de Descartes, ce doute qui s'attaque à tout ce qui n'est pas évident, et qui ne désarme que devant la vérité connue. L'histoire est une science de faits, mais de faits accomplis

---

1. Voir au *Journal officiel* la séance du Sénat du 9 juillet 1902.

et, par conséquent, inaccessibles à l'observation directe comme au pur raisonnement, et elle ne conquiert l'évidence qui lui est propre que par une méthode spéciale d'interrogation, portant sur le témoignage de ceux qui les ont connus et qui nous les ont transmis.

Les faits, connus par cette méthode, sont les seuls qu'on ait le droit d'appeler historiques et d'invoquer subsidiairement à l'appui d'une thèse philosophique dont on a établi par d'autres moyens la vérité, ou la probabilité, ou tout au moins la vraisemblance.

Voilà pourquoi, pour ma part, étant assuré que le spiritualisme est le vrai en métaphysique aussi bien qu'en morale, j'estime qu'un philosophe peut, sans manquer à l'impartialité requise de tout historien, alléguer le témoignage des anciens philosophes en faveur d'une doctrine qui lui paraît solidement appuyée sur des raisons d'un autre ordre, et qui a pour elle, non seulement les plus grands et les meilleurs esprits des temps modernes, tels que Descartes, Malebranche, Leibniz, Reid, Kant, Maine de Biran, mais la vieille et immortelle tradition des Socrate, des Platon et des Aristote. Plus on les étudie, plus on est confirmé dans une foi raisonnée à la réalité et à la toute-puissance d'une cause première, qui est Esprit, Pensée, Amour, le Bien en soi, le Bien vivant.

LA PHILOSOPHIE ANCIENNE
ET LA
CRITIQUE HISTORIQUE

CHAPITRE I

INTRODUCTION [1]

En abordant comme professeur une chaire où j'arrivais il y a longtemps par la voie du concours, et où j'ai enseigné comme agrégé pendant bien des années, je dois avant tout remercier publiquement le Ministre [2], qui a bien voulu consacrer par un titre définitif les liens qui m'attachent depuis 1848 à cette célèbre Faculté. Mais je croirais mal remplir mon devoir si je ne voyais et si je ne vous signalais dans l'initiative ministérielle qu'un acte de bienveillance dont j'aurais seul à me féliciter. Les hommes passent, les institutions demeurent : d'autres après moi parleront à cette place et y feront entendre les leçons que la philosophie emprunte à son passé. C'est donc à la philosophie elle-même et à ceux qui la cultivent qu'un service a été rendu ; c'est en faveur

---

[1]. J'ai cru pouvoir, sous ce titre, placer ici les premières pages de la leçon-programme par laquelle j'inaugurais à la Sorbonne, le 15 décembre 1879, le cours récemment rétabli d'histoire de la philosophie ancienne.

[2]. M. Jules Ferry.

de cette noble étude et de la liberté de penser qu'elle représente que M. le Ministre de l'Instruction publique a cru devoir prendre, avec la décision qui est dans son caractère, une mesure libérale tout ensemble et réparatrice.

En effet, la chaire d'histoire de la philosophie ancienne n'est pas une nouvelle venue à la Faculté des lettres de Paris, et sa fortune a suivi, en quelque sorte, celle de la liberté dans notre pays. En 1828, sous le ministère Martignac, M. Jouffroy y fut appelé en qualité de suppléant. Après la révolution de 1830, elle eut pour titulaire M. Cousin, qui y fut suppléé par plus d'un professeur éminent, entre autres par deux hommes que j'ai eu le privilège d'avoir pour maîtres : M. Vacherot, qui ne fit que la traverser, et M. Jules Simon qui l'occupa douze ans avec un grand éclat et y fit admirer son incomparable talent d'exposition. Supprimée en même temps que la République, en décembre 1851, cette chaire a dû attendre, pour être rétablie, que la République fût de nouveau fondée et plus solidement assise.

C'est l'honneur de l'enseignement philosophique d'exciter les sympathies de tous les gouvernements qui se piquent de libéralisme, parce qu'ils y voient, non sans raison, un des moyens les plus puissants de former des hommes libres en affranchissant les intelligences auxquelles il apprend l'art de penser par soi-même. Les noms que j'ai cités prouvent que cet honneur n'a pas toujours été sans péril, et que les mêmes hommes, qui invoquaient ici les droits de la pensée spéculative, ont plus d'une fois revendiqué ceux de la conscience morale et politique.

Avant M. Cousin, les théoriciens du droit moderne n'avaient guère distingué que trois principes de gouvernement : le droit divin, la souveraineté du nombre et l'empire de la force. M. Cousin dégagea le premier et proclama hautement un autre principe vraiment philosophique, la souveraineté de la raison[1], soutenant en conséquence que les nations et les gouvernements sont soumis à la même loi morale que les simples particuliers.

« L'humanité, s'écriait-il en 1820, oublierait sa dignité, elle consentirait à sa dégradation, elle tendrait les mains à l'esclavage, que la tyrannie n'en serait pas plus légitime. La justice éternelle protesterait contre un contrat, qui, fût-il appuyé sur les désirs les plus réciproques, les plus authentiquement exprimés et convertis en lois solennelles, n'en est pas moins nul et de nul effet. Comme l'a très bien dit Bossuet, il n'y a pas de droit contre le droit, point de contrats, de conventions, de lois humaines, contre la loi des lois, contre la loi naturelle. » La Restauration ne put supporter ce libre langage, et celui qui l'avait tenu se vit bientôt après retirer la parole.

Trente ans plus tard, son digne continuateur, M. Jules Simon, fit entendre à la Sorbonne, le lendemain du 2 Décembre, une protestation indignée contre le coup de force qui dépouillait la France de toutes ses libertés. Il rappela, lui aussi, le mot de Bossuet : « Il n'y a pas de droit contre le droit », et lui aussi fut révoqué de ses fonctions par un pouvoir qui trouvait plus facile d'étouffer la voix de ses adversaires que d'essayer de leur répondre.

Il a paru à plusieurs de nos hommes d'État, et plus particulièrement à l'honorable rapporteur du budget de

---

[1]. Voir en tête des *Leçons de 1820*, publiées en 1839 par M. Vacherot, l'*Avertissement de l'éditeur*, p. ix.

l'Instruction publique à la Chambre des députés, que la chaire d'où étaient parties de telles leçons devait être rendue à la jeunesse de nos écoles. Mais outre les traditions de courageux libéralisme qu'elle rappelle, des raisons d'un autre ordre conseillaient de la rétablir, car l'utilité scientifique de cet enseignement ne saurait être méconnue des amis de la philosophie. Qu'il me soit permis d'en faire aujourd'hui la démonstration, à l'usage de ceux qui en pourraient douter.

La philosophie s'apprend de deux manières principales. La première, la plus directe et la plus efficace, est la réflexion qui, en un sens, se confond avec la philosophie elle-même ; comme, en forgeant, on devient forgeron, c'est en appliquant sa pensée aux grands objets de la métaphysique qu'on en acquiert la pleine intelligence. De tout temps, cette méthode a été celle des plus hardis chercheurs et des esprits méditatifs. L'autre méthode consiste à étudier la philosophie dans son histoire ; elle est en faveur parmi nous depuis plus de soixante ans, et à très juste titre : car elle offre à notre curiosité, avec une riche et intéressante matière, un point de départ, pris dans la réalité, non dans des conceptions arbitraires et hypothétiques ; et tandis que la réflexion solitaire entretient l'audace et l'esprit d'entreprise, l'étude attentive des systèmes et des aventures philosophiques invite à la prudence, fait sentir le prix de la modération et ramène aux lois du bon sens des recherches où la vérité est souvent voisine de l'erreur, et où l'extrême diversité des opinions fait naître à chaque pas de nouveaux dangers.

Ces deux méthodes sont loin de s'exclure ; elles se concilient, au contraire, parfaitement entre elles, comme vous avez pu le remarquer dans les leçons de mes deux honorables collègues de philosophie [1], quoique l'un semble voué plus spécialement à la critique approfondie des divers systèmes, tandis que l'autre a surtout à cœur d'exposer, dans un langage toujours élevé, et avec une éloquence persuasive, les nobles doctrines du spiritualisme.

A vrai dire, la philosophie ne peut se passer de son histoire. Tous les philosophes, même ceux qui se sont montrés les plus indépendants, et qui ont le plus ignoré ou le mieux dissimulé ce qu'ils devaient à leurs aînés, ont subi, bon gré, mal gré, l'influence du passé ; les plus sages et les plus profonds se sont appliqués à le bien comprendre, afin de le continuer. Aristote et Leibniz, par exemple, n'ont pas cru pouvoir surpasser leurs devanciers, s'ils ne commençaient par recueillir leur héritage ; tant il est vrai qu'en philosophie surtout, le progrès de nos connaissances ne se fait qu'avec le concours de nos semblables, solidaires avec nous dans l'œuvre essentiellement collective de la science. M. Cousin, qui a été pour ainsi dire le premier en France à étudier la philosophie dans son histoire, avait donc raison de vouloir qu'elle se présentât « non comme un fruit solitaire des méditations d'un homme réduit à ses propres forces, mais comme l'enfantement successif du temps, le legs des siècles, le dernier mot du travail de l'humanité sur elle-même, sur la nature et sur Dieu. »

Mais l'utilité de l'histoire de la philosophie pour la philosophie elle-même a été trop souvent démontrée, elle est trop bien connue et, en général, trop incontestée, pour que j'aie besoin d'y insister davantage. Aussi bien suis-je appelé à vous entretenir spécialement

---

[1]. MM. Janet et Caro.

de la philosophie ancienne. Pourquoi l'étudier à part? L'histoire de la philosophie ne peut-elle rentrer tout entière dans un seul enseignement? Non seulement cela est possible, mais cela s'est vu plus d'une fois à la Sorbonne, et il n'est jamais venu à la pensée de personne de contester à des maîtres tels que Cousin, Damiron, Émile Saisset, une parfaite compétence dans toutes les parties de ce vaste domaine. Mais comme on est toujours de son pays et de son temps, toutes les fois que l'enseignement général de l'histoire de la philosophie a été remis aux mains d'un seul professeur, il est arrivé que l'étude des anciens a peu à peu cédé la place à la discussion plus attrayante des doctrines modernes, laquelle tend nécessairement à devenir la discussion des philosophies contemporaines. Rien de plus naturel assurément ; mais à procéder ainsi, qui ne voit que la philosophie ancienne se trouve fort exposée à être mise en oubli? D'un autre côté, dans un siècle tel que le nôtre, adonné de plus en plus aux études spéciales, on aurait lieu de s'étonner que les questions relatives à l'antiquité ne fussent pas traitées pour elles-mêmes. Quand la philologie comparée, l'ethnologie, la géologie, les sciences naturelles ont créé en tous sens un irrésistible courant de recherches sur le passé le plus lointain, pourquoi négligerait-on les origines de la pensée philosophique? S'imaginerait-on qu'il n'y a rien à faire de ce côté? Ce serait une grave erreur : car il s'en faut que les premières démarches de la raison humaine nous soient parfaitement connues.

Je ne parle pas seulement de la philosophie antéhistorique, s'il y en a eu. Peut-être est-il permis de ne pas prendre très au sérieux, comme le docte Brucker, l'histoire de la philosophie avant le déluge ; mais l'Orient tout entier est encore à explorer ; le sens philosophique des religions de l'Égypte, de la Perse et de la Chine est loin d'être élucidé à notre satisfaction.

Dans l'Inde même, que d'obscurités, que de lacunes ! La chronologie en particulier n'est pas fixée, et, malgré ses progrès, la science philologique n'est pas encore parvenue à démêler les dates précises, ou même probables, des nombreux écrits dans lesquels ont été déposées, à différentes époques, des pensées, des réflexions, des théories dont la signification nous échappe, faute d'en saisir le lien et d'en pouvoir suivre le développement. La philosophie sanskrite réclamerait donc à elle seule un enseignement spécial qui, en la faisant sortir de son demi-jour mystérieux, éclairerait par plus d'un côté l'histoire de l'Asie méridionale.

Du même coup se trouverait tranchée la question, toujours débattue, des origines de la philosophie grecque. On saurait enfin à quoi s'en tenir sur les voyages attribués aux sages d'Ionie et sur les traditions qui font de Pythagore, d'Héraclite, de Démocrite, de Platon et de plusieurs autres, les tributaires de la sagesse orientale.

Si mes travaux personnels ont pu contribuer en quelque mesure à faire mieux connaître la psychologie et la logique d'Aristote, à démontrer l'étroite parenté de sa doctrine avec celle de Platon, et à corriger le contre-sens doublé d'anachronisme qui rapporte à l'auteur de la *Métaphysique* le fameux axiome sensualiste : qu'il n'y a rien dans l'entendement qui n'ait été dans les sens *(nihil est in intellectu quod non fuerit priusii sensu)*, il m'appartient peut-être de dire qu'il y a encore beaucoup à faire pour bien connaître les représentants, même les plus illustres, de la pensée grecque. En voici un exemple. Parmi tant de thèses et de monographies, dont bien peu d'ailleurs épuisent leur sujet, on n'en voit pas une de quelque valeur sur ce savant, ce subtil et infatigable Chrysippe, dont le génie étonnait les anciens et qui, également remarquable par l'invention et par l'exposition, puissant par la dialectique, profond et austère en morale, mérite d'être regardé comme le second fondateur du stoïcisme.

Malgré ces lacunes et bien d'autres encore, la philosophie grecque est, de l'aveu de tous, la partie la mieux connue de la philosophie ancienne, et c'est à ce titre qu'elle offre les plus précieux avantages pour l'enseignement pratique de la philosophie. Cela est si vrai que lorsqu'on en appelle aux anciens, c'est toujours des Grecs et des Romains qu'il s'agit, et longtemps, vous le savez, on a juré sur leur parole. Que dis-je ? N'est-on pas allé jusqu'à soutenir qu'ils ont tout connu et que les modernes n'ont rien inventé ? Un savant éditeur de Leibniz, Louis Dutens, dans ses *Recherches sur les origines des découvertes attribuées aux modernes*, soutenait encore en 1766 cette thèse, non seulement, comme cela s'est vu souvent, pour les lettres et pour la poésie, mais pour les sciences mêmes et pour la philosophie. Au moins est-il certain que beaucoup d'idées ont passé des anciens aux modernes, qui les ont, comme on dit, renouvelées des Grecs. Les Grecs ont été nos maîtres dans toutes les choses de l'esprit : l'Europe leur doit les arts, la poésie, les éléments de toutes les sciences, et telle a été leur fécondité en philosophie qu'ils semblent avoir épuisé à l'avance toutes les hypothèses possibles ; de sorte qu'il est permis de dire, sans paradoxe ni exagération, que la revue de leurs systèmes est une préparation nécessaire à l'intelligence de la philosophie moderne et le complément indispensable d'une bonne éducation philosophique. Concevez-vous, en effet, rien de plus instructif et de plus utile pour un philosophe que de connaître le point de départ habituel et les conséquences réelles, ou logiquement possibles des diverses solutions que peut recevoir un problème? Or, nulle part on n'apprend cela aussi bien que dans cette philosophie gréco-romaine qui, de Thalès à Socrate, puis de Socrate aux derniers représentants de l'école d'Alexandrie, forme pendant douze siècles une série ininterrompue de penseurs originaux, et constitue dans son ensemble une grande expérience philosophique, la seule complète, la seule dont on puisse déterminer avec précision le commencement, le milieu et la fin.

Descartes, qui faisait assez peu de cas de l'érudition, quoiqu'il en eût plus qu'on ne pense, dit très finement dans son *Discours de la Méthode* : « Lorsqu'on emploie trop de temps à voyager, on devient enfin étranger dans son pays, et lorsqu'on est trop curieux des choses qui se pratiquaient aux siècles précédents, on demeure ordinairement fort ignorant de celles qui se pratiquent en celui-ci. » Bien des gens, peut-être, sont d'avis que les philosophes risquent aussi, en vivant trop avec Platon et Aristote, de devenir étrangers aux questions qui préoccupent les contemporains.

Mais un tel danger n'existe pas pour ceux qui abordent l'histoire des systèmes dans un esprit vraiment philosophique. Au fond, quelques différences que le temps ait apportées dans le langage, dans les méthodes et dans les doctrines, les problèmes de la philosophie sont restés les mêmes et les réponses que leur ont données les penseurs de la Grèce et de Rome seront toujours bonnes à consulter, soit pour ce qu'elles ont de vrai, soit pour l'instruction que peut contenir le spectacle même de l'erreur. On n'oublie pas son temps et son pays parce qu'on examine, avec tel ou tel des anciens, s'il y a une vérité et une certitude, si Dieu existe, si le bien et le bonheur sont accessibles à l'homme, si et comment les sociétés humaines peuvent réaliser dans leur sein la justice, la raison, le droit, la liberté. Ces problèmes, qui ont tant préoccupé les philosophes de l'antiquité, ne sont-ils pas ceux que nous nous posons nous-mêmes? Ne les voit-on pas partout à l'ordre du jour? Eh bien! à supposer que les anciens n'aient pas autre chose à nous apprendre sur tout cela, au moins faut-il avouer qu'ils n'ont ignoré aucune des difficultés qui nous arrêtent et nous embarrassent, et que leur commerce aura toujours cet inestimable avantage de développer l'esprit philosophique, qui consiste moins à savoir beaucoup, qu'à se placer haut et à dominer les questions, de manière à les embrasser dans toute leur portée et toute leur étendue.

Ce n'est pas le seul profit qu'on puisse se promettre de l'étude des anciens. Sans parler de tant de vérités de détail, qu'ils ont supérieurement exprimées, et qui sont sur certains points le dernier mot de la sagesse humaine, n'est-il pas incontestable que Socrate et Platon n'ont pas de rivaux dans l'art d'aimer, en philosophes, le beau, le divin, l'idéal; que nul n'a jamais exposé avec autant d'autorité qu'Aristote le ferme dogmatisme de la raison et de la science; que personne n'a poussé plus loin que Pyrrhon et Épicure l'esprit d'indépendance en face des préjugés et des superstitions populaires; qu'enfin le stoïcisme est une incomparable école de force morale? Ajoutez à cela que les derniers siècles de la philosophie grecque sont, en même temps, les premiers de la philosophie chrétienne, si bien qu'une même époque nous présente d'une part le mysticisme tour à tour enthousiaste ou attristé des néoplatoniciens d'Alexandrie, assistant à la chute du paganisme dont ils furent les derniers défenseurs ; d'autre part, ces élans d'une foi nouvelle, cette prédication d'immortalité et cette démonstration de la charité divine qui, sous la forme raisonnée que leur donnaient les Origène et les Augustin, préparèrent non seulement la théologie, mais encore la philosophie des temps modernes, si profondément imbue, malgré qu'elle en ait, des principes du christianisme.

Pour recueillir toutes ces leçons de l'histoire, il suffit de les y chercher, sans autre parti pris que de croire à la vocation intellectuelle de l'homme, et de le suivre avec sympathie dans ses efforts pour résoudre les grands problèmes de la nature, de l'origine et de la fin de toutes choses.

CHAPITRE II

DES IDÉES MORALES DANS L'ANTIQUE ÉGYPTE[1]

I

L'Académie, sur la proposition de sa section de morale, avait mis au concours, pour le prix du budget en 1893, le sujet suivant : *Des idées morales dans l'antique Égypte.*

L'Égypte a été de très bonne heure en possession d'une civilisation florissante, l'une des premières, la première peut-être qu'ait connue l'humanité. C'était l'opinion de ceux-là mêmes qu'on a longtemps appelés les anciens, et qui s'inclinaient avec respect devant les monuments grandioses et les traditions trente ou quarante fois séculaires du pays des Pharaons. Ils se faisaient initier à ses mystères, ou vénéraient de loin et sur parole les enseignements des prêtres de Thèbes et de Memphis.

La sagesse des Égyptiens était surtout renommée en Grèce ; mais les écrivains grecs et romains n'en ont parlé qu'en termes vagues ; Platon et Plutarque, par

---

1. Rapport lu en 1893 à l'Académie des sciences morales et politiques.

exemple, qui en font l'éloge, ne disent pas clairement en quoi elle consistait, et les témoignages de leurs successeurs ne sont pas plus instructifs. Les Pères de l'Église et les docteurs chrétiens en général méprisent fort les superstitions de l'Égypte; mais il ne s'agit peut-être que de leurs contemporains, non de l'Égypte ancienne. La critique moderne, d'abord réduite à ces témoignages et à ces appréciations contradictoires, était encore, il y a moins d'un siècle, hors d'état de se prononcer en connaissance de cause. Aujourd'hui il en est autrement : les travaux de Champollion et de ses continuateurs ont mis devant elle, au lieu d'allégations sans preuves ou d'allusions souvent obscures d'écrivains étrangers, des informations directes et précises, puisées aux sources égyptiennes. La vieille Égypte est pour ainsi dire ressuscitée ; ses tombeaux et ses morts ont parlé ; ses mystérieux hiéroglyphes ont livré leur sens secret ; nous possédons enfin des textes nombreux sur lesquels la philologie semble avoir achevé son œuvre d'interprétation. Les fouilles continuent ; l'enquête sur ce passé lointain se poursuit, et, depuis une trentaine d'années, les découvertes se sont si rapidement succédé que les documents originaux publiés en France, en Angleterre, en Allemagne et ailleurs, offrent une très riche matière aux historiens, aux savants, aux archéologues. Une lumière aussi vive qu'inattendue a éclairé la vie et les œuvres d'un peuple actif et industrieux, sur lequel peu à peu s'était fait le silence.

Les résultats obtenus ont de quoi étonner les plus indifférents.

C'est d'abord l'histoire qui s'est enrichie de documents nouveaux, de textes officiels, de dates, de chiffres, de faits précis. Il est intéressant à coup sûr de voir Hérodote rectifié par des hiéroglyphes qu'il a pu voir sans les comprendre. L'histoire réelle des Égyptiens se fait maintenant avec leurs propres témoignages exhumés de leurs sépultures : car, ainsi qu'on l'a dit avec raison, « la lecture des papyrus est sortie désormais des ambiguïtés et des tâtonnements de la première heure[1] ». Les trente dynasties de Manéthon, longtemps controversées entre savants, sont aujourd'hui universellement admises, avec des généalogies complètes et une chronologie à peu près arrêtée pendant plus de 4 000 ans. « Trois grandes révolutions, dit M. Maspero, partagent la vie historique de l'Égypte. Dans une première période, le centre de gravité est à Memphis : les rois des dix premières dynasties ont là leur capitale et leurs tombeaux ; c'est ce que tout le monde appelle l'ancien empire. Thèbes conquiert ensuite la suprématie. Cette période thébaine est divisée en deux par l'invasion des Hyksos : la durée du premier empire thébain s'étend de la 11º à la 16º dynastie, celle du second de la 16º à la 20º. Puis vient une troisième période, sous la suprématie de Saïs et des villes du Delta. C'est le nouvel empire, dont l'histoire est divisée en deux à son tour par la conquête des Perses : le premier empire Saïte s'étend de la 21º dynastie à la 26º ; le second comprend les 4 dernières. »

A ces divisions de l'histoire politique de l'Égypte correspondent des divisions analogues dans le développement de l'art égyptien, ainsi que l'a démontré M. Georges Perrot dans son bel ouvrage sur l'*Histoire de l'art dans l'antiquité*. Les pyramides et les sphinx sont depuis bien longtemps choses proverbiales dans le monde entier.

---

1. Amelineau, *La morale égyptienne quinze siècles avant notre ère* (1892), Introduction.

L'architecture et la sculpture des Égyptiens n'étaient donc pas ignorées avant notre siècle ; mais on les connaît aujourd'hui beaucoup mieux après les fouilles qui ont permis d'en observer les principales phases, en mettant au jour, avec une foule de monuments dont on ne soupçonnait pas l'existence, les noms et la date relative d'un grand nombre d'artistes. Si la peinture en Égypte ne nous a pas été révélée par des œuvres aussi originales que l'architecture et la sculpture, ce n'est pas que la science des couleurs lui fît défaut ; c'est parce que, toujours subordonnée aux deux autres arts, elle borna son ambition à compléter le travail des statuaires, à orner les bas-reliefs des hypogées royaux et à décorer magnifiquement les murailles des temples.

Les Égyptiens n'ignoraient pas non plus la musique : ils la tenaient d'Osiris et de Toth ou Hermès, suivant les Grecs. Un jeune égyptologue, qui est en même temps un habile musicien, M. Victor Loret[1], a réuni de curieuses informations sur leurs talents et leurs connaissances en ce genre. Il a trouvé dans leurs tombeaux des spécimens des instruments dont ils se servaient pour leurs concerts et leurs danses ; ils en avaient beaucoup et de toutes les espèces : instruments à vent (trompettes, cornets et flûtes), instruments à cordes (harpes, trigones, lyres et cithares), instruments à percussion (tambours, cymbales, sistres, crotales, tambours de basque).

Le même auteur s'est amusé à retracer tous les détails de la toilette et les délicatesses de la vie aristocratique en Égypte, et l'on sait combien y contribuaient les arts de

---

1. *L'Égypte au temps des Pharaons* (1891), chap. III : *Musique et danse* ; chap. IV : *Toilette et parfums*.

luxe, la céramique, le travail du bois, l'orfèvrerie, la joaillerie.

En résumé, on a pu de nos jours faire l'histoire de l'art égyptien sous toutes ses formes, en étudier les changements, et, au lieu de l'uniformité et de la monotonie que tout le monde lui attribuait, on a pu y constater une diversité, une variété, une liberté dont jusqu'alors on ne se doutait pas. On sait maintenant combien la race égyptienne était richement douée, et avec quelle spontanéité, avant l'âge historique des autres nations, elle fit son évolution plastique et cultiva les arts auxquels elle dut en grande partie sa brillante civilisation. La grandeur, la noblesse et l'originalité de son architecture, les mérites éminents de ses sculpteurs et de ses peintres, la fécondité prodigieuse de ses artisans, l'élégance et le goût raffiné dont ils ont fait preuve assurent une place à part dans l'histoire de l'art « au premier peuple qui en ait eu vraiment le goût et le sens », et qui, sans avoir rien reçu du dehors, a exercé une très notable influence dans le monde ancien. Mais, comme on l'a remarqué justement « c'est l'architecture religieuse, c'est le temple qui donne la plus haute et la meilleure idée du génie de l'Égypte[1] ».

C'est aussi par son côté religieux qu'il vaut surtout la peine d'étudier ce qu'on appelle aujourd'hui la littérature égyptienne. En effet, depuis que les égyptologues ont découvert et déchiffré d'anciens papyrus merveilleusement conservés, ils ont fait connaître toute une littérature, très variée dans ses formes et dans son contenu et d'une antiquité parfois invraisemblable. Il est bien difficile par exemple de croire à l'authenticité d'ouvrages

---

1. Georges Perrot, ouvrage cité, t. I, ch. x, p. 856 et suivantes.

attribués à des auteurs contemporains de la 1re et de la 2e dynastie. Mais il est certain que, dès le temps de la 4e dynastie, il est question de bibliothèques du palais[1]. Jusqu'ici cependant on ne connaît pour ainsi dire pas d'ouvrages plus anciens que la 11e et la 12e dynasties.

Quoi qu'il en soit, si l'on embrasse dans leur ensemble les productions de l'esprit en Égypte, on y trouve, non sans quelque surprise, une littérature légère d'une extrême fécondité : romans, contes populaires dont quelques-uns font penser aux *Mille et une nuits*, poésies érotiques, récits de voyages, lettres familières, etc., qui entrent dans les moindres détails de la vie privée, et où l'on peut observer les habitudes journalières de tout le monde, les rapports des maîtres et des serviteurs, la condition particulière et les relations réciproques de tous les membres de la famille. Mais ce serait peut-être aller trop loin que de supposer avec l'auteur du *Roman de la momie* qu'un Égyptien ait jamais fait déposer dans son tombeau l'histoire et surtout le roman de sa vie.

Des œuvres sérieuses ne se rencontrent pas en moins grand nombre, avec un mélange de bon et de mauvais, d'abondance et de sécheresse, de noble poésie et de puérilité. D'abord des documents historiques relatant des événements de toute sorte, des actes diplomatiques, des lettres d'affaires, des livres de comptes, des pièces officielles concernant l'administration, la police, les tribunaux, la justice et le droit, la vie politique des Égyptiens et leur hiérarchie sociale depuis le tout-puissant Pharaon jusqu'aux plus humbles ancêtres des modernes fellahs, enfin le rôle si important des scribes et leur in-

---

[1]. Maspero, article *Égypte* dans l'*Encyclopédie des sciences religieuses* de M. F. Lichtenberger.

croyable paperasserie, cette chose si moderne. Puis, à côté de toute cette prose, des poésies lyriques d'un grand essor, inspirées en partie par les guerres de la 18ᵉ et de la 19ᵉ dynastie, et au premier rang le poème de Pentaour, surnommé par plusieurs critiques l'Homère de l'Égypte[1].

Mais c'est à la religion que se rapportent les ouvrages les plus originaux et les plus dignes d'attention. Le plus connu est le rituel funéraire intitulé *Le livre des morts*, recueil de 160 à 180 chapitres dont quelques-uns ne sont peut-être que de l'époque saïtique, mais dont la plupart remontent à l'ancien empire et même au temps des pyramides. Outre ce recueil de formules mystiques, d'hymnes et de prières à l'usage des morts et destinés à leur assurer dans l'avenir une vie bienheureuse, le sentiment religieux s'est encore exprimé en d'autres hymnes dont quelques-uns sont d'une grande beauté et d'une singulière élévation.

Les sciences tiennent aussi une place dans cette littérature, mais avec le caractère pratique déjà signalé par les anciens. Les Égyptiens ne cherchaient guère dans la science que ses avantages immédiats, comme Cicéron conseillait aux Romains de le faire ; ils firent peu pour la théorie. Un grec qui avait voulu les prendre pour maîtres, Démocrite, affirmait après les avoir entendus, qu'ils n'avaient rien eu à lui apprendre en géométrie. Leurs écrits authentiques témoignent d'une ignorance enfantine en géographie et en astronomie : ils n'en savaient, comme de toutes choses, que ce qui concernait leur pays et intéressait leur agriculture et leurs indus-

---

[1]. *Recueil de travaux relatifs à l'archéologie égyptienne et assyrienne*, t. I, p. 1 et suivantes.

tries, leurs arts, leur bien-être et leur luxe. Sur ce terrain, en revanche, ils étaient d'une richesse d'invention et d'une habileté de main tout à fait extraordinaires. Ils portaient à une grande perfection les arts industriels et décoratifs, et ils appliquaient à la fabrication et à la teinture de leurs étoffes des procédés et des recettes chimiques dont M. Berthelot entretenait dernièrement les lecteurs de la *Revue des deux Mondes*. Il en était de même en médecine. On a retrouvé un traité complet de médecine dont l'auteur se dit « instruit par les vieux du grand temple »; le dieu « Toth lui a enseigné des ordonnances infaillibles ». Le livre contient pour les différentes maladies des remèdes transmis par tradition. De telles recettes, obtenues par tâtonnements et nullement raisonnées mais admises de confiance, avaient l'apparence de formules magiques, entretenaient chez les uns la crédulité, favorisaient chez d'autres le charlatanisme et donnaient du crédit aux gens qui se piquaient de magie et de sorcellerie, en attendant l'alchimie. Aussi un même mot désignait-il le plus souvent les médecins et les sorciers[1].

Comment s'étonner après cela que Platon, au IVe livre de la *République*, ait refusé aux Égyptiens l'esprit scientifique et spéculatif? Les faits ont confirmé ce jugement. L'Égypte n'a produit aucun système, aucune école de philosophie avant les néoplatoniciens d'Alexandrie, et, s'il y a des traces de ses vieilles croyances religieuses chez certains gnostiques et dans les livres hermétiques, aucun de ces livres peut-être n'est d'origine égyptienne. Les papyrus déchiffrés jusqu'à ce jour ne contiennent pas un seul écrit de pure philosophie.

---

1. V. Loret, ouvrage cité, chap. v, *Médecine et sorcellerie*.

M. Maspero cite, il est vrai, l'*Entretien d'un Égyptien avec son âme*, qui est, paraît-il, une œuvre brillante d'imagination et d'une haute antiquité, mais qui n'a pas encore été traduit, et qui, si je suis bien informé, roule sur un sujet très familier de tout temps aux Égyptiens, la mort, et au fond se borne à des considérations pratiques et de sens commun. Quant aux *Entretiens philosophiques d'une chatte égyptienne et d'un petit chaca*, dont M. E. Révillout a donné une analyse intéressante, ils ne sont pas d'une date antérieure à notre ère.

Les historiens modernes de la philosophie semblent donc avoir eu raison de ne pas tenir compte des spéculations philosophiques de l'ancienne Égypte. Il y a eu cependant en ce pays, à une époque très reculée, un remarquable développement d'idées religieuses et même théologiques impliquant plus ou moins la présence d'une pensée philosophique. On a trouvé sous la forme d'inscriptions funéraires, dans les hypogées royaux de Thèbes et dans les fouilles récemment pratiquées sur les lieux où fut Memphis[1], des prières, des élévations, des hymnes exprimant de grandes conceptions et des élans sublimes vers un Dieu unique, infini et parfait, Créateur et Providence universelle. Les prêtres de ce Dieu dont le nom est inconnu, l'essence cachée, et dont la puissance a enfanté le Ciel, la terre et l'homme, n'étaient-ils pas un peu métaphysiciens? Il ne leur a manqué pour cela que de parler la langue des philosophes.

D'un autre côté les documents abondent, non seulement sur les coutumes et les lois des Égyptiens, sur

---

[1]. Maspero, *Les premières fouilles de M. de Morgan*, dans le *Journal des Débats*, du 9 septembre 1892.

leur droit public, leur administration et toutes les circonstances de leur vie publique ou privée, mais encore sur la manière dont ils se représentaient la mort et la destinée ultérieure de l'homme. Si quelque part la vie a été, comme le voulait Platon, une méditation de la mort, c'est en Égypte. On ne désignait pas volontiers la mort par son nom ; mais on en parlait sans cesse par comparaisons ou par métaphores : on l'appelait par exemple « le grand changement », ou « l'entrée dans le repos », ou « le réveil dans la lumière », ou encore avec plus de profondeur « le maître de la vie ». On a dit spirituellement qu'aussitôt né l'Égyptien pensait à sa mort et à sa sépulture. Les rois, tous les premiers, obéissaient à cette préoccupation. Amenophis III donna des ordres à cet effet dès la première année de son règne, qui dura 36 ans. Les tombeaux explorés par la science moderne ont montré comment en Égypte on comprenait le sort de l'âme après la mort, ses voyages et ses épreuves jusqu'à la sentence du jury infernal devant lequel témoignait « le cœur » ou la conscience du défunt lui-même.

Ainsi les Égyptiens croyaient d'une part à un idéal divin de perfection qu'ils étaient tenus d'adorer et sans doute aussi d'imiter, d'autre part à une sanction et à des rétributions futures. Ces croyances, qui relèvent de la morale aussi bien que de la religion, prirent-elles à un moment donné une forme philosophique et, à défaut de métaphysique, supposaient-elles au moins en quelque mesure une philosophie morale ? Il y a lieu évidemment d'examiner à ce point de vue les pensées et les préceptes contenus, soit dans la littérature populaire, soit dans la littérature sacrée et les poésies religieuses des Égyptiens, soit dans certains recueils de maximes mis par quelques-uns sous le nom, trop ambitieux peut-être, de traités de morale[1].

Le moment semble donc venu où la critique philosophique peut s'exercer utilement sur le sens réel et la portée morale de tant d'écrits, traduits et commentés dans nos langues modernes depuis Champollion. Puisque, grâce à tant de fouilles patientes, de précieuses découvertes et de déchiffrements intelligents, la parole a été rendue aux contemporains de Chéops, de Ramsès le Grand et de Psammétichus, pourquoi ne leur demanderait-on pas ce qu'ils pensaient de la vie et de la conduite de l'homme, de ses droits et de ses devoirs ? Leur foi traditionnelle à l'immortalité date-t-elle des premiers âges de leur civilisation, ou s'est-elle formée plus tard, et peut-on en faire l'histoire ? Ont-ils conçu à un moment quelconque la morale indépendamment de la religion positive, et lui ont-ils donné une forme scientifique ? Enfin leurs croyances morales ont-elles exercé une influence appréciable sur les races étrangères, notamment sur les Grecs ?

Telles sont, Messieurs, les principales questions que soulevait le sujet proposé par votre section de morale et que son programme indiquait clairement. Ces recherches n'exigeaient pas les connaissances spéciales d'un égyptologue ; mais elles étaient de nature à tenter quelqu'un de ceux qui en France ont à cœur de continuer leurs devanciers dans une science qui, à l'origine, fut toute française, et qui n'a pas cessé de compter parmi

---

1. Les trois principaux recueils de ce genre sont, par ordre chronologique : 1º les sentences de Kaqûmna ; 2º les leçons de Ptah-Hotep ; 3º les maximes de Khonsou-Hotep. Les deux premiers ont été traduits par M. Ph. Virey, le troisième par M. Amelineau.

nous des maîtres illustres[1]. Malheureusement l'un des jeunes savants sur qui pouvaient se porter nos espérances a été enlevé naguère par une mort prématurée. M. de Rochemonteix qui le premier a fait à la Sorbonne, avec autant de talent que de modestie, un cours libre d'égyptologie, était un patient investigateur : on lui doit une description encore inédite du temple d'Edfou. Un travail approfondi dont il voulait faire une thèse sur le traité *d'Isis et d'Osiris* de Plutarque l'avait directement préparé à ce concours : il devait y prendre part, et il y eût certainement figuré avec honneur.

II

Des trois mémoires déposés au secrétariat de l'Institut, deux seulement méritent d'être pris en considération, le n° 3 n'étant qu'un cahier de notes sans lien entre elles, et presque toutes dénuées d'intérêt.

Le mémoire n° 2 porte pour devise, avec une ligne de Plutarque, ce vers de J.-J. Ampère :

> Ici l'homme fut grand, on le sent à son ombre.

Il comprend 190 pages et se divise en six chapitres.

Dans le premier chapitre intitulé *Introduction*, l'auteur expose avec netteté le sujet tel qu'il l'a compris. Les Grecs ont beaucoup vanté la sagesse et la science des Égyptiens, sans en avoir une exacte connaissance, et sans y faire la différence des temps ; les philosophes

---

[1]. Qu'il me soit permis de témoigner ici à M. Maspero ma vive gratitude, pour les lectures qu'il a bien voulu m'indiquer et pour les précieux renseignements dont je lui suis redevable.

d'Alexandrie, par exemple, prennent tout en bloc, comme si l'Égypte avait été immuable dans ses pensées et dans ses croyances. Or c'est là une erreur, et les érudits de ce siècle ne s'en sont pas toujours gardés. De là des jugements erronés sur la valeur des idées religieuses et morales de l'ancienne Égypte, présentées tour à tour comme tout à fait grossières, ou comme admirables et sublimes. Les sages Égyptiens ont-ils enseigné, quinze ou vingt siècles avant notre ère, les plus beaux préceptes de l'Évangile, ou, comme on l'a dit assez crûment, ne se sont-ils pas élevés au-dessus des règles de la *Civilité puérile et honnête* ? Voilà le premier procès qu'il s'agit de vider.

Il y en a un autre. En tenant compte des changements qui se sont produits dans les idées morales et religieuses des Égyptiens, on peut recourir, pour les expliquer, et l'on a recouru en effet à deux méthodes très différentes, les uns partant d'une tradition ou révélation primitive qui serait allée en se dégradant, les autres faisant sortir la civilisation de la barbarie par un progrès nécessaire et continu. L'histoire, suivant l'auteur, s'accommode mieux de ce dernier point de vue que de l'hypothèse traditionaliste, et il appuie son dire sur une maxime égyptienne, qui lui paraît avoir préludé au fameux πάντα ῥεῖ d'Héraclite : « Le cours du fleuve change d'une année à l'année suivante. Les océans se dessèchent, les rivages deviennent des abîmes. Il n'y a pas eu d'homme d'un seul dessein. »

Une revue des sources tant anciennes que modernes remplit le second chapitre. Les principaux travaux des égyptologues y sont signalés, depuis le *Livre des morts* tant de fois commenté, jusqu'aux *Contes populaires* si élégamment traduits en français par M. Maspero.

Cette bibliographie pourrait être plus complète, mais elle est faite avec méthode et avec soin.

Au chapitre III, l'auteur tire les conséquences de ce travail sur les sources. « On ne voit, dit-il, dans cette liste aucun livre de morale à proprement parler, » et en prenant connaissance de ces divers écrits, on n'y trouve ni système, ni doctrine, ni analyse raisonnée des idées de moralité, mais seulement des actes approuvés ou blâmés, aucune idée d'ensemble. Ici comme partout la pratique est venue avant la théorie : « l'instinct moral a précédé la morale, la moralité a précédé la règle formulée » ; la philosophie, s'il y en a, est restée « inconsciente ».

Le chapitre IV sur *La moralité égyptienne* est judicieux, mais écourté. L'auteur y donne des détails intéressants sur les scribes, dont l'influence fondée sur le mérite, non sur l'hérédité, lui sert à démontrer qu'il n'y avait pas de castes en Égypte[1], mais des classes, des professions diverses, pour lesquelles d'ailleurs, à l'exception du métier des armes, les scribes affectaient un profond dédain. Leur orgueil professionnel aimait à se représenter le dieu Toth comme étant le « scribe du ciel et des enfers ».

La douceur dont les Égyptiens usaient volontiers envers leurs subordonnés est à peu près le seul trait général de mœurs qui soit relevé dans cette partie du Mémoire, et cette douceur, on le sait, n'excluait pas une extrême sévérité envers les coupables.

L'auteur se borne à indiquer l'esprit utilitaire qui caractérise les écrits moraux de l'Égypte. C'était un

---

1. C'était déjà, ce semble, l'opinion d'Aristote, quand il louait dans sa *Politique* (l. IV, chap. IX), la division des classes établie en Égypte.

point essentiel à son sujet, et qui aurait mérité un examen plus attentif.

Il insiste davantage sur la docilité que les moralistes égyptiens réclament de leurs disciples. « Le cœur, dit le plus ancien d'entre eux, le cœur, s'il écoute, est pour l'homme un guide bienfaisant. » Quelle est l'autorité qu'il faut écouter et qui est ainsi placée à la base de la morale? C'est la tradition, formée on ne sait comment, mais évidemment appuyée sur la religion. « Ce que Dieu veut, c'est un cœur qui écoute », dit Ptah-Hotep.

L'idée religieuse sur les bords du Nil a traversé trois phases principales : fétichisme, polythéisme anthropomorphique, panthéisme. Sous ces différentes formes, le culte impliquait une sorte de réciprocité entre les dieux et l'homme, et la faveur divine était pour ainsi dire achetée par les prières et les sacrifices. La prière suivie d'effet devenait une formule magique dont la connaissance s'appelait « la justesse de voix ». Le conte du roi Khon-fou offre de curieux exemples des prodiges accomplis par ce moyen.

L'auteur se demande quel était l'idéal que la religion proposait aux Égyptiens. D'après l'hymne à Ammon-Ra, ce serait la lumière. Mais un progrès se fait à la fois en religion et en morale : Osiris apparaît comme un dieu bienfaisant ; Isis est un type élevé de moralité, son culte est le culte de la bonté féminine et de la fidélité conjugale, et c'est à ce titre qu'il eut un si grand succès parmi les Grecs d'Alexandrie.

Les Égyptiens distinguaient deux sortes de biens, ceux de la vie présente et ceux de la vie à venir. Les uns et les autres étaient promis comme récompense aux adorateurs de la divinité. Le dernier chapitre du

Mémoire traite des croyances relatives à la vie future ; il esquisse, d'après le *Livre des morts,* le voyage souterrain de l'âme à travers une série d'enchantements, de monstres et d'obstacles sans cesse renaissants jusqu'à la salle des quarante-deux juges où est rendu le jugement final. Le cœur du défunt rentre alors dans son corps, et s'il est trouvé pur, s'il n'est pas condamné à des supplices et à une mort seconde, il est appelé à vivre dans les îles des bienheureux, en même temps que son nom demeure dans la bouche des vivants.

L'auteur s'arrête un peu inopinément, sans avoir traité spécialement de l'influence de ces idées sur les nations étrangères, et en négligeant absolument l'histoire des croyances morales de l'Égypte. Il se contente de remarquer que « cette histoire est difficile ». On a vu que ce n'était pas la seule lacune du mémoire n° 2. Ce travail est d'ailleurs d'une lecture agréable, il donne en bon style une idée générale du sujet, qu'il expose avec esprit, avec clarté et d'une manière judicieuse ; mais il est incomplet et superficiel : ce n'est en somme qu'une intéressante étude d'amateur.

III

Il n'en est pas de même du mémoire n° 1. C'est un travail de 500 pages d'une écriture compacte[1], aussi consciencieux qu'étendu, méthodique, nourri de textes. L'auteur a la connaissance et l'amour de son sujet et une science égyptologique qu'il a assez discrètement

---

1. En quatorze cahiers de 30 à 40 feuillets chacun, sans pagination, avec cette devise : Καλὸν τό ἆθλον, καὶ ἡ ἐλπὶς μεγάλη (Platon, *Phédon*).

employée. Il ne nous laisse pas ignorer du reste « qu'il est un peu de la partie », et, s'il ne le disait pas, on pourrait s'en douter, à voir comme il parle de ses confrères. Il les juge parfois avec une extrême sévérité ; il prétend qu'ils se contredisent dans leurs traductions des textes égyptiens ; et, tout en reconnaissant que le plus pressé en cet ordre d'études était le travail philologique, il leur reproche de n'avoir pas été jusqu'ici assez philosophes. Il insiste avec quelque raison sur la nouveauté de son entreprise. « C'est la première fois, dit-il, qu'on a tenté de réunir en un seul ouvrage tout ce qui a rapport à la morale de l'Égypte. » Aussi ne promet-il qu'un *Essai* sur cette matière, « un ouvrage de vulgarisation, » où il n'abusera pas des citations et des renvois. A la bonne heure, et c'est bien ce que demandait l'Académie. Mais pourquoi n'avoir pas rédigé au moins la bibliographie générale de la question ? Nul, ce me semble, n'était mieux qualifié que l'auteur pour nous la donner aussi complète qu'exacte.

Ce Mémoire n'est pas toujours écrit avec goût, avec précision, avec pureté ; on y rencontre des longueurs, des répétitions et des hors-d'œuvre ; mais il est largement composé : c'est une histoire approfondie de la moralité et des idées morales de l'Égypte, d'abord sous l'ancien empire, puis sous l'empire thébain, et enfin sous le nouvel empire.

Les principes exposés dans l'*Introduction* ne sont pas sans un peu d'incohérence. L'auteur se propose de faire œuvre « d'historien, non de panégyriste », et pourtant il ne craint pas de dire de certains préceptes des écrivains égyptiens qu'ils sont « comparables à ceux des prophètes et du Christ ». Puis il avoue, non seulement comme l'auteur du mémoire n° 2, qu'ils n'ont pas laissé un seul traité de morale, mais qu'ils n'avaient pas même de mots pour nommer le devoir et la vertu, et que ces idées leur étaient absolument inconnues ; et en même temps il affirme qu'ils ont « créé » la morale. Ces assertions sont assurément difficiles à concilier.

Le plan du Mémoire est vaste ; peut-être l'est-il un peu trop : car, non content d'embrasser l'histoire entière de l'Égypte, l'auteur y ajoute un chapitre sur les temps préhistoriques, dont il ne peut parler que par conjecture. Il y applique une hypothèse sur laquelle il revient plus d'une fois dans son ouvrage et qui du reste est en faveur de nos jours, celle du progrès fatal et continu. Il a bien raison de combattre l'opinion suivant laquelle l'Égypte aurait été immuable dans ses croyances. Mais, au lieu de réfuter cette erreur par les faits, il lui oppose simplement « la loi du progrès » qui, dit-il « est fatale ». Ce n'est pas tout à fait ce que nous montre l'histoire réelle des individus et des nations ; mais peut-être, en parlant ainsi, croit-on être « philosophe ».

Il est plus conforme aux faits connus et aux analogies de supposer qu'à l'origine les idées morales ne se distinguaient pas des idées religieuses, non plus que des règles ou des coutumes qui présidèrent d'abord à l'ordre social et au gouvernement. Mais cela même dispensait l'auteur de spéculer et surtout de dogmatiser sur une époque dont, en l'absence de tout document, on ne peut rien dire qui ait une valeur scientifique. Tout au plus a-t-on le droit de penser, avec l'auteur du Mémoire n° 1, que les générations qui vivaient immédiatement avant les âges historiques devaient avoir des idées semblables à celles des générations suivantes. Mais quand on traite de l'histoire ancienne, le plus sage et le plus sûr est de ne point mêler deux études dont l'une, encore problématique en grande partie, peut cependant être conduite expérimentalement en une certaine mesure, tandis que l'autre, portant tout entière sur l'inconnu, se prête aussi bien au traditionalisme qu'à l'hypothèse évolutioniste adoptée par l'auteur.

Avec le chapitre II on entre dans l'histoire proprement dite, et l'on a devant soi les Égyptiens déjà civilisés de l'ancien empire, c'est-à-dire sous les dix premières dynasties, alors que le Pharaon, fils du soleil et monarque absolu, est pour ainsi dire le dernier des dieux et le premier des hommes, possédant et gouvernant la terre entière, ce qui, pour les scribes, signifie la Haute et la Basse-Égypte. Dans cette société féodale où l'auteur nous montre un suzerain et des vassaux, une longue hiérarchie administrative, point de castes proprement dites, mais des conquérants et des vaincus, le devoir d'obéissance des inférieurs aux supérieurs s'impose à tous les sujets, depuis les plus humbles ouvriers jusqu'aux nomarques, aux grands vassaux et aux princes du sang. La justice est rendue au nom du Pharaon par des juges et des tribunaux réguliers. La famille est constituée, avec les obligations mutuelles des époux. L'adultère est puni de mort, comme on le voit dans un conte populaire cité par l'auteur. La polygamie n'est qu'une exception qui tend à disparaître, sauf pour le Pharaon, qui en use dans un intérêt politique ; et elle n'empêche pas la suprématie d'une femme légitime qui est l'épouse par excellence.

Les monuments de l'époque memphitique paraissent accuser l'existence de l'esclavage ; mais peut-être n'existait-il en effet que pour les prisonniers de guerre. C'est ainsi que, sous le premier roi de la 6ᵉ dynastie, une inscription relative à la conquête de la Nubie fait mention d'hommes, de femmes et d'enfants emmenés captifs.

C'est à cette époque éloignée que la plupart des égyptologues rapportent le contenu d'un papyrus bien connu sous le nom de papyrus Prisse, et où quelques-uns ont vu un livre de morale : « livre unique, le plus ancien livre du monde », disait le savant Chabas. L'auteur du mémoire n° 1 n'ose pas affirmer qu'il ait été écrit sous l'ancien empire ; « peut-être ne l'a-t-il été, suivant lui, que sous la 12° dynastie, sinon sous la 18°, c'est-à-dire entre 3 500 et 1 800 ans avant notre ère ; mais les préceptes qu'il contient remontent plus haut que le scribe qui les a transcrits ». Il y a d'ailleurs deux ouvrages distincts dans ce papyrus, et l'on ne peut compter que deux ou trois siècles (c'est peu pour l'époque) entre les deux scribes qui les ont copiés et qui, par une ruse du métier peut-être, font mention de rois de la 3° et de la 5° dynastie. Les deux ouvrages étaient classiques en Égypte : ils portent « la même marque morale » ; la doctrine dont ils relèvent tous les deux est « l'utilitarisme le plus naïf », appliqué aux diverses circonstances de la vie. Le but qu'on s'y propose, c'est le succès, la faveur de Pharaon. Comme d'ailleurs « les pauvres, les faibles n'y sont guère mentionnés », l'auteur pense que ces préceptes n'étaient pas à l'usage de tout le monde, qu'ils ne s'adressaient qu'aux classes supérieures de la société égyptienne et aux membres des grandes familles. De là il conclut, un peu vite peut-être qu'ils expriment « la plus haute culture à cette époque reculée de la vie du genre humain » ; et en même temps il reprend cette thèse bizarre, que « les Égyptiens n'ont connu ni le devoir ni la vertu » !

Le premier recueil, dont il ne nous reste qu'un long

fragment, et qui est intitulé *Les sentences de Kaqûmna*, rappelle par son contenu la morale des Chinois et les rites qui, dans cette morale, réglementent la vie journalière. Par exemple, il recommande d'une part de ne pas imiter en mangeant la gourmandise et la voracité des animaux, et d'autre part de ne pas refuser impoliment les mets qui vous sont offerts. Il explique la manière de se conduire dans un jury dont on fait partie et conseille de veiller sur l'éducation des enfants. La conclusion pratique du livre est que celui qui sait par cœur ces préceptes et d'autres du même genre, s'acquittera des fonctions dont il sera chargé de manière à obtenir la faveur du monarque.

Le second recueil porte le nom de Ptah-Hotep; il comprend 36 maximes, précédées d'un prologue sur les maux de la vieillesse, dont le seul privilège est de pouvoir « enseigner les préceptes d'autrefois, ou les paroles des dieux », et suivies d'un « éloge dithyrambique de l'obéissance », placé à la fin comme conclusion ou comme épilogue. Les maximes sont énoncées sans ordre. L'auteur du mémoire les analyse consciencieusement, et remarque d'abord qu'on n'y rencontre « pas un seul précepte religieux », quoique Dieu « ou le Dieu » y soit nommé comme ayant dans ses mains la rétribution des actions de l'homme. A côté de quelques préceptes de morale, auxquels l'auteur du mémoire ne donne pas un sens aussi élevé et aussi impératif que certains traducteurs[1], il en cite d'autres en plus grand nombre qui ne sont que des leçons de politesse ou des conseils de prudence mondaine. La faveur du roi est

---

1. Voir P. Virey, *Étude sur le papyrus Prisse*, dans la Bibliothèque des hautes études, t. XIX (1887), 10ᵉ fascicule.

promise pendant une longue vie à ceux qui les mettent en pratique.

Chose remarquable, aucun de ces préceptes n'est exprimé en termes généraux, applicables à tous les hommes. L'idée du bien en soi en est absente. Il est dit seulement que la justice est immuable et qu'elle est restée invariable depuis le temps d'Osiris et depuis le règne de Râ sur la terre : c'est comme un âge d'or auquel on fait allusion.

A tout prendre, le second recueil n'est pas plus que le premier un traité des devoirs, mais bien « un manuel du savoir vivre », qui par endroits fait penser à *la civilité puérile et honnête*. L'auteur du Mémoire assure pourtant que cette morale terre à terre était « aristocratique » ; il ajoute même qu'elle était « au-dessus de la portée des foules ignorantes et malheureuses », pour lesquelles il professe à maintes reprises une très vive sympathie. Il retire donc, on ne sait pourquoi, à ces foules dont il parle, la faculté naturelle et essentielle par laquelle l'homme fait la distinction du bien et du mal.

Le chapitre suivant expose savamment les progrès accomplis par les Égyptiens sous le moyen empire, ou plus exactement, sous le premier empire thébain. L'étude de leurs mœurs conduit l'auteur à constater chez eux, comme l'a fait aussi l'auteur du mémoire n° 2, mais surtout dans les classes supérieures, une grande douceur de caractère. Il tient d'ailleurs à ce qu'on se souvienne que ce qu'il a en vue dans ses recherches sur les progrès de la moralité, ce n'est pas une nation en particulier, mais l'humanité.

Pendant cette période, de la 12e à la 15e dynastie, les stèles funéraires témoignent d'un progrès sensible de la pensée religieuse. Les divinités locales ou régionales qui, dans les grands centres, avaient été peu à peu groupées par neuvaines ou ennéades, sont alors ramenées à des triades, et une triade suprême tend à devenir l'objet essentiel du culte dans toute l'Égypte, en attendant le Dieu unique de la période suivante. Sous la 12ᵉ dynastie, qui est prise pour type, les peintures et les sculptures qui ornent les tombeaux nous montrent les serviteurs associés à l'immortalité de leurs maîtres. Un double culte est rendu par les fils à leurs pères, l'un au corps par la momification, qui était en usage dès la 5ᵉ dynastie, l'autre au *double* du défunt, c'est-à-dire à son âme. Les inscriptions et documents funéraires, qui abondent à partir de la 12ᵉ dynastie, contiennent des prières pour le double et des déclarations du défunt lui-même, sur sa vie sans reproche, sur ses bonnes actions et sur ses propres mérites. L'auteur n'en est pas dupe. « Les Égyptiens, dit-il, étaient de grands mystificateurs. J'ai été le premier, je crois, à démontrer qu'il en est de même chez leurs descendants actuels. » Peut-être n'est-il pas nécessaire de remonter au temps des Ramsès, ni même d'aller en Égypte pour rencontrer des épitaphes ou des inscriptions analogues à celles qui sont citées dans ce chapitre du mémoire : « J'ai été redoutable aux pervers, secourable pour le faible et l'opprimé. — J'ai été juste et vrai. — J'ai fait des actes de justice et de bonté, etc. »

Là s'arrête ce que l'auteur appelle d'un nom singulier « l'état embryonnaire de la morale égyptienne ». L'invasion des Hyksos fit subir à la civilisation un temps d'arrêt, après lequel se produisit un magnifique développement des idées religieuses. Sous la 18ᵉ dynastie, les Égyptiens n'en sont plus aux ennéades divines; ils ne s'arrêtent même plus aux triades qui les avaient remplacées. Au-dessus de la triade suprême ils conçoivent, ils proclament un Dieu unique, infini, « Un de Un », insondable en lui-même, mais dont la perfection et la puissance se manifestent dans tous les êtres : car ils lui doivent tous l'existence. De là, dans les hymnes de cette époque, notamment dans l'hymne à *Amon-Ra*[1], dont le mémoire n° 1 nous offre une traduction nouvelle, des élans de foi et des cris d'adoration qui font oublier les développements bizarres et parfois inintelligibles où ils sont comme noyés. J'en extrais ici quelques-uns.

« Hommage à toi, Amon-Râ, roi du ciel, et prince de la terre... Père des dieux, créateur des hommes... Auteur de tout être, dispensateur des destinées, Un dans tous tes rôles... Les dieux s'élancent à tes pieds pour t'adorer... Maître du temps, auteur de l'éternité... Les dieux te font des acclamations.

« Hommage à toi, maître de la vérité... Les dieux existent par sa parole... Juge du pauvre et du malheureux, il exauce la prière de l'opprimé ; il délivre le timide... Il a donné le mouvement à toutes choses, quand il a agi dans l'abîme primordial, où s'est produite la lumière... Le Nil est venu à sa volonté... Les dieux se réjouissent de sa beauté, leurs cœurs vivent lorsqu'ils le voient... Soleil unique de Thèbes !... Mystérieux est son nom, plus que ses naissances, à savoir son nom d'Amon *(caché)*... Hommage à toi dans ton repos... Maître de la joie, les dieux aiment à te voir... Tu es radieux, ta lumière, ta radiation fait défaillir tes créatures... Ton

---

1. *Amon* veut dire *caché* et *Râ* désigne le soleil. Ce nom composé signifie donc le Dieu caché en soi, dont le soleil est la manifestation par excellence.

amour est dans le ciel du midi, et ta grâce dans le ciel du nord... Ta beauté s'empare des cœurs ; les cœurs se fondent en te voyant.

« Forme unique, qui produis toutes choses, Être qui es seul... Les hommes sont sortis de tes yeux, et ta parole est devenue les dieux... Auteur des herbes, des plantes, des poissons, des reptiles, des oiseaux, etc., qui, quoique dormant, veille sur tous les hommes qui reposent... recherchant le bien de tes créatures... Acclamation à toi jusque dans la hauteur du ciel, la largeur de la terrre et la profondeur de la mer... Le Un qui est seul et n'a pas de second, chef de la neuvaine des dieux.

« Roi des dieux, il est un... Nombreux sont ses noms... Il est le germe des dieux... Les cœurs des hommes s'élancent vers toi... Hommage à toi, Amon-Râ ! »

L'auteur du Mémoire admire avec raison ces belles invocations ; mais il oublie ce qui les dépare et les obscurcit, quand il conclut que « les Égyptiens ont eu l'honneur de précéder tous les autres peuples dans cet ordre de pensées ».

Il montre ensuite comment « le culte progresse avec la pensée religieuse ». Après avoir été aussi pauvre et aussi grossier que celui « des féticheurs du centre de l'Afrique », le culte égyptien, en s'adressant à des dieux plus dignes d'adoration, a acquis de l'ampleur et gagné en moralité. Il a élevé des temples où les pharaons ont d'abord immolé des ennemis vaincus. Plus tard les victimes humaines et les sacrifices sanglants font place à des offrandes de vin et de lait. Les autels sont desservis dans chaque temple par un collège de prêtres et de prêtresses qui sont alors l'élite de la nation par l'intelligence et par les mœurs.

On constate un progrès religieux dans plusieurs passages d'un livre de morale analogue à ceux du papyrus Prisse par la forme et la nature des préceptes et par le décousu de la pensée, et qui appartient par son contenu, sinon par sa rédaction, à cette époque de l'histoire de l'Égypte : ce sont les préceptes adressés par le scribe Khonsou-Hotep à son fils Ani, ou ce qu'on appelle le papyrus moral de Boulaq. Cinq maximes dispersées dans ce recueil se rapportent aux devoirs envers Dieu ; elles peuvent se résumer ainsi :

2° précepte : Célèbre la fête de ton Dieu en sa saison, de peur d'irriter ton Dieu.

5ᵉ précepte : Adore-le par le chant, par le prosternement et l'encens, et par tous tes biens, et « Dieu magnifiera ton nom ».

11ᵉ précepte : Dieu dans son sanctuaire n'aime pas les fêtes bruyantes ; approche-toi avec un cœur aimant et avec des paroles mystérieuses, et « il fera tes affaires ».

39ᵉ précepte : « Lorsque tu fais tes offrandes à Dieu, garde-toi de ce qu'il a en abomination. »

48ᵉ précepte : « Dieu voit celui qui sacrifie ; il néglige qui le néglige. »

Ces préceptes recommandent le culte personnel et intérieur ; ils réclament de celui qui veut être agréable à Dieu, le sérieux de l'esprit et la pureté de la conduite, et, malgré un appel réitéré aux mobiles égoïstes, ils méritent l'éloge qu'en fait l'auteur du Mémoire. Mais celui-ci abuse des rapprochements avec l'Évangile et avec le sermon sur la montagne, confondant par exemple l'adoration muette dans le temple avec l'adoration en esprit et en vérité qui a un tout autre sens. Il s'exprime mieux quand il signale dans ces préceptes « le premier balbutiement du mysticisme égyptien ». Seulement ce mysticisme n'avait pas attendu jusque-là pour se manifester, surtout dans le culte des morts.

L'auteur du mémoire n° 1 traite avec une supériorité marquée des idées et des croyances relatives à la nature de l'homme ou « du composé humain » et à la destinée de la personne morale. Il retrace le développement et le progrès de ces croyances. Il explique magistralement, je n'ose pas dire sans mélange d'erreur, la vie du *double (Ka)*, dans le tombeau et le rôle du *souffle (Ba)* ou de l'âme proprement dite après la mort et jusqu'à son passage sur la barque du passeur ou sur l'aile de Toth, pour atteindre les Iles fortunées. Il montre comment la légende d'Osiris et le mythe solaire de Râ, ont été combinés de manière à s'appliquer à la vie de l'homme, à sa mort et à sa résurrection.

Ce qu'il faut retenir de tout cela, c'est la préoccupation constante de la survivance du moi. Cette croyance est si vieille en Égypte, que l'auteur, la trouvant partout attestée par les documents les plus anciens, saisit cette occasion de faire encore une excursion dans les temps préhistoriques. Mais il donne surtout son attention à un document d'une importance capitale dans cette histoire de la moralité et des idées morales : je veux parler de l'apologie de l'âme devant le tribunal d'Osiris, telle qu'on la lit au chapitre cxxv du *Livre des Morts*. Cette apologie est désignée habituellement sous le nom de *Confession négative*. Le mérite en a été surfait par plusieurs savants [1] ; mais elle a une valeur morale très réelle

---

[1]. M. E. Revillout, entre autres, dans une leçon faite au Louvre en décembre 1888, sur la *Morale égyptienne*, s'appuyant sur la *Confession négative*, est d'avis que « cette morale est supérieure à la morale juive et égale parfois la morale chrétienne ».

et même très considérable : car le défunt, qui est supposé parler lui-même de sa vie passée et de la manière dont il s'est acquitté de ses devoirs, fait très clairement, quoique d'une façon indirecte, l'énumération des actes, en très grand nombre, qui étaient défendus par la loi religieuse et dont il déclare s'être toujours abstenu.

« J'ai été pur, dit-il ; je n'ai jamais fait de mal. Je n'ai fait de mensonge à aucun homme. Je n'ai pas dit de paroles fausses dans le lieu de la justice. Je n'ai pas obligé un homme à travailler plus qu'il ne lui appartenait. Je n'ai point fait ce qui est en abomination aux dieux. Je n'ai point fait avoir faim ; je n'ai point fait avoir soif. Je n'ai point fait pleurer. Je n'ai point violenté la veuve. Je n'ai point enlevé le lait au petit enfant. Je n'ai point troublé les sacrifices des dieux. Je n'ai pas empêché de faire le bien. Je n'ai point poussé au mal... Je n'ai pas volé. Je n'ai pas tué un homme par trahison. Je n'ai pas fraudé ; il n'y a pas de fraude dans mon cœur. Je n'ai pas été ingrat. Je n'ai pas commis d'adultère. Je n'ai pas empêché mes oreilles d'entendre la vérité. Je n'ai pas offensé Dieu dans mon cœur, etc., etc. »

Il y a aussi dans cette confession une partie affirmative, dans laquelle on distingue quelques belles déclarations : « J'ai fait ce qui est doux au cœur des hommes et des dieux. J'ai donné du pain à celui qui avait faim, de l'eau à celui qui a soif, des vêtements à celui qui était nu... Que ces choses me sauvent, et faites-moi connaître qu'à cause de cela il n'y a pas d'accusation contre moi, devant les grands (les dieux). » « Ma bouche est pure ; mon cœur est pur ; je suis pur en tout et de toute manière. »

Évidemment, dans l'opinion populaire, les mérites

presque tous négatifs, que s'attribue le défunt, répondaient à des devoirs stricts et absolus. Ces commandements apparaissent à quelques érudits comme « un prototype du Décalogue ». — « Je n'irai pas jusque-là, » dit l'auteur du Mémoire ; « les Égyptiens n'ont jamais su réunir en un petit nombre de formules générales des idées particulières ; leurs préceptes n'avaient point d'universalité : ils ne s'appliquaient qu'à l'Égypte. » Quant aux étrangers, les Égyptiens les poursuivaient d'une haine, dont la Chine est seule aujourd'hui à donner l'exemple. Après cet aveu, comment comprendre ce paradoxe qui vient ensuite : « Le Christianisme n'a pas su mieux faire que d'emprunter à l'Égypte ces maximes, en en déniant l'origine. Le rôle de l'Égypte est donc grand dans la fondation de la morale humaine. »

L'auteur craint sans doute d'avoir été à son tour excessif dans l'éloge ; car il ajoute que « malgré leur croyance à la vie future, les Égyptiens étaient très attachés à la vie présente, et qu'on lit même dans les chants des harpistes qu'il faut jouir de la vie autant qu'il est possible ».

L'étude de la famille est présentée comme « un des chapitres les plus importants de cette histoire des idées morales en Égypte ». C'est sans contredit un des meilleurs du Mémoire. Chaque famille, est-il dit, avait son culte spécial, que célébrait le père et, après sa mort, le fils aîné. De là, sans doute, cette expression qui revient si souvent : « Mon Dieu » ou « ton Dieu ». Quel est ce Dieu de la famille ? Suivant l'opinion personnelle de l'auteur, c'est le premier ancêtre, « le premier fondateur de cette famille ». L'unité de la famille repose sur ce fondement ; elle est représentée par la ligne masculine.

Ce qu'on sait des rapports des époux entre eux

donne l'idée de l'amour dans le mariage. Le mari est le maître ; il doit l'être, d'après le papyrus moral de Boulaq ; mais la femme légitime, la mère de famille dirige l'éducation des enfants et prend une grande part au gouvernement de la maison. Il en est de la famille royale comme de toutes les autres, et depuis Nitocris jusqu'à Cléopâtre, plusieurs fois des femmes ont régné sur l'Égypte. L'adultère était considéré comme aussi coupable pour l'homme que pour la femme : la *Confession négative* en fait foi. Les enfants, objet d'amour pour leurs parents, sont tenus de leur obéir pendant leur vie et de les honorer après leur mort. Pourquoi faut-il que le papyrus de Boulaq ajoute : « Si tu fais cela pour ton père, ton fils le fera pour toi. »

Reprenant en détail les maximes contenues dans ce papyrus, l'auteur du mémoire étudie d'abord celles qui concernent les devoirs de l'homme envers lui-même : devoirs de discrétion, de prudence, de tempérance, d'activité, de travail et de constance, sans oublier les avantages qui en résultent. Il y relève des observations qui n'ont pas une grande portée, mais qui lui paraissent dénoter une certaine sagacité. Il signale aussi, mais pour le blâmer, le caractère mystique d'une courte méditation sur la mort, pour laquelle il faut se tenir prêt. Passant de là aux devoirs de l'homme envers ses semblables ou (dans le jargon positiviste) « les devoirs de l'altruisme », tels que le respect de la propriété, la politesse et l'amitié, surtout celle du Pharaon, il constate que là encore les Égyptiens ne savent pas généraliser et qu'ils n'ont aucune des formules par lesquelles nous résumons nos diverses obligations.

Les Égyptiens ne savaient donc pas manier la langue de l'abstraction. Cette lacune, que relève avec raison l'auteur du Mémoire n° 1 n'a pas de quoi surprendre ceux qui ont lu Platon et Xénophon, et qui savent combien Socrate avait de peine à se faire comprendre de ses contemporains, quand il les interrogeait, non sur telle science ou telle vertu en particulier, mais sur la science ou la vertu en soi. Mais chez les Égyptiens c'était bien autre chose. Ils n'ont jamais eu un Socrate, un Platon ou un Aristote pour leur enseigner la dialectique et la logique, qu'ils ont toujours ignorées sous leur forme abstraite ; et, ce qui est plus surprenant, leur faculté de généraliser n'embrassait pas même l'humanité et les devoirs que cette notion implique pour l'homme. Au moins ne trouve-t-on pas dans toute leur littérature une seule protestation contre la guerre ou contre cet odieux abus de la force qui fait d'un homme libre un esclave. Le respect de la dignité humaine leur fait défaut. Les esclaves, les serfs, comme des animaux domestiques, portent le collier du maître. Les officiers eux-mêmes portent celui du Pharaon.

Le papyrus moral de Boulaq est certainement en progrès sur les deux livres du papyrus Prisse. Les préceptes, plus nombreux, s'appliquent à toute la conduite de la vie, même aux rapports de l'homme avec la divinité. Ils ont plus souvent un caractère obligatoire. Ils sont pourtant accompagnés de ces conseils de savoir-vivre qui étaient presque toute la morale de Kaqûmna, et surtout ils ont ce grand défaut de faire reposer leur autorité sur les avantages que procure leur mise en pratique.

Voilà où en étaient, suivant l'auteur, les idées morales en Égypte sous le nouvel empire. Elles n'avaient pas seulement plus d'étendue que dans les périodes précédentes ; elles témoignent même d'un progrès de l'esprit spéculatif. Cela est vrai ; mais l'auteur ne va-t-il pas trop loin, lorsqu'il applique cette conclusion au jugement des âmes et paraît faire dater de là cette idée, que tout le monde rapporte aux temps les plus anciens ?

L'influence que ces idées ont pu exercer au dehors, sur les Grecs en particulier, n'est pas douteuse pour l'auteur. Il appuie cette opinion sur les traditions et sur quelques rapprochements avec la philosophie grecque dont la connaissance ne lui est malheureusement pas aussi familière que celle des hiéroglyphes. Mais il se fonde surtout sur la priorité incontestable des moralistes de l'Égypte : car, dit-il, quelque jugement qu'on porte sur le développement de la moralité égyptienne, « elle est la plus ancienne, la première dont il nous reste trace dans les documents que nous a légués l'esprit humain ».

IV

En résumé, le mémoire n° 1 est un travail considérable, et dont les défauts peuvent être attribués en grande partie à une rédaction un peu précipitée. Le rapporteur a présenté, chemin faisant, des critiques de détail. Au moment de conclure sur les mérites du mémoire, il lui reste à indiquer les objections que sa lecture a soulevées au sein de la section.

L'auteur est parti d'une idée empirique de la morale. Il ne l'entend pas, à l'exemple de tous les grands philosophes jusqu'à Jouffroy, comme la science de la destinée de l'homme et de ce qu'il doit faire pour l'accomplir ; il la réduit, comme les positivistes contemporains, à une sorte de moyenne variable des notions pratiques qui se forment peu à peu dans les sociétés humaines.

De là cette confusion qui a été signalée à plusieurs reprises dans son travail, et dont il a essayé quelquefois, mais en vain, de se défendre, entre la morale absolue et la moralité de fait.

C'est par suite de cette erreur primordiale qu'au lieu de poser d'abord les principes évidents et simples d'où se déduit la morale philosophique, il en cherche uniquement les origines extérieures, historiques ou même préhistoriques. Or les documents dont on dispose aujourd'hui sur l'ancienne Égypte remontent si haut et reportent si loin dans le passé les limites de l'histoire, qu'il paraît au moins superflu de chercher au delà un moment où l'homme aurait été autre qu'il n'est de nos jours. Ici, plus que partout ailleurs, une pareille hypothèse est contraire à toutes les vraisemblances, puisque à travers tant de siècles, l'homme se montre toujours à nous tel que l'observation et la philosophie nous le font connaître, doué essentiellement de raison, de liberté, de sens religieux et de sens moral. C'est dans ces attributs, dans les lois et les principes fondamentaux de la nature humaine qu'il faut chercher l'origine vraie, l'origine première de la morale et de la moralité, non dans les transformations imaginaires de je ne sais quel animal inconnu, singe ou autre, absolument dépourvu de tout cela et à jamais incapable de se le donner[1].

---

1. Voici comment un jour, en 1879, je m'exprimais à la Sorbonne sur le même sujet : « Entrez dans un musée ethnologique. Qu'y voyez-vous ? Des œuvres semblables aux nôtres. En nous présentant comme des produits d'un âge préhistorique, ces ébauches ou ces vestiges d'art, d'industrie, et, si j'ose m'exprimer ainsi, de bijouterie religieuse qui leur ont fait deviner la présence de l'homme, les évolutionnistes ne nous autorisent-ils pas à affirmer que cet homme primitif, si mal outillé, qui leur fait pitié et leur

Quand l'auteur prétend que, même aux temps historiques, les Égyptiens n'avaient pas les idées de devoir et de vertu, il parle contre le bon sens et contre l'expérience qui nous montre partout et toujours l'homme adulte en possession de ces idées, bien ou mal analysées, bien ou mal exprimées, mais seules capables de lui dicter ses jugements sur la conduite de ses semblables et sur ses propres actes. Nous avons tous naturellement ces germes de moralité, ces moyens d'appréciation. C'est une tentative impossible de chercher ailleurs l'origine première et de la moralité et de la morale. Seulement autre chose est la moralité ou l'état plus ou moins avancé d'un individu ou d'une société dans son développement, autre chose la morale ou la manière dont cet individu ou cette société comprend sa fin et les moyens d'y atteindre.

L'auteur du mémoire n° 1, embarrassé de concilier

---

semble voisin de la brute, cet homme préhistorique, à en juger par ses œuvres, était aussi ingénieux, aussi inventif, aussi plein d'imagination et de ressources intellectuelles que l'homme de nos jours? Oui, les faits mêmes qu'on allègue contre ces pauvres déshérités de l'âge de pierre, démontrent clairement que l'homme a toujours été au fond ce qu'il est sous nos yeux, plus ou moins favorisé par les circonstances, plus ou moins riche, heureux ou malheureux, éclairé ou ignorant, fort ou faible, plus ou moins barbare ou civilisé, mais toujours le même être « ondoyant et divers », dont parle Montaigne, ou mieux encore, le même être ambitieux et sociable que nous connaissons, incapable quelle que soit sa condition de restreindre ses désirs à son état présent ; incapable quelle que soit sa science ou son ignorance de renfermer sa pensée dans le réel, et, si peu avancée que soit sa moralité, incapable d'oublier l'idéal de perfection auquel il aspire naturellement et qui lui apparaît comme la règle inviolable de ses actions, la mesure invariable de ses progrès. » — Voir le beau livre de M. de Quatrefages, le savant naturaliste, sur l'*Unité de l'espèce humaine*.

l'histoire avec ses vues systématiques, s'est mis plus d'une fois en contradiction avec lui-même, soit en présentant tour à tour l'Égyptien comme un être inférieur à l'espèce humaine et comme un bienfaiteur de l'humanité et le fondateur de la science des devoirs, soit en voulant établir, contre les faits, sa prétendue loi du progrès fatal et continu. Il lui faut pour cela placer dans la période du nouvel empire, non seulement les préceptes du papyrus moral de Boulaq qui sont certainement empruntés à une époque plus ancienne, mais encore le *Livre des Morts* ou certaines parties de ce livre qu'on retrouve jusque dans les Pyramides.

Mais la grande erreur en cette étude, c'est de croire que le mysticisme naturel au génie de l'Égypte a été la cause de sa décadence intellectuelle et morale. En réalité, les Égyptiens ont eu des idées et des croyances morales très supérieures à celles de Kaqûmna, de Ptah-Hotep et de Khonsou-Hotep dont la plupart, à vrai dire, sont à peine dignes d'examen, bien loin de mériter les éloges enthousiastes qu'on leur a prodigués. Les idées et les croyances morales de l'Égypte sont pour l'essentiel dans le *Livre des Morts*, et la *Confession négative* en est l'expression la plus haute. C'est de la religion, dira-t-on, ce n'est pas de la philosophie. Je n'en disconviens pas ; mais cela prouve simplement que l'Égypte en morale n'est pas allée plus loin ni même aussi loin que sa religion, et que là comme partout elle a manqué d'esprit philosophique. C'est le résultat le plus clair de cette histoire, et au fond l'auteur lui-même pourrait bien être de cet avis : car il l'a exprimé pour son compte en plusieurs endroits de son ouvrage. Son travail même conduira à cette conclusion tout lecteur impartial et un peu philosophe.

Les Égyptiens n'en resteront pas moins un peuple admirablement doué pour l'art, l'industrie et les applications pratiques de la science, possédé en même temps de la passion du divin et d'un noble et ingénieux besoin d'immortalité, qui s'est affirmé dans ses monuments en tous genres, dans ses poésies religieuses et ses rituels funéraires. Ils n'ont pas été philosophes, même en morale : c'est une lacune regrettable, mais qu'on observe chez d'autres nations, encore moins bien partagées sous d'autres rapports.

En somme, si le mémoire n° 1 contient des erreurs et s'il laisse souvent à désirer pour la forme, il a sans contredit le mérite d'avoir traité complètement le sujet et d'y avoir apporté, sinon des nouveautés, au moins des notions en général exactes et qui éclairent presque tous les points du programme. Le but du concours est donc atteint. Il paraît démontré que les Égyptiens s'en sont presque toujours tenus, en morale, à leurs croyances religieuses, sans leur donner une forme philosophique, et que leurs moralistes proprement dits sont restés à peu près au niveau des poètes gnomiques et des sept sages de la Grèce. Leurs préceptes n'ont ni l'ampleur ni la portée sociale de ceux de Confucius ; on n'y trouve point la finesse, la grâce et la force de certains passages de Théognis et de Solon. C'est une sagesse pratique, utilitaire, sans originalité et sans profondeur, point méprisable toutefois, si l'on songe à son antiquité et surtout si l'on en considère le côté religieux.

La section de morale vous propose de décerner le prix au mémoire n° 1, en invitant l'auteur à en améliorer la forme. Elle vous propose en même temps d'accorder une mention très honorable au mémoire n° 2, qui est incomplet et inachevé, mais dont l'auteur est homme d'esprit et n'a pas donné toute sa mesure.

[Ces conclusions ayant été adoptées par l'Académie, il a été procédé à l'ouverture du pli cacheté accompagnant le Mémoire couronné. L'auteur est M. Amelineau, à qui l'on doit encore d'autres contributions à la science égyptologique et une savante étude sur *Le Gnosticisme égyptien*. — L'auteur du mémoire n° 2 ne s'est pas fait connaître.]

CHAPITRE III

LA PHILOSOPHIE GRECQUE AVANT SOCRATE[1]

I. — Introduction

Si les Grecs n'ont point créé la philosophie, ce sont eux du moins qui lui ont donné son nom. Aucune nation ne l'a cultivée avec autant d'ardeur : pendant douze siècles, ils ont enfanté sans interruption des systèmes dont l'étude offre aux philosophes un spectacle varié, aussi instructif qu'intéressant. Socrate y apparaît comme un point central et lumineux, qui éclaire tout ce qui est venu après lui, en laissant dans l'ombre ce qui l'a précédé.

Depuis Bayle, et surtout depuis Brucker, qu'on peut appeler le père de l'histoire de la philosophie, de nombreux savants se sont appliqués, soit à scruter les origines de la philosophie grecque, soit à en comprendre la suite et le développement durant la période qui s'étend de Thalès à Socrate, et qui a reçu le nom de période cosmologique. Ils y ont distingué des familles ou des groupes de philosophes, en les classant, tantôt d'après les

---

1. Mémoire lu à l'Académie des sciences morales et politiques en décembre 1899 et janvier 1900.

pays ou les races auxquels ils appartenaient, tantôt d'après la nature de leurs recherches, mais aussi et surtout d'après leurs doctrines et leurs diverses tendances. Peu à peu il s'est établi une sorte d'accord entre érudits et philosophes pour reconnaître quatre ou cinq écoles, qui se seraient succédé à peu près dans l'ordre suivant : 1° les physiciens d'Ionie ; 2° les pythagoriciens ; 3° les éléates ; 4° les atomistes ; 5° les sophistes.

Sans contester que ces distinctions répondent à des faits réels, il est permis de penser qu'elles ne sont pas à l'abri de toute critique. N'est-il pas notoire, par exemple, que Thalès et Anaximandre, Pythagore et Xénophane, Leucippe, Protagoras, c'est-à-dire les chefs ou fondateurs de ces écoles, étaient tous Ioniens de naissance, et dès lors est-on en droit de réserver exclusivement à une seule de ces écoles le nom d'école ionienne ? La question des races, dont on a fait tant de bruit naguère, n'a pas ici d'application utile, ni même légitime, non plus que la différence des lieux : car tous les systèmes ont rencontré des partisans en Ionie et en Grande Grèce, à Athènes et en Sicile, sur tous les points du monde hellénique, dans les îles et sur le continent. Enfin, il est incontestable qu'avant Socrate et les sophistes, les philosophes grecs se sont tous adonnés à la physique, dans le sens le plus général de ce mot, inventé après eux [1].

D'un autre côté, à supposer qu'on doive considérer comme des écoles proprement dites les groupes de philosophes qu'on vient d'énumérer, il n'en résulte pas

---

1. Les mots φυσική et φυσικός ne se lisent pas une fois à ma connaissance dans les écrits authentiques de Xénophon et de Platon. C'est Aristote qui paraît avoir été le premier à les employer.

qu'il soit d'une bonne méthode d'étudier à part chacune d'elles, sans tenir compte de leurs dates relatives et de l'influence qu'elles ont pu exercer l'une sur l'autre. Si la géographie peut être impunément négligée dans le domaine de la pensée, il n'en est pas de même de la chronologie, condition première et essentielle de l'histoire, qu'il s'agisse des phénomènes visibles ou des créations de l'esprit. Or, c'est précisément à l'oubli de cette condition qu'il faut attribuer la plupart des idées fausses ou inexactes que je voudrais essayer de rectifier, en traitant de la succession des philosophes et de la filiation des systèmes pendant la période anté-socratique.

Presque tous ceux qui ont entrepris cette étude se sont proposé avec raison de prendre pour guide Aristote. Quoique les dialogues de Platon contiennent çà et là des indications précieuses sur tel ou tel de ses prédécesseurs, il n'annonce nulle part l'intention de faire une revue des anciens systèmes. Aristote est le premier qui se soit donné cette tâche, soit à propos d'une étude spéciale, comme dans le traité *De l'âme*, ou dans le *Politique*, soit en abordant les problèmes fondamentaux de la philosophie, comme au début de la *Métaphysique*. Il s'imposait en effet cette règle de méthode en toute recherche, de consulter d'abord ses devanciers, afin de constater l'état de la question, les résultats acquis et les desiderata de la science. C'est en s'appuyant sur l'autorité d'Aristote, mais en détournant plus d'une fois de leur véritable sens certains passages de ses écrits, que les historiens anciens ou modernes de la philosophie ont réparti les philosophes antérieurs à Socrate, tantôt entre l'école ionienne fondée par Thalès et l'école italique issue de Pythagore, tantôt entre quatre, cinq ou même six écoles, qu'Aristote ne distinguait certainement pas avec cette précision. Aussi bien procédait-il moins en historien qu'en philosophe, quand il exposait et appréciait les opinions des philosophes, et c'est par une véritable méprise qu'on a cru voir des rapports de maîtres à disciples là où il ne s'agissait pour lui que de simples rapprochements entre des doctrines dont la ressemblance n'est même pas toujours très frappante. Sans doute son souci habituel de l'exactitude ne lui permet pas d'intervertir l'ordre des temps ; mais, même en s'y conformant, il lui arrive de citer à côté l'un de l'autre des personnages qui vivaient dans des siècles différents, comme Thalès, par exemple, et Hippon, ou bien Hésiode et Parménide. Quelquefois, au contraire, il marque avec une grande précision l'ordre de succession de deux philosophes d'ailleurs très différents : « Empédocle, dit-il, était plus jeune qu'Anaxagore ; mais il le précéda comme écrivain. » Il est à remarquer enfin que jamais Aristote ne donne une liste chronologique de philosophes.

La plus ancienne liste de ce genre qui nous ait été conservée est due à Cicéron. Le même écrivain qui, dans les *Académiques,* passe en revue et caractérise avec un soin si minutieux tous les successeurs de Platon à l'Académie pendant trois siècles, a exposé et discuté dans le *De natura deorum*[1], en allant de Thalès à Chrysippe et à son disciple Diogène de Babylone, les doctrines théologiques de vingt-sept philosophes, entre lesquels il semble s'être appliqué, peut-être d'après Philodème, à suivre scrupuleusement l'ordre des dates. Douze de ces philosophes passent pour être antérieurs à Socrate, et si

1. Liv. I, ch. vii-x.

cette liste est conforme à la chronologie, c'est un document qu'on aurait tort de négliger, et qui mérite d'être pris en très sérieuse considération. En premier lieu viennent quatre philosophes ioniens choisis entre tous, savoir d'abord Thalès et Anaximandre et plus tard *(post)* Anaximène et « son disciple Anaxagore ». Cicéron passe ensuite à des philosophes que les érudits de son temps rattachaient à l'école italique. Il commence par Alcméon qui, étant de Crotone, habitait évidemment cette ville avant que Pythagore vînt s'y installer dans un âge déjà avancé[1]. Il nomme ensuite Pythagore, puis *(tum)* Xénophane, Parménide, Empédocle, Protagoras, Démocrite, et enfin Diogène d'Apollonie.

Du premier coup d'œil jeté sur cette liste, on voit combien, pour ces douze philosophes, la chronologie adoptée par Cicéron et ses contemporains est différente de celle des modernes historiens de la philosophie[2].

1. Cf. Aristote, *Métaph.* I, 5, 986, 29-30.
2. Voici l'ordre dans lequel Tennemann, V. Cousin, H. Ritter, Ed. Zeller, entre autres, étudient les philosophes qu'ils regardent comme antérieurs à Socrate :
Tennemann : 1º Thalès, Anaximandre, Anaximène ; — 2º Pythagore, Alcméon, etc. ; — 3º Xénophane, Parménide, Mélissus, Zénon ; — 4º Héraclite ; — 5º Leucippe, Démocrite, Empédocle ; — 6º Héraclite, Anaxagore, Diogène d'Apollonie, Archélaüs ; — 7º Gorgias, Protagoras, etc.
V. Cousin : 1º Thalès, Anaximandre, Anaximène, Diogène, Héraclite ; — 2º Leucippe et Démocrite ; — 3º Pythagore ; — 4º les éléates ; — 5º Empédocle, Anaxagore ; — 6º les sophistes.
H. Ritter : 1º Ioniens, *a)* Thalès, Hippon, Anaximène, Diogène d'Apollonie, Héraclite ; *b)* Anaximandre, Anaxagore, Archélaüs ; — 2º Pythagore, etc. ; — 3º Xénophane, Parménide, Zénon, Mélissus, Empédocle ; — 4º Leucippe et Démocrite ; — 5º Protagoras, Gorgias, Euthydème.
Ed. Zeller : 1º Thalès, Anaximandre, Anaximène, Hippon, Idée,

Son exposé historique est très incomplet, j'en conviens, et l'on s'en étonnerait à bon droit, s'il s'était proposé de n'omettre personne, ce qui n'est pas. On n'y trouve pas non plus un témoignage précis sur la filiation des doctrines[1], et, quant à la critique qui en est faite par l'épicurien Velléius au premier livre du *De natura deorum,* je me contente de faire remarquer que Cicéron y répond dans le second livre par la bouche du stoïcien Balbus. Ce qui me paraît digne d'attention, je le répète, ce sont les indications que donne ici sur la succession historique de plusieurs des plus anciens philosophes grecs, un écrivain aussi bien informé que l'était Cicéron.

J'omets à dessein le traité de Plutarque *De placitis philosophorum,* et l'auteur, quel qu'il soit, des *Philosophumena,* parce que l'un et l'autre sont à peu près muets sur la question que je traite ici.

Diogène Laërce, qui vient après, et à qui, faute de mieux, on est souvent obligé de recourir pour l'histoire de la philosophie grecque, ne mérite par lui-même que très peu de confiance, à cause de son défaut de jugement. Il ne vaut que par les auteurs qu'il cite sans discernement, et dont il faut toujours contrôler les témoignages : car ils n'offrent pas tous les mêmes garanties de savoir et d'impartialité. Dans la question qui nous occupe, il convient de considérer si l'on a affaire à des chronologistes proprement dits, tels qu'Apollodore, ou à des érudits préoccupés, comme Hermippe et Sotion, d'éta-

Diogène d'Apollonie ; — 2° Pythagore, Alcméon, etc. ; — 3° les éléates ; — 4° *a)* Héraclite ; *b)* Empédocle ; *c)* Leucippe et Démocrite ; *d)* Anaxagore ; — 5° les sophistes.

1. Remarquons cependant la désignation expresse d'Anaxagore comme « disciple d'Anaximène »

blir ou de conjecturer pour chaque école une succession régulière de maîtres et de disciples. Autant les premiers sont dignes de foi pour des dates qu'ils ont pris à tâche de vérifier, autant les autres sont sujets à caution, quand ils prétendent discerner entre des systèmes et des philosophes antérieurs à Socrate une parenté que Platon, Aristote et Théophraste ne soupçonnaient pas. Rien, en tout cas, dans l'histoire de ces temps reculés, ne saurait prévaloir contre la chronologie ; et, par conséquent, si l'on veut procéder utilement à une classification par écoles des philosophes du vi^e et du ve siècle avant notre ère, il faut d'abord être assuré de connaître le temps et le milieu où chacun d'eux a vécu, les hommes et les circonstances qui ont pu influer sur la direction de sa pensée.

II. — Les origines

On s'est souvent demandé si les Grecs n'auraient pas emprunté à l'Orient leurs idées philosophiques et dans quelle mesure. Ce qui rend cette question obscure et difficile, c'est l'absence de témoignages directs et de renseignements précis. On ne peut sortir d'embarras qu'en distinguant nettement deux choses : d'une part, les origines lointaines et très générales de la pensée grecque, d'autre part, les divers éléments qui, à une certaine époque, ont pu concourir à la formation de tel ou tel système particulier.

En effet, que les anciens Hellènes descendissent d'une ou de plusieurs races venues d'Asie, et de qui ils tenaient les premières semences de leur civilisation et de leurs croyances primitives, c'est ce qu'aucun esprit cultivé ne peut guère aujourd'hui mettre en doute. Ils étaient donc, au moins par là, tributaires de l'Orient.

Mais, s'il s'agit de philosophie proprement dite, il est impossible de méconnaître l'originalité et la puissance d'invention dont le génie hellénique a fait preuve dès ses premiers débuts dans cet ordre de recherches. Le mot même de philosophie désigne une chose inconnue aux Orientaux : la liberté de penser, l'indépendance de la science et, comme on le dirait aujourd'hui, son caractère absolument laïque. On ne doit donc admettre qu'à bon escient et sur des preuves solides l'importation en Grèce de doctrines philosophiques d'origine étrangère.

Il faut d'ailleurs s'entendre sur ce qu'on appelle l'Orient. Quand on parle de philosophie dans les temps reculés qui précédèrent Thalès, il ne peut être question en Asie que de la Chine, de l'Inde ou de l'Égypte. Or il n'existe aucune trace de relations intellectuelles entre la Grèce et la Chine, et si l'on est tenté d'établir un rapprochement entre les idées des Chinois et celles des premiers poètes grecs sur le rôle du Ciel comme principe des choses, un tel rapprochement aura peu de valeur pour quiconque se rappellera que, dès les temps les plus anciens, les sages de l'Égypte et de l'Inde faisaient de même au Ciel et aux phénomènes célestes une part considérable dans leurs idées sur l'origine et la formation du monde.

L'Inde est, en Orient, le seul pays où la philosophie ait été cultivée avec ampleur et avec originalité ; mais il paraît vraisemblable et il est généralement admis que les Grecs n'ont jamais connu que d'une manière très vague la philosophie sanskrite, et seulement après l'expédition d'Alexandre en Asie.

Reste l'Égypte, qui a été ouverte aux Grecs à partir du règne de Psammétichus (en 656). Les anciens ont beaucoup vanté la sagesse égyptienne, et l'on pourrait supposer que les premiers philosophes grecs puisèrent à cette source, si cette hypothèse n'avait pas contre elle l'opinion assez formelle de Démocrite et de Platon. Démocrite, dans un passage cité par Clément d'Alexandrie[1], atteste qu'avant d'avoir vu les prêtres égyptiens, il savait autant de géométrie que les plus savants d'entre eux. Platon, de son côté, au livre IV de sa *République*[2], refuse aux Égyptiens comme aux Phéniciens l'esprit philosophique, et soutient que ce qui les caractérise surtout, c'est l'amour du gain. Ce témoignage de Platon est comme un démenti opposé d'avance aux légendes accréditées par les platoniciens d'Alexandrie sur les origines orientales de sa philosophie. Ajoutons que, grâce aux patients travaux des égyptologues, les nombreux papyrus qui ont pu être déchiffrés nous permettent de constater par nous-mêmes combien les sujets des Pharaons avaient peu de goût pour les spéculations abstraites. Les tendances mystiques dont témoignent leurs hymnes à la Divinité sont le seul côté par lequel ils ont pu exercer une influence tardive sur la philosophie grecque.

D'autre part, on sait, par le témoignage unanime des anciens, que Thalès de Milet est le premier en date de tous les philosophes grecs ; et Diogène Laërce, qui ne manque jamais de signaler tous les maîtres et les disciples, réels ou supposés, de chaque philosophe, n'assigne

---

1. *Stromates*, I, 304, A. Cf. plus haut, chap. II, p. 18.
2. P. 435 et 436 a.

à Thalès lui-même aucun maître, d'accord en cela avec tout le monde.

Thalès n'eut donc point de maître. Est-ce à dire qu'il n'eut point d'antécédent ? Aristote est sur ce point plus utile à consulter que tous ses successeurs. Quand il expose au premier livre de la *Métaphysique* les idées par lesquelles Thalès inaugura « la science des premiers principes », il fait remarquer que « les anciens théologiens paraissent avoir pensé d'une manière analogue παραπλησίως ὑπολαβεῖν [1] ».

Plus loin, à propos de ceux qui, comme Parménide, Empédocle et Anaxagore, ont pressenti ou proclamé une cause de l'ordre, il dit qu'Hésiode fut peut-être « le premier qui rechercha une telle cause »[2]. Ces indications d'Aristote, rapprochées de son mot célèbre sur l'instruction que les philosophes peuvent puiser dans les mythes[3], me paraissent singulièrement suggestives en ce qui concerne les premières origines de la philosophie grecque. Il nous enseigne en effet, par son exemple, à chercher ces origines non au dehors, mais uniquement dans les traditions et les croyances primitives des Hellènes, transmises plus ou moins fidèlement par les poètes qu'il appelle « les anciens théologiens », et qui furent suivant lui les véritables précurseurs des premiers philosophes.

Le problème se réduit donc ici à observer, dans l'histoire des religions de la Grèce antique[4], l'élaboration

---

1. *Métaph.*, I, 3, p. 983 *b*, 29-30.
2. *Ibid.*, I, 4, p. 984 *b*, 23.
3. *Métaph.*, XII, 8 : Φιλόμυθός πως ὁ φιλόσοφος.
4. Voir surtout le savant ouvrage publié sous ce titre par Alfred Maury (Paris, 1857-1859, 3 vol in-8º), et dans lequel il a mis à profit les solides travaux de Creuzer, de Guigniault, d'Ottfried

lente, mais ininterrompue, des idées religieuses importées d'Asie en Europe par les Pélasges.

La philologie comparée a en effet mis en lumière dans notre siècle, avec la parenté des langues issues du sanskrit, celle des races qui les ont parlées, soit les Aryas de l'Inde, soit les Pélasges de la Grèce et de l'Italie. Les notions communes déposées tout d'abord dans leurs idiomes particuliers furent le point de départ et la première matière de leur travail intellectuel ; mais nulle part ce travail ne fut aussi original ni aussi puissant que chez les Grecs. Dans leur premier âge, pélasgique et védique, la religion naturaliste des Aryas de l'Inde ne subit que les modifications résultant naturellement des oublis et des migrations.

L'âge suivant est marqué par l'arrivée successive de nombreuses peuplades ou tribus de souche pélasgique, apportant chacune ses usages, ses cérémonies, ses divinités terrestres ou célestes, subordonnées à un dieu suprême, qui était revêtu, comme l'ancien Zeus pélasgique, des mêmes attributs que Varouna et Indra. Puis vient la fusion des quatre grandes races : éolienne, achéenne ionienne et dorienne. Avec ces races également éprises du beau et de l'harmonie, mais douées aussi d'un merveilleux sens pratique, les vieilles et obscures légendes font place peu à peu à des faits précis, premières lueurs des temps historiques. Aux noms mythiques d'Ellen, d'Ion, d'Eolus, succèdent des noms propres, qui ont bien l'air de désigner de véritables personnalités : Eumolpe, Musée, Linus, etc. Il est certain que quinze

---

Müller et d'autres éminents philologues, mais en substituant à leur méthode trop exclusivement analytique une méthode d'interprétation historique qui permet de suivre à travers les âges la filiation, sinon le progrès des idées.

siècles environ avant notre ère, des chantres inspirés (ἀοιδοί), poètes et prêtres, en Thessalie d'abord et en Piérie, puis en Béotie, propagèrent un culte nouveau, le culte des Muses, cortège du dieu dorien Apollon. Orphée est la grande figure de cette époque, je n'ose dire sa personnification, de peur de nuire peut-être à la mémoire d'un puissant promoteur de la culture grecque, en paraissant m'associer à des doutes mal justifiés sur son existence et, en général, à la négation du génie sous sa forme historique par excellence, celle d'une forte et bienfaisante individualité. On risque, en effet, en abusant des mythes en histoire, de confisquer les œuvres et la gloire des grands hommes au profit de masses ignorantes, dont le seul mérite a été d'accueillir, d'admirer et de suivre ces illustres pionniers de la civilisation.

Quoi qu'il en soit d'Orphée en particulier, c'est aux aèdes que la tradition attribue la composition de certains hymnes religieux appelés Νόμοι, sans doute parce qu'ils réglaient dans ses détails le culte du dieu de la mesure et de l'harmonie, Apollon Νόμιμος.

La prise de Troie et la fondation des colonies grecques de l'Asie Mineure fournirent ensuite une riche matière aux aèdes ioniens qui, avant Homère, célébrèrent dans des récits épiques « les exploits des dieux et des héros ».

Homère clôt la période des aèdes et ouvre celle de la grande poésie hellénique, en introduisant l'ordre dans une masse confuse de faits, de légendes et de faits épiques (ἔπη). Mais ce qui doit surtout frapper un philosophe dans les poèmes homériques, c'est la transformation qu'ils attestent dans les idées religieuses des premiers âges. Le chantre de génie qui, vers l'an 1000, composa l'*Iliade* et l'*Odyssée*, ne fit pas seulement sur les chants de ses prédécesseurs un travail analogue (mais combien supérieur!) à celui de l'Arioste sur les rimes des trouvères du moyen âge. Ses deux immortelles épopées marquent une nouvelle et décisive étape de la pensée grecque, en quête de son idéal religieux et poétique. Outre des récits dramatiques du plus grand événement des temps héroïques et une peinture des mœurs de l'âge suivant, on y trouve la mythologie désormais classique du peuple artiste qui, sans rompre avec l'ancien naturalisme, lui a imprimé un tour intellectuel et moral, en lui superposant le plus brillant anthropomorphisme, consacré à la fois par le génie des poètes et par le suffrage de l'imagination populaire.

Ce n'est pourtant pas Homère, c'est Hésiode, venu un siècle plus tard, qu'Aristote appelait de préférence « le théologien (ὁ θεόλογος) ». C'est en effet l'auteur de la *Théogonie* qui a le premier systématisé les idées religieuses propres aux Grecs et préludé à des conceptions philosophiques. Le ciel et la terre étaient seuls à l'origine des choses en Chine et dans l'Inde; à la terre, principe passif, Hésiode adjoint dans le chaos primitif un principe d'action, l'amour. Son naturalisme symbolique est comme un premier essai d'exégèse. Ajoutez à cela une hiérarchie des divinités déterminée par l'idée de leur naissance, des générations de dieux et de déesses correspondant aux principales phases de l'univers: car dans la *Théogonie*, comme dans *Les Travaux et les Jours*, l'auteur est préoccupé des changements et de leurs lois. Dans le second de ces poèmes, il décrit en moraliste la succession des âges de l'humanité; dans l'autre, c'est par une sorte de physique générale qu'il explique la suite des révolutions cosmiques. Les dieux d'Hésiode sont soumis au même mode de génération que les hommes : c'est pour lui, comme pour Homère, la racine de son anthropomorphisme. Chez tous les deux, Zeus est le Dieu sage qui fait succéder l'ordre au désordre, et de là sans doute est né le proverbe qu'Aristote rappelle si volontiers : « Le meilleur est à la fin. » Avec cette idée d'ordre personnifiée en un dieu suprême qui régit les mouvements et les forces de la nature, la théologie des Grecs est enfin constituée : « Homère et Hésiode, dit expressément Hérodote, ont fixé la religion des Grecs. »

Quelques érudits croient devoir attribuer ce progrès à l'influence des mystères. Mais leurs conjectures ne s'accordent pas avec ce qu'on sait de cet enseignement. Il n'est fait allusion aux mystères ni dans Homère ni même dans Hésiode ; ils paraissent donc être d'une époque plus récente. Peut-être faudrait-il voir dans le mythe hésiodique de Proserpine un de ces thèmes sur la vie future qu'on développa ensuite avec tant de solennité dans les mystères d'Eleusis.

En l'absence de livres sacrés et de toute caste ou classe sacerdotale, l'exposition et la libre interprétation des croyances religieuses rentraient, après comme avant Homère et Hésiode, dans les attributions des poètes : la Grèce n'eut pas d'autres théologiens, circonstance éminemment favorable au développement et à l'émancipation de la pensée. Du IXe au VIIe siècle, des genres nouveaux de poésie furent mis en honneur. A côté des derniers aèdes et des rhapsodes qui leur succédèrent, des poètes dont Tyrtée est le plus fameux composèrent, dans le mètre élégiaque, des hymnes religieux ou guerriers, en attendant les chants de douleur et d'amour de Mimnerme. D'autres, comme Archiloque, pour traduire les diverses passions de l'âme, eurent recours aux ïambes et aux mètres variés de la poésie mélique ou lyrique. Tandis qu'à des besoins nouveaux le génie des Hellènes, des Ioniens surtout, adaptait ainsi des formes nouvelles, une longue lignée de poètes épiques, obscurs imitateurs d'Homère et d'Hésiode, continuaient la tradition de ces deux grands poètes, devenus les instituteurs de la Grèce. Les uns, reprenant les récits d'Homère, les poursuivaient jusqu'à la mort d'Ulysse et au delà, jusqu'au temps où ils vivaient eux-mêmes. Les autres essayaient, sur les traces d'Hésiode, de compléter la généalogie des dieux et des déesses par l'histoire de leurs unions avec des mortels. Enfin, de Théognis à Phocylide et à Solon, de nombreux poètes gnomiques déposèrent dans des vers épiques ou élégiaques des conseils de sagesse pratique.

La Grèce comptait alors des sages de plus d'une sorte : d'habiles politiques, renommés pour leur connaissance des hommes, tels que Pittacus et Périandre, Solon, Cléobule et Chilon ; des moralistes, simples particuliers, comme Bias, le Scythe Anacharsis, le Phrygien Esope ; des hommes inspirés, des théosophes, comme Acusilaüs, Epiménide, Phérécyde, Hermotime, et enfin de très rares hommes de science, comme Thalès. La plupart de ces sages n'écrivirent point ; plusieurs de leurs maximes furent inscrites au fronton du temple de Delphes ; on admirait entre autres celles-ci : *Rien de trop ; — Saisis l'occasion ; — Connais-toi toi-même.*

C'est à la fin du viie siècle avant notre ère et au commencement du vi[e] que naquit la philosophie, héritière de tous ces sages et de leurs préceptes pour la conduite raisonnée de la vie, mais héritière aussi et surtout de cette foule de poètes qui, pendant tant de siècles, avaient retracé dans leurs vers, sur la foi de la tradition, les origines, la transformation incessante et les phases successives de l'univers. Quand un homme parut qui, abordant résolument une recherche jusqu'alors inconsciente chez ses compatriotes, entreprit de résoudre le grand problème des origines par la raison et par l'expérience et d'expliquer autrement que par des mythes et des légendes le devenir universel, la philosophie fut enfin fondée. Cet homme fut Thalès, l'un des sept personnages historiques à qui l'admiration de leurs contemporains décerna spécialement le titre de sages. C'est ainsi qu'après tant de créations aussi brillantes qu'originales, l'esprit hellénique, voué d'abord tout entier à la poésie, s'éleva de lui-même et par ses seules forces dans la sphère lumineuse de la réflexion, de la méthode et de la science.

Le même siècle vit paraître les premiers écrivains en prose, historiens ou philosophes, les uns se rattachant immédiatement aux poètes du cycle homérique, les autres à ceux du cycle hésiodique. Les premiers ne furent d'abord que des chroniqueurs et portaient le nom de logographes ; le nom d'historiens (συγγραφείς, écrivains sachant composer) qui leur fut donné plus tard semble attester qu'ils maniaient avec plus de talent la langue de la vie pratique; mais les deux plus anciens prosateurs grecs connus, Anaximandre et Phérécyde, appartiennent à la philosophie.

On voit en résumé que, soit pour le fond, soit pour la forme, la philosophie grecque ne fut pas une importation du dehors, mais un fruit spontané du génie national. Fidèle à la pensée originale qui lui avait donné naissance, elle s'appliqua jusqu'à Socrate à la recherche à peu près exclusive de la première origine des choses. Tous les philosophes de cette première période, sans distinction de pays ni de race, s'adonnèrent à l'étude de la nature. Tous au début étaient ioniens ; tous furent physiciens, et il n'y a pas lieu, pour le vi⁰ siècle du moins, de les répartir tout d'abord en plusieurs écoles. Il est donc, semble-t-il, d'une sage méthode de suivre simplement l'ordre des temps, en étudiant d'abord les philosophes du vi⁰ siècle, puis ceux du v⁰ jusqu'à Socrate, sans briser prématurément l'unité primordiale de cette époque de première formation où une série de libres chercheurs ne connaissent qu'un seul et même problème, celui des origines et — circonstance plus frappante encore, — répondent tous à cette question de la même manière, par l'hypothèse enfantine de l'évolution.

III. — Le vi⁰ siècle

Les deux premiers philosophes grecs dans l'ordre des temps, Thalès et Anaximandre, étaient tous les deux de Milet. Apollodore rapporte la naissance de Thalès à la première année de la 35⁰ Olympiade (640 avant Jésus-Christ), et le même chronologiste dit qu'Anaximandre avait 64 ans dans la seconde année de la 58⁰ Olympiade, ce qui équivaut à le faire naître en 611.

Thalès et Anaximandre, curieux comme tous leurs contemporains de connaître l'origine des choses, mais la cherchant en philosophes et en physiciens, recoururent à un principe matériel dont le développement aurait produit l'univers. Ce principe, suivant Thalès, était l'eau, ce qui veut dire sans doute que le monde (ou seulement la terre?) n'était à l'origine qu'une masse liquide. Aristote constate que Thalès fut « le fondateur de cette manière de philosopher [1] » et relève l'analogie de cette hypothèse avec la vieille croyance poétique qui représentait l'Océan et Thétis comme les auteurs de l'univers. Il ne connaît d'ailleurs le système de Thalès que par tradition, ce philosophe n'ayant rien écrit. Il n'en est pas de même d'Anaximandre dont le livre, écrit en prose et achevé en 547, était encore sept siècles après dans les mains d'Apollodore.

Venu trente ans après Thalès, Anaximandre ne put sans doute ignorer les travaux de son illustre compatriote ; mais Aristote n'établit entre eux aucun rapprochement qui autorise à regarder l'un comme le maître ou le disciple de l'autre. Leurs systèmes étaient au fond très différents. *L'Infini* (τὸ ἄπειρον) qui servait de principe à Anaximandre a fait penser tout d'abord au Χάος d'Hésiode ; mais cet Infini était un mélange confus (μῖγμα), fort semblable à cet autre chaos décrit par Ovide et dans lequel se trouvaient pêle-mêle tous les contraires,

Humida cum siccis, sine pondere habentia pondus.

Les éléments de ce mélange n'étaient pourtant pas inertes. Les contraires d'Anaximandre (ἐναντιότητες) étaient pour ainsi dire des forces de la nature, la sécheresse, par exemple, la chaleur, la pesanteur et leurs contraires. C'est par leur séparation (ἔκκρισις) et par leur libre jeu qu'Anaximandre expliquait la naissance de tous les êtres. Ritter, se fondant sur une indication d'Aristote, a signalé et établi, ce me semble, d'une manière irréfragable une différence assez profonde entre le point de vue d'Anaximandre et celui de Thalès. Ce dernier

1. Ἀρχηγός τοιούτης φιλοσοφίας. *Métaph.*, I, 3, p. 983 *b*, 20.

était évidemment dynamiste, quand il supposait une transformation incessante du premier principe des choses, tandis qu'Anaximandre, en attribuant le débrouillement de son mélange primitif à l'action de ses éléments, semblait se placer au point de vue du mécanisme. Il est vrai que, dans son système, ce mouvement est immanent ; il était donc évolutionniste panthéiste comme Thalès. Tous les deux, de même, étaient matérialistes sans le savoir, personne n'ayant encore opposé l'esprit à la matière. Ils attribuaient naïvement l'intelligence à leur premier principe, et peuplaient leur univers d'âmes et de dieux. Enfin on doit remarquer que, si Anaximandre ne voyait pas dans l'eau, comme Thalès, la première origine du monde, il faisait jouer à cet élément un rôle considérable dans l'évolution des choses visibles ; mais il expliquait par le feu et par l'action du soleil la transformation des espèces vivantes.

Thalès et Anaximandre furent, dans leur temps, les seuls représentants du groupe de philosophes qu'on appelle communément les physiciens d'Ionie. Quant à une école ionienne proprement dite, on la chercherait vainement à cette époque. On verra plus loin ce qu'il faut penser de la tradition qui fait d'Anaximène le disciple d'Anaximandre.

Après Thalès et Anaximandre, nous rencontrons dans le même siècle un troisième philosophe, ionien comme eux et physicien, mais fondateur d'une école qu'Aristote appelle *Italique*, à cause du pays où elle recruta le plus grand nombre de ses adhérents. Pythagore était de Samos. La date de sa naissance est très controversée, mais on peut sans trop de témérité la placer entre 590 et 580 : car, suivant des indications qui paraissent venir d'Apollodore et qui sont confirmées par Cicéron, il se serait établi à Crotone vers l'an 534, et il serait mort vers l'an 500, ayant de 80 à 90 ans ; il devait donc être né dans la seconde décade du vi⁰ siècle.

La philosophie de Pythagore, comme celle de ses devanciers, se rattachait à Hésiode et aux anciens théologiens, mais à travers deux ou trois théosophes réformateurs : Acusilaüs d'Argos, le Crétois Epiménide, auteur d'un poème intitulé *Théogonie,* et surtout Phérécyde de Scyros, qui avait aussi écrit une *Théogonie,* mais « en brisant le mètre », ainsi que s'exprime Strabon, c'est-à-dire en prose. Une tradition très vraisemblable met Pythagore en relation avec Phérécyde, à qui il emprunta peut-être sa doctrine de la métempsycose ainsi que la première idée du rôle si important attribué au feu dans son système. Aristote estime que ce fut sa prédilection pour les mathématiques qui amena Pythagore à sa théorie des nombres et à la conception de l'unité comme premier principe de toutes choses. Il admettait dans l'homme et dans tous les êtres un principe d'unité et un principe de dualité ou de diversité, la monade et la dyade. Il se représentait l'univers comme un tout harmonieux, animé d'un mouvement circulaire autour d'un feu central, et dont l'harmonie résultait de rapports numériques, de la proportion et de la beauté des figures et d'une combinaison mathématique des contraires. Il employa le premier ces deux mots admirables κόσμος, φιλοσοφία, pour désigner d'une part l'ordre dans l'univers, d'autre part la libre recherche et l'amour de la science. Il est évident, d'ailleurs, que les anciens, frappés de sa grande originalité, ont souvent mis sous son nom les idées de plusieurs générations de Pythagoriciens, jusqu'à Archytas, au milieu du iv⁰ siècle.

Si, comme Cicéron l'affirme, Pythagore n'arriva à

Crotone qu'au temps de Tarquin le Superbe, c'est-à-dire au plus tôt en 534, il fuyait sans doute comme le poète Alcée la tyrannie de Polycrate à Samos. Il est très probable qu'avant de s'expatrier à l'âge d'environ 55 ans, il s'était fait connaître comme savant et comme philosophe à Samos et parmi les Ioniens de l'Asie Mineure, témoin Héraclite d'Éphèse et Xénophane de Colophon, qui, dans des fragments parvenus jusqu'à nous, font allusion à ses découvertes en mathématiques et à sa foi dans la transmigration des âmes. On a donc lieu de croire qu'il apporta à Crotone une doctrine toute faite et qu'il enseignait avec autorité. C'est en effet parmi ses disciples que fut inauguré ce mot fameux : « Le maître l'a dit. » Le médecin crotoniate Alcméon fut sans doute un de ses premiers disciples, et peut-être un des membres de l'association philosophique, religieuse, morale et politique fondée par Pythagore dans le double but de propager sa doctrine et de réformer à la fois les idées religieuses, les lois et les mœurs de Crotone et des cités grecques de l'Italie méridionale. Sous l'influence, quelque temps toute puissante, de l'Institut pythagorique, les Crotoniates ayant retrempé leur courage dans une vie plus rude et plus austère, remportèrent une victoire éclatante sur leurs voisins efféminés de Sybaris, dont ils avaient auparavant subi la domination. Le philosophe avait, dit-on, combattu lui-même dans leurs rangs.

Après avoir été l'objet du respect, de la reconnaissance et de l'admiration enthousiaste des habitants de Crotone, Pythagore eut affaire à une réaction démagogique sous laquelle il succomba ou devant laquelle il dut se retirer : car on ne sait ni où ni comment il mourut, quoique Cicéron parle de son séjour à Métaponte, où il se serait retiré.

Xénophane, que les historiens de la philosophie s'accordent à placer après Pythagore, était cependant plus âgé que lui et même qu'Anaximandre, puisque, suivant le triple témoignage d'Apollodore, de Sotion et de Sextus Empiricus il était né dans la quarantième Olympiade, c'est-à-dire vers l'an 615 avant notre ère. Mais il s'inspira certainement des idées de ces deux philosophes. Il vécut d'ailleurs fort longtemps : il se donne lui-même 92 ans dans des vers qui nous ont été conservés[1], et il était, dit-on, plus que centenaire quand il mourut, dans le même temps à peu près que Pythagore.

Xénophane avait écrit, dans le dialecte ionien, des poésies de toutes sortes, élégies, vers épiques, ïambes et scolies, avant de se fixer à Élée, où il composa, sur la fin de sa carrière, un poème philosophique dont il nous reste quelques fragments. Dans une de ses poésies légères, il signalait comme l'événement le plus considérable de son temps « l'invasion du Mède[2] », c'est-à-dire d'Harpagus, le lieutenant de Cyrus, qui, après la prise de Sardes, en 547, envahit et subjugua les colonies grecques de l'Asie Mineure. Ce fut, selon toute probabilité, ce qui détermina Xénophane à quitter Colophon et à chercher une autre patrie, d'abord en Sicile, à Zancle, puis en Grande-Grèce, à Crotone, et enfin dans la colonie fondée à Élée par les Phocéens. « C'est dans la soixantième Olympiade (entre 540 et 536) que florissait Xénophane, » dit Diogène Laërce, parlant, non de la fleur de l'âge, comme quelques-uns se le sont figuré, mais de la réputation du philosophe octogénaire,

---

1. *Fragm. philos. græcorum*, édition Mullach (Paris, Didot, 1860), t. I, p. 106, n° 24.
2. *Ibid*, p. 104, n° 17.

qui fondait alors l'école d'Élée, suivant les érudits d'Alexandrie sur lesquels s'appuie le compilateur.

Aristote ne s'exprime pas en termes aussi formels sur l'école de Xénophane. Il se contente de dire qu'il est « le premier de ceux qui ont tout réduit à l'unité[1], puisque Parménide passe pour avoir été son disciple ». Dans le même passage, l'auteur de la Métaphysique apprécie assez durement la doctrine de Xénophane. Il dit que « Parménide semble avoir conçu l'unité au point de vue de la forme et de l'essence et Mélissus au point de vue de la matière, mais que Xénophane n'avait rien précisé à cet égard, qu'il avait considéré le ciel (c'est-à-dire le monde) dans son ensemble et appelé Dieu cette unité ». Enfin il déclare « le mettre de côté, ainsi que Mélissus, comme étant l'un et l'autre un peu trop grossiers ».

Aristote, préoccupé peut-être de ses quatre principes et en particulier de sa distinction de la matière et de la forme, se montre ici trop sévère, j'ose le dire, pour un penseur original qui, après avoir traversé, en les transformant à son usage, la physique de Thalès et celle d'Anaximandre, ainsi qu'en témoignent les fragments de son poème que nous avons sous les yeux, s'élevant avec Pythagore à des vues plus hautes et faisant avec lui la guerre aux superstitions accréditées par Homère et Hésiode, dénonça le premier en philosophe et avec une vigueur singulière les folies de l'anthropomorphisme. Il ne disait pas seulement : « Homère et Hésiode ont attribué aux dieux tout ce qui est le plus déshonorant parmi les hommes, le vol, l'adultère, la trahison. » Il

---

1. Mot à mot : « Le premier qui ait unifié, ἑνίσας. » *Métaph.*, I, 5, p. 986 *b*, 21 22.

généralisait cette pensée : « Ce sont les hommes qui semblent avoir fait les dieux et leur avoir donné leurs sentiments, leur voix et leur visage. Si les bœufs et les lions avaient des mains et s'ils savaient peindre, les chevaux se serviraient des chevaux et les bœufs, des bœufs pour représenter leurs idées sur les dieux, et ils leur donneraient des corps tels que ceux qu'ils ont eux-mêmes [1]. »

Tout en déclarant que « la Divinité ne ressemble aux mortels ni pour la figure ni même pour l'esprit », Xénophane lui assignait des attributs moraux, surtout l'intelligence ; mais il résulte des fragments que nous possédons de son poème, ainsi que de l'analyse étendue qu'en avaient donnée Théophraste et Simplicius, et dont le sens nous a été conservé, qu'il insistait spécialement sur l'unité d'un Dieu suprême, « au dessus des dieux et des hommes [2] ». Il la démontrait par des arguments pleins de subtilité, et transformait en une sorte d'antinomie l'opposition, déjà signalée peut-être par Pythagore, entre cette unité immuable et la pluralité mobile et changeante des apparences sensibles. On assiste là à la naissance de la métaphysique.

IV. — Transition du vi^e au ve siècle

Avec Pythagore et Xénophane, on arrive à la fin du vi^e siècle. Aucun de leurs disciples n'a laissé une trace dans l'histoire avant les premières années du siècle suivant. Après eux il ne reste que deux philosophes connus,

---

1. *Fragm. philos. græcorum*, t. I, p. 101-102, n°s 5 et 6.
2. *Ibid.*, p. 101, n° 1.

Anaximène et Héraclite, qu'on puisse considérer comme ayant vécu dans le même temps. Mais, s'ils n'ont atteint leur maturité, s'ils n'ont écrit et exercé quelque influence qu'à une époque ultérieure, il faut évidemment leur faire une place à part entre le siècle de Solon et celui de Périclès.

Pour Héraclite, il ne peut guère y avoir de doute à cet égard : le seul renseignement incontesté que nous possédions sur le temps où il vivait, c'est qu'il florissait vers la soixante-huitième Olympiade (de 504 à 500 avant J.-C.). Dans les fragments qui nous restent de son livre, il mentionne non seulement Pythagore et Xénophane, mais encore le logographe Hécatée, qui ne commença à écrire qu'à son retour des voyages qu'il avait entrepris vers l'an 500.

En ce qui concerne Anaximène, un texte d'Apollodore, transcrit par Diogène Laërce, nous est parvenu dans un état de mutilation qui le rend inintelligible ; mais il y est fait mention de la prise de Sardes, comme ayant coïncidé avec la naissance, ou avec l'âge mûr, ou avec la mort du philosophe. Or, Suidas affirme expressément qu'Anaximène naquit l'année de la prise de Sardes par Cyrus, après la défaite de Crésus, c'est-à-dire l'an 547. On est donc fondé à considérer Anaximène comme un contemporain d'Héraclite. Diogène Laërce, il est vrai, en fait un disciple d'Anaximandre. Mais Cicéron, beaucoup mieux informé assurément que Diogène, donne Anaximène pour maître à Anaxagore, ce qui se concilie parfaitement avec la date rapportée par Suidas, mais non avec le dire de Diogène. Ajoutons à cela que la réputation d'Anaximène comme écrivain d'un style très pur dans le dialecte ionien autorise à penser qu'il n'a pas dû précéder de beaucoup Hérodote.

L'ouvrage d'Anaximène ne nous a pas été conservé; mais ce qu'on connaît de son système confirme les indications précédentes. Il ne cherchait le premier principe des choses ni dans l'eau comme Thalès, ni dans l'infini primitif et indéterminé d'Anaximandre, mais dans l'air, qu'il concevait infini et enveloppant l'univers. Cette conception n'était pas nouvelle : elle se trouvait déjà, quoique au second plan, chez Pythagore et chez Xénophane ; ce qui est propre à Anaximène, ce n'est pas d'avoir ajouté l'idée d'infini à l'idée de l'air : c'est, comme le dit Cicéron, de « l'avoir appelé Dieu », et d'en avoir fait le principe qui, par un double mouvement de concentration et de dilatation, est devenu la terre, l'eau et le feu, lesquels à leur tour ont produit tout le reste. Anaximène admettait en outre la pluralité des dieux ou des mondes, sujets à des alternatives de production et de destruction.

On ne connaît exactement la date de la naissance ni de la mort d'Héraclite; mais, ainsi que je l'ai déjà fait remarquer, tout le monde admet qu'il florissait au commencement du ve siècle ; et si, comme il est permis de le croire, il était né vers 540 ou 535, sa mort pourrait être placée de l'an 475 à l'an 470. Il n'eut vraisemblablement aucune relation avec Anaximène, bien loin d'avoir été, comme l'ont supposé des érudits de date récente, son disciple et son successeur dans une école qui, en fait, n'existait pas. Diogène Laërce — chose remarquable — compte Héraclite parmi les « isolés », c'est-à-dire, sans disciple et sans maître. D'un autre côté, Sotion lui donne pour maître Xénophane ; l'auteur des *Philosophumena* le met au nombre des pythagoriciens ; enfin Sextus et Suidas le font disciple d'Hippase de Métaponte, et il y a un passage d'Aristote qui, avec de la bonne volonté, a pu être interprété dans ce sens[1]. Mais à quoi bon chercher çà et là un maître à Héraclite ? Ne suffit-il pas de savoir, grâce aux fragments qui nous restent de lui, que, d'une part, il avait lu les écrits de ses devanciers et que, d'autre part, il avait mis à profit les spéculations de Pythagore, de Xénophane et des deux premiers physiciens de Milet ? Il les continua avec son génie propre, en les combinant et en mettant l'accent sur quelques doctrines fondamentales auxquelles son nom demeure attaché et par lesquelles il a pu influer, d'abord sur ses plus illustres successeurs, Parménide et Anaxagore, puis sur Platon et enfin sur les stoïciens, ses héritiers en physique. Voici, en résumé, quelles étaient ces doctrines.

C'est d'abord l'hypothèse d'un feu primordial pris pour premier principe, et dont l'idée a pu être empruntée, soit à la tradition pythagoricienne en général, soit plus spécialement à Hippase de Métaponte. Mais Héraclite, à la différence de Pythagore, raisonnait ici en physicien plutôt qu'en astronome. Tout, suivant lui, est né de ce feu qui, en s'éteignant ou en se refroidissant, est devenu l'air, l'eau, la terre, les dieux, les démons et les hommes ; et tout retourne au feu en s'échauffant et en s'embrasant.

Le philosophe d'Éphèse s'inspirait encore d'une autre conception pythagoricienne, quand il érigeait en loi de toute naissance et de toute mort la lutte des contraires qui, selon lui, se succèdent et s'engendrent mutuellement, en sorte que toute naissance est une mort et toute

---

1. *Métaph.*, I, 3 : « Hippase et Héraclite d'Éphèse parlent du feu comme principe des corps simples (c'est-à-dire de l'air, de l'eau et de la terre).

mort une naissance : la mort d'un dieu est la naissance d'un homme, et quand l'homme meurt, son âme, rendue au feu, devient un dieu. Héraclite appelait la guerre, dont le nom est masculin en grec (πόλεμος), « le père, le roi et le maître de l'univers ».

Cette lutte féconde des contraires n'a rien de commun avec le dualisme de Zoroastre, auquel on l'a comparée. Il n'y a pas chez Héraclite deux principes, mais un seul, qui sans cesse passe d'un état à l'état contraire. De là des manières de parler qui supposent la coexistence ou l'identité des contraires, ce qui a donné lieu à Aristote de dire qu'Héraclite avait nié le principe de contradiction.

Le premier principe d'Héraclite est souverainement intelligent ; sa pensée pénètre et agit partout, et gouverne l'univers. D'un autre côté, il est absolument un, et lui seul est sans changement. A cette double conception se rattachent, d'une part, des propositions paradoxales sur le néant des choses visibles (« rien n'est, tout devient ; tout s'écoule » ; — « on ne peut s'embarquer deux fois sur le même fleuve », etc.); d'autre part, une opposition radicale entre la « raison commune (κοινός λόγος) », seule infaillible, seule source de la vraie science, et « la sagesse individuelle (ἰδία φρόνησις) », qui, suivant un savant et judicieux commentaire de Sextus Empiricus, n'est autre que le témoignage trompeur des sens. C'est ainsi qu'Héraclite nous apparaît comme ayant opéré une transition de Xénophane, encore si attaché aux sens, à Parménide, qui leur refuse toute créance.

Un sentiment profond et caractéristique de l'imperfection du *devenir* inspirait à Héraclite un grand mépris du multiple, du variable, de l'individuel, de la vie humaine elle-même, si misérable, condamnée qu'elle est à la maladie, à la souffrance, à l'erreur, à la mort. Est-ce même une vie véritable ? Est-ce autre chose qu'une vaine apparence ?

Anaximène et Héraclite ont écrit dans le premier quart du ve siècle, et ils ont contribué à l'éducation philosophique de ce siècle. Cependant ils représentent encore l'esprit du temps où ils ont pris naissance ; ce ne sont pas encore de vrais contemporains de Parménide, d'Empédocle et d'Anaxagore. Qu'il me soit permis d'insister sur la distinction, trop négligée à mon gré, entre ces deux premiers âges de la philosophie grecque. Le siècle de Solon ne diffère pas seulement de celui de Périclès au point de vue social, politique et littéraire; la différence est plus tranchée encore dans l'ordre des idées.

La philosophie au vi[e] siècle, par l'organe de ces quatre premiers initiateurs, Thalès et Anaximandre, Pythagore et Xénophane, avait rapporté à un seul principe, conçu très diversement, le devenir universel, la génération des dieux, des hommes et de tous les êtres, et les révolutions de l'univers, à partir du chaos qui, dans la tradition religieuse et poétique des Hellènes, était au commencement de tout. Imbus de ces idées mythologiques, préoccupés des phénomènes sensibles, uniquement adonnés à la recherche des origines, les philosophes de cette première période s'étaient tous attachés à des hypothèses naturalistes et transformistes; tous avaient accepté, chacun à sa manière, le polythéisme homérique et l'évolution hésiodique ; mais tous aussi avaient enseigné plus ou moins clairement l'unité d'un premier principe, mal distingué encore de ses manifestations. Quelque confuses, sinon inconscientes, que fussent leurs idées sur ce point, il est incontestable que ce principe immanent de l'univers était, dans leur pensée, éternellement un et vivant. En un mot, le dogme de l'unité du premier principe ou d'un Dieu suprême est la conquête philosophique du vi[e] siècle.

Il suffit de nommer Anaxagore et Socrate pour faire comprendre ce que le siècle suivant ajouta à cette première notion. L'intelligence, une seule intelligence, nettement distinguée du monde et conçue d'abord comme cause motrice et ordonnatrice, puis comme cause conservatrice et providentielle, telle fut l'idée nouvelle apportée par le grand philosophe de Clazomène, et que développa ensuite celui que l'oracle de Delphes proclama de son vivant le plus sage des Grecs. C'était la première inauguration du spiritualisme en philosophie. Ou il faut renoncer à établir des distinctions dans l'histoire des systèmes, ou l'on doit avouer qu'il y a là un de ces événements qui font époque dans les annales de l'esprit humain.

Dans le même temps, soit par réaction contre un dogmatisme nouveau, soit plutôt par un développement simultané de deux idées corrélatives, une théorie originale des éléments du monde visible, l'atomisme de Leucippe et de Démocrite, donnait à l'évolutionnisme traditionnel une forme plus savante. On peut résumer l'œuvre philosophique du ve siècle tout entier dans ce double mouvement d'idées qui mit en lumière et en opposition pour la première fois les notions d'esprit et de matière.

V. — Le ve siècle

Le ve siècle s'ouvre avec la seule école proprement

dite de philosophie que lui ait léguée le siècle précédent, celle de Pythagore. C'est ici surtout qu'il importe de se garder des erreurs qu'entraîne l'oubli de la chronologie. Les anciens en général, et Aristote en particulier, nous présentent en bloc les opinions des pythagoriciens, sans trop s'inquiéter de la date où chacun d'eux a vécu, et les érudits qui, dans les temps modernes, ont voulu en faire l'histoire, ont presque tous commis cette faute grave de traiter comme appartenant à une même époque les représentants d'une école qui a duré sans interruption depuis la fin du vi^e siècle jusqu'au milieu du ive et même au delà. Or, s'il peut paraître utile de distinguer, comme le fait avec tant de rigueur M. Edouard Zeller, entre la philosophie spéculative de Pythagore et le pythagorisme moral, politique et religieux, qui n'est pourtant pas moins authentique que l'autre, mieux vaudrait encore ne pas exposer pêle-mêle, avec les idées propres à Pythagore, non seulement celles de ses disciples immédiats, mais encore celles d'Epicharme, celles de Philolaus, de Lysis et d'Archytas.

Se borne-t-on même à la première moitié du ve siècle, on y devrait distinguer d'abord une période de persécution qui date au moins de la mort de Pythagore, et pendant laquelle son école se confina dans les mystères, à l'abri du grand nom d'Orphée, à l'état de société secrète et essentiellement mystique, puis une autre phase où, la réaction démocratique ayant abouti presque partout en Grande-Grèce et en Sicile à l'établissement d'une tyrannie, comme celle de Gélon et d'Hiéron à Syracuse, le pythagorisme reparut au grand jour, dans les vers du poète philosophe Epicharme.

Peut-être faut-il rattacher à la période de mysticisme

que traversa l'école pythagoricienne le nom et le personnage quelque peu légendaire d'Hermotime de Clazomène, qu'Aristote semble signaler comme ayant précédé et préparé Anaxagore, en proclamant une intelligence ordonnatrice du monde.

On a déjà fait remarquer que les plus anciens philosophes grecs, d'accord avec les poètes, attribuaient l'intelligence à leur premier principe, mais que, cette intelligence n'étant qu'une forme éminente de l'évolution universelle, ils n'y attachaient pas expressément l'idée d'une causalité distincte et indépendante. Le philosophe qui, suivant Aristote, mit le premier en avant cette notion de cause motrice serait Parménide d'Élée. Voici comment s'exprime l'auteur de la *Métaphysique* : « Tandis que ceux qui admettaient plusieurs éléments se bornaient, avant Anaxagore, à supposer dans le feu une force motrice[1], aucun des partisans de l'unité du Tout n'est arrivé à la conception de la cause dont nous parlons, à l'exception peut-être de Parménide, en tant qu'il ne se contente pas de l'unité, mais pose en quelque sorte deux causes[2]. »

Parménide fut-il disciple de Xénophane? Aristote ne l'admet que comme un on dit (λέγεται), retenu qu'il est par la chronologie, qui s'accorde mal avec cette tradition. Si, en effet, Parménide vint à Athènes vers l'an 450, à l'âge de soixante-cinq ans, comme le rapporte

1. *Métaph.*, I, 3, p. 984 *b*, 5 suiv. jusqu'à la fin du chapitre.
2. *Ibid.*, p. 984 *b*, 1-4. M. Pierron, d'ordinaire si exact, a cru pouvoir traduire : « pose en quelque sorte deux causes *en dehors d'elles*. » Ces derniers mots, ajoutés au texte, faussent la pensée d'Aristote, qui ne parle pas ici de trois causes, mais de deux seulement, l'Unité et l'Amour, principe du mouvement, comme cela est expliqué au chapitre iv du même livre.

Platon, et si, par conséquent, il était né vers l'an 515, il n'y a pas apparence qu'il ait pu recevoir les leçons du philosophe centenaire qui mourait précisément vers cette date. Mais il était d'Elée ; il ne put ignorer la doctrine que Xénophane avait laissée par écrit, et Aristote relève la ressemblance intime des deux systèmes. Parménide exposa aussi le sien dans un poème dont il nous reste des fragments en assez grand nombre pour donner une idée de sa philosophie, mélange étonnant de métaphysique subtile et même profonde et de physique enfantine et grossière. L'Unité du Tout (τὸ ἓν καὶ τὸ πᾶν) y est affirmée comme chez Xénophane et appuyée sur le raisonnement. C'est l'Être un, qui seul existe, revêtu d'attributs métaphysiques et qui, chose remarquable, est identifié avec la pensée. Malheureusement cet Être suprême est en même temps identique au monde ; on l'appelle le plein ; il est fini ; il a la forme d'une sphère dont la terre occupe le centre. Il est immobile, et c'est par un autre principe, l'amour, que Parménide explique la formation des êtres, avec le concours de la lumière et de la nuit, en langage plus précis le chaud et le froid. Le rôle important du feu dans cette cosmogonie était une idée empruntée peut-être aux pythagoriciens, peut-être à Héraclite ; mais il n'est pas douteux que c'est à Héraclite que Parménide devait l'idée d'une opposition fondamentale entre la raison qui nous enseigne l'être par une persuasion légitime (πειθώ) et les sens qui n'atteignent que le non-être et ne procurent qu'une opinion trompeuse (δόξα).

Une tradition que des témoignages ultérieurs confirment donne à Parménide pour disciples immédiats Zénon d'Elée et Mélissus de Samos, qui florissaient l'un et l'autre au milieu du ve siècle. Zénon fut le dialecticien de l'école ; il est resté célèbre par sa polémique contre les partisans de la pluralité et contre la possibilité du mouvement. Quant à Mélissus, il se renferma dans le système de l'Unité prise comme matière du monde, et Aristote (on l'a vu plus haut) parle avec quelque mépris de ce philosophe, qui ne paraît pas avoir exercé une influence très appréciable.

Empédocle fut, au milieu du v° siècle, un personnage vraiment extraordinaire, devin, poète, orateur, médecin et philosophe, physicien et métaphysicien, savant doublé d'un thaumaturge. Né à Agrigente vers l'an 495, il paraît avoir été mêlé activement à la vie politique de son pays. Il y aurait représenté le parti démocratique, aurait été banni et aurait voyagé dans le Péloponnèse. Il mourut à soixante ans, suivant Aristote, par conséquent vers l'an 435. Mais nous n'avons sur la cause et les circonstances de sa mort que des récits légendaires et contradictoires.

Quelques auteurs font d'Empédocle un pythagoricien ; ils citent de lui un éloge enthousiaste de Pythagore et des vers où il parle de la métempsycose et même de ses existences antérieures : « J'ai été autrefois jeune homme et jeune fille, plante, oiseau et poisson vivant dans la mer. Aujourd'hui exilé de Dieu (φυγὰς θέοθεν), je vis sous la loi de la folle Discorde[1]. » Mais s'il faut rattacher à une école ce mystique aux allures indépendantes, c'est évidemment à celle dont il a professé pour son compte dans un beau poème le dogme fondamental, l'Unité de l'Etre ou du Tout, conçu sous forme sphérique, comme chez Parménide. Il combat l'anthropomorphisme aussi vivement que Parménide et Xénophane.

---

[1]. *Fragm. phil. græc.*, éd. Müllach (1860), t. I, p. 1, v. 9-12.

« Dieu, dit-il, n'a ni les pieds, ni les mains, ni la tête d'un homme, mais seulement la sainte raison (φρὴν ἱέρη) qui embrasse toutes choses dans ses pensées rapides. »

Aristote établit un autre rapprochement entre Empédocle et Parménide. Celui-ci avait introduit un principe d'action dans le monde, l'amour. « Empédocle, dit Aristote, partagea en deux ce principe, appelant Amitié[1] le principe du bien et du beau, et Discorde (Νεῖκος) le principe du désordre et du mal. » Quant à la matière que ces deux causes motrices mettent en œuvre, « il est le premier qui ait admis quatre éléments, se comportant comme s'ils n'étaient que deux : le feu d'une part[2], et de l'autre les trois éléments opposés, la terre, l'eau et l'air[3] ». Empédocle lui-même reconnaît six principes ou six racines des choses (ῥιζώματα), réunissant sous ce nom l'amitié la discorde et les quatre éléments[4].

Sans entrer dans le détail de la physique d'Empédocle, rappelons sommairement : 1° sa célèbre théorie de l'attraction mutuelle des semblables appliquée d'abord à l'accroissement de chacun des éléments pris à part, puis à la connaissance de chaque élément par un sens dont il est l'organe spécial ; 2° outre l'opposition éléatique de l'être et du non-être, celle de la raison (φρένες) et des sens (γυῖα) ; 3° le nom de Σφαῖρος donné au monde, quand l'amitié y a ramené l'ordre et l'harmonie des éléments que la discorde tenait séparés.

Empédocle est le dernier philosophe que l'on ait à citer ici, puisque, d'après l'indication citée plus haut d'Aristote, il écrivit et mourut avant Anaxagore, « quoi-

1. Φιλία, φιλότης et aussi Κύπρις Ἀφροδίτη.
2. Le feu est appelé Ζεύς chez Empédocle comme chez Héraclite.
3. *Métaph.*, l. I, le chap. iv tout entier, qui est ici résumé.
4. *Frag. phil. gr.* (éd. Müllach), t. I, v. 59 suiv. et 79 suiv.

qu'il fût moins âgé ». Anaxagore avait en effet quelques années de plus que lui, étant né la première année de la 50ᵉ Olympiade, c'est-à-dire l'an 500 avant l'ère chrétienne, et il lui survécut huit ou dix ans. Il etait de Clazomène, où sa naissance et sa fortune semblaient l'appeler à jouer un grand rôle. Mais, dès l'âge de vingt ans, il se donna tout entier à la philosophie avec un absolu désintéressement. Son seul maître connu fut Anaximène. Quant à Hermotime, dont Aristote a placé le nom à côté du sien, on ne sait ni quand il vécut, ni sous quelle forme il avait émis la pensée qui motivait ce rapprochement, et qu'il ne paraît pas même avoir représentée avec éclat.

C'est chez Anaximandre qu'il faut chercher le véritable point de départ des spéculations philosophiques d'Anaxagore. Il plaçait, comme lui, l'origine des choses dans un mélange primitif. C'est par cette hypothèse que débutait le traité en plusieurs livres où il avait exposé son système et que Simplicius, un millier d'années plus tard, avait encore entre les mains. « Toutes choses étaient ensemble, disait-il, infinies en nombre et en petitesse[1]. »

Ce mélange était, comme celui d'Anaximandre, une masse infinie et confuse, dont le débrouillement s'opérait par une séparation des parties. Mais voici qui est nouveau : cette matière première, le mélange primordial d'Anaxagore, est d'abord absolument immobile dans ses parties, comme dans sa totalité. Quelles sont donc ces parties, ces « choses infinies en nombre et en petitesse? » Anaxagore les appelait, paraît-il, *homéoméries*, ou parties similaires. Ces germes ou « semences des choses (χρημά-

---

1. Ὁμοῦ πάντα χρήματα ἦν, ἄπειρα τὸν ἀριθμὸν κἂν σμικρότητα.

των σπέρματα) », étaient simples et indivisibles, bien différents par conséquent des éléments des premiers physiciens et de ceux d'Empédocle qui, dit Aristote, « ne sont ni des choses simples, ni des principes », tandis que les homéoméries sont les éléments simples dont les choses réelles sont actuellement composées : « les os, par exemple, la chair et le sang sont composés d'un nombre infini de petites parcelles d'os, de chair et de sang. » Or, à l'origine, les parties similaires de chaque espèce n'étant pas réunies, leurs qualités se neutralisaient mutuellement et demeuraient « invisibles », c'est-à-dire enveloppées et indistinctes. De là, dans le mélange primitif, l'inertie absolue du tout et des parties. Le mouvement ne pouvait donc s'y produire que par l'intervention de quelque autre cause, et c'est ainsi que fut rompue, pour la première fois, dans la pensée philosophique des Grecs, l'unité de la nature. Anaxagore y introduisit en effet, sous le nom d'Esprit, de raison ou d'intelligence (Νοῦς), un second principe, infini, simple et sans mélange, indépendant, autonome et automoteur (αὐτοκρατές καὶ αὐτοκινοῦν), principe actif dont la pensée embrasse l'univers et de qui procèdent le mouvement et l'ordre dans le passé, dans le présent, dans l'avenir[1]. Il n'est peut-être pas immobile, comme le premier moteur d'Aristote ; peut-être est-il animé lui-même du mouvement circulaire et continu qu'il imprime à un monde où n'existe aucun vide[2]. C'est une substance

---

1. Διεκόσμησε, διακοσμεῖ, διακοσμήσει.
2. Anaxagore, il faut le remarquer, s'efforçait de démontrer que le vide n'existe pas. Il pensait sans doute que le mouvement circulaire est compatible avec le plein absolu. On peut voir dans la *Logique* de Port-Royal (IIIe partie, chap. xix, § 4) le développement de cette pensée, qui paraît avoir été aussi celle de Descartes.

très subtile, peut-être aériforme ; mais son activité motrice, intelligente et libre, est opposée avec force à l'inertie et à la confusion désordonnée du mélange sur lequel elle agit. En fait, c'est la première fois que l'esprit est distingué de la matière et posé comme un principe transcendant.

L'impression produite par cette pensée originale fut profonde et durable. Les contemporains d'Anaxagore, les uns sérieusement, les autres ironiquement, le surnommèrent lui-même l'esprit ou l'intelligence. Ses plus illustres successeurs, Socrate, Platon, Aristote, tout en corrigeant la forme qu'il avait donnée à sa doctrine, en retinrent l'idée essentielle. Platon, à plusieurs reprises, parle d'Anaxagore avec une vive admiration, et l'on connaît le beau témoignage que lui a rendu Aristote dans le premier livre de la *Métaphysique*. « Quand vint un homme, dit-il, qui proclama que, dans la nature comme dans les êtres vivants, c'est la raison qui produit l'arrangement et l'ordre universel, cet homme parut jouir seul de son bon sens, au milieu de gens qui parlaient à tort et à travers. »

Anaxagore avait quarante ans lorsqu'il vint à Athènes l'an 460 avant notre ère, suivant les calculs d'Apollodore rapportés par Diogène Laërce, dans un passage dont le savant Schaubach a déterminé d'une manière définitive le véritable sens. C'était le moment où la patrie de Miltiade et de Thémistocle atteignait sous Périclès son plus haut point de splendeur. Tandis que ce grand politique lui assurait pour quelques années l'hégémonie des villes grecques, les poètes, les artistes, les philosophes, les écrivains de génie en tout genre qui s'y donnaient rendez-vous en faisaient pour des siècles la capitale intellectuelle du monde civilisé. Anaxagore, pour sa part, y contribua peut-être plus que personne. Pendant les trente années qu'il vécut à Athènes, dans l'intimité de Périclès, dont il s'était fait un disciple, ainsi que du poète Euripide et du physicien Archélaüs, il exerça sur ses contemporains une influence considérable. Outre les idées alors si neuves que je viens de rappeler, il représentait pour eux d'une manière éminente la science de la nature en général et surtout l'astronomie, qui était son étude de prédilection. Il s'y était appliqué avec une liberté d'esprit inconnue jusque-là. Non content d'expliquer scientifiquement les éclipses de soleil dont s'effrayait l'imagination populaire, il dépouillait le soleil et la lune de leur prétendue divinité, disant de l'un que c'était une pierre incandescente, et faisant de l'autre une terre semblable à la nôtre et habitée par des hommes tels que nous. Ces hardiesses le firent accuser d'impiété, et il lui en eût coûté la vie, sans la généreuse intervention de Périclès, déclarant publiquement qu'il partageait la manière de voir du philosophe. Condamné néanmoins à une amende et à l'exil, Anaxagore se retira à Lampsaque, où il mourut deux ans après, en 428. Il fut, je crois, le premier des cinq ou six libres penseurs sur lesquels, dans le dernier tiers du ve siècle, s'exerça l'intolérance religieuse des Athéniens : Hippon, Protagoras et Diagoras, Prodicus, Socrate et peut-être Diogène d'Apollonie.

A Athènes et à Lampsaque, Anaxagore fit école. Aristote parle plus d'une fois des Anaxagoréens (Ἀναξαγόρειοι), presque tous antérieurs à Socrate. Mais peut-être convient-il de mentionner d'abord les partisans des anciens systèmes qui ne paraissent pas avoir subi l'ascendant du philosophe de Clazomène.

Quoique la date d'Hippon ne soit pas parfaitement

connue, on sait qu'il vécut du temps de Périclès, qu'il séjourna à Athènes et qu'il fut en butte aux railleries du poète Cratinus dans une de ses comédies. Il avait écrit en vers, mais sans grand talent, paraît-il, et Aristote parle de sa philosophie avec peu d'estime. Il faisait tout venir de l'eau ou de l'humide. Il fut accusé d'impiété et même d'athéisme, au dire de Plutarque et d'Alexandre d'Aphrodise.

Critias, de même qu'Hippon, était un partisan attardé de Thalès, et ne paraît pas avoir eu d'autre originalité.

Idée ('Ἰδαῖος) d'Himère est cité par Sextus parmi ceux qui, à l'exemple d'Anaximène, regardaient l'air comme l'élément primitif. On n'en sait guère autre chose.

Cratyle est plus connu : il se rattachait à Héraclite, dont il outrait les paradoxes sur l'écoulement de toutes choses. Il fut le premier maître de Platon, et c'est lui qui lui inculqua le mépris des apparences sensibles et ce préjugé qu'on n'en peut rien dire avec certitude.

Au premier rang des pythagoriciens de la troisième génération, dispersés dans le monde grec, nous rencontrons Philolaüs de Tarente, qui philosophait à Thèbes, et qui y mourut vers l'an 420, à moins que, comme le rapporte une autre tradition, il ne soit retourné à cette époque dans sa patrie. Il fut le premier, dit-on, qui mit par écrit les doctrines de l'école. Platon, sur la fin de sa vie, prit connaissance du livre de Philolaüs, et, si l'on en croit une tradition rapportée par Plutarque, et un propos que le même écrivain attribue à Théophraste, cette lecture l'aurait amené à modifier profondément ses idées en astronomie[1]. Un fait qui paraît mieux prouvé,

---

1. V. Cousin, dans la dernière édition de son *Histoire générale de la philosophie* (IIIe leçon, p. 143), a peut-être accordé trop

c'est que deux Thébains, anciens disciples de Philolaüs et plus tard chefs d'école à Thèbes, Simmias et Cébès, vinrent à Athènes de l'an 420 à 410, et s'attachèrent à Socrate jusqu'à sa mort. Platon, dans le *Phédon*, leur fait prendre une part importante au dernier entretien du philosophe, le jour où il but la ciguë.

Les fragments qui nous restent du livre de Philolaüs sont la principale source et la plus sûre pour savoir ce qu'était, vers la fin du ve siècle, la doctrine de l'école pythagoricienne; mais il est très difficile d'y faire exactement la part des disciples et celle du maître.

Lysis, compatriote de Philolaüs et qui vécut aussi à Thèbes, appartient déjà à une autre génération, puisqu'il fut le précepteur d'Épaminondas.

Anaxagore eut à Athènes et à Lampsaque un grand nombre d'admirateurs et de disciples, parmi lesquels j'ai déjà cité Périclès et Euripide. Socrate fut accusé de l'être, et si, dans son *Apologie,* il put à bon droit s'en défendre, en ce qui concernait le culte du soleil et de la lune, il est difficile de ne pas voir dans sa doctrine philosophique une continuation de celle d'Anaxagore. Les philosophes de la seconde moitié du ve siècle en subirent presque tous l'influence.

Pour les érudits d'Alexandrie, Archélaüs d'Athènes est en quelque sorte le successeur attitré d'Anaxagore dans l'école ionienne. Diogène Laërce prétend de plus qu'il fut le maître de Socrate, complétant ainsi à sa manière l'histoire convenue de cette école; à quoi il

---

de confiance à ce récit d'origine pythagoricienne et de date relativement récente. Platon, à quatre-vingt-un ans, à la veille de sa mort, exprimait encore dans les *Lois* et dans l'*Épinomis* les mêmes idées astronomiques que dans la *République* et le *Timée*.

ajoute cette assertion absolument inepte : « Avec Archélaüs finit la physique, Socrate ayant fondé la morale. » Cependant, dit-il encore, « Archélaüs avait touché à la morale, etc. ». Cette dernière indication n'a aucune valeur : car ce n'est pas là certainement que Socrate prit sa doctrine du bien et du devoir. Il est d'ailleurs fort douteux qu'il ait approuvé les idées transformistes d'Archélaüs. Le surnom de physicien qui fut donné à ce philosophe pourrait prêter à un rapprochement avec Straton de Lampsaque, ainsi surnommé lui-même, et qui aurait été plus tard à Aristote ce qu'Archelaüs fut peut-être à Anaxagore, dont il n'aurait pas non plus maintenu dans son intégrité la pensée métaphysique. Au moins dit-on que, sous l'influence encore persistante d'Anaximène, il se représentait le premier principe comme aériforme. Aristote ne lui a pas fait l'honneur d'une mention, et nous ne possédons plus la notice que Théophraste lui avait consacrée.

Métrodore de Lampsaque est rangé souvent parmi les sophistes, et il est possible après tout que sa grande liberté d'esprit en matière religieuse ait été son seul trait de parenté avec Anaxagore. L'influence de ce grand esprit me paraît plus marquée dans les doctrines de ceux de ses contemporains dont il me reste à parler.

Le pythagoricien Ecphante de Syracuse, par exemple, semble avoir essayé de concilier la philosophie de Pythagore avec les idées plus modernes d'Anaxagore et de Leucippe. Il faisait intervenir dans sa physique des monades élémentaires et indivisibles. Il se séparait d'Anaxagore sur la question du plein et du vide ; mais il était d'accord avec lui pour démontrer l'unité du monde par l'unité de l'intelligence à laquelle il rapportait le mouvement initial et la formation de l'univers.

Diogène d'Apollonie, d'après la plupart des historiens de la philosophie, aurait été un disciple immédiat d'Anaximène ; il aurait précédé Anaxagore et même Héraclite. Or, il y a là une erreur manifeste. Théophraste, dans un texte conservé par Simplicius, dit en termes formels : « Diogène d'Apollonie est à peu près le dernier en date (νεώτατος) des physiciens ; il mit par écrit en compilateur (συμπεφορημένως) des opinions empruntées pour la plupart, les unes à Anaxagore, les autres à Leucippe. »

Les quelques fragments qui nous restent de l'ouvrage de Diogène d'Apollonie et les témoignages des anciens touchant sa doctrine ne nous font pas connaître clairement ce qu'il a pu emprunter à Leucippe ; mais, en revanche, il est aisé de constater ce qu'il devait à Anaxagore. MM. Charles Zévort et Ed. Zeller ont en effet très judicieusement remarqué que la doctrine de Diogène sur le premier principe du mouvement et de l'ordre n'était autre chose qu'un compromis entre l'air d'Anaximène et le Νοῦς d'Anaxagore. Celui de ses fragments qui porte le n° 6 dans l'édition de Müllach est tout à fait significatif : il y est dit qu'il faut une intelligence pour rendre compte de l'ordre dans l'univers. Seulement, pour concilier cette pensée d'Anaxagore avec le système d'Anaximène, Diogène attribuait l'intelligence à l'air, principe matériel et complexe, sacrifiant ainsi la simplicité qu'Anaxagore revendiquait pour la raison suprême, et reculant vers le panthéisme des physiciens du premier âge. Diogène d'Apollonie avait donc fait comme Archélaüs : il avait suivi Anaxagore sans démêler le sens et la portée de sa doctrine. Au moins eut-il le mérite de braver l'intolérance des Athéniens, en rejetant les dieux de la mythologie populaire.

Il fut inquiété à son tour, et, suivant un témoignage de Démétrius de Phalère, rapporté par Diogène Laërce, il y faillit perdre la vie.

Avant d'arriver aux sophistes contemporains de Socrate, il est intéressant à la fois et indispensable de fixer la date des fondateurs de l'atomisme. Pour Démocrite, rien n'est plus facile. Lui-même, dans un passage reproduit par Simplicius[1], nous apprend qu'il était né quarante ans après Anaxagore (c'est-à-dire en 460 ou 459 avant notre ère). Il est donc tout à fait absurde de parler des emprunts que lui aurait faits ce philosophe. Pour Leucippe, la question n'est pas aussi simple, et l'on n'en saurait contester l'importance. Si le maître de Démocrite, si le philosophe qui passe pour l'inventeur des atomes n'est venu qu'après l'inventeur des homéoméries, il y a lieu de douter qu'il ait eu réellement toute l'originalité qui lui a été attribuée. Si, au contraire, il fut un de ceux dont Anaxagore put mettre à profit les écrits ou les entretiens, il faudrait avouer que le philosophe de Clazomène, mis en présence de la théorie des atomes, aurait méconnu la valeur scientifique de cette hypothèse, et lui aurait préféré sciemment une conception originale aussi, mais moins satisfaisante, et dont le véritable mérite a été probablement, si je ne me trompe, de servir de transition entre les explications allégoriques d'Empédocle et la doctrine atomistique.

Constatons d'abord le peu d'intérêt que les anciens, en général, ont pris à la personne et aux travaux de Leucippe. Ils ne disent rien de sa naissance ni de sa mort, ne s'accordent pas sur son lieu d'origine, et ne le

---

1. Diogène Laërce (IX, 3) ajoute à ce témoignage de Démocrite celui d'Apollodore

connaissent guère que par tradition, comme le maître de Démocrite. Epicure, chose curieuse, ne paraît pas en avoir fait grand cas ; il parle d'un certain Leucippe, Λεύκιππόν τινα, qu'on a tort d'appeler un philosophe[1]. On ne sait à quelle époque il a écrit, ni même s'il a publié ses idées personnelles. Aristote ne connaît, sous son nom, qu'un ouvrage dont l'authenticité ne lui est pas évidente. Diogène Laërce croit qu'il était d'Elée ; mais il ajoute que, suivant quelques-uns, il était né à Abdère, et suivant d'autres, à Milet. Il lui donne pour maître Zénon d'Elée ou Mélissus. Or, un disciple de l'un ou de l'autre de ces deux philosophes, qui florissaient tous les deux de 450 à 440, n'a pu être que postérieur à Anaxagore qui, pendant trente ans, à partir de 460, était sans rival à Athènes, comme savant et comme philosophe. Il n'est dit nulle part que Leucippe soit venu à Athènes avant l'époque où Anaxagore, ayant publié (probablement de 440 à 430) son ouvrage sur la nature, fut poursuivi et condamné à l'exil à cause des opinions qu'il y avait exposées.

Une considération très digne de remarque, à mon avis, c'est que Leucippe ne devait pas être beaucoup plus âgé que Démocrite, à en juger par la manière dont on les rapproche sans cesse l'un de l'autre. Aristote surtout ne désigne pas seulement Démocrite comme le disciple ou l'ami (ἑταῖρος) de Leucippe, mais encore comme son collaborateur dans le développement, sinon dans la fondation de la philosophie atomistique. Les opinions de l'un sont aussi attribuées à l'autre, en sorte

---

1. Voir Diogène Laërce (X, 3). Ce ton de mépris a empêché M. Victor Egger dans sa très savante dissertation *De fontibus Diogenis Laerti* (Burdigalæ, 1881, in-8º), p. 19, de reconnaître ici le maître de Démocrite.

que le plus souvent il est à peu près impossible de faire la part de Leucippe[1]. Voici d'ailleurs ce qu'on croit pouvoir dire de ses doctrines propres.

Il paraît bien être parti de l'idée éléatique de l'être ou du plein, qui est corporel et opposé à l'absence de corps, c'est-à-dire au vide. Mais il se séparait des Eléates, en ce qu'il admettait l'existence de la pluralité et celle du mouvement, avec le vide qui en est la condition.

Il y avait chez les philosophes grecs, au moment où parut Leucippe, quatre hypothèses principales sur l'origine de la pluralité et du mouvement : 1° celle de Thalès et de la plupart des physiciens évolutionnistes, qui admettaient la transformation spontanée du premier principe ou élément primitif de toutes choses ; 2° le mélange primordial d'Anaximandre dont les parties, en se séparant peu à peu, produisaient la diversité au sein du tout, demeuré immobile ; 3° les quatre éléments d'Empédocle, tour à tour séparés par la discorde et réunis par l'amour ; 4° enfin, les homéoméries d'Anaxagore, infinies en nombre et en petitesse, condamnées à une immobilité absolue dans leur confusion primitive, mises ensuite en mouvement et coordonnées par une intelligence toute-puissante.

C'est à cette dernière conception des éléments simples du monde visible que Leucippe donna la préférence, mais en assignant pour cause au mouvement universel, au lieu de l'action d'une intelligence, la chute dans le vide ou la pesanteur, propriété toute physique de corps infiniment petits qu'il appelait les *insécables* (ἄτομοι). Or, suivant Simplicius, qui avait sous les yeux le texte d'Anaxagore, les parties « infinies en petitesse »

1. C'est ce que M. Ed. Zeller lui-même reconnaît expressément

de ce philosophe étaient « indivisibles, indestructibles, *insécables* (ἀδιαίρετα, ἄφθαρτα, ἄτομα) ». La première idée des atomes, sous leur nom propre, semble donc avoir été émise par Anaxagore.

Outre ce principe fondamental, d'où a été déduit tout le système de l'atomisme, on peut citer d'autres emprunts, tels que l'hypothèse d'un mouvement tourbillonnant (δίνη) qui, par sa vitesse acquise et sa rapidité extraordinaire, a allumé dans les espaces célestes ces sphères brillantes adorées par le vulgaire comme des divinités. Mais, tandis qu'Anaxagore inaugurait le dualisme spiritualiste, en plaçant au-dessus de la nature une cause intelligente, Leucippe et Démocrite, se renfermant dans le cercle des phénomènes sensibles, fondèrent en Grèce le premier système de matérialisme proprement dit.

Quand ce système fut réellement constitué, il y avait déjà longtemps que la grande renommée d'Anaxagore attirait autour de lui des savants désireux de le voir et de l'entendre, témoin Démocrite lui-même qui, dans un passage de son *Micros Diacosmos*, se plaignait amèrement de n'avoir pu l'entretenir, quand il vint à Athènes, dans sa jeunesse [1]. L'ouvrage d'Anaxagore paraissait alors même, et aucun témoignage, aucun document n'autorise à supposer une publication de Leucippe antérieure à celle-là. A vrai dire, il n'est pas même vraisemblable que la philosophie atomistique ait été connue en Grèce, avant que Démocrite y eût été initié par Leucippe.

M. Edouard Zeller explique « en partie », et non sans raison, par l'influence d'Anaxagore, l'apparition

---

1. Diogène Laërce, l. IX, chap. VII.

des sophistes ; mais peut-être ce savant et subtil penseur va-t-il trop loin, quand il cherche dans la doctrine du Νοῦς le point de départ de ce qu'il appelle « leur scepticisme moral ». Aussi bien avoue-t-il lui-même que la sophistique « ne dérive pas de là directement », et que, à l'exception de Protagoras « on ne peut citer aucun sophiste qui se rattache par sa doctrine au philosophe de Clazomène[1] ». C'est donc d'une autre manière et dans un autre sens que la sophistique procède « en partie » de ce philosophe.

Les sophistes, on le sait, furent moins des chercheurs originaux que des vulgarisateurs. L'élan imprimé sous Périclès, non seulement aux lettres et aux arts, mais encore à la culture philosophique et scientifique, avait naturellement multiplié, à Athènes et dans toute la Grèce, le nombre des maîtres habiles en tout genre d'études et de sciences. A côté des rhéteurs, qui préparaient les jeunes gens riches à la carrière politique par le talent de la parole, d'autres enseignèrent avec succès les idées et les connaissances dont Anaxagore avait donné le goût à la jeunesse d'Athènes. Aucun de ces maîtres n'apportait une philosophie nouvelle ; mais quelques-uns donnaient à leur pensée une forme paradoxale. Protagoras, par exemple, exagérant une doctrine d'Héraclite, disait que tout est relatif, et que, dans ce sens, tout est vrai, tandis que Gorgias, sorti de l'école d'Elée, soutenait que l'être n'est pas et que, par conséquent, rien n'est vrai[2]. Avec eux ou après eux,

1. *La philosophie des Grecs*, 1ʳᵉ partie, ch. III, § 3, p. 460, 461 de la traduction française.
2. Protagoras d'Abdère, né en 480, se place par sa date entre Anaxagore et Démocrite. Gorgias était plus âgé que lui, mais ne vint à Athènes pour la première fois qu'en 427.

Hippias, Prodicus, Thrasymaque, Polus, une foule d'autres, qui recevaient ou se donnaient à eux-mêmes le nom de sophistes[1], allaient de ville en ville, donnant sur toutes les parties de la science universelle des leçons ou des conférences (ἐπιδείξεις), dont le prix était souvent très élevé. Aucun d'eux ne montra, en physique ou en métaphysique, la moindre originalité. La dialectique est presque la seule partie de la philosophie où ils aient laissé une trace. Parmi ceux qui traitaient des questions de morale, Prodicus de Céos se plaça au premier rang. Socrate, grâce à son ami, le riche Criton, fut admis à l'entendre, et Xénophon, dans ses *Mémorables*, prête à son maître une imitation de l'admirable apologue de Prodicus, Hercule, entre le vice et la vertu. Socrate, suivant Platon, protesta contre la mort injuste de cet honnête homme, condamné par les Athéniens à boire la ciguë.

Socrate doit être placé dans l'ordre chronologique après tous les philosophes qu'on a énumérés jusqu'ici, un seul excepté, Démocrite, qui naquit dix ans après lui, en 459, et qui paraît lui avoir survécu environ quarante ans. Les disciples seuls de Socrate purent connaître les écrits et la philosophie de Démocrite, et en subir ou en combattre l'influence : Aristippe, par exemple, dont la doctrine morale est si voisine de la sienne, et Platon qui, en parlant dans le *Sophiste*[2] des

---

1. Σοφιστής, d'après l'étymologie donnée par Platon, signifie « celui qui fait des savants ».

2. Voir surtout, dans ce dialogue, la page 246 *a,b*. Cf. *Théétète*, p. 155 *b*. Thrasylle croyait même reconnaître Démocrite dans un des personnages du petit dialogue qui a pour titre les *Rivaux*. Cf. *Diog. Laërce*, IX, 7.

matérialistes de son temps, vise assez clairement, ce me semble, Démocrite et ses partisans.

VI. — Conclusion

Si l'étude qui précède reproduit fidèlement, comme je le crois, l'ordre dans lequel se sont succédé les philosophes de la période anté-socratique, il en résulte premièrement que les faits et les dates ne se prêtent en aucune façon à l'hypothèse d'une opposition initiale entre des écoles exprimant le génie de races différentes. Dans le premier des deux siècles qui précèdent Socrate, la philosophie fut fondée en Grèce par quatre esprits originaux dont les doctrines ne s'excluaient pas et qui appartenaient tous les quatre à la race ionienne. Dans le ve siècle seulement, chez les disciples ou les successeurs de ces quatre premiers philosophes, les différences s'accusèrent plus ou moins profondément entre leurs systèmes.

En second lieu, lorsque sous Périclès Athènes fut devenue le centre intellectuel du monde grec, et qu'Anaxagore y eut implanté la philosophie, c'est autour de ce grand homme et sous son influence prépondérante que se fit le mouvement des esprits dans ce domaine. Ce rôle considérable d'Anaxagore ne me paraît pas avoir été mis jusqu'à présent en une pleine lumière : il marque réellement le point culminant de la philosophie de son siècle, et c'est de lui que daterait la révolution dite socratique, si, après avoir le premier proclamé une raison suprême, cause toute-puissante du mouvement et de l'ordre, il n'avait pas laissé à Socrate la gloire de couronner cette conquête de la métaphysique par une doctrine qui ferait enfin à l'homme sa part et subordonnerait toutes choses à l'idée du bien. Pour s'être élevé au-dessus de tous ses devanciers, Anaxagore n'en fut pas moins comme eux un physicien, voué à la recherche des origines, étranger encore par ses préoccupations scientifiques à la philosophie humaine de l'âge suivant. Voilà pourquoi il est demeuré dans l'histoire un des représentants de la philosophie cosmologique. Mais il en a été, à mon avis, le plus grand, par une science déjà très remarquable des lois du mouvement et de la marche des astres, en même temps que par sa doctrine sur l'ordre du monde. Platon, par la bouche de Socrate, lui reproche, comme plus tard Pascal à Descartes, de n'avoir fait intervenir l'intelligence suprême que pour donner en quelque sorte à la matière une chiquenaude, après laquelle tout peut s'expliquer sans le secours de la cause première. Ce reproche ne vaut pas plus contre Anaxagore que contre Descartes, puisque, comme on l'a vu plus haut, il affirmait l'éternelle continuité de l'action divine, « dans le passé, dans le présent et dans l'avenir ».

Peut-être même n'est-ce pas dire assez. Si l'accusation d'impiété dont il fut poursuivi était motivée par son refus de croire aux divinités mythologiques et même à ces dieux célestes que reconnaissaient encore les stoïciens après Platon et Aristote, peut-être devrait-on saluer dans Anaxagore le premier et le seul philosophe grec qui, avant l'avènement du christianisme, ait fait profession d'un monothéisme spiritualiste[1].

---

1. Cf. *Compte rendu* de l'Académie des sciences morales et politiques (t. 147, p. 654 et t. 148, p. 85). *Observations* sur le rôle d'Anaxagore.

Sans aller jusque-là, Socrate continua cependant et dépassa même Anaxagore dans sa manière de concevoir la cause intelligente par laquelle, à son exemple, il expliquait l'ordre du monde. C'est que chez lui le physicien avait fait place à un moraliste. Il ne partait plus seulement du spectacle de la nature, mais aussi et surtout de l'étude de l'homme, pour s'élever à un Dieu juste et sage, essentiellement ami du bien, législateur suprême, auteur de la loi non écrite qu'il nous révèle dans nos consciences; et c'est par une métaphysique fondée sur cette pensée morale qu'il renouvela la philosophie. En effet le *Connais-toi toi-même*, dans son sens profond, avait pour but, d'abord d'inviter les philosophes à contempler le divin en eux-mêmes, dans une âme raisonnable, divine, immortelle, et ensuite de substituer à la recherche, trop ambitieuse peut-être, des origines, la détermination de la vraie nature et de l'essence des êtres. Ce problème du τί ἐστι ou de l'essence, qui devait être si fortement conçu par Platon et Aristote, devint à partir de Socrate le principal, sinon l'unique objet de la philosophie grecque. Ce fut là proprement la révolution qui mit fin à la période cosmologique.

CHAPITRE IV

DE L'AUTHENTICITÉ DES ÉCRITS DE PLATON[1]

Quand les philosophes, dans l'histoire des systèmes, semblent oublier les règles de méthode qu'ils s'accordent à prescrire aux historiens dans leurs traités de logique, il est permis aux historiens de les leur rappeler, et c'est ce qu'a fait, il y a déjà quelque temps avec une rare vigueur un savant historien de la Grèce ancienne, M. Georges Grote, dans un ouvrage spécial en trois volumes consacré à Platon et aux autres disciples de Socrate[2]. Je suis très loin d'attribuer à cet ouvrage une grande autorité philosophique ; je ne crois même pas que la doctrine de Platon y soit présentée sous son vrai jour. Le point de vue positiviste où s'est placé l'auteur ne lui permettait guère de comprendre la dialectique socratique et platonicienne, qu'il confond avec la sophistique et presque avec le scepticisme. Le sens de la théorie des idées lui échappe. Il ne suit qu'à regret Platon dans les régions élevées où se complaît ce grand esprit ; il ne voit alors dans le libre penseur formé

---

1. Mémoire lu à l'Académie des sciences morales et politiques en 1886.
2. *Plato and the others companions of Sokrates.* London, 1865, in-8.

par Socrate, qu'un enthousiaste, un fanatique, sinon un insensé[1]. Ce sont là, je l'avoue, de graves méprises. Mais si M. Grote n'est pas philosophe de son métier, c'est un maître en histoire, et je n'hésite pas à reconnaître que, sur son terrain, il a donné à ceux qui étudient l'histoire du platonisme une véritable leçon de critique historique, en traitant une question très controversée entre philosophes, depuis bientôt un siècle, celle de l'authenticité des écrits de Platon. J'ai tâché pour ma part de faire mon profit des recherches de M. Grote : c'est sur ses traces et avec son secours que je me propose d'examiner ici cette question, la première qui s'impose à quiconque veut connaître Platon comme homme, comme écrivain et comme philosophe.

I

Les historiens de la philosophie n'ont pas en général étudié d'assez près la vie de Platon et l'influence que ses goûts personnels, son caractère et son éducation, ses relations de famille, ses amitiés, son patriotisme, ses aspirations politiques et les événements auxquels il fut mêlé exercèrent sur sa manière de penser, durant cette longue carrière de plus de 80 ans où le même homme se montre à nous comme un descendant de Codrus et de Solon, comme élève de Socrate, comme ami de Dion et d'Archytas, comme maître d'Aristote et de Démosthène, assistant tour à tour aux désastres, à la chute et à la délivrance d'Athènes, aux victoires de Lysandre et

---

[1]. Voir par exemple, t. I, p. 181-183 et 237 de la traduction française.

à celles d'Epaminondas, à la prospérité insolente et à la piteuse disgrâce de Denys le Jeune, enfin aux premières luttes de la liberté grecque contre l'ambition envahissante de Philippe de Macédoine. Il est absolument invraisemblable que, dans de telles conditions, sa pensée soit restée immuable, surtout si l'auteur de la *République* et des *Lois* est aussi l'auteur des *Lettres*, racontant comment à deux ou trois reprises il participa activement à la politique et aux affaires de son pays. Ces lettres sont-elles en effet de Platon, et pouvons-nous contrôler par son témoignage personnel les contes ridicules dont fourmille la biographie compilée par Diogène Laërce? Ce point vaut la peine qu'on l'examine, et peut-être y a-t-il quelque témérité à rejeter dédaigneusement et de parti pris des écrits réputés authentiques par les premiers bibliothécaires d'Alexandrie, par Cicéron, par Plutarque et par toute l'antiquité.

Si de l'homme on passe à l'écrivain, la question d'authenticité se pose d'une manière encore plus pressante. De quel intérêt n'est-il pas au point de vue littéraire de savoir s'il faut, oui ou non, attribuer à Platon, les grâces inimitables du *Lysis*, du *Lachès*, des *Rivaux*, du *Charmide* et du *Théagès* que des critiques impitoyables déclarent indignes de lui ! Ne lui a-t-on pas contesté aussi ces deux chefs-d'œuvre : le *Criton* et le *Protagoras* ? Et que dire du *Gorgias* ? Les hommes de goût qui pendant tant de siècles en ont admiré le style et la composition, la haute éloquence et la profondeur morale se seraient-ils trompés, et nous-mêmes sommes-nous dans l'erreur en louant Platon d'avoir prêté à la philosophie un si noble langage sur le divorce de fait entre le droit et la force, entre la vertu et le bonheur, et sur leur réconciliation finale? A quel orateur, à quel moraliste, à quel écrivain de génie devons-nous donc adresser ces éloges? L'histoire littéraire ne peut rester indifférente à ces problèmes et à bien d'autres du même genre.

Mais ici c'est surtout la philosophie de Platon qui est en cause : car, je vous prie, à quelles sources devons-nous puiser pour la bien connaître, sinon dans les ouvrages où il l'a lui-même exposée? Aristote, il est vrai, a dit en passant deux ou trois mots des enseignements non écrits de son maître[1]; mais ces allusions rares et vagues ne sauraient être tournées contre le témoignage formel du même Aristote, renvoyant expressément ses lecteurs à certains écrits de son maître; et, lorsqu'on le voit discuter en détail les principales doctrines de la *République*, des *Lois*, du *Phédon* et du *Timée*, comment douter que ces dialogues expriment fidèlement la pensée de Platon? Le platonisme est donc là; mais il n'y est pas tout entier, si Platon est l'auteur de tous les autres dialogues qui nous sont parvenus sous son nom. Sont-ils tous de lui, ou faut-il en retrancher les trois quarts, comme le veulent certains critiques allemands? C'est en ces termes embarrassants que la question se pose aujourd'hui, et pour les philosophes elle est de grande conséquence, soit qu'ils se bornent à déterminer les points fondamentaux de la philosophie platonicienne, soit qu'ils entreprennent de découvrir l'ordre suivant lequel les différentes doctrines dont elle se compose se sont formées dans l'esprit du philosophe qui les a réunies en système.

Telle est la portée de la recherche historique que j'ai prise pour exemple, parce qu'il ne me semble pas qu'on y ait toujours procédé dans notre siècle avec toute la

---

1. Ἄγραφοι λόγοι, ἄγραφα δόγματα.

prudence et toute l'exactitude désirable. Voici en peu de mots l'état de la question.

Elle est double : il s'agit d'abord et essentiellement de savoir quels sont les écrits de Platon ; mais on s'est demandé en outre quelles en sont les dates et comment il faut les classer. La question ainsi comprise partage en deux camps les historiens du platonisme. D'un côté les anciens nous ont transmis et tous les érudits jusqu'au xixe siècle ont accepté comme ouvrages authentiques de Platon 35 dialogues et un recueil de 12 lettres[1]. Ces écrits, classés par les bibliothécaires et les grammairiens grecs en trilogies ou en tétralogies, étaient distingués par les philosophes en réfutatifs et en dogmatiques, et répartis entre les principales branches de la philosophie, savoir la logique, la physique, la morale et la politique, le tout formant ce qu'on a appelé « le canon » de Thrasylle. Ce platonicien, contemporain de Tibère, distribuait en 9 tétralogies les écrits reconnus authentiques, et d'accord avec tous les critiques de son temps, il rejetait comme apocryphes une dizaine de petits dialogues fabriqués par des faussaires. Ce catalogue a encore aujourd'hui ses partisans, qui font valoir en sa faveur des témoignages extérieurs plus ou moins précis et suivant eux entièrement dignes de foi.

D'un autre côté, depuis Tennemann et Schleiermacher, la plupart des critiques, surtout en Allemagne, ont conçu des doutes sur un certain nombre de dialogues, et rompant avec la tradition, ils ont déclaré suspectes ou de peu de valeur les autorités sur lesquelles elle s'appuie. Ils se sont ensuite appliqués, en employant

---

1. Ce recueil contient 13 lettres, mais la première porte la suscription : *Dion à Denys*.

de préférence les preuves dites internes, à dresser une liste épurée des écrits qui doivent être attribués à Platon. Aussi pleins de confiance dans leur méthode que de mépris pour l'ordonnance extérieure des catalogues rédigés par les anciens, ils se sont flattés de retrouver l'ordre historique selon lequel Platon aurait conçu et composé ses divers ouvrages : entreprise difficile entre toutes, mais du plus haut intérêt pour les philosophes, puisque, si elle était menée à bonne fin, elle les ferait assister pour ainsi dire à la formation graduelle du platonisme dans la pensée même de son auteur.

Il y a donc, on le voit, deux opinions en présence ou plutôt deux méthodes qui, sur des points essentiels, s'excluent absolument et entre lesquelles il ne semble pas aisé de choisir : car, si l'une peut invoquer une tradition plus de vingt fois séculaire, l'autre a pour elle le suffrage des plus habiles critiques du xixe siècle, le prestige d'une merveilleuse érudition et toutes les apparences de la profondeur philosophique jointe à l'exactitude philologique. Cependant, quelles que soient ces apparences et malgré la science très réelle des critiques dont je parle, je ne crois pas que, dans la question dont il s'agit, les prétendues preuves internes qu'ils allèguent puissent prévaloir contre les témoignages extérieurs. C'est ce que je vais tâcher d'établir aussi brièvement que possible, après avoir esquissé dans ses traits caractéristiques le système que je combats.

C'est dans les premières années de ce siècle que la méthode nouvelle a été inaugurée par Schleiermacher, c'est-à-dire par un des plus illustres traducteurs de Platon, par un savant digne de faire autorité à la fois pour l'interprétation philologique des dialogues et pour l'intelligence du platonisme. Cette méthode, au premier abord, paraît aussi rigoureuse que neuve. Elle part même d'une vue très juste et universellement admise, savoir que, s'il y a un témoignage sérieux et compétent sur les écrits de Platon, c'est sans contredit celui de son disciple Aristote. On est bien sûr en effet de ne point se tromper en regardant comme authentiques les huit ou neuf dialogues cités ou mentionnés par Aristote [1]. Ce point une fois admis, on a un moyen de savoir ce qu'on doit penser des autres écrits du canon platonicien. Ce moyen, c'est d'abord d'étudier avec soin les dialogues cités par Aristote, de manière à se faire une idée exacte de Platon, de son style, de ses procédés de composition, de son tour d'esprit, de sa méthode et de son système. Ayant ainsi acquis une connaissance intime du génie de Platon, on n'aura plus qu'à comparer avec ce type les divers écrits qui portent son nom : ceux-là seulement seront de Platon qui ne seront pas en contradiction avec ce qu'on sait de ses doctrines et de la forme qu'il leur donnait.

Telle est la voie dans laquelle Schleiermacher [2] a engagé la critique moderne. En la suivant pour son compte et en contrôlant sévèrement les témoignages relatifs à chaque dialogue par l'examen de ses caractères internes, il fut amené à rejeter comme indignes de Platon l'*Epinomis* et les *Lettres,* et à ne retenir comme décidément authentiques que 20 dialogues, auxquels il rattachait comme appendices ou annexes (Neben-Werke) les 14 autres compositions d'une moindre importance à ses yeux et d'une origine plus

---

[1]. L'*Apologie*, l'*Hippias minor*, le *Phèdre*, le *Banquet*, le *Phédon*, le *Ménon*, le *Timée*, la *République* et les *Lois*.
[2]. Voir l'introduction de sa traduction des Œuvres de Platon (1804-1810).

ou moins douteuse. Pour classer ces écrits, il posait en principe qu'ils tendent tous à un seul but, et qu'une seule et même doctrine y est exposée par fragments. Il ne s'agissait donc, suivant lui, que de marquer dans ces diverses compositions le progrès d'une même pensée se développant d'après un plan unique et conçue, vaguement d'abord, puis d'une manière de plus en plus nette, jusqu'aux chefs-d'œuvre dans lesquels Platon, vers la fin de sa carrière, réussit à la réaliser pleinement. De là la division des dialogues en trois groupes correspondant à trois époques très judicieusement distinguées dans la vie de Platon : sa jeunesse avant la mort de Socrate, son âge mûr et sa vieillesse. Schleiermacher appelait élémentaires les dialogues du premier groupe : il y faisait rentrer, non seulement le *Phèdre*, le *Lysis*, le *Charmide*, le *Lachès* et l'*Euthyphron*, mais encore le *Parménide*, et il y joignait comme appendices l'*Apologie*, le *Criton*, l'*Ion*, le *petit Hippias*, l'*Hipparque*, le *Minos* et le *second Alcibiade*. Le deuxième groupe contenait les dialogues dits préparatoires, le *Gorgias*, le *Théétète*, le *Ménon*, l'*Euthydème*, le *Cratyle*, le *Sophiste*, le *Politique*, le *Banquet*, le *Phédon*, le *Philèbe*, et comme appendices, le *Théagès*, les *Rivaux*, le *premier Alcibiade*, le *Ménexène*, le *premier Hippias* et le *Clitophon*. Au troisième et dernier groupe appartenaient les dialogues où la construction du système était achevée : c'étaient le *Timée*, le *Critias* et la *République*, avec les *Lois* pour appendice.

Les successeurs de Schleiermacher ont pratiqué à son exemple la méthode de critique interne, mais ils en ont tous modifié les applications. C'est ainsi que Frédéric Ast, Socher, Charles-Frédéric Hermann et Stallbaum combattent l'hypothèse invraisemblable d'un plan arrêté par Platon dès sa jeunesse, et contestent les dates assignées arbitrairement par Schleiermacher à divers dialogues, au *Phèdre* et au *Parménide* entre autres. Cependant ils ne comprennent pas autrement que lui la manière de traiter la question d'authenticité, et ils distinguent dans la vie et dans l'activité philosophique de Platon les mêmes périodes entre lesquelles ils répartissent ses ouvrages, chacun à sa manière : car chacun a sa liste et sa classification, et tous montrent une tendance à réduire davantage le nombre des écrits authentiques. Malgré les efforts d'Ueberweg pour tenir la balance égale entre les vues de Schleiermacher et la critique plus radicale représentée par C.-F. Hermann, c'est à ce dernier que se rattachent les plus récents éditeurs de Platon, par exemple M. Süsemihl. L'appréciation personnelle de chaque philologue étant de plus en plus substituée à l'autorité des témoignages, les opinions les plus divergentes et parfois les plus inattendues devaient se produire. Si, par exemple, comme le suppose M. Edouard Munk[1], tous les dialogues, à l'exception de quatre ou cinq, étaient destinés par leur auteur à peindre Socrate, il serait tout simple de n'y voir qu'une série de drames historiques dont le premier en date serait le *Parménide*, par la raison que Socrate y est représenté dans sa première jeunesse, et le dernier serait le *Phédon* où est racontée sa mort. Tel est, suivant M. Munk, « l'ordre naturel des écrits de Platon ». Dans ce système, c'est la vie de Socrate qui servirait de fil conducteur, et en réalité ce serait moins Platon que Socrate qu'on étudierait dans

---

1. *Die natürliche Ordnung der platonischen Schriften.* Berlin, 1857.

les écrits de Platon. Je devais une mention spéciale à cette manière de concevoir l'ordre *naturel* des écrits de Platon.

Plus récemment un autre savant, M. Gustave Teichmüller[1], a entrepris avec une incontestable sagacité, mais à grand renfort de conjectures, de relever dans les dialogues les traces jusqu'alors inaperçues ou peu remarquées de relations personnelles et même de polémiques ou de « débats littéraires » entre Platon et ses contemporains tels que Lysias, Isocrate, Xénophon, Aristote. Recherches curieuses et intéressantes assurément, mais qui ne paraissent devoir jeter que peu de lumière sur l'histoire des écrits de Platon.

Les auteurs d'histoires générales de la philosophie ont ajouté à ces diverses opinions leurs points de vue particuliers. Mais, quoiqu'ils ne s'accordent pas entre eux, ils adoptent presque tous, notamment Ritter, Brandis et Zeller, les idées principales de Schleiermacher. Ils se posent dans les mêmes termes que lui le problème de l'authenticité, et comme lui reculent devant les excès d'une critique négative. Aucun d'eux n'est allé aussi loin dans cette voie que les philologues qui, comme Schaarschmidt, réduisent toute l'œuvre de Platon aux quelques dialogues cités par Aristote. M. Cousin en particulier, malgré sa déférence habituelle pour Ast et Stallbaum, a hésité jusqu'à la fin à se prononcer contre plusieurs des dialogues contestés dont nous lui devons la traduction. On doit remarquer du reste que ni en France, ni en Angleterre on n'a autant abusé qu'en Allemagne des arguments internes, soit pour classer les

---

1. *Literarische Fehden im vierten Iahrhundert vor Chr.*, Breslau, 1881.

écrits de Platon d'après le dessein qu'on lui prête et qui est de pure invention, soit pour dresser des listes où le nombre des dialogues réputés authentiques varie, ainsi qu'on l'a vu, de huit à trente-cinq.

II

L'extrême diversité de ces résultats donne lieu à un préjugé défavorable et à une première objection contre la méthode qui y a conduit. Comment en effet ne pas entrer en défiance, quand on voit qu'il ne s'est pas encore rencontré deux philologues de marque qui, en se servant de la critique interne, aient réusssi à se mettre d'accord, soit sur le nombre des dialogues authentiques de Platon, soit sur la date relative de chacun d'eux? Y a-t-il rien de plus incertain et de plus arbitraire que ce qu'on appelle *le sens historique,* lorsqu'il s'exerce en dehors de tout fait précis? Au fond, c'est à cela que se réduit cette méthode, conjecturale au premier chef et qui, au dire de M. Grote, repose sur « un mépris insensé des témoignages et des informations historiques ». Il y a pour le moins quelque chose d'artificiel à traiter Platon comme un homme dont on ne saurait absolument rien et dont les écrits auraient paru suspects aux anciens eux-mêmes. Si une tradition unanime atteste le contraire, on n'a que faire de ce luxe de conjectures plus ou moins ingénieuses. En réalité Schleiermacher et ses imitateurs se sont posé un problème insoluble, en cherchant si Platon a écrit des ouvrages sur lesquels ne s'était élevé jusque-là aucun doute, mais qu'on est décidé à rejeter si leur contenu ne répond pas à l'idée qu'on s'est faite de leur auteur. Cette idée n'étant pas la même pour tout le monde, les uns admettront, les autres rejetteront un même dialogue, par ce seul motif qu'il leur paraîtra digne ou indigne de Platon. C'est aussi, on en conviendra, un critérium très peu sûr que cette admiration aveugle qui prête à Platon une perfection plus qu'humaine et une logique qui n'a peut-être pas été la sienne, en ne consentant à lui attribuer ni taches, ni contradictions, ni erreurs, comme si les plus admirables génies n'avaient pas leurs bons et leurs mauvais jours, leurs lacunes, leurs imperfections et leurs défaillances :

Et quandoque bonus dormitat Homerus.

On dira peut-être que l'idée qu'on se fait de Platon n'est nullement arbitraire, puisqu'elle résulte de l'étude de ceux de ses ouvrages qu'on sait positivement être de lui et qui permettent à un lecteur intelligent de connaître à fond l'écrivain et le philosophe. M. Grote répond avec raison qu'en usant de cette méthode, on tournera inévitablement dans un cercle. Supposez, dit-il, que parmi les dialogues qui auront trouvé grâce devant votre proscription préalable, il n'y en ait aucun de ceux qu'on appelle dialectiques, comme le *Théétète*, le *Sophiste*, le *Politique* et le *Parménide*, ni de ceux que Platon a pu écrire avant d'être en possession de sa doctrine définitive, comme le *Lachès*, le *Charmide* et le *Protagoras* ; par quel tour de force éviterez-vous d'exclure tous ces dialogues si différents des premiers ? Vous les rejetterez tous, par cela seul que vous ne les avez pas admis tout d'abord. Il est fort douteux d'ailleurs que Platon eût consenti à être jugé sur les sept ou huit dialogues auxquels, bon gré mal gré, on veut que tous les autres ressemblent, et où cependant il n'a peut-être pas donné toute sa mesure. Plus un artiste a de génie, moins on doit s'attendre à le trouver pareil à lui-même dans toutes ses œuvres, et poser en principe que toutes les compositions qui ont pour auteur un Platon seront nécessairement sur le même patron, c'est aller contre toutes les règles de la critique littéraire, aussi bien que de la critique historique.

Il est vrai que les dialogues qui servent de types ne sont pas pris au hasard; mais pourquoi n'admettre d'abord que ceux-là ? Ce sont des écrits cités par Aristote, dont l'autorité prime assurément toutes les autres. A la bonne heure : aussi ai-je peine à comprendre que Schleiermarcher ait douté de l'authenticité des *Lois*, et que Frédéric Ast ait cru pouvoir la nier. Mais, si l'autorité d'Aristote est la première, elle n'est pas la seule, et l'on n'est pas fondé à regarder comme non avenu tout autre témoignage. Cette exclusion ne pourrait se justifier que si Aristote avait énuméré quelque part les écrits de son maître. Loin de là, il en mentionne seulement quelques-uns, çà et là, jamais plus d'un à la fois ; il garde le silence sur le plus grand nombre. Pourquoi faire de ce silence une objection contre les dialogues dont il n'a pas parlé ? On suppose apparemment qu'il les regarde comme apocryphes, ou qu'ils n'ont même été écrits qu'après sa mort. Tout cela est de pure fantaisie. Encore une fois, on n'est pas en présence d'un document bibliographique signé d'Aristote. Ceux qui ont lu ce philosophe avec quelque attention ont pu remarquer qu'il n'a guère l'habitude de citer les ouvrages de ceux dont il examine les opinions. Les Pythagoriciens et les Éléates, Anaxagore, Démocrite, Speusippe, Xénocrate sont encore moins bien traités que Platon sous ce rapport. Le silence d'Aristote sur tel ou tel dialogue ne prouve donc absolument rien, si ce n'est qu'il n'a pas pensé à en faire une mention spéciale.

Les critiques qui, pour de si faibles motifs, rejettent la plupart des ouvrages de Platon, n'ont pas l'air de se douter d'une difficulté qui, pour des esprits non prévenus, serait des plus graves. A qui attribuer ce qu'on retire à Platon? Ce n'est certainement pas quelque obscur socratique qui a pu écrire le *Criton*, le *Gorgias*, le *Protagoras*, le *Théétète*, le *Cratyle*, le *Sophiste*, le *Parménide*, le *Politique* et les *Lois*. Si on les ôte à Platon, au seul Platon que connaisse l'histoire, il faut de toute nécessité faire cette supposition prodigieuse que, dans un siècle tel que celui de Périclès et de Thucydide, de Xénophon et d'Aristote, il se soit rencontré un philosophe égal à Platon par le génie, écrivant comme lui des dialogues où est exposée la même doctrine, et que les contemporains, les adversaires et les admirateurs de ce grand homme aient négligé de nous dire son nom! Voilà où aboutit, ce semble, le nouveau système de critique historique.

Dans ce système enfin, le vrai Platon est diminué, il est mutilé. On méconnaît la richesse, la variété, la fécondité merveilleuse de l'écrivain, l'originalité de l'artiste, sans parler des variations probables et du progrès certain de sa pensée. C'est là la grande erreur. Les anciens n'ont pas seulement attribué à Platon tel ou tel dialogue : c'est son œuvre tout entière qu'ils ont admise d'un commun accord. Eh bien, au lieu de recevoir en son entier cette œuvre à la fois une et multiple qui nous a été transmise sous son nom, on en a détaché les différentes parties ; on les a prises une à une ; on a exigé pour chacune d'elles des preuves particulières d'authenticité, sans tenir compte des preuves générales qui portent sur l'ensemble. Ce n'est pas que, à la rigueur, chaque dialogue ne puisse se défendre par des preuves valables, soit internes, soit externes[1]. Mais on les affaiblit à plaisir, en négligeant la plus forte, savoir que chaque dialogue fait partie d'un tout qui nous est donné comme l'œuvre de Platon par une tradition unanime de vingt-deux siècles.

III

La question a donc été déplacée ; il est temps de la remettre sur son véritable terrain et d'apprécier avec M. Grote, à la lumière des faits, la crédibilité des critiques anciens et la valeur de leurs travaux. Mais, avant d'établir directement l'autorité de leur témoignage, il n'est pas inutile de faire remarquer que les érudits de l'antiquité n'ignoraient pas tout à fait les procédés de critique qu'on leur oppose aujourd'hui. Aristarque les appliqua avec grand succès à l'œuvre d'Homère. Andronicus de Rhodes, à son tour, en usait et en abusait peut-être lorsque, dans sa révision des écrits d'Aristote, il rejetait comme indignes de ce philosophe l'appendice du traité des *Catégories* et le livre tout entier de l'*Interprétation* ; mais quelle que fût l'autorité d'Andronicus, elle ne prévalut pas contre le témoignage de ses prédécesseurs, et Simplicius, Philopon, Boëce, maintinrent sur ce point la tradition. Un autre fait curieux à noter, c'est que le *Phédon* fut soumis à une épreuve du même

---

1. Voir plus loin, au chapitre v, ce qui concerne spécialement le *Parménide*.

genre, quoique moins sérieuse. Le stoïcien Panétius s'avisa un jour de dire que ce dialogue ne pouvait être de Platon. Pourquoi ce doute, le seul peut-être qui se soit produit chez les anciens sur un des écrits du canon platonicien? Uniquement parce que l'école stoïcienne n'acceptait pas alors la doctrine du *Phédon* sur l'immortalité de l'âme. Les platoniciens au contraire y voyaient certainement une preuve interne d'authenticité; mais, pour y croire, ils avaient mieux que cela, le témoignage formel d'Aristote, et mieux encore peut-être, les manuscrits autographes de Platon conservés à l'Académie. Voilà les preuves que les critiques d'Athènes et d'Alexandrie avaient à leur disposition, et en vérité on ne saurait les blâmer de les avoir employées de préférence aux arguments internes qui peuvent si souvent se rétorquer.

Si donc, comme on doit le penser, le savant rhéteur et grammairien grec Thrasylle ne procédait pas autrement que par la méthode traditionnelle, on est en droit de supposer que le canon platonicien était moins son œuvre personnelle qu'un héritage de ses devanciers et un résumé de leurs travaux. Ce soupçon est confirmé par l'histoire des écrits de Platon pendant les trois siècles qui ont précédé notre ère.

Que pensait Platon de ses propres ouvrages, et quelle valeur leur attribuait-il lui-même? Voici un passage où il semble avoir répondu à cette question : « Les discours écrits, dit-il vers la fin du *Phèdre*, ne sont rien de plus qu'un moyen de réminiscence pour celui qui connaît déjà le sujet qu'ils traitent... Il y a une autre espèce de discours qui l'emporte beaucoup sur celle-là. C'est le discours écrit dans l'intelligence de celui qui étudie,... le discours vivant et animé qui existe dans l'esprit, et dont le discours écrit n'est que le simulacre... Le sage qui connaît ce qui est juste, beau et bon... n'ira donc pas déposer sérieusement la science dans de l'eau noire, à l'aide d'une plume, avec des mots incapables de s'expliquer et de se défendre eux-mêmes, incapables d'enseigner suffisamment la vérité... Si jamais il sème dans les jardins de l'écriture, ce sera pour s'amuser. En se faisant un trésor de souvenirs et pour lui-même quand la vieillesse amènera l'oubli, et pour tous ceux qui suivent les mêmes traces, il se réjouira de voir s'élever les plantes de ses jardins ; et, abandonnant aux autres hommes les divertissements d'une autre espèce,... il passera sa vie dans le doux badinage que je viens de retracer... Noble divertissement sans doute ; mais ce qui est plus noble et plus sérieux, c'est de semer et de planter dans une âme bien douée, avec la science et à l'aide de la dialectique, des discours capables de se défendre eux-mêmes et celui qui les a semés... Discours féconds qui germent dans d'autres cœurs, y enfantent d'autres discours semblables, lesquels se reproduisant sans cesse, immortalisent la semence précieuse, et font jouir ceux qui la possèdent du plus grand bonheur qu'on puisse goûter sur la terre[1]. »

Cette préférence accordée par le disciple de Socrate à la parole vivante sur le discours écrit, pourrait donner à penser qu'il n'attachait que peu de prix à ses ouvrages. Mais j'imagine qu'il n'y a là qu'un gracieux badinage ou même une coquetterie d'auteur et d'artiste. Nous savons d'ailleurs que ses écrits ne lui étaient pas indif-

---

1. Trad. V. Cousin, t. VI, p. 123-127. Comment, après avoir lu ces lignes, attribuer à un jeune homme la composition du *Phèdre* ? Voir plus loin, p. 32 et 33.

férents. Denys d'Halicarnasse affirme qu'il les corrigeait avec grand soin, et il cite à l'appui un fait remarquable. La première phrase de la *République* aurait été, suivant lui, remaniée plus de vingt fois. Il en parle comme s'il avait vu de ses yeux le manuscrit chargé de ratures ; mais de quelque manière qu'il ait appris ce détail, on peut croire qu'un écrivain aussi habile que l'auteur de la *République* à varier les formes de sa pensée n'était pas insensible au sort de ses écrits. Il dut par conséquent veiller à leur conservation, et l'établissement de son école dans sa maison de campagne à l'Académie, lui en fournissait les moyens. Dans ce vaste local fermé d'ordinaire au public, il lui fut aisé d'installer une bibliothèque, au moins pour ses manuscrits. C'était la première fois qu'un philosophe fondait une école dans une demeure fixe : « Fait considérable, dit M. Grote, et auquel nous devons sans doute de pouvoir lire aujourd'hui tout ce que lisaient les anciens sous le nom de Platon. » Parmi tant d'écrivains qui illustrèrent son siècle, combien peu nous sont parvenus dans leur intégrité ! Pour ne parler que des philosophes, où sont les écrits d'Aristippe et d'Antisthène, de Phédon, d'Euclide et de Démocrite ? Dans quel état nous sont parvenus ceux d'Aristote ? Si les dialogues de Platon ont été préservés des vers et de la rouille, s'ils n'ont pas été dispersés si nous possédons même les compositions qu'il avait laissées à l'état de fragments ou d'ébauches, c'est évidemment un peu parce que l'auteur d'abord, puis ses héritiers et ses successeurs, purent les conserver dans un domicile fixe et en partie approprié à cet usage. Or, nous connaissons par leurs noms tous les propriétaires de l'Académie pendant trois siècles, tous ceux qui, jusqu'au temps de Cicéron, y gardèrent les manuscrits du maître : dépôt précieux confié d'abord à son neveu Speusippe, puis à son vieux disciple Xénocrate, et ensuite à une série non interrompue de scolarques dont l'auteur des *Académiques* a tracé l'ordre de succession avec une minutieuse exactitude.

Le fait suivant rapporté aussi par Cicéron[1] prouve que les chefs de l'Académie se montraient gardiens jaloux des écrits de Platon, sinon de sa pure doctrine. L'orateur M. Crassus étant à Athènes obtint par grande faveur du scolarque Charmadas de consulter sous ses yeux et d'étudier avec lui le manuscrit du *Gorgias*. Telles étaient les garanties, qu'offrait alors aux érudits la collection conservée à l'Académie. Il est vrai que cela se passait avant l'année 87 ; mais lorsque, à cette date, Sylla mit le siège devant Athènes, on sait que les écoles platonicienne et péripatéticienne rentrèrent en ville, emportant sans doute avec elles les livres qui étaient leur propriété. La bibliothèque d'Apellicon que le vainqueur s'appropria n'était qu'une bibliothèque d'amateur. Si d'autres déprédations avaient eu lieu au détriment de l'Académie, Cicéron en eût certainement parlé, et depuis lors l'histoire ne mentionne aucun fait de nature à faire supposer qu'après Crassus et Cicéron, les manuscrits de Platon auraient cessé d'être conservés, soit à l'Académie, soit au Ptolemæum où l'école avait été transférée, et où Thrasylle et Denys d'Halicarnasse purent voir encore et consulter la précieuse collection.

Depuis longtemps d'ailleurs les œuvres de Platon se trouvaient dans le Musée fondé à Alexandrie par le premier Ptolémée, avec le concours de plusieurs savants, et entre autres de deux philosophes des plus compétents.

---

1. *De oratore*, I, 11, 45-47.

L'un, Héraclide de Pont, avait suivi tour à tour les leçons de Platon, de Speusippe et d'Aristote. L'autre était le péripatéticien Démétrius de Phalère, qui avait gouverné Athènes du vivant de Speusippe et de Xénocrate ; ce fut sur ses conseils que, vers l'an 300, Plolémée Soter créa sa fameuse bibliothèque, chargeant spécialement Démétrius et Héraclide de lui procurer à tout prix les livres des philosophes d'Athènes pour qui il professait une estime particulière. Les deux savants n'eurent évidemment aucune peine à obtenir de leurs anciens condisciples ou amis d'Athènes des copies exactes des écrits de Platon. Ainsi fut formée à Alexandrie une seconde collection de ces écrits sous la garde d'une autre lignée de conservateurs, aussi savants et non moins capables que les scolarques de l'Académie de découvrir les fraudes, s'il s'en produisait. Les grammairiens, depuis la mort d'Aristote, formaient dans le monde grec une classe de savants et de lettrés qui remplissaient avec honneur une sorte de fonction publique, en travaillant à réunir, à réviser, à cataloguer les richesses littéraires de la Grèce. C'est dans leurs rangs que les Ptolémées choisirent les bibliothécaires et les conservateurs du Musée d'Alexandrie. Les premiers surtout ont laissé un nom dans les lettres et dans les sciences. A Zénodote qui fut le premier, succédèrent, durant le IIIe siècle avant notre ère, Callimaque, Eratosthène, Apollonius de Rhodes, et au commencement du second siècle Aristophane de Byzance qui inventa, dit-on, les accents et la ponctuation, et qui, avec son disciple et son successeur Aristarque, personnifie le génie de la critique dans l'antiquité. Le nom d'Aristophane est attaché à une œuvre qui mérite de notre part une attention spéciale. Il rédigea ou plutôt acheva, probablement sur les plans et d'après les notes de Callimaque, un catalogue des écrivains grecs, et arrêta le canon des auteurs classiques dans les divers genres de littérature. Diogène Laërce nous a transmis un extrait de son catalogue des écrits authentiques de Platon. C'est une liste de 15 ouvrages que le savant bibliothécaire rangeait en cinq trilogies, savoir : 1° *République, Timée, Critias*; 2° *Sophiste, Politique, Cratyle*; 3° *Lois, Minos, Epinomis*; 4° *Théétète, Euthydème, Apologie*; 5° *Criton, Phédon, Lettres.* Ce qu'on doit remarquer ici, ce n'est pas la classification elle-même, qui n'est fondée que sur des caractères extérieurs; ce sont les titres de ces quinze ouvrages parmi lesquels figurent non seulement des chefs-d'œuvre tels que la *République* et les *Lois*, le *Timée*, le *Criton*, le *Phédon*, mais aussi des ébauches comme le *Minos* et l'*Epinomis*, un fragment, le *Critias* et enfin les *Lettres*, qu'on rejette aujourd'hui avec si peu de cérémonie. Ainsi ces grammairiens érudits et subtils, qui savaient le grec sans doute, ces critiques délicats qui avaient étudié à fond leurs auteurs et faisaient leur métier de reconnaître la manière ou le génie de chacun d'eux, admettaient sans hésiter comme étant de Platon des écrits que nos philologues déclarent indignes de lui, sans souffrir là-dessus la moindre contradiction. M. Grote, au contraire, est d'avis que le témoignage si autorisé d'Aristophane suffit pour prouver que « les quinze ouvrages cités par Diogène, y compris les *Lettres*, l'*Epinomis* et le *Minos* sont certainement de Platon. « Pour moi, ajoute-t-il, je les tiens pour parfaitement authentiques. »

Ce n'est pas tout. Diogène ne se borne pas à transcrire les cinq trilogies : il dit encore que « les autres écrits » n'étaient pas groupés, mais inscrits un par un au catalogue. Quels sont ces écrits catalogués, mais non classés par Aristophane ? En lisant avec attention tout ce passage, on ne peut guère douter qu'il ne s'agisse du canon de Thrasylle. En effet, c'est après avoir reproduit tout au long les neuf tétralogies de ce dernier critique que Diogène rappelle qu'Aristophane avait ébauché deux siècles auparavant un travail analogue de classement, mais qu'il l'avait laissé inachevé, se contentant d'inscrire à la suite, un à un, « les autres ouvrages » de Platon, savoir ceux que tout le monde, avant et après lui jusqu'à Diogène, admettait sans conteste, et qu'il lui était si aisé de faire collationner sur les manuscrits originaux conservés à l'Académie. Le catalogue d'Aristophane, conforme à celui de Callimaque, ne différait donc pas de celui de Thrasylle par le contenu, mais par le mode de classement.

Après la bibliothèque d'Alexandrie où les œuvres des grands écrivains étaient gardées dans de si excellentes conditions, il y en eut d'autres, comme on sait, à Pergame, à Rhodes, à Cyrène, à Marseille, à Rome et ailleurs, qui purent posséder aussi des copies exactes et des collections complètes, mais où purent se glisser plus aisément par fraude ou par ignorance des écrits d'origine suspecte. Ainsi s'explique l'existence, au temps de Thrasylle et de Diogène Laërce, d'un certain nombre de dialogues faussement attribués à Platon. Mais, loin que cette circonstance doive inspirer des doutes sur les écrits du canon platonicien, elle fournit un argument en leur faveur. En effet, nous savons pertinemment que l'attention des philosophes platoniciens et des grammairiens d'Alexandrie se porta sur ces dialogues de date récente ou d'origine inconnue et dont les autographes ou des copies authentiques ne se trouvaient pas à l'Académie.

Grâce à ce moyen pratique de vérification, et sans avoir besoin de recourir à la critique interne qui les aurait peut-être divisés, ces habiles gens s'accordèrent sans difficulté à déclarer apocryphes une dizaine de dialogues dont Diogène nous donne les titres et dont le texte nous a même été conservé. Le même Diogène nous apprend que les œuvres de Platon avaient été publiées avec des annotations semblables à celles qui accompagnaient les éditions d'Homère ; mais il ne dit nulle part qu'il se soit jamais produit aucun dissentiment ni aucune discussion sur la provenance des écrits généralement reconnus authentiques.

On voit donc que, lorsque Thrasylle, dans les premières années du premier siècle de l'ère chrétienne, donna au canon platonicien sa dernière forme, il ne recueillait pas seulement une tradition imposante par sa durée et son unanimité, mais que cette tradition lui était parvenue contrôlée par un examen sérieux, et fortifiée par l'autorité de tous les hommes compétents, qui en avaient reconnu la vérité. Tous les érudits des siècles suivants jusqu'au temps de Gémiste Pléthon en Orient et jusqu'au xixe siècle en Occident, ont accepté le travail de Thrasylle et admis comme authentiques les ouvrages de Platon au nombre de 36, dont pas un, je le répète, n'avait soulevé le moindre doute dans l'antiquité : car on ne peut voir qu'une boutade sans portée dans le jugement de Panétius sur le *Phédon*.

En résumé, le canon platonicien me paraît, ainsi qu'à M. Grote, tout à fait digne de foi ; indépendamment de l'adhésion des modernes, qui a aussi sa valeur, nous avons pour y croire trois motifs principaux :

1° Il repose sur l'autorité des grammairiens et des bibliothécaires d'Alexandrie, depuis le temps de Ptolémée Soter et de Démétrius de Phalère, une génération seulement après Platon.

2° Il est garanti par la conservation non interrompue des manuscrits de Platon dans sa propriété de l'Académie, à partir de Speusippe, son neveu et son premier successeur.

3° Tous les écrits du canon ont été admis par les anciens sans une seule contestation de la part d'un seul critique, quoique la question d'authenticité eût été posée à l'occasion de quelques ouvrages étrangers au canon et qui furent rejetés d'un consentement unanime.

Je souscris pour ma part à ces conclusions du savant historien qui a étudié avec tant de soin le siècle de Platon; j'estime comme lui que les écrits de ce philosophe nous ont été transmis dans des conditions exceptionnelles de conservation et d'exactitude, et que nous possédons son œuvre tout entière, sans mélange ni addition de textes apocryphes. L'élimination des écrits supposés a été faite et bien faite par les critiques de l'antiquité, qui avaient à leur disposition tous les moyens désirables de vérification et de contrôle.

Je ne me dissimule pas que, même après cette démonstration historique, il reste des difficultés d'exégèse à résoudre, que par exemple les différents dialogues de Platon ne semblent pas toujours s'accorder entre eux pour la doctrine, et qu'ils n'ont pas tous les mêmes mérites de style et de composition : c'est tant pis pour les philosophes et pour les admirateurs de Platon; mais il faut bien qu'ils acceptent le Platon de l'histoire, non celui de leurs rêves. Si d'ailleurs le *Minos*, l'*Hipparque*, l'*Épinomis*, les *Rivaux*, le *Clitophon* et d'autres petits écrits paraissent inférieurs à ce qu'on attend de l'auteur du *Gorgias*, du *Banquet*, de la *République*, les explications ne manquent pas pour excuser la faiblesse relative des débuts ou l'imperfection des ébauches par lesquelles l'auteur préludait à ses plus beaux chefs-d'œuvre. Restent les *Lettres,* qui sont pour beaucoup de lecteurs une pierre d'achoppement. J'avoue que Platon n'y est pas toujours égal à lui-même, quoiqu'elles renferment de belles et grandes pensées. Mais enfin de quel droit rejeter les témoignages d'Aristophane, de Cicéron, de Thrasylle, de Plutarque et de tant d'autres ? C.-F. Hermann lui-même n'a pas osé le faire[1], et le grand philologue Bœckh, qui avait fait une étude spéciale de la question, ne croyait pas qu'on pût contester la VIIe de ces *Lettres* qui à elle seule représente la moitié du recueil, et qui est le document capital pour l'histoire de Dion et de Denys le Jeune. La rapidité de la rédaction suffit pour expliquer des négligences, des longueurs et des répétitions. Quant à certaines expressions d'une mysticité énigmatique, on n'ose les attribuer à l'âge avancé de l'auteur puisqu'il n'avait pas encore écrit à cette date le *Timée* et les *Lois,* auxquelles la mort l'empêcha de mettre la dernière main, ainsi qu'à l'*Épinomis.* Mais ces étrangetés, qui choquent si fort certains esprits, sont des faits qu'il faut d'abord accepter : le problème qu'elles soulèvent n'appartient pas à l'histoire ; c'est un problème de psychologie. J'en suis aussi embarrassé que d'autres ; mais, avant d'accorder que ce soit une preuve décisive de l'inauthenticité des *Lettres* de Platon, je demanderai qu'on veuille bien dire pourquoi l'on admet l'authenticité de la dernière tragédie de Corneille, et si l'on a trouvé l'explication de ce phénomène bien autrement singulier et choquant pour le sens litté-

---

1. Voir Grote, t. I, ch. v, p. 179.

raire, savoir comment l'auteur du *Cid,* de *Cinna,* de *Polyeucte,* a pu écrire et faire jouer son *Attila.*

IV

Il ne suffit pas d'avoir établi par des témoignages dignes de foi l'authenticité des écrits de Platon pris dans leur ensemble : à cette question s'en rattache étroitement une autre, celle de leurs dates respectives et de leur ordre de composition. Les anciens en général s'en sont moins inquiétés que les modernes; ils se sont bornés à classer les dialogues, tantôt d'après les circonstances qui leur servent de cadre ou d'après les personnages qui y sont mis en scène, tantôt suivant les matières qui y sont traitées ou la méthode que suit l'auteur.

Le premier classement dont il y ait trace est celui d'Aristophane de Byzance, qui rangeait en trilogies 15 ouvrages, y compris les *Lettres,* tandis que les autres figuraient un à un dans son catalogue. Cette distribution assez arbitraire n'était, paraît-il, qu'un renseignement bibliographique à l'usage des bibliothécaires et des visiteurs du musée d'Alexandrie. Deux siècles plus tard, Thrasylle s'attachant à la forme dramatique des dialogues et les comparant aux compositions des poètes tragiques, eut l'idée de les grouper par tétralogies dont la première seule supporte l'examen à ce point de vue et a été retenue par la plupart des éditeurs et traducteurs de Platon. Elle comprend l'*Euthyphron,* l'*Apologie,* le *Criton* et le *Phédon,* c'est-à-dire les dialogues où sont retracés le procès, la défense et la condamnation de Socrate, son séjour en prison et son refus de s'évader, ses derniers entretiens et sa mort. Outre cette classification, qui était son œuvre, Thrasylle en avait exposé une autre d'un caractère plus philosophique et qui résumait les distinctions admises avant lui entre les dialogues de recherche et les dialogues d'exposition, les premiers comprenant d'une part la maïeutique et la pirastique, d'autre part la polémique démonstrative ou réfutative, tandis que les dialogues d'exposition se rapportaient les uns à la théorie, c'est-à-dire à la physique ou à la dialectique, les autres à la pratique, c'est-à-dire à la politique ou à la morale. Plusieurs de ces distinctions ont obtenu l'adhésion des savants modernes, à commencer par Jean de Serres, dans l'édition célèbre de Platon qu'il donna à Bâle en 1578 avec Henri Estienne, et qui fait encore autorité. Jean de Serres proposa un classement plus logique que celui de Thrasylle. Il ramenait les ouvrages de Platon à six classes ou *syzygies* dont la première concernait Socrate et reproduisait la première tétralogie de Thrasylle; la seconde comprenait les dialogues d'introduction à la philosophie et de polémique contre les sophistes, la troisième, la quatrième et la cinquième les écrits relatifs à la logique, à la morale, à la physique et à la métaphysique ou théologie; la sixième enfin les *Lettres,* suivies des apocryphes.

Ces classifications sont à peu près les seules qui aient été essayées avant le xixe siècle, et l'on voit que, si elles indiquent l'intention de ranger dans un ordre méthodique les écrits de Platon, elles n'ont trait ni au développement historique de la doctrine, ni à l'ordre de composition des dialogues. Or c'est précisément là-dessus qu'a porté l'effort de la critique moderne. Elle semble donc avoir posé un problème nouveau, aussi intéressant que difficile à résoudre, surtout par la méthode interne et subjective qu'on n'a pas manqué d'y appliquer avec beaucoup de science et non moins d'imagination.

Ici encore c'est Schleiermacher qui a frayé la route. On a vu plus haut comment il divisait les dialogues de Platon en vertu de leur contenu et de leurs caractères internes, les ramenant à trois groupes qu'il rapportait à la jeunesse, à la maturité et à la vieillesse de l'auteur, et qu'il appelait élémentaires, préparatoires et constructifs. Le principe de cette division paraissait judicieux et les résultats très acceptables. Malheureusement il s'est trouvé qu'en partant de principes analogues et en usant de la même méthode, Ast, Socher, Hermann, Schneider, Stallbaum sont arrivés à des résultats très différents et qui ne s'accordent pas davantage entre eux. Discuter en détail chacun de leurs systèmes serait prendre une peine inutile. Je me bornerai au système de Schleiermacher qui, ayant inspiré tous les autres, peut servir de type; c'est d'ailleurs celui qui a conservé le plus d'autorité dans son ensemble et les partisans les plus considérables. Pour ne parler que des morts, le très savant Trendelenburg a fait des idées de Schleiermacher une application à outrance, non seulement aux écrits, mais encore à l'enseignement de Platon. Ce système repose sur deux postulats. L'un est que Platon a écrit tous ses dialogues avec une intention systématique et d'après un plan arrêté dès le début; l'autre est que ce plan a été réalisé par fragments, dans l'ordre même que Schleiermacher croit avoir retrouvé. Or, dit M. Grote, si l'on ne peut prouver *a priori* la fausseté de ces deux hypothèses, rien non plus n'en démontre la vérité, et elles sont sujettes à de très sérieuses objections[1].

---

1. T. I, ch. v, p. 172 et suiv.

En ce qui concerne le plan systématique attribué à Platon, combien n'est-il pas invraisemblable que ce philosophe l'ait conçu dès l'année 406, à l'âge de 22 ans, et qu'il y ait inflexiblement persévéré pendant près de 60 ans ; et d'un autre côté s'il en a été ainsi, comment comprendre que personne, même dans son école, ne s'en soit douté jusqu'à notre siècle ? Schleiermacher invoque je ne sais quelle évidence inconnue avant lui. « Pour tous ceux qui comprennent Platon », dit-il, « tous ses dialogues, à partir du *Phèdre* qu'on croit être le premier, révèlent un plan, une doctrine arrêtée, dont le sens se dégage de plus en plus nettement jusqu'à la *République* et au *Timée*. » Mais cette unité de plan est si peu évidente que Frédéric Ast presque aussitôt la nie expressément, au risque de paraître « ne pas comprendre Platon ». Ainsi fait Socher, puis C.-F. Hermann et vingt autres.

Si ce plan est chimérique ou tout au moins conjectural, l'ordre « instructif et progressif » imaginé par Schleiermacher d'après ce plan n'est pas mieux prouvé, et il a été remanié après lui et interverti de cent manières, au nom de cette même intelligence de Platon que chacun de ses interprètes croit avoir en partage, à laquelle ils en appellent tous et qui varie étrangement de l'un à l'autre. A supposer d'ailleurs que Platon eût suivi dans la composition et la publication de ses ouvrages un ordre aussi rigoureux qu'on le suppose, cet ordre aurait-il été ignoré des anciens ? — Le souvenir s'en était perdu, dit Schleiermacher. — Quoi ! dès le premier siècle après Speusippe et Xénocrate, dès le temps de Callimaque et d'Aristophane de Byzance ? Cet ordre qu'aucun platonicien n'a mentionné n'était donc pas utile à l'intelligence du système.

Quant aux dates présumées des divers dialogues, il y en a de tout à fait impossibles et contre lesquelles protestent la plupart des philologues contemporains, au nom de la critique interne elle-même. Un exemple suffira pour faire juger des contradictions et des incertitudes auxquelles aboutit cette méthode.

A quelle époque de la vie de Platon doit-on rapporter la composition du *Phèdre* ? « Ce dialogue sent le jeune homme », avait dit Diogène Laërce, confirmant ainsi une tradition suspecte par son appréciation personnelle de l'ouvrage. On s'étonne de voir Schleiermacher reprendre pour son compte le jugement de ce compilateur, si précieux à consulter lorsqu'il cite ses auteurs et qu'il se contente d'être leur écho, mais si inepte et si peu digne de confiance lorsqu'il parle de son chef. Schleiermacher fait donc du *Phèdre* une œuvre de la première jeunesse de Platon, et il en donne pour preuves décisives la fougue, l'enjouement, la grâce piquante des détails, une exubérance d'ornements poétiques qui nuit au sérieux de la pensée. Mais, s'il est vrai qu'au point de vue littéraire et à ne tenir compte que de la forme, le *Phèdre* brille par des qualités qui d'ordinaire sont le privilège de la jeunesse, il n'en est pas de même au point de vue philosophique. La doctrine qui y est développée suppose d'un bout à l'autre la théorie des idées, et par conséquent la plus grande maturité de pensée chez celui dont cette théorie est l'œuvre capitale et le dernier mot en philosophie. Qui sait d'ailleurs[1] si ce qu'on attribue à l'inexpérience n'a pas été au contraire le comble de l'art ? Ne connaît-on pas de grands écrivains

---

1. Voir le passage cité plus haut (p. 117), et où l'auteur semble dire qu'il est arrivé à « l'âge où vient l'oubli ».

qui ont conservé dans un âge avancé la fraîcheur et le charme d'une imagination toujours jeune, tandis que chez d'autres une gravité qui n'a pas attendu l'âge mûr semble à un lecteur prévenu un signe évident de la vieillesse ? C'est ainsi que tour à tour on a regardé le même dialogue de Platon comme un des premiers essais de son génie ou comme une de ses dernières productions. Ce conflit d'opinions que j'ai signalé au sujet du *Phèdre* s'est reproduit pour le *Parménide,* et en général, dans toute cette recherche sur l'ordre de composition des dialogues, les partisans de la critique interne n'ont rien établi de solide et d'incontestable. Une même méthode leur a suggéré les vues les plus diverses et les plus inconciliables. Y a-t-il même dans l'œuvre de Platon un ordre quelconque, une suite logique ou chronologique ? Cette méthode subjective et arbitraire, si fertile en contradictions, ne permet pas de l'affirmer ; son dernier mot est le doute, en histoire ainsi qu'en philosophie.

V

Si la question spéciale qui nous occupe n'a pas été posée par les anciens, il ne serait pas surprenant qu'elle ne fût pas non plus résolue d'une manière satisfaisante à l'aide des témoignages extérieurs. Mais peut-être y a-t-on renoncé trop vite ; peut-être les informations ne font-elles pas absolument défaut sur ce point ; et en tout cas les résultats auxquels on arrivera par cette voie seront toujours moins problématiques. Si par exemple la distinction de trois époques introduite par Schleiermacher dans l'activité littéraire et philosophique de Platon a rencontré un assentiment général, et si elle doit être retenue comme un élément réel de la question, c'est qu'elle est appuyée sur l'histoire proprement dite. Il n'est même pas malaisé d'y mettre plus de précision. Au lieu de ces termes un peu vagues de jeunesse, d'âge mûr et de vieillesse, on est en état, avec ce qu'on sait de la vie de Platon, d'assigner des dates fixes aux principales époques dans lesquelles il a pu composer ses divers ouvrages, savoir : 1° avant la mort de Socrate en 399 (Platon avait alors de 29 à 30 ans); 2° de 399 à 386, date probable et généralement admise de la fondation de l'Académie ; 3° de 386 à 347, date de la mort de Platon dans sa 82ᵉ année. Cette dernière période de 40 ans peut être à son tour subdivisée en deux parties, presque en deux moitiés, en prenant pour point de partage le second voyage du philosophe en Sicile, en 367.

Tel est le cadre historique dans lequel on a entrepris de distribuer les différents ouvrages de Platon. Mais est-on bien sûr qu'il ait écrit dans chacune de ces trois ou quatre périodes, et d'abord dans la première, du vivant de Socrate ? Voilà, semble-t-il, la question préalable, et l'on ne s'explique pas que les historiens du platonisme ne s'y soient pas arrêtés. Tous l'ont supposée résolue, sur la foi d'un propos légendaire. « Que de choses ce jeune homme me fait dire ! » se serait écrié Socrate, en entendant lire le *Phèdre* ou quelque autre écrit de son jeune disciple. Ce joli mot, recueilli six siècles plus tard par Diogène Laërce et que la différence manifeste des deux doctrines explique suffisamment, a été le point de départ de tous les systèmes de classification proposés depuis Schleiermacher : tout le monde a cherché ce que Platon a pu faire dire à son maître du vivant de ce dernier. M. Grote s'est refusé avec raison, si je ne me trompe, à accepter sans examen une légende que n'appuie aucun témoignage, et à laquelle Diogène Laërce lui-même oppose d'autres traditions. En effet, demandons-nous aux anciens quel fut le premier ouvrage de Platon, ils nous donnent le choix pour ainsi dire entre huit ou neuf dialogues. Écoutons Diogène : « Nous avons déjà dit que plusieurs auteurs mettent la *République* en tête des ouvrages de Platon ; d'autres commencent par le *premier Alcibiade*, quelques-uns par le *Théagès*, par l'*Euthyphron*, ou bien encore par le *Clitophon*, le *Timée*, le *Phèdre*, le *Théétète*. Enfin beaucoup mettent en première ligne l'*Apologie*. » Ces allégations contradictoires et de source inconnue laissent évidemment au lecteur la liberté de commencer par celui de ces dialogues qui lui plaira le mieux, à moins qu'il ne considère que tous ces témoins anonymes ne pensaient qu'à la meilleure manière d'entamer la lecture des dialogues, excepté ceux qui, en grand nombre, mettaient d'abord l'*Apologie*, se préoccupant plutôt de l'histoire des écrits de Platon que de leur ordre logique.

M. Grote, pour sa part, se range du côté du plus gros bataillon, en adoptant ce dernier témoignage et en regardant l'*Apologie* comme le premier écrit de Platon ; et il est confirmé dans cette opinion par l'étude attentive des circonstances et des événements au milieu desquels se passa la première jeunesse du philosophe. « Non seulement, dit-il, aucun auteur connu, pas même Diogène, n'affirme d'une manière formelle que Platon ait rien écrit avant la mort de Socrate, mais, à y regarder de près, il est fort douteux qu'il en ait eu l'idée ou le loisir. Ceux qui écrivent sur Platon n'en parlent que comme d'un pur esprit sans rapports avec le monde matériel et avec la société. Gœthe l'appelle « un esprit

« bienheureux visitant pour un peu de temps la terre ». On s'imagine que sa jeunesse fut aussi entièrement vouée à la philosophie que son âge mûr. C'est faire un pauvre éloge de son amour de l'idéal que de supposer que, satisfait de le contempler dans sa pensée, il n'aurait pas dans sa jeunesse tenté de le réaliser ou de préparer au moins quelque progrès. »

C'est aussi une hypothèse difficile à concilier avec les faits. Étant données l'éducation de Platon, sa parenté et ses relations, il ne pouvait rester étranger aux affaires de son pays et indifférent à sa fortune. Dans des temps si agités et si tourmentés, lorsque Athènes, suivant le mot de Thucydide, ressemblait moins à une cité qu'à une place d'armes, après la désastreuse expédition de Sicile, pendant les alternatives des dernières victoires et des derniers revers accompagnés d'autant de révolutions, enfin dans les souffrances d'un long siège aboutissant à la défaite finale, — l'abstention d'un jeune homme robuste, courageux, au cœur noble, est tout à fait inadmissible. Platon fit donc son devoir de soldat et de citoyen, comme tout le monde, et un contemporain cité par Diogène énumère les expéditions auxquelles il prit part. M. Grote croit qu'on pourrait même y ajouter la bataille navale des Arginuses. Après la guerre, la vie politique le réclama. On objecte l'influence de Socrate; mais en cela encore on se trompe. Si Platon avait négligé les occasions de se rendre utile à ses concitoyens, Socrate lui-même le lui aurait reproché. Ne sait-on pas avec quelle persévérance, non content de donner à ses amis l'exemple du courage militaire, il s'efforçait de pousser à la politique active les jeunes gens qui en avaient les aptitudes, comme Xénophon et comme Glaucon auquel il s'intéressait, nous dit l'auteur des *Mémorables,* « à cause de son frère Platon » ? Docile, pour son propre compte, à ces conseils patriotiques, Platon dut se mêler à la politique active de son temps. Il raconte lui-même, dans sa septième *lettre,* qu'à deux reprises il s'embarqua dans la vie publique : une première fois, sous les auspices de ses parents Critias et Charmide, jusqu'à ce que l'odieuse conduite des Trente à l'égard de Léon le Salaminien lui eût ôté l'espoir d'une réforme dans le sens de la justice dont il avait la passion ; et une seconde fois, au retour de Thrasybule, sous une démocratie qui lui semblait plus sage et mieux réglée, mais dont il s'éloigna avec horreur, lorsqu'elle se fut déshonorée par la mort de Socrate. A ce récit, fait par Platon à l'âge de 75 ans, il faut ajouter le devoir légal qui l'appelait à porter les armes, au moment ou Schleiermacher se le représente écrivant le *Phèdre.* Qu'on se rappelle ses poésies jetées au feu et sa résolution de ne plus écrire quand il eut connu Socrate, et la supériorité qu'il accorda toujours comme philosophe à l'enseignement oral sur le discours écrit. Qu'on se demande enfin pourquoi il aurait écrit des dialogues sur le modèle de ceux de Socrate, alors que, dans ses moments de loisir, il pouvait entendre journellement ce dialecticien incomparable, converser avec lui ou assister à ses entretiens, en prenant des notes comme Xénophon. C'est quand il l'eut perdu qu'il prit la plume, et, comme Xénophon encore, consacra son premier écrit à protester contre l'accusation injuste dont leur maître avait été victime. Telle était, dans l'antiquité, l'opinion de beaucoup de gens qui, suivant Diogène Laërce, regardaient l'*Apologie* comme le premier ouvrage de Platon. M. Grote est de leur avis, et je m'y range avec lui d'autant plus volontiers que, l'auteur des *Dialogues* ayant survécu à Socrate pendant plus d'un demi-siècle, le temps ne lui fit pas défaut pour les écrire.

VI

Je suis forcé, à mon grand regret, de me séparer de M. Grote, lorsque ce savant historien aborde, avec ses préoccupations particulières en philosophie, la question du classement des écrits de Platon. Au fond, il n'a pas d'autre fil conducteur que la vieille distinction des dialogues de réfutation ou de recherche et des dialogues d'exposition dogmatique. Rien ne prouve que cette distinction ait un rapport quelconque avec l'ordre dans lequel Platon composa et publia ses ouvrages. Or, M. Grote place en premier lieu les dialogues réfutatifs, à cause de l'esprit négatif dont il les croit inspirés et qu'il attribue à l'influence des sophistes et de Socrate ; et il regarde les dialogues d'exposition comme les derniers en date, par la raison qu'ils expriment la pensée de Platon à un âge où il était devenu dogmatique jusqu'à l'intolérance. Mais outre que cette dernière appréciation est injuste, il n'est pas exact de dire que, sous l'influence de Socrate, Platon ait pratiqué, dans plus de la moitié de ses ouvrages, une méthode négative et sophistique. Il y a cependant quelque chose à retenir de cette division des dialogues en deux classes se rapportant à deux phases principales de la pensée de Platon, l'une où il aurait été surtout disciple de Socrate, l'autre où il serait devenu un philosophe indépendant et se serait montré davantage lui-même.

Nous possédons là-dessus deux témoignages de

grande valeur, à mon avis, et dont les termes sont très précis et très positifs. L'un est d'Aristote, l'autre de Cicéron.

Voici d'abord comment, au 1ᵉʳ livre de sa *Métaphysique* (chap. vi), Aristote explique la formation du système de Platon. « Platon dès sa jeunesse s'était familiarisé, dans le commerce de Cratyle son premier maître, avec cette opinion d'Héraclite, que tous les objets sensibles sont dans un écoulement perpétuel, et qu'il n'y a pas de science possible de ces objets. Plus tard il conserva cette même opinion. D'un autre côté, disciple de Socrate... et héritier de sa doctrine, Platon, habitué à la recherche du général, pensa que ses définitions devaient porter sur des êtres différents des objets sensibles... Ces êtres, il les appela des idées, ajoutant que les objets sensibles sont en dehors des idées, mais qu'ils en reçoivent leurs noms à cause de leur participation avec elles... Les Pythagoriciens disent que les êtres sont à l'imitation des nombres ; Platon, usant d'un autre terme, dit qu'ils sont par leur participation. » Ailleurs Aristote revient sur ce sujet et dit qu'il va exposer comment « la conception » de la théorie des idées « naquit dans l'esprit de ceux qui les premiers admirent leur existence ». Leur point de départ fut « ce principe d'Héraclite accepté pour vrai, que toutes les choses sensibles sont dans un flux perpétuel. Il résultait de là que, s'il y a science de quelque chose, il doit y avoir en dehors du monde sensible quelque chose qui subsiste d'une manière permanente. Socrate le premier s'appliqua à la recherche du général, et on lui doit la découverte de l'induction et de la définition, qui sont le commencement de la science... Cependant Socrate n'accordait une existence séparée ni aux universaux, ni aux essences. Ceux qui vinrent ensuite (Platon et son école) les séparèrent et donnèrent à cette sorte d'êtres le nom d'*idées*[1] ». Cette fois, on l'aura remarqué, il n'est pas question des Pythagoriciens, ce qui prouve que, suivant Aristote, c'est de Socrate seulement que procède Platon, quoiqu'il ait assez profondément modifié sa doctrine et emprunté aux Pythagoriciens une partie de sa terminologie et même certains développements sur les nombres et les êtres mathématiques qui, dans sa théorie des idées, servent d'intermédiaires entre le monde sensible et le monde intelligible.

Le témoignage très court, mais très suggestif de Cicéron est d'une réelle importance. Disciple de l'Académie, lié d'amitié avec les scolarques Philon et Antiochus dont il résume peut-être ici l'opinion, à une époque où l'école platonicienne étudiait curieusement ses propres origines, Cicéron était bien placé pour se renseigner sur l'histoire des doctrines et des écrits de Platon, et les quelques lignes que je vais citer semblent bien se rapporter à la fois aux uns et aux autres, de sorte que, malgré leur laconisme, elles s'ajoutent utilement aux indications d'Aristote. « Platon, dit-il, commença par reproduire (*expressisset*) la pensée de Socrate ; puis il y ajouta l'enseignement des pythagoriciens et y mêla des doctrines que Socrate eût désavouées[2]. »

Certains critiques du XIXe siècle, se croyant mieux renseignés que Cicéron et qu'Aristote lui-même sur la formation du système de Platon, ont ajouté à ses maîtres Euclide de Mégare et les Eléates. Ils ont même imaginé une période où Platon aurait composé sous

---

1. *Méthaphysique*, l. XIII, ch. VI.
2. *De Finibus*, l. V, ch. XXIX.

cette double influence toute une série de dialogues tels que le *Théétète*, le *Cratyle*, le *Sophiste*, le *Politique*, le *Parménide*. Le silence volontaire d'Aristote sur ces prétendues sources du platonisme serait à lui seul une réfutation suffisante de cette hypothèse, qui ne s'appuie que sur la tradition d'un séjour de Platon à Mégare, et sur une interprétation quelque peu forcée de Diogène Laërce. Mais j'ose dire en outre que le mégarisme est absent des dialogues où on le signale, et que ceux qui croient retrouver l'éléatisme dans le *Parménide* confondent sans s'en douter la substance unique de l'école d'Elée avec une des idées de Platon : l'auteur du *Parménide* s'en explique assez clairement pour qu'un lecteur attentif ne puisse s'y tromper.

Si l'on s'en tient aux indications formelles d'Aristote et de Cicéron, il y a lieu de distinguer, parmi les écrits de Platon, ceux d'abord où il ne fait qu'exprimer (à sa manière, il est vrai) la pensée de Socrate, et par lesquels il a dû commencer, puis ceux où dépassant l'enseignement et la méthode de son maître, il attribue aux essences éternelles une existence séparée, en dehors des choses sensibles qui néanmoins en participent.

Le contenu des dialogues étudié à ce point de vue permet de faire cette division en toute sécurité. La théorie des idées étant, de l'aveu de tous, une doctrine propre à Platon, et le fond même du platonisme dans ce qu'il a de plus original, on est en droit de faire, d'accord avec Aristote et Cicéron, deux parts dans l'œuvre du philosophe, en mettant d'un côté tous les dialogues qui exposent ou impliquent cette théorie, de l'autre côté, ceux qui n'y font ni emprunt, ni allusion, et où l'idée (εἶδος, ἰδέα), au sens platonicien du mot, n'est pas nommée une seule fois, ni désignée par une expression équivalente. Ces quinze, seize ou dix-sept dialogues purement socratiques, c'est-à-dire, sans mélange de doctrines étrangères à Socrate, ont pu être écrits, tous ou la plupart, avant la fondation de l'Académie, en commençant par l'*Apologie*[1]. Encore ne faut-il pas prendre cette présomption dans un sens trop absolu. L'*Hipparque* et le *Minos*, par exemple, ont pu n'être que des ébauches du traité des *Lois*; le *Clitophon*, une première rédaction du premier livre de la *République*; le *Criton* même et l'*Euthyphron*, une double introduction au drame du *Phédon*.

Peut-être est-il permis d'aller plus loin, sans sortir du cercle tracé par Aristote, mais en tenant compte des relations de Platon avec Archytas, de ses voyages en Sicile et de ses espérances philosophiques et humanitaires déçues tour à tour par le naturel pervers de Denys le Jeune et par la mort prématurée de Dion. On pourrait sur ce fondement subdiviser en deux classes les écrits où le pur socratisme cède la place au platonisme proprement dit. On placerait d'abord ceux de ses dialogues qui ne trahissent aucune inspiration pythagoricienne, et l'on mettrait ensuite, avec les *Lettres*, des dialogues tels que le *Timée* où Platon a évidemment pythagorisé, et les ouvrages de politique composés sans doute à l'occasion des révolutions de Syracuse, de 367 à 347.

Voilà dans ses lignes principales le classement qui me paraît le plus vraisemblable, au double point de vue des faits extérieurs et du développement progressif de la pensée de Platon, tel que nous le fait connaître Aristote. Mon dessein n'étant pas de construire à mon

---

[1]. Les anciens en général, Aristote entre autres (*Rhét.*, II, 23 et III, 18), considéraient l'*Apologie* comme un document historique plutôt que comme un écrit original de Platon.

tour un système complet sur un sujet si difficile et si controversé, je croirai avoir achevé ma tâche, si j'ai réussi à démontrer, après M. Grote, que les questions relatives à l'authenticité et à l'ordre de composition des écrits de Platon sont insolubles par les procédés de la critique interne ou subjective, tandis que, au moyen des témoignages et des informations historiques proprement dites, on retrouve Platon tout entier. Il se peut que par cette méthode on ne se rende pas toujours compte de son œuvre littéraire et philosophique dans tous ses détails ; mais on arrive du moins à des résultats aussi exacts que le comporte le sujet dans l'état actuel de nos connaissances, c'est-à-dire à tout ce qu'on peut exiger de la science humaine.

VII. — Appendice [1]

Observations sur un mémoire lu le 16 mai 1896 à l'Académie des sciences morales et politiques par M. W. Lutoslawski, professeur à l'Université de Kasan, *sur une nouvelle méthode pour déterminer la chronologie des dialogues de Platon.*

L'Académie s'est trop souvent occupée de Platon et a provoqué par ses concours de trop remarquables travaux sur la doctrine et les écrits de ce philosophe pour laisser passer inaperçue la lecture de M. Lutoslawski. Je crois être son interprète en remerciant l'auteur du savant mémoire qu'elle vient d'entendre, et, sans avoir la prétention de parler en son nom sur le fond même

1. Extrait du *Compte rendu des séances et travaux* de l'Académie (livraison de juillet 1896).

de la question, je lui demande la permission d'exposer mon sentiment sur un sujet dont j'ai fait une étude spéciale.

La critique moderne depuis un siècle s'est posé sur les écrits de Platon un double problème : leur authenticité et leurs dates relatives ou leur ordre de composition. Sur le premier point les critiques de l'antiquité, depuis Aristophane de Byzance et Aristarque jusqu'à Thrasylle, se sont prononcés nettement et d'un accord unanime pour l'authenticité de 35 dialogues et d'une douzaine de lettres dont les manuscrits étaient conservés à Athènes, dans l'école même de Platon, où Crassus, Cicéron, Denys d'Halicarnasse et Thrasylle purent encore les consulter. Les doutes émis depuis Schleiermacher sur tel ou tel dialogue pris à part doivent-ils infirmer une tradition de 22 siècles ? Je ne le pense pas, et je félicite M. Lutoslawski de s'être montré en cela plus conservateur que les philologues allemands.

C'est sur l'autre partie du problème qu'ont porté ses efforts. Il a remarqué avec raison que sur la date précise des divers dialogues de Platon les témoignages font absolument défaut. On sait seulement que la mort le surprit la plume à la main, achevant à peine le traité des *Lois*. Ce dialogue et trois ou quatre autres, tels que le *Timée* et le *Critias*, étant considérés comme les derniers en date des ouvrages de Platon, M. Lutoslawski, à l'exemple d'un savant Écossais, M. Campbell, a entrepris une recherche fort curieuse, consistant à comparer ces dialogues avec tous les autres au point de vue de la langue. Par cette comparaison il « croit avoir prouvé que les dialogues » appelés *dialectiques* appartiennent à la vieillesse de Platon. Il appuie cette conclusion sur une évolution logique et un changement de méthode qu'il prête à ce philosophe, désabusé, pense-t-il, de son hypothèse d'idées ou essences séparées ayant une existence objective en dehors de notre esprit. C'est ici que je suis amené à faire des réserves.

D'abord, si les témoignages précis font défaut sur la date des différents écrits de Platon, pris un à un, il n'en est pas de même des principaux groupes que forment ses dialogues. En effet Aristote, à deux reprises, au Ier et au XIIIe livre de la *Métaphysique,* atteste que Platon, après avoir subi l'influence d'Héraclite à travers Cratyle, fut initié par Socrate à la recherche des notions universelles, dont il fit plus tard des idées ou essences séparées, et qu'enfin, sous l'influence des Pythagoriciens, il mêla à la théorie des Idées celle des Nombres. Trois siècles après Aristote, Cicéron, recueillant les traditions de l'école platonicienne, affirme à son tour, dans le *De Finibus* (1, 29), que Platon, « après avoir reproduit fidèlement la pensée de Socrate *(quum Socratem expressisset),* y ajouta des opinions empruntées aux Pythagoriciens, et que son maître eût certainement désavouées ».

Il semble bien résulter de là que, s'il y a des dialogues de Platon qui soient purement socratiques, on doit considérer ces dialogues, ou la plupart d'entre eux, comme les premiers dans l'ordre chronologique. Or la méthode lexicologique préconisée par M. Lutoslawski paraît bien offrir ici quelques avantages, pourvu qu'on en restreigne l'emploi aux termes caractéristiques et qu'on ne se perde pas dans le détail des mots et des locutions d'usage commun, ou de tours de phrase sans importance : car, avec un écrivain aussi original, aussi fécond, aussi varié que Platon, il y aurait témérité à conclure de son style à son âge. Il n'en est pas de même, si l'on se borne à constater dans ses différents écrits la présence ou l'absence des termes techniques dont il est l'inventeur et qui appartiennent incontestablement à la théorie des idées, comme ἰδέα, εἶδος, μέθεξις, etc. Ceux des dialogues de Platon, — il y en a 15 environ, — dans lesquels ces termes font défaut et où l'on ne rencontre aucune allusion à la théorie des idées, sont évidemment des écrits purement socratiques, quelle qu'en soit d'ailleurs la date précise.

D'un autre côté, les indications d'Aristote et de Cicéron permettent de réserver pour les vingt dernières années de Platon, — celles précisément qu'Aristote passa près de lui, — les dialogues où l'on voit des emprunts à la théorie des nombres, soit une terminologie de même origine, soit des allusions aux mystères et des citations des *Orphiques*. Quant à « l'évolution logique » que M. Lutoslawski croit découvrir dans ce tour mystique des dernières pensées de Platon, je n'hésite pas à dire que ce serait une grave erreur d'y voir l'abandon de la théorie des idées, c'est-à-dire de la doctrine par laquelle Aristote et tous les philosophes à sa suite définissent avec raison le platonisme proprement dit. Jamais en réalité Platon ne s'est démenti sur ce point essentiel[1].

Ces réserves faites, je ne puis que rendre hommage à la nouveauté, à l'originalité même des procédés pratiqués avec une patience admirable par le savant professeur de l'Université de Kasan.

---

[1]. Dans un très intéressant mémoire lu à l'Académie le 2 mai 1903, mon savant confrère et ami M. Victor Brochard a fait magistralement sa part à la théorie des idées dans le dernier en date des écrits de Platon, le traité des *Lois*.

CHAPITRE V

LE PARMÉNIDE DE PLATON [1]

Le *Parménide* de Platon a mauvaise réputation dans le monde : il passe pour un ouvrage énigmatique à force de profondeur ou de subtilité et telle est à cet égard la force du préjugé que bien des philosophes s'abstiennent de le lire, de peur d'y perdre leur temps et leur peine. Quoique les traditions de l'Académie des sciences morales et politiques, le caractère élevé de ses discussions, l'esprit général de ses travaux semblent donner au public le droit de considérer tous ses membres comme autant de philosophes, j'aurais hésité à lui soumettre ce mémoire au titre rébarbatif, si je n'y avais été encouragé par un des maîtres que j'ai l'honneur de compter dans la section de philosophie. Je suis loin d'ailleurs de vouloir renchérir sur les subtiles interprétations qui ont été données du *Parménide* depuis Proclus jusqu'à nos jours ; j'ai toujours tenu pour suspects les trop ingénieux commentaires qui prêtent à Platon, dans cette partie de son œuvre, des vues et des intentions inconciliables avec ce qu'on peut savoir de sa philosophie par une lecture consciencieuse de ses écrits ;

---

[1]. Mémoire lu à l'Académie des sciences morales et politiques en 1888.

mon unique ambition serait donc d'établir, sur la seule foi du texte de Platon, débarrassé de tout commentaire, le sens véritable du *Parménide*.

I. — La question d'authenticité

Qu'il me soit permis d'abord de dire aussi brièvement que possible pourquoi j'admets l'authenticité de ce dialogue. Ce n'est pas seulement parce qu'il figure dans le canon platonicien dont j'ai retracé l'histoire et démontré de mon mieux la crédibilité dans un précédent mémoire. C'est encore parce qu'il est si manifestement impossible d'attribuer à un autre qu'à Platon cet écrit original, qu'il n'a été l'objet d'aucun doute ni chez les anciens ni chez les modernes jusque vers le milieu du xixe siècle. Schleiermacher lui-même lui accordait une place parmi les 19 dialogues auxquels sa critique faisait grâce. Socher est le premier qui en ait nié l'authenticité; or, ni Socher, ni ceux qui l'ont suivi dans cette voie, n'ont pu alléguer jusqu'ici un seul témoignage, à moins qu'on ne doive regarder le silence d'Aristote comme une condamnation de tous les ouvrages dont il n'a pas fait mention. Mais de ce qu'Aristote n'a pas jugé à propos de citer le *Protagoras*, le *Banquet*, le *Gorgias*, et plus de vingt autres dialogues de Platon, ne serait-il pas ridicule de conclure qu'il les a rejetés ou même ignorés ? Il ne les a pas cités, voilà tout; et quant au *Parménide*, à supposer qu'il n'y ait pas fait des allusions qu'on n'a pas su reconnaître, il avait peut-être pour ne pas le citer des raisons assez faciles à imaginer. En tout cas, il n'y a pas là de quoi infirmer l'autorité des écrivains postérieurs. Il est fâcheux sans doute que les écrits des premiers platoniciens soient perdus pour nous ; mais à partir de Thrasylle, dont le travail de classification reproduisait les catalogues de Callimaque et d'Aristophane de Byzance, nous avons les témoignages très précis d'Aulu-Gelle, du platonicien Alcinoüs, de Plutarque, de Macrobe, et surtout le célèbre commentaire de Proclus que nous possédons en entier. Proclus, dira-t-on, n'est-il pas venu un peu tard? Là n'est pas la question ; il s'agit seulement de savoir si ce grand et savant Platonicien n'était pas mieux placé qu'aucun érudit de notre temps pour connaître les écrits authentiques de Platon. Aussi bien ne fut-il pas le premier à choisir le *Parménide* pour texte d'un commentaire. Il avait des devanciers dans cette tâche, et même un certain nombre ; car il en distingue au moins deux groupes : « Quelques-uns, dit-il, ne tiennent aucun compte du titre de ce dialogue (περὶ τῶν εἰδῶν) ; ils n'y voient qu'un exercice logique... D'autres, au contraire, sont d'avis que cet ouvrage porte sur les choses elles-mêmes, et que la méthode y est au service de la doctrine. » Il faut remarquer que Proclus, en rappelant que le *Parménide* est aussi intitulé *Des idées,* fait remonter ce second titre à une époque reculée, peut-être aux premiers temps de l'école platonicienne (παμπάλαιον). Ce titre est d'ailleurs parfaitement justifié, et si Platon n'avait pas écrit le *Parménide,* on peut dire qu'il y aurait une grave lacune dans l'exposition qu'il a faite de sa philosophie : car c'est le seul ouvrage où il ait traité expressément de la théorie des idées.

Si, après tout cela, on veut bien considérer que les grammairiens et les platoniciens des deux derniers siècles avant notre ère avaient soumis à un examen critique les écrits de Platon, et qu'ils avaient dressé d'un commun accord deux listes, l'une de dix dialogues apocryphes, l'autre de trente-six ouvrages authentiques, on aura lieu de s'étonner que de savants philologues s'appliquent aujourd'hui à refaire de toutes pièces ce travail, comme si l'œuvre de Platon avait cessé un seul jour d'être sous les yeux et dans les mains des philologues et des philosophes grecs, depuis la mort de l'auteur jusqu'au temps de Gémiste Pléthon et de Marsile Ficin, et jusqu'à Henri Estienne à qui nous en devons la première édition imprimée, ou comme si tel dialogue, le *Parménide* par exemple, était quelque monument fossile récemment exhumé, et dont on ne pourrait deviner la date et l'auteur qu'à force de conjectures tirées uniquement de son contenu. Je ne crois pas que, même à le prendre ainsi, il fût impossible de démontrer sa véritable origine, en dépit de toutes les arguties inventées de nos jours pour le retirer à Platon. Mais il me semble évident que les questions d'authenticité ne doivent pas être ainsi posées, et qu'on n'y doit pas faire table rase du passé, en regardant comme non avenus les témoignages les plus formels, les travaux des plus savants critiques de l'antiquité et, par exemple, le commentaire si curieux et si approfondi que Proclus a consacré à un dialogue qu'il savait être de Platon. Son interprétation peut n'être pas exacte, et il est permis de la reviser ; mais comment le texte ne serait-il pas de Platon ?

On objecte que raisonner ainsi c'est supprimer la critique, pour laquelle on réclame avec raison le droit de contrôler les témoignages, d'en examiner la valeur et la portée, de les rejeter même si leur contenu est absurde ou impossible. Mais multiplier les conjectures arbitraires, se forger des difficultés chimériques, sacrifier les faits les mieux attestés à des exigences déraisonnables et à un mépris insensé des témoignages extérieurs, est-ce donc là la critique historique? N'en est-ce pas plutôt le contraire? L'histoire elle-même deviendrait impossible, s'il était permis de n'y tenir aucun compte d'une tradition de plus de vingt siècles, appuyée sur l'assentiment unanime des hommes les plus compétents. Il est évident que le bon sens interdit de prendre un tel parti tout d'abord, à moins qu'il n'y ait une impossibilité démontrée.

Peut-être s'imagine-t-on que tel est le cas du *Parménide*, que, soit pour le fond soit pour la forme, il est indigne de Platon, que les doctrines et les discussions qu'il renferme ne peuvent être attribuées à ce philosophe, et que c'est tout au moins lui manquer de respect que de le mettre en flagrante contradiction avec lui-même et de lui imposer la paternité d'une œuvre étrange, sans valeur littéraire et en grande partie inintelligible. Mais pour parler ainsi, il faut en vérité avoir bien mal lu l'ouvrage, et avoir pris à contre sens la pensée de l'auteur.

Pour le style, je déclare m'en tenir au suffrage favorable des Callimaque et des Aristophane de Byzance; et, pour ce qui est des personnages, je souhaiterais que tous ceux qu'on met en scène dans les romans et au théâtre eussent autant d'esprit que Socrate, Zénon et Parménide.

Le cadre et le plan de l'ouvrage n'ont rien non plus qui déroge aux habitudes de composition de Platon. C'est un de ces dialogues que les anciens appelaient narratifs, c'est-à-dire où l'entretien principal est rapporté par quelqu'un qui y a assisté ou qui se l'est fait raconter par un témoin bien ou mal informé. La *République* et le *Phédon* lui-même sont des dialogues de ce genre. Ici, l'entretien est de date fort ancienne, et il a été transmis par plusieurs intermédiaires qui ne sont point des philosophes. Il semble que l'auteur ait voulu mettre le lecteur en garde contre une excessive crédulité, en l'avertissant de ne pas prendre à la lettre les propos tenus dans une rencontre assez peu vraisemblable[1] entre le vieux Parménide et Socrate encore adolescent et très novice en philosophie. Cet anachronisme, si c'en est un, n'a pas de quoi surprendre les lecteurs de Platon, qui est coutumier du fait. Quoi qu'il en soit, voici en substance ce que raconte un personnage tout à fait inconnu, Céphale de Clazomène[2].

Zénon d'Élée vient de lire devant un petit cercle d'Athéniens un ouvrage de sa jeunesse dans lequel, comme il le dit lui-même, « entraîné par l'esprit de controverse, il renvoyait aux partisans de la pluralité leurs objections, et même essayait de prouver que leur hypothèse conduit à des conséquences encore plus absurdes que la supposition que tout est un ». Socrate fait remarquer, avec l'approbation de Zénon, que cette polémique est une démonstration indirecte de la thèse que Parménide a établie directement dans son poème. Quant à cette réfutation considérée en elle-même, il accorde qu'elle met en lumière les contradictions qui peuvent exister entre les choses individuelles, nécessairement différentes les unes des autres, par cela seul qu'elles sont

1. D'abord à cause de la chronologie (dont Tiedemann a pourtant abusé en faisant mourir Parménide avant la naissance de Socrate), puis parce qu'il n'est pas probable que Parménide soit jamais allé à Athènes, et parce que Socrate fut d'abord sculpteur avant de s'occuper de philosophie. Le sujet de l'entretien, en tout cas, est imaginaire, et même impossible du vivant de Socrate, qui ignorait les Idées.

2. Ce Céphale n'a de commun que le nom avec celui de la *République*, qui était de Syracuse.

plusieurs : il ne voit là rien d'étonnant ; mais ce qui l'étonnerait prodigieusement (θαυμαστῶς), ce serait que le procédé dialectique de Zénon fût capable de montrer les mêmes contradictions impliquées dans les idées elles-mêmes. — « Crois-tu donc aux idées ? » demande Parménide à Socrate. Sur sa réponse affirmative, il lui adresse plusieurs objections, et, le voyant hors d'état de les résoudre : « Ton embarras, lui dit-il, vient de ta grande jeunesse et de ton inexpérience. Essaie tes forces pendant que tu es jeune ; exerce-toi au genre de discussion dont Zénon t'a donné un exemple, ou plutôt, pour te mieux exercer, ne te contente pas d'une seule hypothèse ; examine l'une après l'autre toutes les hypothèses possibles sur un sujet donné, et toutes les conséquences qui en peuvent résulter. » Zénon se joint à Socrate pour prier Parménide de leur montrer un échantillon de cette méthode d'une subtilité supérieure. Il y consent, mais à la double condition de prendre pour exemple sa propre thèse de l'unité, et, pour interlocuteur le plus jeune de ses auditeurs, un adolescent de bonne volonté du nom d'Aristote, qui l'écoute avec une docilité extrême et ne le contredit pas une seule fois. Le reste du dialogue est consacré à ce simulacre de discussion.

II. — L'unité de la composition

Tel est le plan du *Parménide,* plan très simple et très clair, on en conviendra sans doute, mais dont l'exécution offrait, à cause du sujet lui-même, de grandes difficultés. Platon y a-t-il réussi ? C'est un point contesté et qui importe beaucoup pour l'intelligence et l'appréciation de l'ouvrage : on n'en saisit bien le sens qu'à la condition d'avoir compris la suite et la marche du raisonnement ; la question littéraire se confond ici avec la question philosophique : il n'y a unité de composition que s'il y a unité de pensée. Le *Parménide* a-t-il ce caractère? Je le crois, et je dirai volontiers avec M. Fouillée, quoique je l'entende un peu autrement, que c'est « une merveille d'art[1] ». S'il en est ainsi, la preuve interne, si légèrement alléguée contre le *Parménide* par certaines personnes, confirme au contraire les témoignages historiques en faveur de ce dialogue. Mais peut-être convient-il de se défier d'abord des jugements si divers qu'on en a portés.

Quelques-uns, qu'on peut soupçonner de n'avoir pas poursuivi jusqu'au bout leur lecture, prétendent avec Tiedemann que le *Parménide* n'est qu'un jeu d'esprit, ou même comme Brucker « qu'il faut le lire si l'on veut savoir jusqu'où vont les puérilités platoniciennes ». D'autres, plus réservés, demeurent dans le doute. Ils s'étonnent d'abord de voir l'auteur élever contre les idées des objections qui restent sans réponse ; ils se demandent ensuite si la méthode proposée par Parménide peut se ramener à la dialectique de Socrate et de Platon, et enfin si la longue argumentation dans laquelle elle se traduit est destinée à réfuter par ses conséquences la doctrine éléatique de l'unité, ou bien, au contraire, à démontrer sa supériorité sur la théorie même des idées, en sorte que, comme l'a imaginé Proclus, après avoir fait exposer par Zénon la thèse de l'unité dans la sphère des choses sensibles, puis par Socrate dans le monde intelligible des idées, Platon s'élèverait avec Parménide au-dessus de l'intelligible jusqu'au principe ineffable que n'attei-

---

1. *La philosophie de Platon*, t. I, p. 187, note 1.

gnent ni les sens, ni l'opinion, ni la science. De là ces paroles enthousiastes de Marsile Ficin : « Dans le *Parménide*, Platon a embrassé la théologie tout entière. Ailleurs il surpasse tous les autres philosophes ; ici il s'est surpassé lui-même. Il semble qu'il ait été transporté par un effort surnaturel jusqu'aux sources de la philosophie, dans le sein de la Divinité, d'où il a rapporté cet ouvrage céleste. »

Quoique les modernes en général n'aient point partagé un engouement qui, chez Proclus et surtout chez Ficin, va parfois jusqu'au délire, la plupart de ceux qui se piquent de profondeur métaphysique ont retenu quelque chose de cette manière de voir. Ainsi fait M. Fouillée lui-même, dans sa très habile construction du platonisme. L'auteur de *La Philosophie de Platon* sait très bien et déclare nettement que « Proclus et Alcinoüs cherchent dans Platon, non le platonisme pur, mais celui d'Alexandrie ». Il semble donc être en garde contre les préoccupations des commentateurs alexandrins ; mais la souplesse de sa dialectique, sa force métaphysique, peut-être aussi un commerce trop prolongé avec Proclus, l'ont fait glisser à son tour dans l'erreur qu'il avait si bien dénoncée. D'abord il voit dans le *Parménide*, contre toute vraisemblance[1], un ouvrage postérieur en date au *Timée* et le dernier mot du platonisme. Puis, se préoccupant outre mesure des contradictions volontaires que renferme l'argumentation finale, il en cherche la solution dans un principe qui est tout ensemble l'un en soi de Platon, le tout-un des Éléates et l'un premier des philosophes d'Alexandrie. « L'unité, dit-il,

---

1. Voir sur ce point la très judicieuse critique de M. Ch. Huit, *De l'authenticité du Parménide*. Paris, 1873.

est le fond absolu des choses... Ce n'est pas dans la matière, ce n'est pas même dans les idées que se concilient les contraires, mais dans quelque chose de supérieur aux idées mêmes, qui les embrasse toutes et les réconcilie ; et quel est ce principe supérieur à l'essence et à la pensée, sinon l'unité primitive dont parle le *Philèbe* et que la *République* nous représente comme identique au bien et à la perfection[1] ? » Ainsi l'unité, dont il est question dans les trois derniers quarts du *Parménide* ne serait autre que Dieu lui-même, le Dieu de Platon, identifié d'une part avec celui des Éléates, et d'autre part entendu à la manière de Plotin et de Proclus.

C'est là, si je ne me trompe moi-même, une grave erreur, l'erreur initiale et, pour ainsi dire, le postulat de presque tous ceux qui ont écrit en philosophes sur ce dialogue, et qui en ont dénaturé plus ou moins le sens véritable, sans réussir à mettre l'auteur d'accord avec lui-même. Quant à la foule des érudits étrangers à la philosophie, ils regardent comme démontré que le *Parménide* est incohérent, contradictoire, inintelligible, et, en conséquence, ils le déclarent indigne de Platon et partant apocryphe : conclusions mal déduites d'une fausse hypothèse, et auxquelles on aura toujours le droit d'opposer la tradition unanime de l'antiquité.

Pour faire d'abord justice de cette critique superficielle, il faut montrer ce qu'elle ne sait pas voir dans ce dialogue, l'unité de composition et d'intention philosophique ; et pour cela il suffit de laisser là tous les commentaires, d'écouter Platon lui-même, et lui seul, avec une attention sympathique et soutenue. En suivant cette marche, je m'assure que tout lecteur un peu

---

1. *La philosophie de Platon*, p. 220, 224, 233 et suiv.

versé dans l'étude du platonisme sera naturellement conduit à une interprétation du *Parménide* qui n'aura que les obscurités voulues par l'auteur, et dans laquelle la logique, le sens commun et le respect de l'histoire trouveront également leur compte, en même temps que le platonisme y restera lui-même, différent à la fois de l'éléatisme et du mysticisme alexandrin, sans parler du mégarisme auquel on a supposé fort gratuitement, malgré le témoignage contraire d'Aristote, que Platon aurait emprunté sa théorie des idées.

J'ai déjà fait remarquer que le *Parménide* est le seul dialogue qui ait pour objet propre les idées. Je dois faire voir maintenant qu'il n'a pas d'autre objet que celui-là, et qu'il s'y rapporte d'un bout à l'autre. Il ne faut pas, en effet, se laisser abuser par l'intervention de Parménide, ni croire qu'il soit question de la doctrine des Éléates. Parménide ne parle pas ici pour son compte, mais pour le compte de Platon. De même que, dans le *Sophiste* et le *Politique*, c'est un dialecticien de l'école d'Élée qui dirige l'entretien au profit du platonisme et même contre la doctrine éléatique sur le non-être, de même ici nous avons affaire à un Parménide platonisant. Si Platon l'a fait figurer dans ce dialogue comme le personnage principal, évidemment ce n'est pas pour lui sacrifier sa propre pensée, mais pour la mettre sous le nom et le patronage d'un philosophe deux fois célèbre, comme métaphysicien et comme dialecticien. C'est à ce double titre que le jeune Socrate reconnaît dans Parménide un maître ; car, d'un côté, c'est à lui et à son disciple Zénon qu'on attribuait l'invention de la dialectique ; et, d'un autre côté, dans un passage du *Théétète* qui est comme un prélude au *Parménide*, le grand philosophe d'Élée est donné pour le représentant le plus éminent d'une doctrine qui, en affirmant quelque chose d'un et d'immuable, assurait à la science un objet fixe et déterminé. Or c'est là le point de départ logique de la théorie socratique de l'universel et de la théorie platonicienne des idées. Les idées, en effet, sont pour Platon quelque chose d'essentiellement un, et il les désigne lui-même par ce mot (ἕν τι). Aussi, lorsque Socrate met en avant les *idées en soi*[1], Parménide (le Parménide de Platon) approuve son jeune interlocuteur et le félicite de l'ardeur avec laquelle il s'applique à ces hautes pensées. Seulement il le traite en écolier qui n'a encore qu'une légère teinture de la science. Il le loue de ses admirables dispositions ; il le soutient et l'encourage, en lui posant d'abord, sur l'existence des idées et sur leurs caractères essentiels, des questions auxquelles Socrate répond sans peine. Mais ensuite il passe aux difficultés logiques, psychologiques et métaphysiques que soulève l'hypothèse de principes séparés des choses, et dont pourtant les choses participent. Comment faut-il entendre cette participation ? Y a-t-il des idées de tout, ou seulement du bien, du beau, du juste, comme Socrate paraît disposé à le croire ? Pouvons-nous connaître ces idées, ou n'existent-elles qu'en Dieu et pour Dieu seul, comme objets ou produits de la pensée divine ?

Ces difficultés et quelques autres, dont la solution est parfois indiquée d'un mot, ne laissent pas que d'embarrasser Socrate. C'est alors que Parménide l'exhorte à ne se point décourager, mais à se délivrer du joug de

---

1. Αὐτὰ καθ' αὑτὰ τὰ εἴδη. Cette formule complète, que tous les anciens attribuent à Platon et qui se lit plusieurs fois dans le *Parménide*, fait défaut dans le *Théétète*, dans le *Cratyle* et même dans le *Sophiste*.

l'opinion, en apprenant à penser par lui-même et en se perfectionnant dans l'art de raisonner. « Tu t'élances trop tôt, dit-il, à la recherche du beau et du bien : pour atteindre à ces grands objets, il ne suffit pas de raisonner sur une seule hypothèse ; il faut être capable d'examiner toutes les hypothèses possibles sur un sujet donné, et toutes les conséquences qui résultent de chacune d'elles. » Parménide d'ailleurs, c'est-à-dire Platon lui-même, ne regarde comme insoluble aucune des difficultés qui arrêtent un apprenti dialecticien. Outre qu'il ne les laisse pas tout à fait sans réponse, il semble en connaître les solutions qui, en effet, se trouvent dans d'autres dialogues. Quelles que soient ces difficultés, l'existence des idées est à ses yeux tout à fait indubitable, et il conclut ainsi cette première discussion : « Si, après ce que nous venons de dire et ce qu'on pourrait dire encore, on n'admettait pas qu'il y a des idées des êtres, et qu'il existe pour chacun d'eux[1] une idée subsistant toujours la même, on ne saurait où porter sa pensée, et l'on rendrait la dialectique elle-même impossible[2]. » C'est, je le répète, par la bouche de Parménide que Platon énonce cette conclusion dogmatique sur laquelle il ne reviendra plus et qui, pour le lecteur, est et demeure acquise.

La seconde discussion est la suite de la première : elle a le même objet, les idées. Elle porte en apparence sur l'unité des Éléates, mais en réalité, ce qui est très différent, sur l'unité entendue au sens platonicien du mot, c'est-à-dire sur l'idée de l'un en soi. En effet,

---

1. C'est-à-dire pour chaque genre d'êtres, comme cela est expliqué au livre X de la *République*, p. 596, A.
2. *Parménide*, p. 135, B, C.

Socrate et Parménide, chacun à son tour, ont nommé l'unité et la multitude (τὸ ἕν καὶ τὸ πλῆθος) parmi les idées prises jusque-là pour exemples et qui sont : le bien, le beau et le juste, la ressemblance et la dissemblance, l'unité et la multitude, le repos et le mouvement, la génération et la corruption, l'être et le non-être [1]. Lors donc que Parménide, pour expliquer par un exemple la nature de l'exercice logique dont il s'agit, demande à commencer par lui-même et par sa thèse de l'unité, ce n'est certainement pas tout à fait le Parménide de l'histoire qui parle, mais celui que Platon nous représente comme son devancier, comme un philosophe qui a pressenti les idées, qui en a connu et affirmé au moins une, celle de l'un en soi. Voilà, suivant moi, le point capital dans l'étude de ce dialogue, et ce qui donne la clef de toutes les énigmes et de tous les mystères qu'on a cru y découvrir, tantôt par esprit de système, tantôt pour ne l'avoir pas lu avec assez d'attention et de suite.

Non seulement l'objet de la discussion finale du *Parménide* a été défini à l'avance avec précision, puisqu'il ne s'agit que d'appliquer aux choses intelligibles, c'est-à-dire aux idées une certaine dialectique ; mais ensuite, de peur qu'on ne s'y trompe, Parménide ayant l'occasion de parler de cette unité qu'on appelle un tout et qui est précisément celle des Éléates, lui donne sans scrupule le nom d'idée (ἰδέα)[2], mot caractéristique dans sa bouche et de nature à dissiper les derniers doutes d'un lecteur impartial qui hésiterait encore à recon-

---

1. *Parménide*, p. 136, B et 137, D.
2. *Ibid.*, p. 157, D, E : μιᾶς τινὸς ἰδέας καὶ ἑνός τινος ὃ καλοῦμεν ὅλον.

naître la pensée de Platon sous une fausse apparence d'éléatisme.

Enfin Parménide, conformément au programme qu'il s'est tracé, suppose tour à tour l'existence de l'un en soi et sa non-existence, et examine les conséquences de chacune de ces deux hypothèses, soit pour l'un lui-même, soit pour les autres, τἄλλα. Or que faut-il entendre par ce mot : *les autres* ? Faute d'attention, de très habiles gens s'y sont trompés. Quelques-uns, comme Le Batteux[1], persuadés sur la foi de Proclus qu'il s'agit ici de l'unité éléatique qui exclut toute pluralité, s'imaginent que, partout où Parménide dit « les autres », τἄλλα, il faut traduire comme s'il disait τὰ πολλά, la pluralité. Mais cette traduction n'est pas d'accord avec le texte : car, après avoir opposé une seule fois l'unité à la pluralité (τὰ πολλά), Parménide l'étudie dans ses rapports avec le temps, le lieu, le mouvement et *autres idées* très différentes de la multitude et de la pluralité. La plupart des traducteurs, pour conserver le vague du mot grec, disent simplement : *les autres choses*, ce qui ne vaut guère mieux : car, lorsque Parménide déroule les conséquences qui peuvent résulter de chaque hypothèse pour ces autres choses, nous voyons qu'il passe encore en revue des idées, telles que le tout et la partie en général, le temps, le lieu et le nombre, la ressemblance et la dissemblance, le mouvement et le repos, etc.

Il en a été de même auparavant, dans l'exposé des

---

1. *Mémoires de l'Académie des Inscriptions*, t. XXIX, 2ᵉ partie, p. 297 suiv., et surtout p. 313. Le Batteux croit avoir affaire à la métaphysique éléatique : « Il faut observer, dit-il, que dans le langage de cette métaphysique, les autres τἄλλα sont opposés à l'un et que par conséquent *les autres* sont la même chose que *multa* ou πολλά. »

conséquences de l'existence de l'un pour l'un lui-même. Ces conséquences ont été envisagées au point de vue des autres idées. En regard de l'un en soi on a placé tour à tour l'idée de partie et l'idée de tout, celles de temps, de lieu, de mouvement et de repos, d'identité et de différence, de ressemblance et de dissemblance, de grandeur, de petitesse et d'égalité, d'être et de non-être, toutes choses qui ont été considérées en soi ou comme idées ; jamais un mot des êtres individuels, ni de la pluralité ou du non être des Éléates. Ainsi s'évanouit, à la seule lumière du texte de Platon, l'interprétation chimérique de Proclus et de Marsile Ficin.

III. — Le vrai sens du *Parménide*

C'est donc toujours des idées qu'il est question d'un bout à l'autre du *Parménide,* et sous ce rapport le mérite de la composition est hors de cause. Il me reste à montrer qu'il y a, sous cette unité de sujet, une unité non moins réelle de pensée, et que Platon est fidèle à sa propre doctrine, soit quand il la soumet à l'examen contradictoire de Socrate et de Parménide, soit quand pour aller plus vite, il laisse Parménide argumenter avec un auditeur entièrement passif.

Le difficile dans cette étude, c'est de déterminer le vrai sens de cette dernière partie de l'ouvrage. L'hypothèse de Proclus sur l'unité éléatique est écartée ; mais, si le dialogue porte tout entier sur les idées, quel est le résultat de la longue épreuve que Parménide fait subir à cette théorie ? Résout-il à la fin les objections qu'il a exposées en premier lieu, ou bien les aggrave-t-il en continuant à accumuler les difficultés et les contradictions ? Il faut, semble-t-il, choisir entre ces deux alternatives. M. Fouillée se prononce pour la première. « Le *Parménide*, dit-il, est un grand exercice logique, mais il recouvre un travail vraiment ontologique. C'est l'exposition indirecte de la théorie de la participation ; c'est la démonstration indirecte de l'existence des idées ; c'est une réponse victorieuse à toutes les objections des adversaires[1]. »

J'en demande pardon au savant auteur de *La philosophie de Platon* ; mais il m'est impossible de découvrir dans la subtile argumentation de Parménide une seule phrase qui réponde à une seule des objections soulevées d'abord. M. Fouillée lui-même sent bien qu'il prête à Platon des pensées que ce philosophe n'a pas exprimées, au moins dans ce dialogue. « Les thèses de Parménide, dit-il, roulent sur les contraires[2]. Or, *ce que Parménide ne dit pas* et dont il profite, mais que le lecteur est forcé d'apercevoir à la longue, c'est qu'il y a deux sortes de contraires[3]. » Il est parfaitement vrai, et Platon lui-même l'a montré ailleurs, que les contraires peuvent être pris dans un sens absolu ou dans un sens relatif, et que, dans le second cas, ils sont conciliables ; mais cela ne se trouve pas même implicitement dans le *Parménide*, et il est encore moins exact de dire que, d'après ce dialogue, les contraires se concilient dans une unité suprême qui serait Dieu, ou la perfection de l'être, ou l'idée du bien. Si c'est là, comme le dit M. Fouillée, « la solution de toutes les contradictions

1. *La philosophie de Platon*, t. I, p. 187.
2. Non pas précisément sur les contraires, mais, ce qui n'est pas la même chose, sur les idées, dont les contraires sont tour à tour affirmés ou niés.
3. *La philosophie de Platon*, t. I, p. 223-224.

accumulées dans l'étonnante argumentation de Parménide », au moins doit-on avouer que cette solution ne résulte pas du contenu du dialogue, et que cette interprétation conjecturale du texte de Platon le contredit formellement sur trois points principaux :

1° En cherchant dans ce « grand exercice dialectique » une conclusion dogmatique qui n'y est pas, et en l'imposant à l'auteur, quand celui-ci a fait entendre assez clairement qu'il n'en donnerait pas ;

2° En prenant trop au sérieux une discussion qu'il traite lui-même de badinage ;

3° Enfin en identifiant l'idée de l'un en soi avec l'idée du bien, c'est-à-dire avec le Dieu de Platon.

Ce sont là des points de fait dont la preuve ne sera ni très longue, ni même très malaisée.

Il est certain d'abord que l'argumentation de Parménide n'est pas entreprise en vue d'un résultat dogmatique, et qu'elle se réduit à une exposition improvisée des difficultés, sérieuses ou non, que soulève le problème des rapports des idées entre elles. Parménide, en se livrant à cet exercice, n'a pas d'autre intention que d'initier Socrate aux dernières subtilités de la dialectique. Il est possible qu'on ne doive pas prendre tout à fait à la lettre les paroles trop modestes que Platon prête au vieux philosophe d'Élée ; mais il est bon de se les rappeler, afin de ne pas se méprendre sur ce que l'auteur promet à ses lecteurs et sur ce qu'il ne leur promet pas.

Parménide dit à Socrate : « Tandis que tu es jeune encore, exerce-toi à ce que le vulgaire appelle un vain bavardage[1], et sans quoi cependant la vérité t'échap-

---

1. Ἀδολεσχία. Cf. *Parménide*, p. 135, D.

pera. » Puis il lui explique qu'il s'agit d'examiner toutes les hypothèses possibles sur chaque idée, et toutes les conséquences imaginables de chacune de ces hypothèses. Socrate s'écrie que c'est une besogne difficile. Zénon, de son côté, dit que c'est « un voyage et une divagation à travers toutes choses [1] ». Parménide lui-même estime que « traverser une telle multitude d'arguments de cette espèce [2] » est « un jeu d'enfant pénible pour un homme de son âge ». Il craint le ridicule et se compare plaisamment au vieux cheval d'Ibycus en des termes qu'Horace se rappelait sans doute en écrivant ces vers :

> Solve senescentem mature sanus equum, ne
> Peccet ad extremum ridendus et ilia ducat [3].

« Mais enfin, dit Parménide, puisque vous l'exigez et que nous sommes seuls, je vais donc m'amuser à ce laborieux enfantillage [4]. » Toutefois il fait ses conditions : il partira de sa propre thèse de l'unité, et il aura pour interlocuteur, au lieu de Socrate, un adolescent plus novice encore, « qui élèvera moins de difficultés, dira plus naïvement sa pensée et fera des réponses moins embarrassantes ». L'enfant ne le gêne guère, en effet, ni par ses objections, puisqu'il n'en fait pas une seule, ni par des réponses étudiées et subtiles, puisqu'il accorde toujours le *oui* ou le *non* qu'on lui demande.

Pourquoi ce luxe de précautions, sinon pour éviter un contrôle sérieux de cette « multitude d'arguments » que Parménide va pouvoir émettre à son aise, par poi-

1. *Ibid.*, p. 136, D, E.
2. *Ibid.*, p. 137, A : Τοιοῦτον καὶ τοσοῦτον πλῆθος λόγων.
3. *Epist.*, I, 1, v. 8, 9.
4. *Parménide*, p. 137, B : Πραγματειώδη παιδίαν παίζειν.

gnées pour ainsi dire et à jet continu, sans explication ni appréciation quelconque? C'est un feu d'artifice, plein de surprises étourdissantes, et où brillent çà et là des éclairs de génie, des aperçus splendides au milieu d'un labyrinthe de contradictions et d'une pluie de subtilités à réjouir les plus subtils sophistes. Qu'on en juge par le résumé succinct, mais fidèle, de la première hypothèse[1].

Si l'un en soi existe, dit le dialecticien d'Élée, voici ce qui en résulte d'abord pour l'un lui-même. L'idée de l'un excluant toute pluralité, on doit nier de l'un toutes les autres idées : celle de partie d'abord et celle de tout ; puis celles du temps et du lieu : il n'a donc ni commencement, ni milieu, ni fin, ni limites, ni figure, ni lieu déterminé. L'un n'est donc ni en mouvement ni en repos, ne pouvant ni être quelque part, ni changer de lieu, puisqu'il n'en a pas. D'un autre côté l'idée de l'un n'étant pas celle du même ni celle de l'autre, l'un n'est ni semblable ou identique à lui-même ni à autre chose, ni différent de quoi que ce soit, ni autre que lui-même ou qu'autre chose. Il n'est ni égal, ni plus grand, ni plus petit, ni plus vieux, ni plus jeune, ni du même âge qu'autre chose ou que lui-même ; il n'est ni passé, ni présent, ni à venir ; il n'est ni ne devient, il n'a été ni n'est devenu, il ne sera ni ne deviendra. Il n'est donc un être en aucun sens ni d'aucune manière ; il n'est donc pas quelque chose qui soit un. L'un n'est donc pas un ; il n'est pas ; il n'est donc ni sujet ni objet[2] ; il

---

1. *Parménide*, p. 137, C et la suite.
2. *Ibid.*, p. 142, A : ...... ἢ αὑτοῦ ἢ αὑτῷ. Mot à mot : Rien n'est de lui ni à lui, c'est-à-dire qu'il n'a ni attribut ni rien qui lui appartienne ou se rapporte à lui.

ne peut donc être nommé ni conçu ; il n'y en a ni connaissance, ni science, ni sensation, ni opinion.

Jusque-là Parménide a raisonné ou déraisonné à outrance sur ce que l'un n'est pas en vertu de son existence même, sans s'inquiéter des incohérences ni du caractère plus que paradoxal des conclusions. Arrivé au terme de cette série de négations obtenues par des raisonnements plus ou moins fantastiques, il s'arrête et demande s'il est possible qu'il en soit ainsi de l'un. « Je ne puis le croire, » répond docilement le jeune Aristote, et il accorde ensuite à Parménide avec la même facilité une longue série d'affirmations contraires aux négations qui précèdent [1] ; après quoi vient en troisième lieu et pour comble de confusion, avec la même absence de contrôle, une prétendue démonstration de la coexistence de tous ces attributs contradictoires [2].

Les conséquences de l'existence de l'un en soi sont de même sorte pour les autres idées [3] ; et quand on passe à la seconde hypothèse, savoir la non-existence de l'un en soi [4], on retrouve la même désinvolture chez l'Éléate, la même complaisance chez son interlocuteur, les mêmes développements disposés dans un ordre semblable, les mêmes logomachies et, pour tout dire, la même absurdité dans les résultats, jusqu'à la conclusion finale qui est ainsi conçue : « Disons encore que, à ce qu'il semble, soit que l'un existe, soit qu'il n'existe pas, l'un lui-même et les autres idées sont absolument tout et ne le sont pas, le paraissent et ne le paraissent pas. » — « Rien n'est

---

1. *Parménide*, p. 142, B et la suite.
2. *Ibid.*, p. 155, E et la suite.
3. *Ibid.*, p. 157, B et la suite.
4. *Ibid.*, p. 160, B et la suite.

plus vrai, » répond simplement le jeune patient, dont le *oui* perpétuel est, à mon avis, le plus parfait modèle de l'ironie socratique et, en ce sens, la seule réponse que méritent la plupart des arguments de Parménide et les ambitieux commentaires qu'on en a donnés depuis Proclus.

On le voit donc, cette célèbre argumentation est présentée par Platon comme un exercice dialectique assez peu sérieux au fond, non comme une solution des objections dirigées contre la théorie des idées, et encore moins comme un système de métaphysique analogue à l'éléatisme ou au mysticisme alexandrin. Pour achever cette démonstration, il ne reste plus qu'à établir que l'un en soi du *Parménide* n'est nullement l'idée du bien ou le Dieu de Platon.

En effet, dans toute cette partie du dialogue qui se rapporte à l'un en soi, il n'y a pas un mot qui puisse légitimement se traduire ainsi. Pour y trouver la notion de Dieu, ou du bien, ou de la perfection, il faut faire violence au texte : l'idée théologique en est totalement absente. Lorsque Proclus et Ficin disent que Platon a exposé par la bouche de Parménide la théologie tout entière, ils lui attribuent gratuitement leurs visions mystiques, leur conception de l'unité ineffable, leur langage allégorique, voilé, mystérieux. Platon n'a pas l'habitude de déguiser ainsi sa pensée sur Dieu ; il l'affirme ouvertement dans tous ses dialogues. Dans le *Parménide* en particulier, dans ce que j'oserai appeler la partie sérieuse du dialogue, avant de laisser la parole à Parménide, ayant l'occasion de parler de Dieu, il le nomme expressément ὁ θεός, le considère comme une âme (ψυχή) et une intelligence (νοῦς), et il ajoute que les idées n'existent peut-être qu'en Dieu seul : hypothèse vraiment platonicienne et qui devient une doctrine positive dans le *Phèdre*, la *République* et le *Timée*.

En résumé, c'est se méprendre étrangement sur le *Parménide* que d'en chercher la clef dans une discussion que l'auteur appelle un jeu d'enfant, et surtout de s'imaginer que cette discussion porte sur autre chose que l'idée de l'un en soi considérée dans ses rapports avec les autres idées. On 'y trouve ni une apologie, ni une réfutation du système des Éléates ; la théorie des idées y est seule en cause, et, même sur ce sujet, le dialogue ne paraît pas aboutir à une conclusion dogmatique. Socrate, pour qui Parménide « a joué ce jeu », y assiste sans mot dire ; il ne donne son adhésion à aucune des propositions sophistiques acceptées si docilement par son jeune compagnon, et l'on doit penser que la seule conclusion qu'il tire de tous ces discours est celle-là même que Parménide lui a fait pressentir, savoir que, si une fausse dialectique éloigne de la doctrine des idées, la vraie dialectique y ramène.

On pourrait cependant croire, en n'y regardant pas de trop près, que l'auteur, à défaut d'une doctrine proprement dite, a voulu enseigner une méthode pour découvrir la vérité. Au moins a-t-il été dit que celui qui ne s'est pas familiarisé avec ce genre de discussion risque de voir la vérité lui échapper[1]. En se plaçant à ce point de vue, on a prétendu que cette méthode n'avait rien de commun avec celle de Platon, et l'on s'en est fait une arme contre l'authenticité du dialogue[2]. Mais, d'une part, il n'est question que du procédé de réfutation de Zénon, consistant, comme il le dit, à opposer à ses ad-

1. *Parménide*, p. 135, D et 136, D, E.
2. Ch. Huit, *De l'authent. du Parménide*, p. 118.

versaires « les conséquences *ridicules* de leur thèse[1] », et Parménide, à son tour, semble bien se souvenir çà et là des fameux sophismes de son disciple sur le mouvement et le repos[2]. D'autre part, il ne faut pas oublier que la dialectique, chez Platon comme chez Socrate, procède de deux manières, et qu'avant d'employer l'induction, la division et la définition pour atteindre la vérité, elle use de l'ironie et de la réfutation pour délivrer l'âme de l'erreur, lui faire connaître son ignorance et lui inspirer l'étonnement qui la rendra capable de science[3]. La forme négative et réfutative de la grande argumentation du Parménide n'est donc pas du tout en dehors des habitudes de Platon; seulement il ne l'a pratiquée nulle part ailleurs avec ces raffinements de subtilité, ni avec ce brio et cette merveilleuse fécondité. Ceux mêmes qui n'ont pas de goût pour cet abus du raisonnement ne peuvent s'empêcher d'admirer la puissance d'un esprit qui traverse en se jouant une telle multitude d'arguments subtils, de contradictions et d'antinomies. Il semble que le but de Platon soit de produire chez ses lecteurs ce « prodigieux étonnement » que Socrate a défié en quelque sorte Zénon et Parménide de lui procurer à lui-même[4]. C'est aussi suivant le procédé platonicien de la dichotomie que sont divisées les questions et les hypothèses.

Il y a plus : on retrouve à un degré éminent dans le *Parménide* le caractère suggestif de l'ironie socratique et platonicienne : cette longue argumentation qui, dans

---

1. *Parménide*, p. 128, D : ἔτι γελοιότερα πάσχοι ἂν αὐτῶν ἡ ὑπόθεσις.
2. Notamment p. 138, C.
3. Cf. P. Janet. *Essai sur la dialectique de Platon*, ch. ii.
4. *Parménide*, p. 129, E : Ἀγαίμην ἂν ἔγωγε θαυμαστῶς.

son ensemble, ne conclut à rien, mérite par endroits une attention particulière ; car elle offre plus d'un point lumineux, plus d'une vue originale et féconde qu'Aristote a plus tard mise en œuvre ; ici sur les espèces du mouvement, là sur le temps, sur la réalité présente et actuelle inhérente à l'être, et sur cette chose étonnante qu'on appelle un *instant* ; ailleurs « les plus grandes idées et les genres suprêmes » qui sont devenus chez Aristote « les genres de l'être » ou les dix catégories[1].

Voici un autre rapprochement qui s'impose à un lecteur attentif. Ces difficultés, ces doutes préliminaires qu'Aristote appelle des ἀπορίαι, et qui servent d'introduction à la plupart de ses grands traités, ont une analogie évidente avec les objections exposées dans le *Parménide* contre la théorie des idées ; et si l'on considère le nombre de ces objections, leur variété, leur subtilité et leur profondeur, on comprend à quelle école Aristote a appris à embrasser toutes les parties et tous les aspects d'un problème. Le *Parménide* a pu lui servir de modèle pour écrire le premier chapitre du traité *De l'âme*, ou mieux encore le troisième livre de la *Métaphysique.*

On ne doit pas non plus traiter trop légèrement, au point de vue de la logique, un ouvrage qui est le seul, avec l'*Euthydème*, où l'on rencontre avant Aristote une description au moins extérieure du syllogisme. Il est certain qu'Aristote a le premier défini nettement et analysé à fond ce procédé ; mais Platon l'avait connu sans le nommer [2] : il en avait étudié certaines applications, et

---

1. *Parménide*, p. 138, B, C ; 156, E et 157 A. Cf. Fouillée, *La philosophie de Platon*, t. I, p. 188-189.
2. Il emploie le mot συλλογίζεσθαι, et dit deux fois συλλογισμός, mais dans le sens vague de réflexion ou de jugement (*Théétète*, p. 186, D) ou d'ensemble de jugements (*Cratyle*, p. 412, A).

ce n'est pas un paradoxe de soutenir que les sophismes de l'*Euthydème* et les arguments de toutes sortes accumulés dans le *Parménide* laissaient peu de chose à faire à l'auteur des Σοφιστικοὶ ἔλεγχοι. Seulement Platon n'a fait sciemment usage du procédé déductif que pour la critique des opinions, laissant à son disciple la gloire d'en découvrir et d'en démontrer la valeur logique, et de l'ériger en méthode et en instrument de science[1].

Ce n'est pas tout. Le nom d'Aristote est resté attaché aux ἀπορίαι du *Parménide* : car il se les est appropriées en les reproduisant avec force dans sa célèbre polémique contre la théorie des idées. Il jugeait sans doute que Platon, qui s'était fait à lui-même ces objections, n'y avait pas répondu d'une manière satisfaisante, et quand je songe à tant d'hypothèses bizarres, à tant de prétentieuses élucubrations sur la composition du *Parménide*, je m'étonne que personne ne se soit avisé de l'attribuer à Aristote lui-même, qui l'aurait écrit pour faire pièce à Platon. En réalité, c'est là qu'il a puisé les principaux éléments de sa polémique. Quelquefois même, chose remarquable, il s'est contenté d'une allusion. Comment, en effet, appeler autrement cette mention si brève de l'argument dit « du troisième homme »! Cette objection se rencontre plusieurs fois dans Aristote en des termes tels qu'elle aurait été inintelligible pour ses lecteurs, si elle ne leur eût pas été déjà connue[2]. Les modernes ont eu recours pour la comprendre aux explications des commentateurs des siècles suivants ; mais les contemporains d'Aristote savaient bien où elle se trouvait avec

---

1. Voir, dans mes *Essais de logique*, le chapitre intitulé : *De la découverte du syllogisme*.
2. *Métaphysique*, I, 7, p. 990, b, 17; et XIII, 4, 5.

le développement nécessaire. Platon, qui résout cette difficulté au X⁰ livre de la *République*, l'avait exposée très clairement à deux reprises dans le *Parménide*[1]. C'est là qu'il me paraît naturel de chercher le sens du renvoi d'Aristote à un texte bien connu de son temps. Si cette conjecture est fondée, il faut ajouter l'autorité d'Aristote à toutes celles qui attestent l'authenticité du *Parménide*. Quoi qu'il en soit, tout ce qui vient d'être dit du contenu de ce dialogue montre assez qu'il est d'une date plus ancienne que les écrits d'Aristote. S'il avait été écrit à une époque plus récente, les pensées qu'il contient seraient autrement exposées, mieux classées, exprimées dans un langage plus technique.

Si maintenant, au lieu de relever dans le *Parménide* les ébauches de théories développées plus tard par Aristote, on s'attache à déterminer la valeur de ce dialogue au point de vue du platonisme et sa place dans l'œuvre de Platon, on doit remarquer que, lorsque l'auteur fait exposer par Parménide les ἀπορίαι de son système, il en suggère plus d'une fois la solution, et indique la doctrine à laquelle il s'arrêtera. D'abord, ainsi que cela a été dit plus haut, il n'admet pas que la science soit possible sans l'existence d'idées ou essences intelligibles, immuables et éternelles, en dehors des choses qui en participent[2]. Il affirme dans le même passage qu'il y a nécessairement des idées de tout, et il a insinué auparavant que, si l'on en doute, c'est uniquement par respect humain et à cause de l'opinion[3]. En ce qui concerne le

---

1. P. 131 fin et 132, A ; puis p. 132, D, E.
2. *Parménide*, p. 135, B, C.
3. *Ibid.*, p. 130, E : « Tu es jeune, dit Parménide à Socrate, et tu regardes trop à l'opinion. »

rapport des choses aux idées, Parménide réfute l'hypothèse d'une participation matérielle, qui serait comme un morcellement de l'Idée répandue dans les choses [1], et Socrate lui substitue la conception de types ou de modèles dont les choses sensibles sont des imitations ou des ressemblances [2]. Ces idées-types sont peut-être des pensées ou des produits de la pensée [3], inséparables de l'idée de la science, c'est-à-dire de la science parfaite, laquelle ne peut être qu'en Dieu et dans l'intelligence parfaite [4], en sorte que c'est là que nous les contemplons, si toutefois elles ne nous sont pas inaccessibles et inconnaissables [5]. Sur ce dernier point, il est vrai, on reste dans le doute ; mais la réponse sera donnée dans le *Ménon*, dans le *Phèdre* et le *Phédon*.

IV. — La date du Parménide

Dans l'hypothèse où je me place, savoir que la pensée de Platon n'est pas restée stationnaire pendant un demi-siècle et qu'elle a traversé plusieurs phases, depuis le pur socratisme jusqu'au platonisme proprement dit, le *Parménide* marque certainement une étape importante dans l'élaboration de la théorie des idées. Il tient le milieu, pour ainsi dire, avec cinq ou six autres dialogues, entre les écrits où Platon ne s'écarte pas sensiblement des enseignements de son maître et ceux que Schleiermacher appelle constructifs et où le platonisme

---

1. *Parménide*, p. 131, A, B.
2. *Ibid.*, p. 132, C, D : παραδείγματα, μιμήσεις, ὁμοιώματα.
3. *Ibid.*, p. 132 B : νοήματα.
4. *Ibid.*, p. 133, C ; 134, A, C.
5. Ἄγνωστα, p. 135, A.

est à l'état de doctrine systématique et définitive. Je ne saurais mieux terminer ce travail qu'en indiquant le rapport et le lien qu'il me semble apercevoir entre le *Parménide* et les autres dialogues du même groupe ; je vais donc les passer rapidement en revue, dans l'ordre suivant lequel ils ont pu être composés, à ne considérer que leur contenu.

Il y a d'abord le *Théétète*, où Platon traite de la nature de la science, opposée à la sensation et à l'opinion même raisonnée, et où il introduit les idées en tant qu'intelligibles et communes ou générales, par opposition aux choses sensibles et individuelles, mais en employant encore le mot εἶδος dans son sens logique de genre ou d'espèce.

Le *Cratyle* est la suite et le complément du *Théétète* ; il fait faire un pas de plus à la définition de la science, en lui assignant plus nettement un objet fixe et déterminé, savoir les idées, dont la réalité est démontrée contre Cratyle et Héraclite, au moyen d'une analyse ingénieuse et profonde du langage. Les noms, dit Socrate, expriment plus ou moins exactement la nature des choses. Or ils sont de deux sortes : la plupart supposent partout le mouvement et la pluralité ; mais il en est, à commencer par le mot *science* (ἐπιστήμη), qui supposent quelque chose d'un et de stable. La conclusion est que, si le bien et le beau n'existaient pas en soi, ils ne seraient pas connaissables, et la science serait impossible ; et, comme Cratyle doute encore, Socrate lui adresse les mêmes paroles qui lui sont appliquées à lui-même dans le *Parménide* : « Tu es jeune encore et plein de force ; il faut examiner. »

C'est ici que se place logiquement le *Parménide*, dont la discussion sur l'un et l'immuable, c'est-à-dire sur l'idée, a été annoncée dans le *Théétète* et préparée par le *Cratyle*. C'est, on l'a vu, un exposé des problèmes et des difficultés qu'on peut soulever à propos des idées considérées, soit en elles-mêmes, soit dans leurs rapports entre elles ou avec les choses qui en participent.

Le *Sophiste* continue à la fois le *Théétète* et le *Parménide* ; mais c'est à ce dernier qu'il se rattache de la manière la plus intime, comme l'a très bien vu et démontré M. Fouillée[1] ; il discute le problème du mélange des idées, et résout admirablement les antinomies proposées dans le *Parménide*. Les idées y sont appelées « intelligibles et incorporelles[2] » et il est dit que « les amis des idées », c'est-à-dire les socratiques et Platon lui-même, leur attribuent l'existence.

Je n'insiste pas sur le *Politique* où l'on trouve, avec une application nouvelle du procédé de division dialectique exposé dans le *Sophiste*, une esquisse de certaines doctrines qui seront développées dans le *Phèdre*, la *République* et le *Timée*.

Dans le *Philèbe*, l'auteur suit une marche encore plus méthodique et dogmatise avec plus d'assurance. Socrate y reparaît comme personnage principal et en maître à qui l'on demande de laisser là la critique et la réfutation des opinions fausses et d'enseigner directement méthode et doctrine. Le *Philèbe* répond plus explicitement que le *Sophiste* aux difficultés et aux antinomies relatives aux idées, et, Socrate, ainsi que Parménide le lui a prédit, n'hésite plus à affirmer qu'il y a des idées de tout.

Enfin dans le *Ménon*, Platon ajoute à la théorie dia-

---

1. *La philosophie de Platon*, t. I, p. 223 et suiv.
2. *Sophiste*, p. 246, B.

lectique et métaphysique des idées, une théorie psychologique, celle de la réminiscence, si admirablement mise en action dans le *Phèdre*, et (plus tard sans doute) commentée dans le *Phédon*.

Je m'arrête : car l'auteur du *Phèdre*, du *Banquet*, de *Gorgias* est évidemment en pleine possession de sa doctrine, quoiqu'il ne l'expose pas encore aussi complètement que dans le *Phédon*, le *Timée* et la *République*. Là, toutes les difficultés sont résolues, au moins aux yeux de Platon ; là est le point culminant et le dernier mot du platonisme.

Si, comme on peut le croire, le *Parménide* a précédé ces chefs-d'œuvre, il doit être placé à un moment où Platon, engagé dans des voies nouvelles, mais non encore parvenu sur les plus hauts sommets, se rendait compte de la grandeur et de la difficulté des problèmes, en entrevoyait la solution définitive, et esquissait à l'avance les principales lignes de son système.

CHAPITRE VI

QUELQUES POINTS A ÉCLAIRCIR DANS LA VIE D'ARISTOTE[1]

I

Il serait difficile de tomber dans l'exagération en faisant à Aristote sa place dans l'histoire des sciences et de la philosophie. Aucun homme n'a jamais exercé dans ce domaine une influence aussi durable et aussi étendue, en Orient et en Occident, dans l'antiquité et dans les temps modernes, dans le monde chrétien comme chez les païens et chez les peuples musulmans[2]. Il semble donner un démenti à Pascal défiant l'homme de remplir l'espace et la durée : car il les remplit en quelque sorte de son nom et de sa gloire ; mais c'est à sa pensée qu'il le doit, et son exemple aurait pu fournir à Pascal un argument de plus pour démontrer la supériorité du « roseau pensant » sur la muette et stupide immensité de l'étendue matérielle : car il fait voir que la pensée n'a pas seulement sur cet univers l'avantage d'être la pensée ; elle est encore la puissance qui vivifie

---

1. Extrait des *Annales de philosophie chrétienne*, année 1893.
2. Cf. B. Saint-Hilaire, article *Aristote* dans le *Dictionnaire des sciences philosophiques*.

l'espace et la durée, et qui leur donne pour ainsi dire leur raison d'être en les peuplant de ses œuvres.

Mais comment s'est formée cette science à peu près universelle, qui a éclairé pendant tant de siècles la marche de l'esprit humain, et qu'on admire encore après tant de progrès accomplis? Quel a été, comment a vécu cet homme exceptionnel que Platon, suivant une vieille légende, appelait *l'intelligence,* que le moyen âge écouta comme un oracle, et devant qui Leibniz s'écriait avec stupéfaction : « *profundissimus Aristoteles?* » On n'est pas réduit ici à des conjectures, comme pour tant d'autres philosophes : on connaît par des témoignages précis et incontestés les faits les plus saillants de la carrière d'Aristote, et les dates essentielles qui en marquent le commencement, la fin et les principales époques. Il résulte en effet de la chronologie d'ordinaire si exacte d'Apollodore, reproduite en détail par Diogène Laërce dans sa notice sur Aristote, que ce philosophe, né l'an 384 avant l'ère chrétienne, vécut à Athènes dans le commerce de Platon de 367 à 347, puis à Atarné, auprès d'Hermias, de 347 à 345 ; qu'il fut ensuite, pendant cinq à six ans, le précepteur d'Alexandre ; qu'il revint en 335 à Athènes, où il écrivit la plupart de ses ouvrages et enseigna sa philosophie jusqu'à la mort d'Alexandre, et qu'il mourut lui-même l'année suivante à Chalcis en Eubée, dans sa 63ᵉ année. Ce sont autant de points sur lesquels ne s'élève aujourd'hui aucun doute sérieux, et autour desquels des travaux spéciaux ont groupé une foule de détails plus ou moins intéressants[1]. Certes, pour bien des personnages historiques,

1. Voir par exemple Brucker, Stahr, B. Saint-Hilaire, Zeller, Chaignet, etc. Je me garderai bien de dresser, après Stahr, comme l'a essayé M. Chaignet, une liste complète des biographes d'Aristote,

on se contenterait à moins ; mais quand il s'agit d'un génie tel qu'Aristote, notre curiosité n'est pas encore satisfaite ; nous voudrions, non pas sans doute refaire, ni même écrire en détail cette histoire, mais la compléter sur quelques points, en nous appliquant, avec le double souci de la précision et de l'exactitude, à élucider certaines questions demeurées obscures ou controversées, concernant l'homme et le philosophe. En voici quelques-unes.

La première éducation que reçut Aristote le préparait-elle à devenir le savant et le penseur que l'on connaît ? Platon fut-il, comme on le croit communément, son premier et son seul maître en philosophie ? Personne assurément ne prendra au sérieux le récit d'un biographe inconnu[1] d'après lequel Aristote, âgé de 17 ans, aurait entendu Socrate et l'aurait fréquenté trois ans avant de s'attacher à Platon : récit absurde, puisque Socrate était mort 15 ans avant la naissance d'Aristote. Mais est-on bien sûr que celui-ci, même avant d'aller à Athènes, n'ait pu connaître et entendre, dans le voisinage de Stagire, quelqu'un des survivants de la vieille philosophie cosmologique ?

Arrivé à Athènes, le jeune Macédonien devint le disciple de Platon ; mais à quel moment, dans quelles conditions et dans quels termes ?

de peur de tomber dans quelque inadvertance du genre de celle qui consiste à présenter comme très regrettable la perte d'une vie d'Aristote écrite par un « péripatéticien, ami d'Hermias et d'Aristote » (Il s'agit d'Apellicon de Téos, qui ne put être l'*ami d'Hermias et d'Aristote*, étant mort l'an 85, c'est-à-dire 260 ans après Hermias et 200 ans après Théophraste).

1. *Le pseudo-Ammonius* (édition Westermann de Diogène Laërce. Paris, Didot, 1850, p. 10, l. 18 et suiv.). Peut-être est-ce à Xénocrate que pensait ce biographe.

Les dissentiments dont on a tant parlé et dont témoignent d'ailleurs les écrits du disciple lui-même ont-ils éclaté du vivant de son maître ?

Les relations d'Aristote avec Xénocrate, avant et après la mort de Platon, furent-elles de nature à expliquer son attitude vis-à-vis de l'Académie et des partisans des idées platoniciennes ?

Il n'est pas non plus sans importance de savoir si l'auteur de *l'Éthique à Nicomaque* a vécu en homme digne de dogmatiser sur le devoir et la vertu. Était-ce un débauché comme Aristippe, ou un célibataire endurci comme Platon, ou sa vie le préparait-elle à bien comprendre les affections de famille, et à parler des droits de la femme et des égards qui lui sont dus avec cette délicatesse de sentiments et cette justesse de touche qu'on admire dans sa *Politique* et dans sa critique de la *République* de Platon ? A-t-il connu, autrement que par la tradition de Socrate, cette amitié idéale tout à la fois dévouée, vertueuse et philosophique, dont il a tracé un si parfait tableau dans sa morale ?

Enfin a-t-il été mêlé à la politique de son temps, et quels ont été ses rapports, soit avec Philippe, Alexandre et Antipater, soit avec les Athéniens ?

Sur toutes ces questions et sur d'autres encore, une étude attentive de la vie d'Aristote me paraît pouvoir jeter quelque lumière. C'est ce que je vais essayer d'établir en en parcourant curieusement, à ce point de vue spécial, les trois principales périodes, savoir : 1° depuis la naissance d'Aristote jusqu'à la mort de Platon ; 2° depuis la mort de Platon jusqu'au retour d'Aristote à Athènes ; 3° son second séjour à Athènes, sa retraite à Chalcis et sa mort.

II. — Première période (384-347)

Lorsque Aristote naquit à Stagire (la première année de la 99ᵉ Olympiade), il y avait peu de temps que cette petite ville de Thrace était annexée à la Macédoine. Je ferai remarquer qu'elle avait été fondée par des colons venus de Chalcis en Eubée ; et que Phœstis, la mère d'Aristote, était de Chalcis. Son père Nicomaque, riche citoyen de Stagire, appartenait à une famille dont les membres passaient pour descendre d'Esculape et, de père en fils, sous le nom commun d'Asclépiades, exerçaient la médecine. Lui-même avait écrit sur cette science et sur la physique des ouvrages estimés ; il était médecin et ami du roi de Macédoine Amyntas, dont le plus jeune fils Philippe[1] avait à un an près le même âge qu'Aristote. C'est donc sous la direction d'un savant naturaliste que l'immortel auteur de l'*Histoire des animaux* fit ses premières études, soit à Stagire, soit à Pella[2], et vraisemblablement dans la compagnie du fils d'Amyntas. L'amitié qui les unit dans la suite remontait sans doute à cette époque : car ils furent séparés étant bien jeunes encore lorsque, en 367, Philippe fut emmené par Pélopidas à Thèbes où il demeura comme otage sous la garde d'Épaminondas.

Aristote perdit ses parents de bonne heure, mais il les avait assez connus pour leur garder un souvenir pieux. Il donna à son fils le nom de Nicomaque, et voua par son

---

1. Né en 383 avant l'ère chrétienne.
2. Stagire était située à peu de distance de la ville macédonienne de Pella, dont Philippe fit plus tard sa capitale.

testament une statue à sa mère. Nicomaque en mourant l'avait confié aux soins d'un ami, Proxenos d'Atarné, qui put le mettre en relations avec son souverain, Hermias, et qui s'acquitta de ses devoirs de tuteur de manière à mériter la reconnaissance de son pupille, comme le prouve le même testament, dont on verra plus loin les clauses principales.

Ces quelques détails suffisent pour mettre à néant les contes ridicules recueillis par Athénée et Diogène Laërce sur la conduite d'Aristote dans sa première jeunesse. D'ailleurs, en dehors de l'officine épicurienne, si fort décriée chez les anciens, aucun écrivain sérieux n'a reproduit, même par voie d'allusion, ces récits calomnieux, agrémentés de traits satiriques sur l'extérieur de l'homme ainsi que sur ses mœurs. Aristote avait mieux à faire que de perdre son temps et sa fortune[1] dans la débauche. L'amour de la science le possédait uniquement. Dévoré du désir de savoir, il ne songeait qu'à s'instruire, et il n'avait que 17 ans lorsqu'il vint dans ce but à Athènes où il devint disciple de Platon.

Peut-être même n'avait-il pas attendu jusque-là pour fréquenter quelque autre philosophe. Par son lieu d'origine le Stagirite, ainsi qu'on l'a surnommé, était plus voisin d'Abdère que d'Athènes. Abdère était sur son chemin pour ainsi dire, et il y avait là un homme qui fut le plus savant des Grecs avant Aristote lui-même. Si Démocrite, comme je crois l'avoir établi ailleurs, vivait encore à cette époque, s'il est vrai qu'il ne soit mort que vers l'an 359, quand Platon avait 62 ans et Aris-

---

1. Aristote était riche, et on le voit dans son testament disposer des immeubles que son père et sa mère lui avaient laissés à Stagire et à Chalcis.

tote 25, celui-ci a pu voir et entendre le vieux sage d'Abdère, et l'on aurait peine à comprendre que le fils et l'élève de Nicomaque, ce jeune homme si avide de savoir en tout genre n'eût pas été attiré tout d'abord par la grande renommée du physicien qui habitait à si peu de distance et qui était presque son compatriote. Eut-il en effet avec Démocrite des relations personnelles ? Quelque vraisemblable que soit cette conjecture, les documents qui pourraient l'établir nous font défaut : car je n'ose faire fond sur la *Lettre à Démocrite* que mentionne Diogène Laërce dans son singulier catalogue des écrits d'Aristote. Ce qui est indubitable, c'est qu'il lut avec soin ses écrits et tint grand compte de ses opinions : car il n'y a pas un philosophe qu'il ait cité plus souvent dans ses propres ouvrages, tantôt avec éloge, tantôt en le critiquant, mais presque toujours avec respect.

Aristote, comme Démocrite, était, si je l'ose dire, un provincial ; mais il ne bouda point comme lui la capitale intellectuelle du monde grec. Loin de là, Athènes fut son séjour de prédilection, quoiqu'il trouvât son territoire bien peu étendu, en comparaison du royaume de Macédoine [1].

C'est une tradition universellement reçue chez les anciens qu'Aristote fut 20 ans à l'école de Platon. Il faut pour cela qu'il soit arrivé à Athènes à 17 ans. Cependant Platon était alors en Sicile où il séjourna de 367 à 365, et il y retourna encore de 361 à 360 [2]. Il y a donc quelque chose à rabattre des 20 ans de la tradition. Seulement l'école de Platon n'était pas fermée en son absence : Speusippe et Xénocrate présidaient alors les

---

1. Voir plus loin les vers à Eudème.
2. Cf. Grote, *Life of Aristoteles* (1872, in-8, p. 6).

entretiens de l'Académie. Il est probable qu'Aristote les eut d'abord pour maîtres et que, comme le dit M. Barthélemy Saint-Hilaire, il avait 20 ans lorsqu'il put entendre Platon lui-même.

Remarquons de plus que, pendant les vingt dernières années de sa vie, Platon, sans oublier jamais les enseignements de Socrate, était en possession du système auquel il a donné son nom et dans lequel il faisait une part à des conceptions pythagoriciennes étrangères à Socrate et antipathiques au génie d'Aristote [1].

En même temps qu'il écoutait Platon, Speusippe et Xénocrate, le jeune Stagirite continuait ses études personnelles en médecine et en histoire naturelle, lisait sans cesse, se tenant éveillé la nuit au moyen d'une boule de cuivre qu'il gardait dans la main au-dessus d'un bassin de même métal où elle tombait avec un grand bruit dès qu'il fermait les yeux. Il compulsait ainsi les écrits des anciens physiciens, méditant surtout les vues d'Anaxagore et de Démocrite sur la nature. Platon l'avait surnommé *le Liseur*, et l'on prétend même qu'il opposait son ardeur au travail et sa vivacité d'esprit à la lenteur ou à l'apathie de Xénocrate, disant que l'un avait besoin d'un frein, l'autre d'un aiguillon. J'avoue que cette tradition m'est doublement suspecte, d'abord parce qu'elle n'a pas d'autre garant que Diogène Laërce dont l'autorité en pareil cas est nulle, et en second lieu parce qu'il est invraisemblable que Platon ait eu même l'idée d'établir un parallèle entre deux disciples dont l'un avait vingt ou vingt-cinq ans de plus que l'autre et avait même été chargé par lui de la direction de son école.

---

1. Voir plus haut, ch. iv, p. 137-138.

A plus forte raison ne puis-je attribuer à Platon le propos si peu mesuré qu'on lui prête sur Aristote, un jour que celui-ci n'assistait pas à sa leçon : « Mon auditoire est sourd, *l'intelligence* n'y est pas. » L'auteur des *Dialogues* avait trop d'esprit pour traiter avec si peu de conséquence des auditeurs tels qu'Héraclide de Pont, Philippe d'Opunte, Hypéride, Lycurgue et Démosthène, sans parler de Speusippe et de Xénocrate.

Diogène Laërce raconte d'après Hermippe que, du vivant de Platon et pendant qu'il était suppléé à l'Académie par Xénocrate, Aristote ouvrit une école rivale, en disant qu'il était « honteux de se taire quand Xénocrate parlait ». Mais il ajoute qu'il formait ses auditeurs à la rhétorique, et il y a toute apparence que le compilateur aura confondu le philosophe Xénocrate avec l'orateur Isocrate, à qui les anciens en général ont appliqué la célèbre épigramme d'Aristote[1], et à qui celui-ci fit concurrence. Il paraît même que le vieil orateur fut très malheureux du succès de son jeune rival ; au moins se plaint-il dans le *Panhellénique*[2] des moqueries dont il avait été l'objet de la part des jeunes gens qui fréquentaient le lycée où Aristote donna avec un grand éclat, au dire de Cicéron, des leçons de rhétorique. Le bruit en vint, paraît-il, aux oreilles de Philippe, qui en félicita son ancien compagnon de jeux et d'études. Cela du moins est plus vraisemblable que la fameuse lettre reproduite par Aulu-Gelle et Denys d'Halicarnasse, et où le roi de Macédoine, alors âgé de 27 ans, aurait écrit au philosophe, qui en avait 28 :

---

1. Ἀισχρὸν σιωπᾶν, Ἰσοκράτην δὲ λέγειν.
2. Discours prononcé, dit-on, entre 343 et 342, mais dont la composition est d'une date plus ancienne.

« Il m'est né un fils, et je remercie les dieux, non pas tant de me l'avoir donné que de ce qu'ils l'ont fait naître de votre vivant. » Si cette lettre est authentique, elle pourrait faire supposer que la réputation d'Aristote comme orateur et comme maître dans l'art oratoire était établie au moment de la naissance d'Alexandre, en 356.

Un ami d'Isocrate nommé Céphisodore, prenant la défense de son maître que personne cependant n'attaquait, composa en son honneur un livre dont Denys d'Halicarnasse fait grand cas, et où il prenait à partie Platon, le regardant comme solidaire avec son disciple dans cette entreprise sur le domaine de la rhétorique. Ni Platon ni Aristote ne furent troublés par ces attaques. Ils n'y répondirent que par l'éloge d'Isocrate, l'un dans le *Phèdre*, l'autre dans sa *Rhétorique*.

Le fait que je viens de rapporter nous montre Aristote faisant cause commune avec l'auteur du *Phèdre* et du *Gorgias*, et appliquant comme lui la philosophie à l'art oratoire. Mais il y a plus : quelle que soit la date de la composition de ses livres sur ce sujet, et même à supposer qu'ils n'aient pas été écrits à cette époque, il est évident qu'ils reproduisent au moins l'esprit de ses leçons de rhétorique. Or, chose remarquable, on n'y lit pas un mot qui trahisse un dissentiment direct avec Platon. Comment imaginer dès lors que, dans ces conditions et étant si complètement d'accord avec son maître sur ce terrain, Aristote se soit séparé en même temps de lui en philosophie et l'ait combattu avec une vivacité irrespectueuse jusqu'à l'ingratitude ? Ici encore Diogène Laërce, d'après des autorités suspectes, met dans la bouche de Platon des paroles parfaitement ridicules. Quand on nous le représente gémissant de ce qu'Aristote en agissait avec lui « comme un poulain qui rue contre sa mère », en vérité on lui prête gratuitement les colères séniles d'Isocrate. Le grand âge auquel parvint Platon ne doit pas faire croire qu'il fût tombé en enfance. Le philosophe qui venait d'écrire la *République* et le *Timée* et que la mort surprit achevant à peine le traité des *Lois*, n'était pas un vieillard débile, incapable de répondre aux questions ou même aux objections de ses disciples. Ce libre génie conserva jusqu'à la fin assez de puissance pour leur commander le respect et mériter leur admiration. Je n'en veux pour preuve que la manière dont Aristote parle des *Lois* dans sa *Politique*.

Rien d'ailleurs ne justifie l'accusation tardivement lancée contre Aristote d'avoir manqué aux égards et à la reconnaissance qu'il devait à son maître. Qu'il n'y ait pas eu peut-être une intimité étroite entre deux natures si différentes, on peut le soupçonner sans en être surpris; mais on est en droit d'affirmer que leurs rapports furent constamment ce qu'ils devaient être. J'en atteste les paroles et les actes d'Aristote lui-même.

Voici d'abord comment il s'exprimait dans des vers adressés à son disciple et ami, Eudème de Rhodes. Il y est dit, qu'étant arrivé dans le *petit* territoire d'Athènes, « il y édifia l'autel d'une amitié respectueuse et sainte avec un homme que les méchants n'ont pas le droit de louer, et qui, le premier des mortels, montra clairement par sa vie autant que par ses discours qu'on ne parvient au bonheur que par la vertu ». Cet hommage rendu à Platon acquiert encore plus de valeur, quand on réfléchit qu'il se rapporte à un temps où Platon, selon toute probabilité, n'avait encore écrit ni le *Gorgias*, ni le *Phédon*, ni la *République*.

Aristote avait le culte des morts, et, conformément

à un usage de son temps, il éleva des autels et des statues à la mémoire de ceux qu'il avait le plus aimés. Une tradition très vraisemblable permet de penser qu'il ne fit pas exception pour Platon. Ammonius et Philopon rapportent qu'il lui dédia un autel après sa mort, et je ne crois pas qu'on soit fondé à rejeter leur témoignage.

Enfin tout le monde connaît le mot fameux : « *Amicus Plato, magis amica veritas* » que la tradition attribue à Aristote, et qui n'est que le résumé proverbial d'un passage de la *Morale à Nicomaque*. Au moment de discuter, dans son application à la morale, la théorie platonicienne des idées, qu'il examinera plus tard en elle-même et dans son principe, Aristote est pris d'un scrupule honorable. Il se fait à lui-même cette objection, que c'est chose délicate de critiquer une doctrine proposée par des personnes qui lui sont ou lui ont été chères. Mais, dit-il, « on trouverait bien sans doute et l'on regarderait comme un véritable devoir que, dans l'intérêt de la vérité, nous fissions la critique de nos propres opinions ; ainsi, entre l'amitié et la vérité, qui nous sont chères toutes deux, c'est une obligation sacrée de préférer la vérité[1] ». Ces lignes, écrites sans aucun doute plusieurs années après la mort de Platon, prouveraient à elles seules que ce n'est pas du vivant de ce philosophe qu'Aristote manifesta son opposition à la théorie des idées. Il n'est pas impossible que certains désaccords se soient produits entre le maître et le disciple ; mais ni l'un ni l'autre n'en fit rien paraître en public.

---

1. Mor. à Nic., t. 3 : Ἀμφοῖν γὰρ ὄντοιν φίλοιν, ὅσιον προτιμᾶν τὴν ἀλήθειαν.

Diogène Laërce, d'après Hermippe, raconte que Platon ayant mis Xénocrate à la tête de son école en l'absence d'Aristote, celui-ci à son retour avait trouvé prise une place à laquelle il croyait avoir des droits ; de là son hostilité contre Platon et contre Xénocrate. Mais, encore une fois, le choix que fit Platon de Speusippe et de Xénocrate pour lui succéder ou pour le suppléer n'avait rien de blessant pour un homme beaucoup plus jeune et qui même les avait eus probablement pour maîtres à l'Académie [1].

En ce qui concerne Xénocrate, bien loin qu'Aristote fût animé de mauvais sentiments à son égard, il lui était uni par une amitié qui datait de son arrivée à Athènes et qui fut rendue encore plus étroite par la présence dans cette ville d'un ami commun, Hermias, tyran d'Atarné. Ce prince était venu pour les entendre l'un et l'autre, et peut-être aussi pour s'entretenir avec l'auteur de la *République* des devoirs et de la mission d'un chef d'État ami de la philosophie. Mais peu de temps après Platon mourut, laissant l'Académie sous la direction de Speusippe, son neveu et son héritier. Aussi affligé que Xénocrate et Aristote de la perte d'un philosophe dont il était plus digne et plus capable que Denys le jeune de comprendre et d'appliquer les leçons de haute politique, Hermias retourna alors en Mysie, emmenant avec lui ses deux amis.

III. — Deuxième période (347-335)

Au moment où Aristote quitta Athènes, en 347,

---

[1]. Speusippe était né en 410 et Xénocrate en 406 : l'un avait donc 26 ans et l'autre 22 de plus qu'Aristote.

Stagire, à la suite d'une révolte contre le roi de Macédoine, venait d'être prise d'assaut et ruinée. Il ne pouvait donc s'y retirer, et l'hospitalité que lui offrait Hermias fut pour lui un véritable bienfait. Quant à Xénocrate, on serait tenté de croire qu'il ne fit que traverser les États d'Hermias, en se dirigeant vers Chalcédoine, sa ville natale. Il aima mieux rester à Atarné dans la compagnie d'Aristote, et il y demeura comme lui trois ans, jusqu'à la fin tragique de leur hôte.

Hermias régnait sur Atarné, Assos et quelques autres places de la Mysie et de la Troade, dont le gouverneur nommé Eubulos avait secoué le joug des Perses. Hermias était, dit-on, un affranchi et un ami d'Eubulos. Il lui avait succédé dans sa petite principauté, et il en avait maintenu l'indépendance vis-à-vis du roi des Perses à qui il refusait de payer tribut : situation précaire, difficile à garder avec des troupes mercenaires, et qui exigeait autant d'habileté que d'énergie. Hermias possédait ces qualités à un haut degré. A en juger par l'estime singulière qu'en faisait Aristote, il avait en lui l'étoffe du « bon tyran » en qui l'auteur de la *République* avait placé toutes ses espérances de réforme politique et sociale. Mais une trahison le fit tomber dans les mains de Mentor le Rhodien, général grec à la solde du roi des Perses, et à qui celui-ci avait confié, avec une satrapie sur les côtes de la Méditerranée, le soin de ramener dans l'obéissance les cités grecques émancipées. Mentor livra Hermias à Artaxerxès Ochus, qui le fit étrangler en 345 (Ol. 108, 4). Xénocrate retourna alors à Chalcédoine, tandis qu'Aristote se retirait dans l'île de Lesbos.

Le deuil d'Aristote fut profond. L'amitié qui l'unissait à Hermias réalisait à ses yeux l'idéal qu'il a si admirablement tracé dans ses livres de morale, et qui était au fond celui de Socrate et de Platon : l'amitié fondée sur une estime mutuelle et sur la recherche en commun de la vérité et de la vertu. Il honora de toutes les manières la mémoire de son ami. Il recueillit sa veuve ainsi que sa nièce [1] Pythias, qu'il épousa. Il lui fit élever dans le temple de Delphes une statue avec une inscription en quatre vers où il protestait avec force contre le traitement cruel infligé par le roi de Perse à un défenseur de la nationalité grecque que la trahison d'un Grec mercenaire avait fait tomber entre ses mains. Enfin il rendit à Hermias devant la postérité un magnifique et impérissable témoignage, en mêlant son éloge à celui de la vertu elle-même dans un hymne qui nous a été conservé et dont je vais essayer de reproduire le sens moral, sinon la beauté poétique :

Hymne à la vertu.

O Vertu, toi que recherchent avec tant d'efforts les mortels,
Toi, le plus noble objet de nos désirs pendant la vie !
C'est pour toi, Vierge auguste, c'est par amour pour ta beauté
Que les Grecs bravent à l'envi la mort
Et supportent avec courage les plus rudes travaux.
De quelle ardeur tu remplis les âmes !
Tu y déposes les germes de fruits immortels, plus précieux
Que la famille elle-même et que les douceurs du repos.
Pour toi le divin Hercule et les fils de Léda [2]

---

1. Ou plus probablement sa fille ; mais ce point reste obscur, à cause des calomnies dont les épicuriens ont accablé la mémoire d'un homme qui avait à leurs yeux le tort d'avoir été l'ami d'Aristote : ils ont fait d'Hermias un esclave et un eunuque.

2. Cf. Horace, *Odes*, III, 3.
   Hac arte Pollux et vagus Hercules, etc.

Ont affronté mille dangers et mille maux,
Démontrant par leurs hauts faits leur force et leur courage.
Pour toi Achille et Ajax sont descendus au séjour de Pluton.
C'est aussi pour t'avoir écoutée et suivie avec amour
Que le héros d'Atarné a fermé les yeux au Soleil attristé.
Mais la gloire de ses belle actions sera conservée par les Muses.
Les filles de Mnémosyne célébreront à jamais son nom ;
Elles diront son respect pour Jupiter hospitalier et sa fidélité
[à l'amitié.

Aristote était sans doute à Mitylène, lorsqu'il composa cet hymne. Les trois années qu'il passa dans cette ville doivent être comptées, si je ne me trompe, parmi les plus heureuses de sa vie. Elles s'écoulèrent pour lui dans la paix et dans la douceur d'une intime union avec sa femme Pythias, qu'il aimait, suivant ses ennemis, d'un amour excessif, et que la mort devait lui enlever quelques années plus tard. Il put aussi mettre à profit ses loisirs pour ses méditations et ses travaux. Il composa sans doute alors plusieurs de ses écrits, ses *Dialogues* par exemple, dont nous n'avons plus que des fragments, des ouvrages de rhétorique et de dialectique, tels que le traité *Des sophismes*, probablement aussi l'*Éthique* sous sa première forme et son premier titre (Ἠθικὰ μεγάλα), où la doctrine est moins systématique et moins éloignée du pur platonisme que dans les ouvrages subséquents[1]. On doit remarquer d'ailleurs qu'il y est parlé de Darius comme régnant actuellement sur les Perses.

J'imagine enfin que c'est en ce temps-là qu'Aristote s'attacha comme disciple le Lesbien Théophraste, qu'il

---

1. Voir plus loin, ch. VII, § 2.

avait connu naguère à Athènes, où il fréquentait comme lui l'Académie.

Ce fut en 343¹ qu'Aristote se rendit à l'appel de Philippe pour l'éducation d'Alexandre qui, étant né en 356, avait alors treize ans et non pas quinze, comme le dit Diogène Laërce avec son habituelle irréflexion.

Philippe assigna pour les études et les exercices de son fils un lieu appelé *Nymphaeum* près de Mirza en Emathie. Plutarque dit qu'on montrait encore de son temps des bancs de pierre qu'Aristote y avait fait placer et les allées d'arbres (περίπατοι) où il se promenait avec son élève.

Avant Aristote, Alexandre avait eu plus d'un maître. Son éducation avait été dirigée par Léonidas, homme de mœurs austères, apparenté à Olympias, et son instruction par Lysimaque d'Acarnanie, qui, par réminiscence d'Homère, s'appelait Phénix, et donnait à Philippe et à son fils les noms de Pélée et d'Achille.

Alexandre, suivant Plutarque, avait manifesté dès l'enfance les qualités qu'il porta plus tard à un si haut degré : courageux jusqu'à la témérité, aimant passionnément la gloire, ayant plus d'ambition que de vanité, peu de penchant au plaisir, un goût très vif pour les choses de l'esprit, capable de comprendre toute grande pensée, digne en un mot de suivre les leçons du savant et profond philosophe que son père lui donnait pour précepteur. Aristote le confirma dans son culte d'Homère et des poètes, témoin la célèbre édition de l'*Iliade* dite « édition de la cassette » qu'il fit pour lui et que le jeune conquérant emporta partout avec lui². Outre les

---

1. Ol. 109, 2, archontat de Pythodotus.
2. Les envieux d'Aristote, pour lui enlever ce mérite, accrédi-

lettres et l'art de bien dire, il lui enseigna les sciences connues de son temps, même la médecine, au dire de Plutarque, mais surtout les sciences de l'homme, l'histoire, la morale et la politique, enfin la philosophie sous sa forme la plus élevée et la moins accessible au vulgaire. Alexandre, dit-on, avide de toutes les gloires, entendait se réserver le privilège de cet enseignement, et, lorsqu'il apprit qu'Aristote l'avait mis par écrit, il lui adressa une lettre où il se plaignait de ce que la science des sciences étant ainsi livrée au public deviendrait commune à tout le monde. A quoi Aristote aurait répondu, pour se justifier, que son ouvrage était publié sans l'être, n'étant pas intelligible pour tous. L'invraisemblance de ce récit dispense peut-être de toute réfutation ceux qui ont pris la peine de lire la *Métaphysique*.

Quoi qu'il en soit, doué comme il l'était naturellement, Alexandre devint à l'école d'Aristote ce que les Grecs appelaient « un honnête homme », un homme d'esprit et de cœur, καλὸς κἀγαθός. Appréciant à toute sa valeur la haute culture qu'il en avait reçue, il déclarait qu'il ne lui était pas moins redevable qu'à son père lui-même, et il lui témoignait une grande affection.

Il serait intéressant de savoir quels furent les travaux personnels d'Aristote durant cette courte, mais importante période de sa vie. Il est à supposer qu'ils se rapportaient la plupart aux sujets dont il s'entretenait avec son royal disciple, tels que l'histoire, la politique, la revue des constitutions, etc. Leurs études régulières subirent d'ailleurs plus d'une interruption. C'est ainsi qu'en 340-339 Philippe, partant pour une expédition

tèrent une tradition d'après laquelle ce serait Alexandre lui-même qui aurait fait ce travail, avec l'aide de Callisthène et d'Anaxarque.

contre Byzance, confia la direction des affaires et le gouvernement de la Macédoine à Alexandre, qui ne se montra pas inférieur à sa tâche, quoiqu'il n'eût que de 16 à 17 ans. En 338, il assistait à la bataille de Chéronée, où il combattit avec une grande bravoure, chargea le bataillon sacré des Thébains et contribua grandement au succès de la journée. En 336 enfin, à l'âge de 20 ans, il succéda à Philippe. Le philosophe, recouvrant alors sa liberté, se retira à Stagire, que Philippe avait rebâtie et repeuplée, en rappelant les anciens habitants, en considération du précepteur de son fils. Aristote donna, dit-on, des lois à sa patrie, sortie grâce à lui de ses ruines.

A quels écrits le philosophe employa-t-il ses loisirs pendant les six années qu'il passa en entier ou en partie auprès d'Alexandre? On ne saurait le dire avec assurance. Mais il est certain qu'à la mort de Philippe, Aristote était en possession de ses idées les plus originales et du système si vaste et si fort dont tous ses écrits portent l'empreinte. Sa pensée était mûre, et le moment était venu de la produire par la parole et par la plume sur le seul théâtre qui en fût digne, celui où Platon avait régné et où devait régner à son tour le plus grand de ses disciples, le plus fidèle peut-être à beaucoup d'égards, le plus capable en tout cas de le remplacer dans la direction des esprits.

IV. — Troisième période (335-322)

Ne pouvant s'établir à Stagire, dont sa santé supportait mal le climat rigoureux, Aristote devait naturellement penser à la ville où il avait déjà fait un séjour de

20 ans à l'école de Platon. On a lieu de croire qu'il y était revenu de temps à autre, et l'on sait que, grâce au crédit dont il jouissait auprès de Philippe et d'Alexandre, il eut l'occasion de s'employer utilement en faveur des Athéniens. Enfin, après l'assassinat de Philippe par Pausanias, il vint habiter Athènes, non, comme le dit méchamment Diogène Laërce, parce qu'il croyait avoir assez exploité la générosité d'Alexandre, mais afin d'y enseigner sa doctrine et de continuer ses travaux dans un milieu favorable. Il revint donc à Athènes en 335, à l'âge de 50 ans. Les douze années qu'il y passa furent la grande époque de son activité philosophique, celle où il fonda son école et écrivit ses principaux ouvrages.

L'Académie était toujours florissante ; Xénocrate en avait la direction depuis la mort de Speusippe, auquel il avait succédé en 339.

Le gymnase dans lequel Aristote ouvrit son école à la fin de 335 ou au commencement de 334, était situé dans la partie Est de la ville, dans le voisinage du temple d'Apollon Lycien, et pour cette raison on l'appelait le lycée. Il y avait là un jardin dont les allées ombragées (περίπατοι), favorables à la promenade, furent bientôt célèbres et donnèrent leur nom à l'école péripatéticienne. Le choix de ce local était assurément un acte d'indépendance à l'égard de l'Académie, mais ce n'était pas une preuve d'hostilité. Loin de là ; n'était-ce pas dans ce même lieu qu'Aristote avait donné naguère des leçons de rhétorique sous le patronage de Platon et dans un esprit tellement conforme à celui de son maître que c'était à ce dernier et à toute son école que s'en prenaient les élèves d'Isocrate, outrés de cette incursion sur un terrain où il avait longtemps régné sans rival.

Cicéron, dans ses *Académiques*, affirme que les philosophes socratiques groupés autour de Platon se partagèrent après lui entre l'académie et le lycée, formant toujours une seule école dont les deux branches ne différaient que par leur siège *(diversa locis)*. On dira peut-être que Cicéron n'était pas un métaphysicien, et qu'il a parlé superficiellement de deux systèmes dont la différence fondamentale lui échappait. Je réponds que, s'il ne parle pas ici en philosophe, il parle en historien, et que personne dans l'antiquité n'a mieux connu que lui les phases du platonisme et les relations réelles des écoles socratiques entre elles. La seule objection à lui faire, c'est qu'il écrivait à un moment où platoniciens, péripatéticiens et stoïciens s'étaient rapprochés les uns des autres au point de fusionner ensemble, oubliant leurs anciennes polémiques pour faire cause commune contre l'épicurisme et le pyrrhonisme. A la bonne heure; mais il n'en reste pas moins vrai qu'il y avait toujours eu entre ces trois grandes fractions du dogmatisme socratique communauté d'origine et d'intention, et cela seul explique leur accord final en vue d'une réforme morale et sociale.

Les doctrines d'Aristote diffèrent beaucoup assurément de celles de Platon ; mais s'en éloignaient-elles plus au fond que celles des philosophes de l'Académie ? Est-on bien sûr que Platon se fût mieux reconnu dans les théories pythagoriciennes de Speusippe et de Xénocrate que dans les grandes conceptions d'Aristote ? Théophraste, Aristoxène, Héraclide de Pont, d'autres encore ne croyaient pas déserter le platonisme en se rangeant parmi les auditeurs de leur ancien condisciple. Nous avons vu de nos jours de grandes différences de doctrine entre des philosophes que l'histoire impartiale rattachera toujours à une même famille : Maine de Biran, Laromiguière, Royer Collard, V. Cousin, Damiron, Charles de Rémusat, Emile Saisset, Amédée Jacques, l'abbé Gratry, E. Caro, Adolphe Franck, bien d'autres encore, sans compter les vivants, ne représenteront-ils pas devant la postérité, malgré la diversité de leurs points de vue, la glorieuse école du spiritualisme libéral aujourd'hui dénigrée à plaisir et battue en brèche par le positivisme évolutioniste, déterministe et athée, dont ils avaient pressenti et dénoncé avec force la funeste invasion ?

Non seulement Aristote fut suivi au lycée, comme autrefois, par d'anciens auditeurs de Platon, et ce qu'ils y entendaient ne leur paraissait pas inconciliable avec ce qui se disait à l'Académie ; mais quand le nombre croissant des disciples d'Aristote réclama des mesures d'ordre, la discipline qui fut établie au lycée fut imitée de celle de Xénocrate. Dans l'une et l'autre école, il y avait un chef ou archonte renouvelé tous les dix jours par l'élection ; dans l'une et l'autre, les sujets mis à l'ordre du jour étaient librement débattus, et l'on y développait le pour et le contre. Seulement, si l'on en juge par ce qu'on sait de la composition des *Dialogues* aristotéliques, le maître prenait la parole à la fin pour résumer le débat et en tirer la conclusion.

Il y avait au lycée deux séries d'entretiens, ceux du matin et ceux de l'après-midi, les uns portant sur la rhétorique ou sur des matières susceptibles d'être exposées à tout le monde, les autres réservés à un plus petit nombre de disciples. De là la distinction célèbre des leçons *exotériques* et des leçons *ésotériques* ou *acroamatiques*. Or il importe de bien comprendre ces termes et de n'en pas trop presser le sens, comme on l'a fait souvent en les appliquant, soit aux leçons, soit aux écrits d'Aristote.

Il est certain d'abord qu'il n'y avait pas d'enseignement secret au lycée, pas plus et encore moins peut-être qu'à l'académie. Les mots *exotérique* et *ésotérique* ne sauraient donc être pris à la lettre. Appliqués aux leçons d'Aristote, ils désignaient seulement des leçons faites à des heures différentes et pour un public plus ou moins restreint, suivant que le maître les jugeait plus ou moins accessibles.

En second lieu, cette distinction a été mal à propos et indiscrètement appliquée aux écrits par la plupart des érudits anciens et modernes. Au lieu de constater simplement que les deux séries d'entretiens étaient destinées à des auditeurs plus ou moins préparés à les entendre, ils se sont imaginé qu'ils portaient sur des matières essentiellement différentes. Une fois engagés dans cette voie, ils ont été conduits à distinguer aussi les écrits d'Aristote en exotériques et ésotériques, suivant qu'ils traitent des problèmes d'ordre métaphysique et théorétique ou des questions d'ordre pratique, ou même des choses visibles et contingentes sur lesquelles on ne peut arriver qu'à des vraisemblances. De là des conséquences tout à fait absurdes, comme de nier l'unité de la *Métaphysique*, l'ouvrage ésotérique par excellence, parce qu'on y rencontre des considérations exotériques, ou bien encore de refuser le caractère acroamatique au traité intitulé par Aristote lui-même Φυσική ἀκρόασις.

Il est certain au contraire que ce philosophe a employé le mot *exotérique* pour désigner dans la *Métaphysique*, dans la *Physique*, dans le traité *De l'âme*, dans la *Morale à Nicomaque*, des notions préliminaires, générales ou élémentaires, extérieures et superficielles, par opposition à des considérations plus spéciales et plus approfondies sur les mêmes sujets, d'ordre spéculatif ou pratique indifféremment.

Il y a lieu sans doute de rapporter à cette époque de la vie d'Aristote les écrits où il a exposé ses doctrines sous leur forme la plus savante et la plus exacte, sinon toujours la plus achevée au point de vue de la composition ou de la correction du style. A ceux que je viens de citer il convient d'ajouter ses chefs-d'œuvre logiques, les *Premiers* et les *Derniers Analytiques,* qui sont, avec la *Métaphysique* ou *Philosophie première,* le plus puissant effort de sa pensée. Mais il est difficile de ne pas faire dater de ce même temps ses deux grands traités de zoologie, l'un de description, les *Histoires des animaux,* l'autre de théorie, et qui a pour titre *Des parties des animaux.* Peut-être doit-on aussi considérer les *Parva naturalia* comme des essais tardifs, destinés à approfondir quelques-uns des points touchés d'une manière exotérique dans le traité *De l'âme*[1].

Si l'on regrette que quelques-uns de ces écrits n'aient pas la perfection littéraire que leur auteur était capable de leur donner, la justice veut qu'on tienne compte du peu de temps dont il disposa pour y mettre la dernière main. Ainsi s'expliquent, sans recourir aux rats légendaires de Strabon, tantôt les longueurs et les répétitions, tantôt les lacunes, les développements tronqués, les phrases inachevées qui çà et là déparent ou obscurcissent les pensées les plus belles et les plus profondes.

Quelles que soient ces imperfections d'une rédaction

---

1. Aristote appelle lui-même le περὶ ψυχῆς une παιδεία, c'est-à-dire un ouvrage de vulgarisation.

hâtive, comment ne pas admirer la puissance du génie qui menait de front tant d'études diverses, et dont l'œuvre encyclopédique devait servir durant tant de siècles à l'éducation du genre humain? Certaines parties de cette œuvre monumentale auraient exigé à la fois de longues années de loisir et des ressources exceptionnelles. Je veux parler de ces livres d'histoire naturelle qui émerveillent encore aujourd'hui les maîtres de la science par la sûreté du coup d'œil, l'exactitude des descriptions, le diagnostic pour ainsi dire de l'observateur capable de mettre ainsi en saillie le trait caractéristique de chaque espèce.

Un récit qui tient de la légende attribue à Aristote ces ressources extraordinaires. Si l'on en croit Pline, par qui cette tradition a été surtout propagée, Alexandre, outre l'armée qu'il menait à la conquête de l'Asie, aurait organisé en faveur d'Aristote une véritable armée de travailleurs et d'explorateurs, chargés de se procurer et d'envoyer en Grèce les animaux les plus rares, dans un état de conservation qui permettait d'en faire l'étude à loisir. Il y avait là de quoi fonder à Athènes un grand musée, dont cependant il n'est question nulle part chez les anciens. Aussi, tandis que Cuvier accepte ce récit, Humboldt le conteste-t-il, ne croyant ni à sa vraisemblance intrinsèque ni à la sûreté des témoignages. Pline en effet, plus favorable à la doctrine d'Épicure qu'à celle d'Aristote, a pu, par jalousie de métier, exagérer les libéralités d'Alexandre et sa coopération fastueuse aux travaux du grand naturaliste. Il est vrai que d'autres que Pline en ont parlé, mais en insistant plutôt sur les sommes considérables mises à la disposition du philosophe. Athénée les estime à 800 talents (environ quatre millions et demi de francs).

Peut-être aussi faut-il faire honneur à Démocrite d'une partie des connaissances d'Aristote ; car il avait consacré de longues années à des travaux semblables. Ses écrits sont perdus pour nous ; mais Aristote, qui les possédait, les avait certainement mis à profit ; car il faisait grand cas du physicien, sinon du philosophe. Dans sa *Métaphysique,* là même où il salue en Socrate le créateur de la science de la définition, il signale chez Démocrite, venu d'ailleurs après Socrate, un certain mérite en ce genre. Or les définitions dont il s'agit en cet endroit sont évidemment celles des physiciens où la matière entre comme élément avec la forme, et qui, dans le περί ψυχῆς, sont distinguées avec tant de soin de celles des dialecticiens, uniquement préoccupés de la forme.

Quoi qu'il en soit, il est avéré qu'Aristote était en grande faveur auprès de son royal disciple, et que, sous une forme ou sous une autre, il en reçut, malgré leur séparation, des encouragements et un concours généreux pour ses travaux. Cependant, à mesure que le jeune roi de Macédoine s'éloignait et que des préoccupations de toutes sortes l'assiégeaient, il était naturel que les lettres et les communications entre lui et son ancien précepteur devinssent moins fréquentes. Peut-être est-ce là ce qui a donné lieu à quelques historiens grecs de supposer entre eux un refroidissement, surtout à partir de la mort de Callisthène. Aristote, qui était son oncle, aurait même nourri contre Alexandre des projets de vengeance, au point d'entrer six ans plus tard dans une conspiration dont Antipater était le chef, et de composer un poison subtil et violent qui, transporté en Asie dans la corne d'un pied d'âne, aurait été administré au roi par un échanson nommé Iôlaus. Des historiens de profession, tels que Sainte-Croix, dans son *Examen critique des historiens d'Alexandre*, ont depuis longtemps fait justice de cette fable odieuse, adoptée par Pline, qui s'en est fait le trop complaisant écho. Je me bornerai à renvoyer le lecteur, d'une part à un passage de Plutarque[1] qui met à néant cette calomnie, d'autre part à Aristote, témoignant lui-même, vers la fin de sa vie, de la constance de son amitié pour Alexandre, quand il écrivait dans ses *Derniers Analytiques*, un an ou deux peut-être après la mort de Callisthène, peut-être même après le passage de l'Hydaspe : « On n'oublie pas ses amis, fussent-ils dans l'Inde. »

Fort de cette amitié, de celle d'Antipater et de l'appui du parti macédonien, grâce aussi à sa grande fortune et à ses mérites personnels, Aristote continua d'occuper à Athènes une très grande position jusqu'à la mort d'Alexandre, en juin 323. Le pouvoir étant passé alors aux mains des adversaires de la domination macédonienne, le séjour d'Athènes devint dangereux pour le philosophe. Il se vit bientôt en butte à une accusation d'impiété, où la politique entrait pour une part, et qui était dirigée par l'orateur Démophile et par un neveu de Démosthène nommé Démocharès, en même temps que par l'hiérophante Eurymédon. Il put quitter la ville qui avait sacrifié Socrate à ses ennemis, assez à temps pour « épargner aux Athéniens », suivant les paroles qu'on lui prête, « un nouveau crime contre la philosophie ». Stahr, dans ses *Aristotelia*,

---

1. *Vie d'Alexandre*, ch. 99, trad. Ricard : « Personne alors ne soupçonna du poison. Ce fut, dit-on, six ans après qu'Olympias fit mourir un grand nombre de personnes et jeta au vent les cendres d'Iolaus, qui était mort... La plupart des historiens regardent comme une fable tout ce qu'on dit de cet empoisonnement », etc.

conjecture qu'Aristote n'avait pas attendu jusque-là et que, même avant la mort d'Alexandre, il était parti, laissant à Théophraste la direction du lycée.

Il se retira à Chalcis en Eubée, sur un domaine qu'il avait hérité de sa mère, et où il pouvait être protégé au besoin par la garnison macédonienne qui y stationnait. C'est là qu'il mourut l'année suivante à l'âge de 63 ans, ayant eu à peu près vingt ans de moins que Platon pour achever son œuvre de philosophe et d'écrivain. L'absence de témoignages précis et autorisés laisse planer quelque obscurité sur les circonstances de sa mort. Diogène Laërce rapporte là-dessus trois traditions, dont l'une paraît assez étrange. Aristote, ne pouvant s'expliquer les mouvements de flux et de reflux de l'Euripe, s'y serait jeté en faisant ce jeu de mots : « Puisque je ne te comprends pas, prends-moi (mot à mot : comprends-moi). » Suivant un autre récit, il se serait empoisonné. Or, dans sa *Morale à Nicomaque,* il condamne formellement le suicide, et l'on ne dit pas pourquoi il y aurait eu recours. Peut-être a-t-on fait quelque confusion, soit avec Socrate buvant la ciguë, comme le suppose M. Grote, soit plutôt avec Démosthène, qui, peu après la mort d'Aristote, échappa par le poison à la vengeance des Macédoniens. Enfin la troisième tradition, qui me paraît la plus vraisemblable, fait mourir Aristote d'une maladie d'estomac à laquelle il était sujet depuis longtemps. C'était en 322, au mois de septembre, au moment même où Antipater rentrait à Athènes après la guerre lamiaque et la victoire décisive de Cranon.

Le testament d'Aristote nous a été conservé par Diogène Laërce ; il fournit des indications intéressantes sur la vie privée du philosophe. On en peut inférer, par exemple, qu'à peine arrivé à Athènes il eut une fille à laquelle il donna le nom de sa mère Pythias, morte peu de temps après. Il s'était ensuite remarié avec une de ses compatriotes, Herpyllis de Stagire, qui lui donna un fils nommé Nicomaque. Voici du reste en substance les principales dispositions de ce testament.

Aristote veut que l'on consacre à Déméter la statue de sa mère Phœstis.

Ses restes seront déposés près de ceux de sa femme Pythias, suivant le désir qu'elle a exprimé.

C'est à Nicanor, fils de son ancien tuteur Proxenos d'Atarné, qu'il confie, et en son absence[1] à Théophraste et à trois autres de ses amis, la tutelle de ses enfants et le soin de marier dignement sa seconde femme Herpyllis, si elle le souhaite.

En ce qui concerne sa fille Pythias, son intention est que, lorsqu'elle sera en âge d'être mariée, elle épouse le fils de son tuteur Nicanor. Si elle meurt auparavant, le fils de Nicanor sera maître absolu de tous les biens d'Aristote.

Nicomaque est spécialement recommandé à son tuteur ou, à son défaut, à Antipater et aux autres tuteurs désignés.

Plusieurs esclaves sont affranchis ou désignés pour l'être, et pour recevoir des récompenses.

L'exécuteur testamentaire est Antipater.

On a beaucoup remarqué, dans ce testament, le silence d'Aristote sur son école et sur ses livres, et l'on en a conclu sans autre preuve que Diogène Laërce ne l'a transcrit qu'en partie, ce qui est contraire à son témoi-

---

1. Nicanor, officier distingué au service d'Alexandre, et ami d'Antipater, était probablement alors en Asie.

gnage. D'ailleurs Théophraste avait été mis par Aristote, de son vivant, à la tête de l'école péripatéticienne, et cette école était sans doute dépositaire des notes et manuscrits de son fondateur, comme l'académie conservait ceux de Platon. C'est ainsi que le 11ᵉ successeur d'Aristote au lycée, Andronicus de Rhodes, put faire avec tant d'autorité le grand travail de révision, de restauration et de classification auquel nous devons la collection classique des œuvres du philosophe. Quant au récit de Strabon sur un prétendu legs exclusif d'Aristote à Théophraste, comme ce récit, malgré ses invraisemblances et ses contradictions, a été pris au sérieux par des érudits et des philosophes éminents, les graves questions qu'il soulève ne peuvent être résolues d'un mot, et méritent un examen spécial [1].

Aristote comptait parmi ses disciples, — outre Théophraste et Eudème, — Aristoxène, Héraclide de Pont, Dicéarque, Cléarque de Soli, Phanias d'Érésos, Clytos de Millet, Cassandre, fils d'Antipater, Critolaüs, Démétrius de Phalère. Ce dernier joua, comme on sait, un rôle politique très considérable à Athènes. Ce fut lui qui assigna à l'école péripatéticienne un local fixe, en lui assurant la propriété du jardin où Aristote avait conversé en se promenant avec ses amis et ses plus zélés disciples.

Les pages qui précèdent répondent, comme on a pu le voir, à la plupart des questions que je posais au début de cette étude. Il ne me reste qu'à en faire sortir les conséquences.

Aristote « *le Liseur* » ayant consciencieusement fouillé

---

1. Voir plus loin chap. VII, § 1.

les manuscrits des philosophes qui l'avaient précédé, et n'ayant subi qu'indirectement l'influence de Socrate, dut porter dans ses recherches philosophiques, et jusque dans l'étude de l'âme, la préoccupation de science universelle commune à tous les physiciens grecs. Sans oublier l'homme, sa pensée devait embrasser tous les êtres vivants.

Le goût de l'histoire naturelle ne lui vint pas de Platon, mais de son génie propre, dirigé de bonne heure dans ce sens par son père et peut-être aussi par Démocrite, qu'il put fréquenter dans sa jeunesse et dont il lut avec attention les écrits.

Par son érudition, par ses acquisitions de manuscrits, par sa bibliothèque très riche pour l'époque, il fut tour à tour le disciple de tout le monde, d'autant plus indépendant par cela même; mais son commerce prolongé avec Platon le disposa à retenir surtout les enseignements de ce dernier philosophe. Il se refusa à le suivre dans ses emprunts au pythagorisme; il finit même par rejeter la théorie des idées, qu'il avait acceptée d'abord. Deux choses l'en détournaient : l'emploi des métaphores et l'abus de l'hypothèse. Mais il s'en appropria la terminologie abstraite, et conserva le fond même de la doctrine.

Comme Socrate et Platon, il donne pour objet à la science les principes universels qu'il appelle le premier de leur nom technique (τὰ καθόλου). Dans sa logique, il analyse avec une précision supérieure, mais dans le même esprit que ses deux devanciers, les procédés d'induction, de définition, de division, de raisonnement, de démonstration. Il identifie comme eux la morale avec la politique, tout en en faisant une étude spéciale et en lui donnant le premier son nom propre (Ἠθικά). En métaphysique, il parle comme Platon de l'εἶδος, de la μέθεξις, du τὸ θεῖον, de la δόξα et de la νόησις. Pour lui aussi toutes les âmes sont des principes de mouvement, quoique immobiles en elles-mêmes ; l'âme raisonnable est immortelle et incorruptible. Enfin il admet la providence des dieux, avec l'*hégémonie* d'un Dieu suprême, qui « ne fait rien en vain (οὐδὲν ποιεῖ μάτην) ».

Aristote fut donc, à ce qu'il semble, le digne héritier de Platon et malgré tout, si je l'ose dire, le plus fidèle comme le plus intelligent de ses disciples.

CHAPITRE VII

ARISTOTE ÉCRIVAIN ET MORALISTE [1]

Je me propose, dans ce mémoire, d'étudier Aristote comme écrivain et comme moraliste. Je traiterai d'abord de ses écrits en général, de leur authenticité et de leur valeur littéraire ; puis, m'attachant à ses traités de morale, et supposant leur authenticité admise, je tâcherai d'y découvrir quelques indications sur le développement probable des idées et de la doctrine du grand disciple de Platon.

I. — Des écrits d'Aristote

La question d'authenticité ne se pose pas pour les écrits d'Aristote dans les mêmes termes que pour ceux de Platon. La critique moderne a pu élever des doutes sur tel ou tel des *Dialogues* ; mais il y a un fait évident pour tout le monde et qui demeure au-dessus de toute discussion : c'est que, de tous les écrits attribués à Platon dans l'antiquité, il ne nous en manque pas un seul, et que nous possédons incontestablement son œuvre tout entière.

[1]. Mémoire lu à l'Académie des sciences morales et politiques en 1898.

En peut-on dire autant d'Aristote? Loin de là, on est tenté de croire à un immense désastre, quand on compare ce qui reste de lui avec tout ce que lui ont prêté les anciens. Il est vrai que, déjà au IIIe siècle de notre ère, plusieurs des ouvrages qui lui étaient attribués passaient pour être d'origine suspecte. Mais Diogène Laërce, qui signale ce fait, assure en même temps que, même en ne tenant compte que des écrits incontestés, ils représentent au moins 400 traités ou livres. Or, en laissant de côté les *Fragments* publiés depuis la grande édition de Bekker et Brandis, les écrits conservés jusqu'ici sous le nom d'Aristote forment un ensemble de 120 livres seulement. Il semble résulter de là que la majeure partie de l'œuvre d'Aristote est aujourd'hui perdue.

Cette fâcheuse présomption est encore confirmée par un récit, très singulier d'ailleurs, du géographe Strabon, d'après lequel la plupart et les plus importants des ouvrages d'Aristote n'auraient été publiés que deux cent trente ans environ après sa mort, et dans des conditions qui devaient faire douter de leur intégrité, sinon de leur origine. Des doutes se sont produits, en effet, mais seulement dans les temps modernes. Ramus s'en prévalut pour soutenir, en 1536, devant la Faculté des arts de Paris, que toute la doctrine d'Aristote était fausse et apocryphe *(quæcumque ab Aristotele dicta essent falsa esse et commentitia).* Cette thèse paradoxale fut reprise en 1581, avec un grand luxe d'érudition, par François Patrizzi, et quarante ans plus tard par Gassendi, au grand scandale des survivants de la scolastique. Je ne m'arrêterai pas ici à réfuter ces adversaires passionnés d'Aristote ; comme toute leur argumentation repose essentiellement sur le témoignage de Strabon, il suffit de montrer le peu de créance que mérite un récit dont l'invraisemblance est le moindre défaut.

Voici d'abord comment s'exprime Strabon au livre XIII (chap. i, § 54) de sa *Géographie,* à propos de la petite ville de Skepsis, en Troade :

« Skepsis a donné naissance aux philosophes socratiques, Éraste, Coriscus et son fils Nélée, qui fut disciple d'Aristote et de Théophraste, et à qui Théophraste légua sa bibliothèque, dans laquelle se trouvait aussi celle d'Aristote. Celui-ci, en effet, avait légué sa bibliothèque à Théophraste, de même qu'il lui avait laissé son école. Aristote est le premier, à notre connaissance, qui ait fait collection de livres et montré aux rois d'Égypte comment se forme une bibliothèque[1]. Théophraste transmit donc ces livres à Nélée, qui les transporta à Skepsis et les laissa à ses héritiers. Ceux-ci, gens illettrés, les gardèrent d'abord sous clef, sans s'en inquiéter autrement ; puis, ayant appris avec quelle ardeur les Attales, dont ils étaient les sujets, faisaient chercher partout des livres pour former la bibliothèque de Pergame, ils creusèrent dans la terre une cachette où ils les enfouirent. Plus tard, après que ces livres eurent été rongés par l'humidité et par les vers, les descendants de Nélée cédèrent à Apellicon de Téos, à un prix très élevé, les livres d'Aristote avec ceux de Théophraste. Or Apellicon était plutôt un bibliophile qu'un philosophe ; c'est pourquoi, en cherchant à réparer les dégâts causés par les rats[2], et en transcrivant le texte pour en

---

1. On a pu voir plus haut (chap. ii, p. 17) combien cette assertion de Strabon est erronée, à moins qu'on ne doive l'appliquer seulement aux Ptolémées.

2. Τῶν διαβρωμάτων, mot à mot, les *rongements.*

préparer de nouvelles copies[1], il remplit assez mal les lacunes et publia des livres pleins de fautes.

« Il arriva ainsi que les anciens péripatéticiens, après Théophraste, n'ayant plus les livres d'Aristote, à l'exception de quelques-uns, presque tous exotériques, ne purent traiter sérieusement les questions philosophiques, mais seulement déclamer des lieux communs ; et que ceux qui vinrent plus tard, après la publication de ces livres, furent meilleurs philosophes et meilleurs disciples d'Aristote, quoique réduits le plus souvent à des conjectures, à cause des nombreuses altérations du texte. Rome elle-même y ajouta beaucoup ; car à peine Apellicon était-il mort que Sylla, ayant pris Athènes, mit la main sur sa bibliothèque, qu'il fit transporter à Rome, où le grammairien Tyrannion, ayant gagné le bibliothécaire, en eut la libre disposition, ainsi que certains libraires qui, employant de mauvais copistes, négligèrent de collationner leur travail ; c'est du reste ce qui a lieu pour toutes les transcriptions destinées à la vente, soit à Rome, soit à Alexandrie. »

Ce passage de Strabon a été soumis de nos jours à un examen très sérieux par plusieurs savants et érudits, qui en ont fait ressortir les inexactitudes, les incohérences et, par endroits, la puérilité[2]. Il n'a, semble-t-il, aucune valeur historique en ce qui concerne les ouvrages d'Aristote. Strabon ne cite aucun document, aucun témoignage à l'appui des faits qu'il raconte ; il n'en sait rien par lui-même ; il ignore Andronicus de

---

1. On ne lui avait donc vendu que des copies, non des autographes d'Aristote, ni peut-être même de Théophraste.
2. Il convient de citer entre autres, après Stahr et Brandis, MM. Barthélemy-Saint-Hilaire, Ravaisson et A. Pierron.

Rhodes, ne connaît qu'Apellicon et Tyrannion comme éditeurs d'Aristote, et en somme son récit paraît bien n'être que l'écho d'une légende recueillie à Skepsis sur la vieille maison de Nélée, peut-être aussi de quelque propos de Tyrannion, à supposer que par hasard ce grammairien attribuât lui-même à ses transcriptions l'importance qu'on a cru pouvoir leur donner, sur la foi de Strabon.

Une circonstance digne de remarque, c'est que Strabon a été le premier et le seul dans son siècle à raconter la disparition et l'enterrement des ouvrages d'Aristote après Théophraste, et leur résurrection au bout de deux siècles. Le silence de tous les autres écrivains, et surtout des philosophes pendant ces deux siècles, sur des événements aussi extraordinaires, permettrait à lui seul de les reléguer au rang des fables. Conçoit-on, par exemple, que Cicéron, cet esprit si curieux et si bien informé sur l'histoire des écoles socratiques, eût ignoré la rare bonne fortune de son ami Tyrannion, et qu'il eût accueilli avec indifférence ce prodige de la réapparition de l'œuvre philosophique d'Aristote après une éclipse deux fois séculaire dont il n'aurait rien su?

Tel qu'il est cependant, le récit de Strabon a été adopté par trois ou quatre auteurs anciens, assez peu familiers du reste avec Aristote et avec le péripatétisme. Plutarque, qui est le premier en date et le plus considérable, résume les on dit (λέγεται) de Strabon sans le nommer. Il a soin de réparer une étrange omission du géographe en mentionnant, après la besogne matérielle des copistes employés par Tyrannion et par les libraires de Rome, le célèbre travail de critique accompli par le péripatéticien Andronicus de Rhodes. Il fait aussi plus de cas que Strabon de la science et des lumières des successeurs de Théophraste, et, quoiqu'il suppose aussi qu'ils furent privés de la connaissance des principaux écrits d'Aristote par l'ignorance et l'incroyable insouciance des héritiers de Nélée, il estime que c'est plutôt le grand public (οἱ πολλοί) qui alors, comme en tout temps, connaissait mal ses écrits. Aussi bien Strabon parle-t-il des anciens péripatéticiens avec un mépris que rien ne justifie ; car on ne voit pas que Cratippe et les autres péripatéticiens qui vinrent après Apellicon aient été de plus grands philosophes que Straton, Héraclide de Pont, Démétrius de Phalère, Critolaus ou Dicéarque. A vrai dire, Strabon ne connaissait guère ni les uns ni les autres. Je n'insiste donc pas sur ce point, non plus que sur tout ce qu'il dit des héritiers de Nélée dont la conduite a paru absolument inexplicable à tous ceux qui ont écrit sur ce sujet.

Il faut aller au fond des choses. De quoi Nélée a-t-il hérité ? Théophraste lui a-t-il légué, avec sa bibliothèque, celle d'Aristote ? Avait-il hérité lui-même des manuscrits d'Aristote ? Strabon, encore une fois, ne cite aucune pièce, aucune autorité ; il parle d'après des ouï-dire et y ajoute ses conjectures. Heureusement, nous ne sommes pas réduits à son témoignage, et nous pouvons le contrôler à l'aide de documents qu'il ne paraît pas avoir connus et qui nous ont été conservés par Diogène Laërce dans ses biographies d'Aristote, de Théophraste et de Straton de Lampsaque.

C'est d'abord le testament de Théophraste. Il y est dit expressément, mais sans un mot de plus : « Je lègue tous mes livres (βιβλία πάντα) à Nélée. » Nélée hérita donc réellement des livres de Théophraste ; mais où Strabon a-t-il vu « que dans la bibliothèque de Théophraste se trouvait aussi celle d'Aristote » ? Cette supposition, tout à fait gratuite, est démentie par le silence que garde Théophraste sur un point si grave, et elle est contraire à toutes les vraisemblances. On peut bien dire que, suivant la tradition reproduite par Strabon, les descendants de Nélée vendirent à Apellicon des livres d'Aristote avec ceux de Théophraste ; mais cela peut s'expliquer sans peine par le fait que Nélée possédait de son chef les ouvrages de ses deux maîtres.

Un autre document d'importance capitale dans cette question nous a été transmis par Diogène Laërce : le testament d'Aristote lui-même. Il n'y dit pas un mot de ses livres et de ses manuscrits, par la raison sans doute qu'en se retirant précipitamment à Chalcis où il mourut la même année, il les avait laissés à Athènes au siège de son école, dont ces livres et ces manuscrits devinrent naturellement la propriété[1], et dont Théophraste eut la garde comme scolarque, de même que les écrits de Platon, déposés à l'académie, y demeurèrent sous la garde des scolarques, qui les conservaient avec un soin jaloux, ainsi que l'atteste Cicéron dans le *De Oratore*[2]. Les ouvrages originaux d'Aristote faisant partie du patrimoine de son école, il n'est pas croyable que Théophraste en ait disposé, sans en rien dire, en faveur de Nélée. Tout au plus peut-on admettre qu'il lui légua, avec ses livres, des copies des ouvrages d'Aristote et ses propres rédactions des leçons du maître, et ces ἀκροάσεις qu'Eudème, Héraclide, Démétrius, Phanias, Straton,

---

1. Il n'est pas inutile de faire remarquer ici que l'école fondée par Aristote au Lycée fut dotée de nouveaux et vastes locaux par Démétrius de Phalère, du vivant de Théophraste dont il était l'ami.

2. L. I, ch. xi, § 45-47.

Critolaus, Nélée lui-même, aussi bien que Théophraste, avaient mises par écrit[1].

Cela même n'est pas probable : car, si l'on veut bien lire le testament du deuxième successeur d'Aristote, Straton de Lampsaque, dans la *Vie* de ce philosophe par Diogène Laërce, on y verra que Straton, léguant ses livres (βίβλια) à un de ses disciples, en excepte expressément ses propres ouvrages[2], destinés sans doute à l'école tout entière. Son prédécesseur immédiat, Théophraste, ne sous-entendait-il pas la même distinction en léguant ses livres à Nélée, et ne laissa-t-il pas à son école ses propres manuscrits ? Quoique Strabon ait négligé cette distinction, son texte ne contredit pas absolument cette conjecture.

Au reste, il est certain que longtemps avant la mort de Théophraste (en 285), des copies authentiques des divers ouvrages d'Aristote étaient dans les mains de ses principaux disciples. Ses adversaires et les philosophes des écoles rivales se les étaient aussi procurés, les stoïciens en particulier, qui furent à certains égards ses continuateurs et dont la terminologie est si fortement empreinte d'aristotélisme. Strabon lui-même, parlant des corrections qu'Apellicon fit subir aux manuscrits avariés de Nélée, dit qu'il en préparait « de nouvelles copies ». Il y en avait donc de plus anciennes, et, par conséquent, la publication d'Apellicon ne fut pas la première.

Bien plus, il résulte d'un texte précis d'Athénée que Nélée, sans s'inquiéter de ses héritiers, « vendit tous les

---

1. La *Physique* entre autres et la *Métaphysique*, sur lesquelles on sait qu'Eudème et Théophraste correspondirent, afin d'en établir le texte.

2. πλὴν ὧν αὐτοὶ γεγράφαμεν.

livres d'Aristote et de Théophraste qu'il possédait à Ptolémée Philadelphe qui les fit transporter à Alexandrie, avec ceux qui venaient d'Athènes et de Rhodes »[1]. Ainsi s'évanouit toute cette légende sur la perte ou la disparition des œuvres d'Aristote, et l'on peut croire qu'Apellicon, aveuglé par sa passion pour les livres rares, fit un véritable marché de dupe, en achetant à si grands frais on ne sait quelles copies détériorées d'ouvrages déjà connus et publiés.

Les témoignages abondent sur la collection d'écrits aristotéliques que possédait la grande bibliothèque fondée à Alexandrie par Ptolémée Soter après la bataille d'Ipsus, en 301. Ce prince était, dit-on, très désireux d'avoir les œuvres des philosophes athéniens, surtout d'Aristote, et il y fut aidé activement d'abord par deux péripatéticiens qu'il avait accueillis avec faveur, Démétrius de Phalère et Héraclide de Pont, et plus tard par Straton qui, avant de succéder à Théophraste comme scolarque du lycée, fut le précepteur de Ptolémée Philadelphe. Outre les écrits de leur maître que ces trois philosophes avaient pu apporter avec eux à Alexandrie, ils s'employèrent à en acquérir d'autres pour le compte de Ptolémée. On sait d'une manière certaine que les *Catégories*, les *Analytiques*, l'*Histoire des animaux*, la *Morale* et la *Politique* furent dès lors déposés au musée, et il ne leur fut pas très difficile d'accroître ce premier fonds, avec l'aide de Théophraste et de leurs autres amis d'Athènes. C'est en effet, à Athènes, dans les locaux où l'école péripatéticienne avait été installée par Démétrius

---

1. Athénée, *Deipnosoph.*, I, 13, a. Dans un autre endroit, il est vrai, Athénée dit (V, 3) qu'Apellicon acheta plusieurs bibliothèques et, entre autres, celle d'Aristote — ce qui est invraisemblable ; — mais il ne fait pas mention de Nélée.

de Phalère, du vivant de Théophraste, que fut formée la première collection des ouvrages publiés par Aristote. C'est d'Athènes que, suivant Athénée, les deux premiers Ptolémée les firent venir tout d'abord, en même temps que de Rhodes, où devaient se trouver les manuscrits d'Eudème, le plus considérable des disciples d'Aristote, sans excepter peut-être Théophraste.

Ptolémée Philadelphe, élevé par Straton dans le culte d'Aristote, prit à tâche d'acquérir tout ce qui, à tort ou à raison, était attribué à ce philosophe. Son extrême libéralité encouragea plus d'un faussaire et fit affluer au musée des copies d'écrits de toutes sortes et soi-disant aristotéliques. Il les acceptait tous, quelle qu'en fût la provenance, payant sans compter, et enregistrant, dans une *Vie d'Aristote* de sa composition, un millier de traités ou portions de traités, parmi lesquels figuraient quarante livres d'*Analytiques* au lieu des quatre qu'Aristote avait composés.

Il n'est pas douteux qu'après les deux premiers Ptolémées les œuvres d'Aristote se trouvaient plus qu'au complet à Alexandrie, dans un état de confusion et de désordre et avec un mélange d'éléments étrangers qui en rendaient très difficiles le classement, la lecture et l'étude. La bibliothèque de Pergame ne fut pas sous ce rapport dans de meilleures conditions. Les Attales purent bien, comme les Ptolémées, rassembler tout ce qui s'offrait à eux sous le nom d'Aristote, et leurs bibliothécaires purent en dresser des catalogues imposants par le nombre des volumes ; mais, comme aucune critique n'avait présidé à l'acquisition de tous ces livres, le doute était permis sur leur origine. Les recherches et les douteuses découvertes d'amateurs incompétents, tels qu'Apellicon et Tyrannion, n'étaient pas pour faire la lumière dans ce chaos : elles ne donnaient pas le moyen de démêler ce qui était ou n'était pas d'Aristote.

Pour faire avec autorité ce discernement, il fallait un homme familier avec la doctrine, la méthode et le style d'Aristote et qui fût lui-même philosophe, capable de comprendre la pensée du maître, de saisir le sens, le but et le plan de chacun de ses ouvrages, d'y rétablir au besoin la suite des idées, et de reconstituer dans son ensemble tel ou tel traité dont les diverses parties se présentaient comme des fragments authentiques se rapportant au même sujet, mais sans ordre et sous des titres arbitrairement choisis par des copistes ignorants ou par quelque bibliothécaire mal informé.

Cet homme se rencontra à Athènes, vers l'an 50 avant notre ère, et ce fut lui qui accomplit l'œuvre de critique que réclamaient les admirateurs d'Aristote et qui seule pouvait garantir pour la postérité l'authenticité des écrits du philosophe. La vie d'Andronicus est peu connue ; mais ce qu'on en sait suffit pour justifier la confiance unanime des commentateurs dans ses lumières et dans sa compétence. Il était de Rhodes, comme Eudème, dont il put étudier les manuscrits ; il séjourna à Rome, où il connut Tyrannion ; mais c'est à Athènes qu'il passa la meilleure partie de sa vie, puisqu'il y enseigna la philosophie dans l'école péripatéticienne, et qu'il fut le dixième successeur d'Aristote dans la direction de cette école. Indépendamment d'un ouvrage en plusieurs livres sur la vie et les écrits d'Aristote et de Théophraste, il publia des commentaires sur la *Physique* et sur les *Catégories* et un livre *De la division* dont Plotin faisait grand cas. Ce n'était donc pas seulement un grammairien, comme on se l'est souvent représenté, mais un philosophe et le plus qualifié de son temps pour mener à bonne fin l'entreprise à laquelle il a attaché son nom, savoir : la révision des ouvrages d'Aristote, la coordination de leurs parties et la rédaction de canons, listes ou tables (πίνακες), jouissant de la même autorité que les travaux analogues d'Aristarque, d'Aristophane de Byzance ou de Callimaque sur les principaux auteurs classiques.

En prenant pour base de son travail la collection strictement aristotélique conservée au lycée par les scolarques ses prédécesseurs et qu'il avait sous les yeux, Andronicus put aisément exclure de son catalogue tout ce qui trahissait la fraude et cette foule de livres apocryphes qui déparaient les trop volumineuses collections d'Alexandrie et de Pergame. Après ces éliminations préalables, une fois assuré de n'avoir devant lui que des manuscrits parfaitement authentiques, il restitua à chaque ouvrage son titre véritable et fit rentrer dans le traité dont elles devaient faire partie les dissertations relatives à un même sujet, en y rétablissant un ordre conforme à la pensée de l'auteur. Il réduisait ainsi beaucoup le nombre des titres plus ou moins judicieusement adoptés dans les bibliothèques d'Alexandrie, de Pergame ou de Rome, pour désigner des livres ou des chapitres dépareillés, des ébauches, des notes ou fragments recueillis de toutes mains et inscrits pêle-mêle, au fur et à mesure des acquisitions.

Ce travail fut décisif et définitif : il ne souleva aucune objection à Athènes ni ailleurs dans le monde philosophique. « Les tables d'Andronicus, dit Plutarque, sont aujourd'hui dans toutes les mains[1]. » Leur autorité, acceptée par les adversaires comme par les partisans du

---

1. τοὺς νῦν φερομένους πίνακας (*Vie de Sylla*, ch. XXVI).

péripatétisme, fut confirmée par la longue lignée des commentateurs, notamment par Alexandre d'Aphrodise.

Ce n'est certainement pas à cette source que puisa Diogène Laërce, non plus que les deux biographes anonymes qui, après lui, dressèrent la liste des écrits d'Aristote. Leurs catalogues furent probablement rédigés d'après des indications recueillies à Alexandrie[1] ou dans quelque autre des bibliothèques fondées loin d'Athènes et où s'étaient glissés tant de livres de provenance suspecte. Ces indications étant antérieures aux tables d'Andronicus, on s'explique aisément le désaccord des trois compilateurs, soit entre eux, soit avec la tradition qui date d'Andronicus. Le nombre invraisemblable des articles de leurs catalogues rappelle les 1000 volumes que Ptolémée Philadelphe, dans sa *Vie d'Aristote*, énumérait avec une complaisance si naïve. Ces catalogues, riches en titres manifestement inexacts, et qui omettent la plupart des ouvrages authentiques, sont évidemment sans valeur : ils ne doivent inspirer aucune inquiétude sur le sort des ouvrages qui y figurent et qui, depuis si longtemps, ne se retrouvent plus.

Il s'est cependant perdu dans la suite des âges quelques-uns des ouvrages d'Aristote. Sans parler de ses *Lettres* (d'origine douteuse), ni de ses poésies, nous n'avons plus que des fragments trop rares de ses *Dialogues* et de ses livres d'histoire, et un beau mais unique chapitre récemment retrouvé de cette patiente revue de 158 *Constitutions* qui avait été comme le prélude de sa *Politique*. Ces pertes sont fort regrettables ; mais enfin le plus grand nombre des écrits d'Aristote et les plus considérables sont parvenus jusqu'à nous, et ils suffisent

---

1. C'est l'opinion de Stahr et de Trendelenburg.

pour faire bien connaître sa doctrine, sa méthode, sa manière d'écrire, pour justifier son immense renommée et pour expliquer son ascendant sur les plus libres esprits pendant tant de siècles. Tous ces livres se supposent mutuellement ; les théories philosophiques et scientifiques qui y sont exposées sont reliées entre elles par une doctrine générale, fortement conçue, conséquente avec elle-même et qui s'exprime en un style plein de force et d'autorité. Chose merveilleuse, dans cette œuvre qu'on s'est quelquefois représentée comme un recueil fait après coup de pièces et de morceaux, *disjecti membra poetæ*, ce qui domine, bien plus que chez Platon par exemple, c'est l'unité, l'unité de la pensée maîtresse, l'unité du système. On y retrouve partout le plus profond et le plus savant des Grecs, le philosophe que des admirateurs enthousiastes ont surnommé « le précepteur de l'esprit humain ».

Ce serait une erreur d'attribuer à Aristote lui-même une classification de ses écrits. J'ai montré ailleurs ce qu'il faut penser de la distinction de livres exotériques et de livres acroamatiques ou ésotériques ; les critiques qui ont essayé de classer d'après ce critérium les ouvrages d'Aristote n'ont rien fait qui vaille. Il serait préférable, assurément, d'appliquer ici la division aristotélique de la pensée en θεωρία, πρᾶξις, ποίησις : c'est l'avis du juge le plus compétent, M. Ravaisson, et l'ordre traditionnel adopté par les éditeurs modernes répond à peu près à cette division. Est-ce la peine, pour le rendre plus systématique, de déranger les habitudes prises depuis des siècles ? J'avoue n'y pas voir grande utilité. En étudiant dans l'ordre reçu les écrits d'Aristote, c'est-à-dire en premier lieu sa logique, en second lieu ses livres de physique, d'histoire naturelle, de psychologie comparée, puis sa métaphysique, et enfin ses traités de politique, de morale, de rhétorique et de poétique, les commentateurs anciens et modernes et les historiens de la philosophie ont pu se faire une idée exacte du péripatétisme et embrasser complètement la pensée de son fondateur.

Indépendamment de leur valeur scientifique et philosophique, tous ces écrits se recommandent par des mérites littéraires qui ne sont pas à dédaigner. Je laisse de côté le charme *(suavitas)* que vante Cicéron, faisant probablement allusion aux *Dialogues,* que nous n'avons plus. Nous le comprenons mieux quand il parle de concision et d'abondance *(brevitas et copia)* : Aristote possède, en effet, à un degré éminent ces deux qualités. La première ne lui est contestée par personne. La seconde n'est pas moins réelle ; mais, bien entendu, cette abondance n'est pas celle d'un Cicéron ou d'un Platon. Ce n'est pas en images et en métaphores qu'Aristote abonde, mais en idées et en nuances d'idées, en distinctions et en définitions, en arguments, en aperçus originaux. Il a plus d'élévation que de chaleur, une simplicité élégante, mais austère. Il aborde et discute les problèmes les plus ardus avec une aisance qui témoigne de sa force, et il procède dans ses déductions avec une régularité inconnue jusqu'à lui, passant par degrés et sans effort des notions communes, populaires, exotériques, à des considérations ésotériques, ou, en d'autres termes, du sens commun et de l'opinion à la science, arrivant enfin, par des spéculations métaphysiques, sur les plus hautes cimes de la pensée, où il rejoint le plus souvent Platon.

A ces mérites, fort admirés des péripatéticiens, leurs adversaires opposent des défauts que leur critique a singulièrement exagérés. L'obscurité de quelques formules, dont la profondeur est doublée d'abstraction, leur a donné lieu d'insinuer qu'Aristote a été volontairement obscur. On est en général impitoyable pour la sécheresse de certains développements et pour le désordre et la confusion résultant çà et là des lacunes du texte dans des chapitres inachevés ou mutilés par les copistes. On parle même de pédantisme, sans prendre garde que ce reproche vise moins Aristote que ses interprètes, et pourrait aussi bien être dirigé contre Platon, puisque ce sont souvent ses propres expressions qui, mal traduites, ont pris, au détriment de son disciple, cette lourdeur pédantesque. Tel est le fameux mot *idée* (εἶδος), travesti par les scolastiques, on ne sait pourquoi, en *forme substantielle*. « En somme », dit un des plus savants historiens de la philosophie, « à ne juger Aristote que d'après ceux de ses écrits qui nous ont été conservés, nous devrions le considérer en général comme un méchant écrivain [1] ».

Ce jugement est plus que sévère : il est injuste.

Les talents d'écrivain, d'orateur et même de poète n'ont pas fait défaut à Aristote. Sans atteindre à cette perfection de style qu'on admire dans Platon, il a, comme écrivain philosophe, les solides qualités que j'indiquais tout à l'heure ; et, quant aux inégalités de style et de composition qu'on relève chez lui, outre qu'elles ne sont pas toujours de son fait, elles ont plus d'une excuse. La préoccupation constante et exclusive des graves problèmes qu'il se pose a pu quelquefois le rendre indifférent à la forme et trop peu attentif à quelques négligences. Et puis, le temps lui a manqué pour

---

1. H. Ritter, *Hist. de la philos. anc.* (trad. fr.), t. III, p. 22.

se relire et même pour achever plusieurs de ses nombreux ouvrages. Tandis que Platon a eu plus d'un demi-siècle pour composer ses *Dialogues*, Aristote, qui a vécu vingt ans de moins que lui, n'a guère consacré que les douze ou treize dernières années de sa vie à mettre par écrit les résultats de ses plus profondes méditations et de travaux qu'on peut appeler encyclopédiques.

Plus d'une fois, au cours de cette étude, le souvenir de Platon s'est présenté naturellement à propos d'Aristote. C'est qu'en effet, qu'on le veuille ou non, et qu'il s'agisse du fond ou de la forme, le parallèle s'impose entre le maître et le disciple. J'ajoute que là où l'on ne voyait d'abord que différence, contraste, opposition, on est bientôt amené à reconnaître des ressemblances et une véritable parenté.

A première vue, rien n'est moins méthodique ni moins scientifique que la manière dont Platon expose sa philosophie. Il n'a pas écrit un seul traité régulier[1], mais seulement des *Dialogues*, dont la plupart sont des entretiens familiers, sans objet défini à l'avance, et dont l'allure est toujours libre, parfois capricieuse. Mais, à travers les détours de cette conversation attique où il excelle, un lecteur attentif découvre une unité secrète, une marche savamment conduite, un art incomparable de composition au service d'une pensée sérieuse et élevée. Aussi les *Dialogues* de Platon sont-ils restés les modèles accomplis de l'entretien philosophique. Cette recherche à deux de la vérité qu'avait inventée et si

---

1. πραγματεία. Voir dans les *Lettres* que les anciens ont tous attribuées à Platon, ce qu'il a très probablement dit lui-même à ce sujet (trad. Cousin, t. XIII, lettre II, p. 61).

admirablement pratiquée Socrate, et qu'il appelait la dialectique, est ici portée à sa perfection : la dialectique de Platon est à la fois une méthode, une doctrine et une forme littéraire. En devenant philosophe, de poète qu'il était d'abord, Platon est resté fidèle au culte des muses. Partout et toujours on sent chez lui un effort soutenu ou plutôt un élan naturel et puissant vers l'absolu, le divin, l'idéal. Il fait une grande place à l'amour dans la science comme dans la vie, et son style s'en ressent, ainsi que sa philosophie tout entière. Il a des ailes, et il sait les faire pousser chez ceux qui se sentent appelés à regarder en haut, toujours plus haut. Pour ceux-là il est et sera toujours le divin Platon.

Cette forme originale a pourtant ses inconvénients. La science et l'art n'ayant pas même objet, leurs méthodes ne sauraient être identiques. La poursuite du beau peut nuire à la recherche austère de la vérité : quand on s'arrête aux fleurs du chemin, on risque de perdre de vue les fruits entourés d'épines qu'il s'agit de cueillir et de dégager d'une enveloppe souvent rebutante. La forme du dialogue entraîne nécessairement des longueurs, une perte de temps, la dispersion de l'esprit, des équivoques et des obscurités partielles, sinon parfois l'oubli du but à atteindre et l'effacement de la pensée générale. Platon lui-même n'a pas toujours évité ces écueils. Il faut, quand on le lit, se préoccuper sans cesse, non seulement de ce que disent ses personnages, mais encore de l'intention dans laquelle il les fait parler ; et il peut arriver, après tout ce travail, qu'on ait peine à saisir le sens de tel dialogue qui semble n'être qu'un jeu d'esprit, un spirituel badinage, ou encore un exercice dialectique finissant par un peut-être. Quelquefois, comme dans l'*Hippias minor,* le *Protagoras* et surtout le *Parménide*, le fond se cache sous une forme tantôt gracieuse, piquante, presque légère, tantôt subtile, sophistique et contradictoire, si bien qu'on se prend à douter si l'on a affaire à un philosophe dogmatique ou si Arcésilas l'incompréhensibiliste ne fut pas après tout le plus exact et le plus fidèle interprète de Platon.

Rien de pareil chez Aristote : c'est, pour ainsi dire, le dogmatisme en personne.

Lui aussi avait écrit des dialogues ; mais il y figurait lui-même le plus souvent au début, pour exposer la question à débattre, et à la fin, pour tirer les conclusions de l'entretien. Cicéron dit avoir imité sa manière dans le *De finibus*.

Mais Aristote a surtout écrit des traités proprement dits (πραγματεῖαι), où il parle ex professo, définit son sujet, en distingue avec soin les parties, s'applique à faire des démonstrations régulières et vise d'un bout à l'autre à la plus stricte exactitude. Ces traités, écrits avec précision et avec fermeté, sont considérés généralement comme des modèles de l'exposition philosophique, directe, personnelle et méthodique. Le style, d'une gravité magistrale, a l'autorité de la science au nom de laquelle parle l'auteur ; tout y est donné au raisonnement, rien ou presque rien à l'imagination ; les mythes et les métaphores en sont expressément bannis.

Il est facile, on le voit, d'opposer Aristote à Platon, et de signaler des différences aussi frappantes entre les deux écrivains qu'entre les deux philosophes. Cependant, de même qu'on s'exposerait à mal comprendre la philosophie d'Aristote, si l'on n'y voulait voir qu'un système opposé sur tous les points au platonisme, sans tenir compte de ce qu'il en a retenu, de même, pour bien juger Aristote comme écrivain, il convient de se rappeler ce qu'il doit à Platon. On sait qu'il commença par écrire comme lui des dialogues ; mais ce n'est pas le seul trait de ressemblance, ni le principal ; en voici un autre beaucoup plus caractéristique. S'il est vrai de dire que les traités d'Aristote sont des modèles d'exposition philosophique, il est juste d'ajouter qu'avant lui Platon avait donné dans le *Philèbe,* dans le *Phédon,* dans les *Lois* et ailleurs, de très remarquables exemples de discussions régulières. Pour ne citer que le *Philèbe,* la question du souverain bien y est tout d'abord posée presque dans les mêmes termes qu'employa ensuite Aristote, puis discutée suivant un ordre très savant. C'est donc sur les traces et à l'imitation de Platon qu'Aristote est devenu un si grand maître dans l'art de traiter avec méthode et sous la forme qui leur convient les problèmes de la philosophie. Mais Platon s'étant décidément borné à écrire des dialogues, c'est à Aristote qu'est resté l'honneur d'avoir le premier pratiqué d'une manière classique la langue qui a été désormais celle des savants et des philosophes, parce que seule elle leur permet d'exprimer leur pensée tout entière avec clarté, avec suite, avec rigueur.

En résumé, Platon et Aristote sont deux écrivains de même race, chez qui la vérité est toujours au premier plan, mais qui mettent à son service des qualités différentes, l'un plus doué pour l'éloquence et la poésie, l'autre pour la réflexion et la science, l'un plus agréable et l'autre plus fort. Le premier dramatise les diverses opinions sur un sujet donné et fait parler suivant leur caractère les personnages qu'il met en scène pour représenter ces opinions ; le second, moins soucieux d'orner sa pensée, ne songe qu'à trouver la solution des questions qu'il a soulevées. Platon a plus de charme et les séductions de son beau génie font naître chez un plus grand nombre l'amour de la philosophie. Aristote n'a d'attrait que par son sérieux et sa profondeur : il ne s'adresse qu'à quelques-uns et il les instruit plus solidement. L'obscurité qu'on lui reproche est toute relative ; il n'est guère de philosophes qui aient échappé à ce blâme. Platon lui-même, au dire de Diogène Laërce, était soupçonné « d'avoir employé pour une même chose des termes différents afin de rendre ses ouvrages inaccessibles au vulgaire ». Cette critique est inepte ; mais elle me fournit l'occasion d'indiquer une dernière ressemblance trop peu remarquée entre nos deux philosophes. Les termes techniques dont on a tant reproché l'abus à Aristote sont pour la plupart de l'invention de Platon, depuis son intraduisible θυμὸς jusqu'à la chose en soi (αὐτὸ καθ'αὐτό). Pour la science de l'âme en particulier, où Socrate avait déjà introduit une langue plus abstraite et des définitions précises, on peut aisément s'assurer que la terminologie d'Aristote est presque tout entière empruntée à Platon, et que les mots nouveaux y sont en très petit nombre. Enfin, comme on ne connaît bien Platon qu'en le rattachant à Socrate, on ne connaît bien Aristote qu'en le considérant avant tout comme un disciple de Platon. C'est ce que j'espère mettre en lumière, en étudiant spécialement ses traités de morale.

II. — La morale d'Aristote

Si l'on prend les œuvres d'Aristote telles que l'antiquité nous les a transmises, et avec les titres qu'Andronicus et ses successeurs ont fait prévaloir, on se trouve en présence de quatre ouvrages de morale proprement dite, savoir : 1° la *Morale* ou *Éthique Nicomachéenne*, en dix livres ; 2° la *Morale Eudémienne*, en sept livres ; 3° la *Grande Morale* en deux livres ; 4° un petit livre en huit chapitres *Des vertus et des vices*.

L'authenticité de ces quatre ouvrages a été admise sans objection par les anciens ; ce n'est que dans le xix° siècle que des doutes se sont produits. De savants critiques, trop dédaigneux peut-être de la tradition ont cru pouvoir affirmer qu'un seul de ces écrits doit être attribué à Aristote. Ce serait, suivant quelques-uns, la *Grande Morale* ; suivant d'autres, la *Morale Eudémienne* ; suivant le plus grand nombre, la *Morale dite à Nicomaque*. Quant au livre *Des vertus et des vices*, il est assez généralement considéré comme un résumé de quelques définitions données par Aristote. Personne d'ailleurs ne conteste le caractère aristotélique de la doctrine contenue, soit dans ce petit traité, soit dans les trois autres, dont les plus savants historiens de la philosophie se servent indistinctement dans l'exposition de la doctrine d'Aristote. Pourquoi donc en suspecter l'origine et les retirer à l'auteur dont ils expriment la pensée ?

Il s'est formé là-dessus un préjugé auquel nul ne songe à se soustraire, et que rien pourtant ne justifie. « A première vue, a-t-on dit, il n'est pas vraisemblable qu'Aristote se soit repris jusqu'à trois fois pour exposer son système de morale [1], » et, sur cet unique fondement, on s'est cru en droit de supposer que, ce philosophe ayant une fois pour toutes mis sa pensée sous une forme immuable, deux ou trois de ses disciples en donnèrent

---

1. B. Saint-Hilaire, *La Morale à Nicomaque, Dissertation préliminaire*.

ensuite d'autres rédactions plus ou moins complètes : supposition toute gratuite, et qui a contre elle la diversité absolue des appréciations, quand il s'agit de désigner l'ouvrage qui aurait servi de type aux autres.

En l'absence de tout témoignage contraire, il me semble qu'une sage critique ne saurait s'inscrire en faux contre la tradition péripatéticienne, avant d'avoir examiné sérieusement si Aristote n'aurait pas en effet exposé à plusieurs reprises sa doctrine morale, et si chacune de ces rédactions ne marquerait pas une étape de sa pensée. Ce procédé de composition et de publication n'était nullement étranger aux écrivains de ce temps-là. Platon, dans ses *Dialogues*, était revenu maintes fois sur une même question. Aristote lui-même ne publia son traité *De l'âme* en trois livres qu'après s'être essayé sur ce sujet dans un dialogue intitulé : *Eudème,* dont il nous reste quelques fragments ; et ce traité, sous sa forme didactique, eut probablement deux éditions, comme on peut le conjecturer d'après les variantes relevées dans les manuscrits par Trendelenburg et H. Bonitz.

Passons donc en revue les quatre ouvrages en question, en commençant par celui qu'on paraît s'accorder à regarder comme indigne d'Aristote, sans doute à cause de son peu d'étendue, et voyons si ce jugement sommaire, dont on a tant abusé contre plus d'un chef-d'œuvre de Platon, est plus acceptable quand il s'agit d'Aristote.

Ce petit traité *Des vertus et des vices* n'est pas du tout méprisable et, bien loin d'admettre qu'il soit « évidemment apocryphe », je soupçonne qu'il pourrait bien être un début, un premier essai d'Aristote en cette matière. Dans cette hypothèse qu'aucun témoignage ne contredit, il acquiert une assez grande valeur historique:

car il est certainement l'œuvre d'un disciple de Platon qui, tout en retenant la doctrine du maître, s'en écarte insensiblement et sans paraître s'en apercevoir. Chose singulière, et qui ne s'explique que par le parti pris que je viens de signaler, personne, à ma connaissance, n'a pris la peine de constater le caractère tout platonicien des idées exposées dans cet opuscule. S'il n'est pas d'Aristote, ce n'est pas dans son école, c'est dans celle de Platon qu'il faut en chercher l'auteur. Mais ce disciple indépendant et quelque peu dissident, quel pourrait-il être, sinon Aristote lui-même, entrevoyant déjà une nouvelle manière de définir et de classer les vertus ? C'est du moins ce que suggère d'un bout à l'autre la lecture attentive de ces quelques pages, vraiment dignes d'Aristote, quoi qu'on en ait pu dire, par la précision et la fermeté du style, et par l'exactitude des définitions, celle de la prudence (φρόνησις) en particulier, qui est admirable.

« L'âme, *suivant Platon*, y est-il dit, comprend trois parties : la partie raisonnable, la partie irascible et la partie concupiscible. La première donne naissance à la prudence ; à la seconde correspond le courage, et à la troisième la tempérance. Il y a aussi une vertu qui convient à l'âme tout entière : c'est la justice. » Cette double doctrine des trois parties, espèces ou facultés de l'âme et des vertus qui s'y rapportent appartient en propre à Platon, et elle est reproduite ici avec les termes mêmes dont s'est servi l'auteur de la *République* (l. IV). Il y a pourtant quelques différences qu'il vaut la peine de relever, comme ayant pu en préparer d'autres plus profondes.

D'abord le disciple ne se borne pas, comme Platon, aux vertus dites cardinales. A ces quatre vertus il en ajoute plusieurs autres, par manière de développement et comme pour préciser davantage : à la tempérance la modération, au courage la douceur, à la justice la libéralité et la grandeur d'âme.

Dans la liste des vices la différence est de plus grande conséquence. Non seulement le vice opposé à la tempérance a deux noms : l'intempérance et la débauche ; mais, au lieu d'opposer un seul vice à cet usage raisonnable de la colère qui constitue le courage, l'auteur en nomme deux : l'emportement et la lâcheté, représentant l'un l'excès, l'autre le défaut de la passion dont l'homme vertueux doit user avec modération. C'est le germe de la théorie péripatéticienne qui place chaque vertu entre deux extrêmes.

Autre point à noter. Si l'auteur paraît admettre avec Platon que la justice est la vertu essentielle de l'âme ainsi que de l'État, il ne la réduit pas pour l'individu à la discipline de ses facultés ; il la décrit d'une manière plus conforme à l'opinion commune, en en faisant une vertu toute sociale.

Enfin, en parlant des vertus en général, il leur assigne pour caractère distinctif le mérite moral ; il les définit par le mot ἐπαινετά, choses dignes d'éloge ou d'approbation, et il conclut en ces termes sur ce sujet :

« Le propre de la vertu en général est d'établir dans l'âme une disposition harmonieuse, une activité calme et bien ordonnée, toujours d'accord avec elle-même ; et ainsi l'âme de l'honnête homme peut servir de modèle à un État. C'est encore un effet de la vertu de faire du bien à ceux qui en sont dignes, d'avoir pour amis les gens de bien, de ne pas poursuivre avec passion le châtiment et la vengeance, mais d'user de miséricorde, de pardon et d'indulgence. A la vertu sont associées la probité, l'équité, la candeur et une légitime espérance. L'homme vertueux sait aimer ses parents, ses amis, ses compagnons ; l'hospitalité lui est chère ; il a l'amour des hommes ; il cultive tout ce qui est beau, honnête et bon. Toutes ces choses méritent nos éloges. Quant au vice, ses caractères sont en tout contraires à ceux de la vertu. »

En résumé, l'auteur ne peut être qu'un disciple de Platon qui commence à penser par lui-même en morale, sans être en possession d'une doctrine nouvelle. Ce n'est pas encore la morale péripatéticienne, mais c'est un pas fait hors du pur platonisme.

Ce premier écrit, s'il est d'Aristote, doit donc dater de sa jeunesse. Il a pour unique objet la classification des vertus et ne se rapporte par conséquent qu'à un chapitre de la morale. Il n'en est pas de même des trois autres ouvrages attribués à Aristote : ce sont de véritables traités, embrassant plus ou moins complètement la morale tout entière. Si celui qui porte le titre remarquable de *Grande Morale* a précédé les deux autres, il marque pour ainsi dire une seconde étape dans la formation de la doctrine aristotélique. Or on peut, je crois, sans témérité, en placer la composition après la mort de Platon et avant l'expédition d'Alexandre en Asie. D'une part, en effet, il faut laisser à l'auteur du livre *Des vertus et des vices* le temps de mûrir sa pensée, non seulement sur la nature de la vertu, mais encore sur les questions qui s'y rattachent ; et, d'autre part, il ne me semble guère possible de rejeter après les victoires d'Alexandre la rédaction d'un ouvrage qui représente Darius comme vivant et régnant en Perse [1].

---

1. *Grande Morale* (II, 12, p. 1212, a, l. 4 suiv.). « La bien-

Si telle est la date de la *Grande Morale,* elle mérite à un double titre l'épithète qu'on lui a donnée, d'abord comme étant le premier traité original d'Aristote sur la morale, ensuite parce que cette partie de la philosophie que Platon, dans le *Gorgias* et dans le *Clitophon,* appelait la politique, aurait reçu là pour la première fois son nom propre et définitif. Les mots ἠθική, ἠθικά ne se rencontrent ni chez Xénophon, ni chez Platon ; Aristote paraît bien avoir été le premier à les employer dans le sens de morale ou éthique, et c'est dans la *Grande Morale,* et nulle part ailleurs, qu'il en a donné l'explication motivée. « Notre dessein, dit-il, étant de traiter de la morale (περὶ ἠθικῶν), nous devons nous demander de quelle science dépend cette étude. Pour être bref, il ne semble pas que cette science soit autre que la politique, toute politique étant impossible, si l'on ne sait ce qu'est la vertu, et comment elle se forme. » Et un peu plus loin : « Cette théorie des mœurs fait donc partie de la politique ; elle en est le commencement, et en somme elle me paraît (μοὶ δοκεῖ) être appelée aussi à bon droit de ce nom[1]. » On voit clairement par ce passage que ce n'est pas un

veillance n'est pas du tout la même chose que l'amitié ; car il arrive souvent que, voyant un homme de bien ou entendant parler de lui, on éprouve pour lui de la bienveillance : dira-t-on qu'on est son ami ? Ainsi tel pourrait avoir et aurait peut-être en effet de la sympathie pour Darius, qui vit au milieu des Perses, sans que pour cela sa bienveillance fût de l'amitié. Elle en serait, semble-t-il, le commencement ; mais elle ne deviendrait de l'amitié que s'il s'y ajoutait pour celui qui en est l'objet l'intention de lui faire à l'occasion tout le bien possible. »

1. *Grande Morale,* I, 1 et 5. Au chapitre VI de ce même livre, Aristote fait dériver ἠθική des mots ἦθος, ἔθος et ἐθίζεσθαι. Cicéron traduit ἦθος, dérivé de ἧμαι, par *sedes,* assiette ou état de l'âme.

abréviateur ou même un disciple d'Aristote, mais le philosophe lui-même qui parle, et l'on voit aussi avec quelle circonspection il innove dans la terminologie de Platon.

Le savant et profond Schleiermacher, lorsqu'il introduisit et discuta pour son compte cette question d'authenticité, fut tellement frappé de l'originalité de la *Grande Morale* et des mérites d'invention, de composition et de style qu'elle présente, qu'il n'hésita pas à déclarer qu'elle était certainement d'Aristote. Il la regardait même, semble-t-il, comme son seul écrit authentique sur la morale. Exagération évidente, mais dont je retiens un précieux témoignage en faveur d'un ouvrage où m'apparait si visiblement l'empreinte aristotélique[1].

On sait en effet qu'Aristote, dans presque tous ses écrits, commence par définir et diviser son sujet, et qu'il a soin aussi de mentionner, sinon de discuter les opinions de ses devanciers. Ainsi fait-il dans la *Grande Morale,* et c'est le seul de ses écrits de morale qui porte cette double marque d'origine, par la raison sans doute que c'est son premier travail d'ensemble. En effet, l'auteur de la *Grande Morale* n'a pas seulement le mérite d'avoir défini le terme spécial et nouveau qui depuis a servi à désigner la science des mœurs. Quoiqu'il ne l'ait pas séparée de la politique, il l'a réellement constituée comme science distincte avec ce triple objet : la vertu, le bien et le bonheur ; car, s'il en a fait d'abord

---

1. J'ai acquis cette conviction en expliquant dans mes conférences de 1880-1881 à la Sorbonne ce traité de la *Grande Morale,* dont j'ai par devers moi une traduction à peu près complète, avec notes et commentaire.

par définition l'étude de la vertu en elle-même et dans ses principales espèces, il l'a étroitement reliée à la recherche du bonheur et du bien.

La doctrine sur la nature de la vertu exposée dans la *Grande Morale* est neuve et profonde. Elle développe une conception originale et qui a été fort admirée : celle d'une mesure (μεσότης) dans l'usage et le gouvernement des passions. C'est la théorie célèbre et parfois assez mal comprise du milieu (τὸ μέσον) à observer entre deux vices dont l'un pèche par excès, l'autre par défaut.

Les vertus particulières sont ensuite étudiées en détail. Elles sont en plus grand nombre que chez Socrate et Platon, et même que dans le livre *Des vertus et des vices* ; mais elles sont ramenées à deux classes qui répondent aux deux parties de l'âme raisonnable, l'opinion et la science : distinction socratique et platonicienne [1], qu'Aristote s'est appropriée par une analyse plus profonde.

L'amitié est mise au rang des vertus, et le chapitre qui lui est consacré est comme un prélude à la belle et noble théorie qu'on admire dans les deux autres traités.

En décrivant toutes ces vertus, la *Grande Morale* met d'abord en lumière la part de l'habitude et celle de la nature, puis le rôle de la raison et enfin celui du libre arbitre. La théorie de la droite raison qui nous dicte nos devoirs et qui préside à toute action vertueuse rappelle et dépasse en précision les enseignements de Socrate et de Platon. Quant au libre arbitre, jamais jusque-là il n'avait été défini aussi nettement ni revendiqué avec autant de force contre ceux qui en

---

1. Voir le *Timée* et la *République*.

niaient ou en méconnaissaient l'intervention dans la vie morale de l'homme. Cette critique ne vise que Socrate, et en général la *Grande Morale* peut encore être considérée comme l'œuvre d'un disciple de Platon ; mais les questions qu'elle agite sont traitées avec une méthode et une ampleur jusqu'alors inconnues, et sur tous les points que j'ai indiqués le disciple est aussi profond qu'original.

L'admiration de Schleiermacher pour cet ouvrage est donc parfaitement justifiée, mais à une condition : c'est qu'on n'y voie qu'une ébauche, non une œuvre définitive ; ébauche merveilleuse et digne du génie d'Aristote, mais par plus d'un côté inférieure aux deux grands traités que l'illustre philologue et philosophe allemand ne paraît pas avoir appréciés à leur juste valeur. La confusion et l'incohérence qu'on remarque çà et là dans l'analyse des différentes vertus trahissent chez l'auteur de la *Grande Morale* quelque hésitation, peut-être quelque timidité ; la question de méthode est laissée de côté et la doctrine est incomplète[1] ; la théorie de l'amitié n'est qu'esquissée, de même que celle des vertus intellectuelles, qui ne sont pas désignées par leur nom propre ; il y manque surtout cette théorie du bonheur qui couronne si admirablement la *Morale Nicomachéenne*. Enfin la composition est inachevée : l'ouvrage n'a pas de conclusion, et les considérations par lesquelles il se termine offrent peu d'intérêt.

Ces imperfections, grossies par un parti pris injuste,

1. Après Schleiermacher d'autres critiques, remarquant vers la fin de la *Grande Morale* deux ou trois chapitres qui n'ont pas été repris ailleurs par Aristote, n'ont pas craint de dire que ce traité en 2 livres était « plus complet » que les deux autres, qui sont au contraire beaucoup plus étendus et plus complets.

ont donné lieu à quelques écrivains d'imaginer que ce n'était qu'un extrait d'un autre traité, que cet extrait ou cet abrégé était d'abord intitulé : *Petite Morale*, et qu'un copiste négligent aurait « changé ce titre en celui de *Grande Morale*, qu'il ne mérite ni pour le fond ni pour la forme[1] ». Or, il faut en convenir, ce sont les modernes cette fois qui fabriquent des légendes. En réalité, cet ouvrage est inférieur aux deux grands traités auxquels on le compare, pour la composition et même pour l'ensemble du système ; il est moins complet et moins un ; mais si, comme cela est très probable, il a été écrit le premier, il leur est supérieur par l'invention, par le travail original et puissant d'une pensée créatrice. Plutôt que d'expliquer ce titre de *Grande Morale* par je ne sais quelle ineptie de copiste, je crois qu'il vaudrait mieux y voir l'expression légitime de l'admiration des successeurs d'Aristote.

Les deux ouvrages dont il me reste à parler comprennent, l'un sept livres, l'autre dix. Par leurs mérites de composition et par la préoccupation de la méthode, non moins que par l'ampleur de leurs développements, ils se placent au-dessus de la *Grande Morale* ; ils semblent bien d'ailleurs avoir été écrits plus tard. On les appelle communément *Morale à Eudème* et *Morale à Nicomaque* ; mais c'est une traduction inexacte des titres adoptés par l'école péripatéticienne, et qui signifient littéralement *Morale Eudémienne* et *Morale Nicomachéenne*, c'est-à-dire *Morale d'Eudème*, ou *selon Eudème*, et *Morale de Nicomaque*, ou *selon Nicomaque*.

La *Morale Eudémienne*, comme pour réparer la prin-

---

[1]. Cf. B.-Saint-Hilaire, ouvrage cité, p. cccxxxiii.

cipale lacune de la *Grande Morale*, pose dès le début le problème du bonheur, en y mettant l'accent pour ainsi dire ; le premier livre y est consacré. Le second livre traite de la vertu en général, le troisième des vertus morales et personnelles. Les livres 4, 5 et 6 exposent sous sa forme définitive la doctrine aristotélique sur la vertu sociale par excellence, la justice, sur les vertus intellectuelles et sur la nature du plaisir. Au septième et dernier livre, il est parlé de l'amitié avec plus d'étendue et de profondeur que dans la *Grande Morale* ; mais il règne un certain désordre dans les derniers chapitres de cet ouvrage, si bien composé jusque-là, et que l'auteur songeait peut-être à remanier avant même d'en avoir achevé la rédaction. Il y a mis cependant une conclusion fort remarquable, où la perfection morale et la fin suprême de la vie humaine sont expressément rattachées à l'idée de Dieu, témoin ce passage sur les devoirs de l'homme : « Dieu est le principe du mouvement dans l'âme, ainsi que dans l'univers, et si ce n'est pas lui qui nous prescrit directement nos devoirs, c'est en son nom (ἕνεκα τούτου) que la raison nous les dicte, et le meilleur usage de tous les biens est de le servir et de le contempler[1]. » Il n'y a rien là dont l'équivalent ne se retrouve en plusieurs endroits des autres écrits d'Aristote, et l'on allègue bien à tort le caractère religieux de ce traité pour le déclarer apocryphe.

Il a d'ailleurs des imperfections qui peuvent faire comprendre que le philosophe l'ait remanié et rédigé de nouveau, au moins en partie. Les théories du courage et de la tempérance n'y ont pas un développement suf-

---

1. *Mor. Eudem.*, VII, 14, p. 1248, a, 20-21 et 28-29.

fisant, non plus que celle de l'amitié. L'idée du bonheur, trop négligée dans la *Grande Morale,* occupe par contre, dans la *Morale Eudémienne,* une place qui appartiendrait plutôt à l'idée du bien ; il y avait lieu de remettre celle-ci à son rang, tout en continuant de faire du bonheur le couronnement de la vie vertueuse.

Il nous reste un quatrième traité de morale aristotélique, où ces défauts ont disparu, et que, pour cette raison, on ne devrait pas hésiter à regarder comme le dernier en date, au lieu de le considérer comme un premier jet qui aurait précédé les autres rédactions de la même doctrine. C'est le grand traité auquel Andronicus et les commentateurs ont attaché le nom de Nicomaque. A quel propos et dans quel sens? Lui était-il dédié, comme on l'a supposé d'après le titre? Le titre ne dit pas cela et, de plus, on a fait observer que Nicomaque n'avait que treize ou quatorze ans à la mort de son père, et qu'il n'est guère probable que celui-ci lui ait adressé un ouvrage dans lequel il déclare que la science dont il traite n'est pas à la portée de la jeunesse[1]. Nicomaque en était-il l'auteur? Cette supposition est encore moins vraisemblable, quoique Cicéron, vers la fin du *De finibus,* l'ait hasardée en passant. « Tenons-nous-en donc, dit-il, au sentiment d'Aristote et à celui de son fils Nicomaque, dont le beau traité de morale est, il est vrai, attribué à Aristote ; mais je ne vois pas pourquoi le fils n'aurait pas ressemblé au père. » Cette assertion est sans portée sérieuse ; ce n'est en quelque sorte qu'une politesse pour le fils d'Aristote : car, dans tout le reste du *De finibus,* et dans le passage même qu'on vient de lire, Cicéron reconnaît que l'ouvrage est

---

1. *Mor. Nicom.*, I, 1, p. 1095, a, 2.

généralement attribué à Aristote. La seule thèse soutenable est que, Nicomaque ayant publié cet ouvrage sous la dernière forme que lui avait donnée l'auteur, cette édition reçut plus tard son nom, comme la précédente celui d'Eudème, et pour la même raison. Je ferai remarquer en outre que placer le travail de Nicomaque avant celui d'Eudème est manifestement contraire à la chronologie.

La *Morale Nicomachéenne* passe à bon droit pour le chef-d'œuvre d'Aristote en morale. A peine y a-t-on relevé depuis Casaubon, des répétitions, des longueurs et quelques passages obscurs, comme il s'en rencontre dans presque tous les écrits de ce philosophe. Ce qui y domine cependant, c'est l'ordre, la méthode, la modération à la fois et une grande autorité dans l'exposition très lucide d'une doctrine toujours ingénieuse, profonde, élevée. Le souverain bien est posé tout d'abord comme l'objet essentiel de la morale, ainsi que de la politique. Puis vient l'étude de la vertu en général et celle des vertus morales. Le quatrième livre tout entier est consacré au courage et à la tempérance. Les livres 5, 6 et 7, consacrés à la justice et aux vertus intellectuelles, reproduisent textuellement les livres 4, 5 et 6 de la *Morale Eudémienne*. La belle théorie de l'amitié vertueuse, qui remplace chez Aristote la théorie platonicienne de l'amour, est développée en deux livres, le huitième et le neuvième. Dans le dixième livre enfin se trouve comme conclusion sa doctrine du bonheur, profondément distingué du plaisir. L'ouvrage, dans son ensemble, me paraît être, de tous les écrits d'Aristote, celui qui a les plus grands mérites de style et de composition.

En résumé, les quatre écrits de morale attribués par

les anciens à Aristote se présentent à un lecteur attentif et impartial, non pas comme un seul ouvrage original accompagné d'un extrait insignifiant et de deux copies plus ou moins altérées et tronquées, mais comme des rédactions successives et de plus en plus complètes d'une même pensée, toujours plus personnelle et systématique. Voici en effet comment on en peut comprendre la succession et le progrès.

Dans un premier travail, qui serait une œuvre de jeunesse, Aristote ne se serait proposé que de préciser et de coordonner la doctrine de son maître sur les principales vertus, en leur appliquant la division platonicienne de l'âme en trois parties : la raisonnable, l'irascible et la concupiscible, mais sans se borner strictement aux quatre vertus distinguées et décrites dans la *République*. Il se représentait une au moins de ces vertus comme placée entre deux vices contraires, et il donnait de la vertu en général une définition nouvelle.

Plus tard, après la mort de Platon et avant de fonder son école à Athènes, Aristote, ayant cultivé ces premiers germes d'une doctrine originale, aurait ébauché un système à peu près complet de morale, où les vertus particulières, ramenées à deux classes, étaient décrites avec un certain luxe d'analyse, et où la vertu morale, considérée comme un milieu ou une mesure dans l'usage des passions, était étudiée dans son rapport avec le bien et le bonheur.

Après son retour à Athènes, Aristote aurait enseigné au lycée et mis par écrit la même doctrine, avec plus de développement à la fois et plus d'exactitude. C'est le texte de ces leçons, révisé sans doute par Eudème, qu'Andronicus intitula *morale Eudémienne*.

Enfin, soit qu'Aristote eût pris une seconde fois la

morale pour sujet de son enseignement, soit qu'il eût seulement revu et complété les parties de son ouvrage qui ne le satisfaisaient pas entièrement, notamment la théorie de l'amitié, il laissa par écrit une rédaction définitive que son fils Nicomaque publia par la suite, et qui nous est parvenue sous le titre de : *Morale Nicomachéenne*.

Le progrès de la pensée aristotélique dans ces rédactions successives se marque surtout en ceci, que, d'un traité à l'autre, l'objet de la morale est toujours mieux compris dans toute son étendue. La *Grande Morale*, faisant suite pour ainsi dire au περὶ ἀρετῶν, n'est encore qu'un traité de la vertu et des vertus, mais dans leur relation avec le bien. La question du bonheur n'y est qu'effleurée. C'est, au contraire, par cette question que débute la *Morale Eudémienne* ; elle y est au premier plan, sans que d'ailleurs la doctrine ait changé de caractère. L'idée du bien reprend le premier rang dans la *Morale Nicomachéenne* ; la théorie des vertus y est complétée, et celle du bonheur ou du souverain bien sert de conclusion à ce traité, le mieux composé et le plus achevé de tous.

Telle me paraît être l'explication véritable de la coexistence dans le recueil des œuvres d'Aristote des quatre ouvrages de morale admis par les anciens. Qu'il me soit permis d'ajouter qu'on en use trop légèrement avec les savants successeurs et commentateurs d'Aristote, quand on rejette sans raisons valables les résultats de leur critique. Ils n'ont pas inscrit un seul livre, pas un seul chapitre dans le canon aristotélique sans l'avoir soumis à un examen sérieux et qui, vu leur indéniable compétence, devrait être pour nous une garantie suffisante d'authenticité. On s'imagine à tort qu'ils négligeaient ce qu'on appelle avec quelque emphase les preuves internes. Loin de là, c'est surtout par cette critique interne qu'ils procédaient, comme Aristarque et les savants grammairiens d'Alexandrie. C'est à des preuves internes qu'Alexandre d'Aphrodise avait recours pour contrôler le travail d'Andronicus et, par exemple, pour maintenir contre lui le texte complet du περὶ ἑρμηνείας, tel que nous le possédons.

L'hypothèse que j'ai exposée n'a pas seulement l'avantage de s'accorder avec le témoignage des chefs de l'école péripatéticienne, en restituant intégralement les ouvrages dont il s'agit au philosophe qui a été le seul à écrire de ce style, à raisonner et à penser de cette manière. Elle met de plus en lumière, si je ne me trompe, des nuances de doctrine mal étudiées jusqu'ici, et un développement graduel de la pensée aristotélique, à partir des leçons de Platon dont elle procède visiblement.

Ceux qui repoussent *a priori* cette hypothèse de rédactions successives et de remaniements allèguent sa prétendue invraisemblance ; mais y a-t-il rien de moins vraisemblable que l'idée qu'on se fait des plus grands philosophes de l'antiquité, quand on nous les représente venant pour ainsi dire au monde avec des systèmes tout faits, qui seraient demeurés immuables dans leur esprit durant toute leur carrière? J'ai eu l'occasion ailleurs[1] de montrer ce qu'une telle supposition a de bizarre et de faux, appliquée à la philosophie et aux écrits de Platon. Pour ce qui regarde Aristote, sur quoi se fonde-t-on pour lui prêter, comme on le fait, un « système de morale » construit de toutes pièces avant qu'il eût rien écrit sur la vertu, sur le bonheur et sur le bien ?

---

1. Voir plus haut, ch. iv.

Le fondateur du péripatétisme n'a-t-il pas commencé par fréquenter l'académie pendant vingt ans, et, s'il fut d'abord platonicien, comme on n'en saurait douter, n'est-il pas naturel de croire qu'il ne cessa pas tout d'un coup de l'être pour passer sans transition à une tout autre manière de penser en philosophie ? Que, vers la fin de sa carrière, méditant sur la science des premiers principes et préparant ses livres de *Métaphysique,* il ait exposé dans toute leur force et sans concession d'aucune sorte les raisons abstraites et toutes théoriques pour lesquelles il rejetait décidément un système dont Platon lui-même avait connu, discuté et incomplètement résolu les principales difficultés[1], cela se conçoit sans peine. Mais il n'en fut certainement pas ainsi au début, et peut-être est-ce sur le terrain de la philosophie pratique que se produisirent lentement et sans éclat les premiers dissentiments. Au moins est-il possible de les voir poindre, puis grandir et s'accentuer dans les écrits de morale d'Aristote, à mesure que sa doctrine propre se précise, se constitue et se développe.

Je ne reviendrai pas, pour le prouver, sur le livre franchement platonicien *Des vertus et des vices* ; je n'insisterai pas sur les modifications de plus en plus profondes qu'Aristote a fait subir à la psychologie de son maître, ni sur les hésitations et les contradictions qu'on rencontre avec surprise dans sa doctrine sur la Providence au IIIe et au XIIe livre de la *Métaphysique.* Je laisserai même de côté certaines parties de la morale où il ne s'est séparé de Platon que par degrés. Je ne prendrai qu'un seul exemple, mais assez concluant à lui

---

1. Dans le *Parménide* surtout, mais aussi dans le *Sophiste,* le *Phèdre,* le *Ménon,* le *Philèbe,* la *République* et le *Timée.*

seul, puisque c'est le point où l'opposition a été la plus flagrante entre les deux philosophes : je veux dire la théorie des idées.

Lorsque, dans la *Grande Morale*, Aristote aborde la question du souverain bien, il exprime un regret : c'est que Platon (dans la *République*) ait cru devoir mêler à cette étude des considérations sur la vérité et sur l'être avec lesquelles elle n'a rien de commun. « La morale, dit-il, étant une science pratique, il est hors de propos d'y faire intervenir l'idée du bien dans son abstraction; car ce n'est pas du bien en soi qu'elle s'occupe, mais du bien propre de l'homme. » Il est intéressant de constater qu'Aristote n'attaque pas ici la théorie des idées, qu'il ne la rejette en aucune façon, et qu'il se contente de la renvoyer à un autre ordre de recherches, comme une conception étrangère à la morale.

Dans la *Morale Eudémienne* le philosophe, après mûre réflexion, a fait un pas de plus. Il ne blâme pas seulement l'application de la théorie des idées à la morale; il lui reproche d'être hypothétique et abstraite à l'excès, et il s'arrête à le démontrer. Ce n'est pourtant que dans la *Morale Nicomachéenne* qu'il combat véritablement cette théorie; tout le monde sait avec quel ménagement, et comment il s'excuse de contredire des hommes dont l'amitié lui est chère, « la vérité ayant des droits plus sacrés à son respect ». Ce passage célèbre dont on a fait le proverbe : *Amicus Plato, magis amica veritas*, n'est pas le seul trait qui témoigne de l'attachement personnel qui survécut à toutes les vivacités d'une polémique parfois bien sévère, au moins dans la *Métaphysique*.

Aristote, à vrai dire, était trop profondément imbu des doctrines socratiques et platoniciennes pour les répudier jamais tout à fait, surtout dans le domaine de la morale où il a été jusqu'au bout le disciple et le continuateur de Platon.

Prend-on pour exemple la théorie platonicienne du bien ? Aristote n'en a rejeté que la partie métaphysique, savoir l'idée du bien en soi qu'il regarde, non sans raison, comme contradictoire et inapplicable à la morale, puisque ce bien en soi qui est, suivant Platon, le principe de tous les êtres, est en même temps séparé d'eux, incommunicable et même inaccessible à la raison, étant « au-dessus de la pensée et de l'être ». Aristote conçoit autrement le bien : il y voit pour chaque être une fin conforme à sa nature ou, en d'autres termes, ce que cet être est en puissance. Le bien propre de l'homme est l'acte ou l'état idéal auquel le destinent ses facultés ou puissances naturelles, un état où chacune d'elles réalise sa fin. Il y a donc pour l'homme plusieurs biens particuliers que doit comprendre son bien total et souverain, la fin des fins, τελειώτατον τέλος, dont la possession ne laisse rien à souhaiter au delà. Chose remarquable, cette conception si profondément aristotélique se trouve aussi chez Platon, et c'est en la développant qu'Aristote a retrouvé la trace de son maître et repris pour son compte la définition du souverain bien de l'homme comme un bien suffisant (ἱκανόν), désirable pour tous (πᾶσιν αἱρετόν), un état de l'âme (ἕξις) capable de procurer une vie heureuse. Ce bien n'est ni le plaisir ni la vertu toute seule, mais un mélange dont les proportions sont déterminées par la raison. Ainsi parlait Platon dans le *Philèbe* ; ainsi parle Aristote à son tour, avec cette nuance qu'il donne la prééminence à la contemplation.

L'accord entre les deux philosophes n'est pas moins

frappant, il est même plus complet sur un autre point d'une importance capitale, l'unité de but, la parenté, pour ne pas dire l'identité de la morale et de la politique.

Quand Aristote affirmait que l'étude des mœurs et de la vertu est une introduction nécessaire à la politique, il ne faisait que résumer la pensée des deux philosophes qui, avant lui, s'étaient efforcés de fonder la science de la société sur la connaissance de l'homme. C'est cette pensée qui domine dans ses trois traités de morale. C'est elle qui a inspiré la définition par laquelle débute la *Grande Morale*. C'est elle aussi qui plus tard a dicté la dernière page de la *Morale Nicomachéenne* sur « la philosophie des choses humaines » dont la politique doit donner « le dernier mot (τελειώθη) ».

Aristote semble même prêter le flanc, comme Platon, au reproche de subordonner la morale à la politique, quand il dit, dans le premier chapitre du même traité, que « la politique étant la science souveraine qui s'occupe du plus grand de tous les biens, celui de l'État, toutes les sciences pratiques, la science militaire, la science économique, la rhétorique, l'éthique elle-même sont à son service ». Au fond ce reproche n'est nullement mérité. Il n'atteint pas plus Aristote que Socrate et Platon. Il a fait comme eux de la morale, et même beaucoup plus explicitement, une science indépendante et même une science maîtresse. Non content de l'émanciper en lui donnant un nom spécial et une existence distincte, il l'a élevée de fait au-dessus de la politique : car il lui a assigné pour objet propre le souverain bien de l'homme, et il lui a emprunté la théorie de la justice que la politique se propose de réaliser dans la société. Suivant lui, en effet, l'idéal de l'État se résume dans cette belle formule : « τὸ ἴσον ἀντιπεπονθός, la réciprocité dans l'égalité. »

Cette définition de la justice n'est pas, il est vrai, celle de Platon ; mais chez les deux philosophes le but est le même, et tous les deux en poursuivent la réalisation de la même manière, les yeux fixés sur la loi non écrite du devoir ou de l'honnête (τὸ καλόν) prescrite par la raison. Aussi est-ce avant tout par l'éducation, c'est-à-dire par une application de la morale, qu'Aristote veut établir le règne de la justice dans l'État aussi bien que dans l'âme de chaque citoyen. En ceci encore il se montre un vrai disciple de Platon.

Pour tout dire enfin, et pour conclure sur ce sujet, en politique comme en morale, et en morale comme en psychologie et même en métaphysique, quelles que soient les différences et les oppositions entre les doctrines de Platon et celles d'Aristote, je suis beaucoup plus frappé, je l'avoue, de l'accord fondamental de leurs intentions et de la direction identique de leur pensée. Tous deux ont sciemment continué, chacun à sa manière, la tradition spiritualiste d'Anaxagore et de Socrate.

CHAPITRE VIII

PLATON ET ARISTOTE ; LEUR ACCORD FONDAMENTAL [1]

Ceux qui connaissent l'enseignement et les écrits de M. Franck ne s'étonneront pas d'apprendre que le volume d'études historiques qui fait l'objet de cet article est en même temps un livre de doctrine. Quelque sujet qu'il ait traité dans sa longue carrière de professeur et de publiciste, M. Franck a toujours eu le souci de montrer l'accord de la psychologie et de l'histoire, d'éclairer et de confirmer par l'histoire, et réciproquement de soumettre au contrôle de la réflexion et du bon sens les découvertes de l'érudition et les jugements souvent téméraires de la critique moderne. Cette intention éminemment philosophique, il l'affirme tout d'abord dans un *avant-propos* (p. 6) : « Les différents essais contenus dans le présent volume... n'ont pas d'autre unité que celle des principes sous l'empire desquels ils ont été écrits, celle de la méthode qui a servi à constater et à recueillir ces principes, et celle de la doctrine qui en est la conséquence nécessaire. » Cette doctrine (est-il besoin de le dire ?), c'est le spiritualisme, c'est-à-dire l'affir-

---

1. Extrait du *Journal des Débats* du 6 décembre 1885 ; article sur les études de critique philosophique de M. Ad. Franck.

mation des facultés et des attributs esssentiels de la nature humaine et la revendication des principes éternels de cette raison que l'homme possède seul ici-bas et qui le sépare de la brute.

Or, admettons que cette doctrine vraiment humaine et qui inspire en effet tout l'ouvrage, en marque seule l'unité : cela même n'est pas si commun, par le temps qui court. Le défaut de notre époque n'est pas une excessive préoccupation de ce qui fait l'homme et de ce qui l'élève ; c'en est plutôt l'abandon et l'abdication. Ce qui semble être à la mode, ce n'est pas l'enthousiasme, mais « l'incroyance », pour employer un mot créé par l'auteur et qui caractérise parfaitement cette maladie des intelligences. Un philosophe qui se souvient qu'il est un homme est donc devenu un phénomène assez rare et qui vaut la peine qu'on s'arrête à le considérer.

N'oublions pas cependant que la doctrine est enseignée ici par l'histoire. Deux noms surtout, qui reviennent sans cesse à l'esprit, servent à la confirmer : les noms immortels de Platon et d'Aristote. Aussi bien, est-ce le privilège de ces deux grands hommes de résumer pour ainsi dire en eux la pensée du genre humain et tous ses efforts pour déchiffrer l'énigme de l'univers. Il n'est aucune époque, aucun système de philosophie qui ne porte l'empreinte plus ou moins profonde de l'un ou de l'autre, ou de tous les deux à la fois.

S'attache-t-on à Platon, sa trace est lumineuse et facile à retrouver. En dehors de la tradition dix fois séculaire de l'école platonicienne depuis la fondation de l'académie jusqu'à la chute du néoplatonisme alexandrin, cette puissante influence se montre partout où la conception de l'idéal est échauffée par l'amour et colorée d'une teinte de mysticisme. On la reconnaît sans peine dans un grand nombre de pères de l'Église. Origène en particulier en est tout pénétré: non seulement ses brillantes hypothèses sur les âmes sont un écho de celles du *Phèdre* et du *Timée*, mais il pratique une méthode empruntée à l'auteur de ces dialogues, ainsi que l'a très bien remarqué M. Franck, une méthode allégorique qui rappelle aux lecteurs de Platon les mythes et les allégories dont ce philosophe a enveloppé ses théories les plus célèbres. Par Origène, par saint Augustin et par le faux Denys Aréopagite, le platonisme agit encore à travers le moyen âge et les temps modernes. Au xve et au xvie siècles, c'est surtout de Platon que s'inspire la renaissance ; c'est en son nom que les esprits les plus hardis s'insurgent contre la scolastique et préparent les temps modernes ; c'est dans l'école de Florence qu'est le point de départ du péripatétisme lui-même, tel qu'il s'enseigna alors à Padoue et à Bologne ; c'est de cette même école que procèdent, au moins en partie, Lefèvre d'Étaples, Reuchlin et Henri Corneille Agrippa, ce personnage si original en qui la plupart des historiens de la philosophie n'ont vu qu'un sceptique et dont M. Franck a mis en pleine lumière le caractère véritable, saisissant sur le fait et dans un cas particulier ce qu'on peut appeler la loi de formation du mysticisme. Agrippa en effet est un philosophe mystique ; comme tous les mystiques, il s'élève à la connaissance véritable sur les ruines de la science humaine, et son scepticisme apparent n'est que le prélude et la préparation de son mysticisme. Il y a encore du Platon dans Descartes, dans Malebranche et dans Leibniz ; et s'il est impossible de regarder comme un platonicien le savant François Thurot que M. Franck a si heureusement replacé parmi « les premiers promoteurs de la rénovation spiritualiste » et qu'il appelle si ingénieusement « un éclectique en dehors de l'éclectisme », au moins ne saurait-on nier les tendances platoniciennes du chef de l'école éclectique ni la vérité de ce propos qu'il tenait un jour devant nous : « Si Leibniz est le plus grand de mes maîtres, Platon en est le plus aimable et le plus cher. »

Aristote partage avec Platon l'empire des intelligences ; il l'a exercé avec une autorité proverbiale dans l'antiquité, au moyen âge et dans les temps modernes. Une simple liste de ses disciples et de ses commentateurs avant 1619 remplit plusieurs pages in-folio de l'édition de ses œuvres par G. Duval ; encore cette liste est-elle incomplète, même à la date déjà ancienne où elle a été dressée. Il serait donc tout à fait superflu de démontrer ce que tout le monde sait, qu'Aristote est un des maîtres les plus suivis en philosophie. Mais ce qu'on ne sait pas aussi bien et ce que M. Franck me paraît avoir établi contrairement à l'opinion générale, c'est que, malgré d'incontestables divergences, ces deux guides de la pensée sont loin de représenter deux directions opposées et inconciliables et que leur tendance fondamentale est la même. M. Franck en a fait la preuve à deux reprises, d'abord dans l'article intitulé : l'*Histoire naturelle dans l'antiquité,* puis dans une très savante étude sur *la Philosophie au moyen âge.*

L'*Histoire des animaux,* d'Aristote, n'est pas seulement un modèle admirable de science positive, mais encore un chef-d'œuvre de philosophie zoologique. Aristote s'y applique à montrer que la nature a des lois et que le monde, comme il l'a dit ailleurs, n'est pas « une collection d'épisodes ». Le signe auquel il reconnaît l'ordre est la subordination universelle du moins parfait au plus parfait, et l'appropriation des moyens à la fin. « Dieu et la nature, dit-il, ne font rien en vain. » Dieu, la raison suprême, est « le bien du monde, comme un général en son armée ». Or, en proclamant ainsi le principe des causes finales et en le rattachant à la raison divine, Aristote ne fait que continuer Platon qui, dans le *Phédon* et le *Timée*, distingue avec tant de force deux sortes de causes, les unes nécessaires et aveugles qui sont dites secondes ou subordonnées, les autres premières et maîtresses, essentiellement raisonnables. Plus on y regarde de près, plus on voit « diminuer la distance qui, dans l'opinion générale, sépare Aristote de Platon ». Et l'auteur conclut que ces deux philosophes, « aussi longtemps que durera la civilisation, resteront les maîtres et les modèles des plus hautes spéculations de l'esprit humain ».

L'étude de la philosophie au moyen âge le conduit à la même conclusion. Tout en rendant justice aux curieuses et persévérantes recherches de M. Hauréau sur la scolastique, l'auteur rectifie des exagérations évidentes sur l'importance attribuée à la querelle des universaux, sur l'autorité d'Aristote et sur le sens même de sa doctrine.

Les philosophes modernes en général ont fait très peu de cas du moyen âge ; presque tous se le figurent voué à la servitude et incapable de philosophie. Dans notre siècle ce préjugé a rencontré de savants contradicteurs ; mais s'il s'est modifié, il n'a pas disparu entièrement. Même dans les écrits de MM. Cousin et Hauréau, la philosophie du moyen âge nous est représentée sous le double joug d'Aristote et de la théologie dont elle devient peu à peu l'alliée après en avoir été l'esclave ou la servante, n'ayant elle-même pour tout aliment que les querelles légendaires du réalisme et du nominalisme. Rien de plus faux ou de plus superficiel que cette manière de comprendre une époque où les questions religieuses étaient la grande affaire pour tout ce qui pensait en Europe. La question des universaux dans laquelle on s'imagine que la philosophie était alors confinée ne fut que deux fois agitée avec passion, et deux fois seulement excita une véritable lutte : d'abord au temps de Roscelin et d'Abélard, et plus tard quand le nominalisme, oublié depuis près de deux siècles, fut renouvelé par Occam, qui en assura le triomphe. Hors de là on peut, si l'on y tient, relever chez presque tous les scolastiques quelques phrases sur la question des universaux. Mais « ce n'est pour ainsi dire qu'un accident dans leur doctrine ». Cette remarque que M. Franck applique à Jean Scot Erigène a une portée générale : se borner à classer en nominalistes et en réalistes les philosophes de cette longue période de six siècles, c'est en vérité ne rien entendre à leurs doctrines. A ce point de vue étroit, le xiiie siècle en particulier est défiguré et sa pensée reste incomprise. Quel intérêt croit-on que Roger Bacon, par exemple, ait attaché à la question des universaux? Combien de pages saint Thomas d'Aquin a-t-il consacrées à ce sujet, soit dans sa *Somme,* soit dans ses commentaires sur Aristote ? Bien plus, pour Abélard et pour Occam lui-même, la théologie et la méthode à y appliquer n'étaient-elles pas le principal sujet d'étude? Occam y ajoutait la politique, où il joua un rôle considérable comme apôtre et théoricien de l'état laïque avant le Dante et avant Marsile de Padoue, dont M. Franck a trop vanté peut-être l'originalité, très réelle d'ailleurs.

Quant à l'autorité d'Aristote, elle a été fort exagérée, et il en faut beaucoup rabattre pour rester dans la vérité historique. Au moyen âge, pas plus qu'en aucun autre temps, la philosophie ne s'est confondue avec la logique. C'est dans cette dernière étude seulement qu'Aristote a été un oracle ; et les plus indépendants des philosophes modernes, Kant et Hegel par exemple, l'y ont accepté pour maître. Il n'en est pas du tout de même dans les autres parties de la philosophie et notamment en métaphysique où Aristote cède le pas à Platon. Seulement, comme le dit M. Franck, « c'est sous le nom d'Aristote que Platon le plus souvent fait accepter sa domination au moyen âge ». Sur Dieu et sur l'âme, c'est lui qui a le dernier mot. On n'a pas ses écrits ; on l'estime plus qu'on ne le connaît ; mais depuis Scot Erigène, saint Anselme et Abélard, jusqu'à Thomas d'Aquin, saint Bonaventure et Gerson, la plupart et les plus grands des docteurs du moyen âge, quand ils ne le préfèrent pas ouvertement à Aristote, le lui adjoignent et s'efforcent de le concilier avec lui en même temps qu'avec l'enseignement chrétien. Est-ce inconséquence ou inintelligence, comme on l'a quelquefois supposé de nos jours? Ni l'un ni l'autre ; car il est certain que les deux grands philosophes dont il s'agit appartiennent également au spiritualisme. M. Franck soutient même contre M. Hauréau qu'Aristote n'est nullement nominaliste. Sans aller jusque-là peut-être, je dirai volontiers que « le chef du lycée n'est pas aussi éloigné qu'on le pense de l'auteur du *Phédon* et de la *République* ». Il y a entre « ces deux génies rivaux, mais non pas ennemis », un accord fondamental, et la doctrine qui leur est commune est précisément celle que j'indiquais en commençant, savoir que l'homme est ici-bas « un être à part », suivant l'expression d'Aristote, qu'il y a en lui une raison qui s'observe, se connaît et s'affirme, avec son objet propre et ses données essentielles : l'intelligible et le parfait, le nécessaire, le divin, et le bien dans sa réalité souveraine.

Cette doctrine a eu de tout temps des adversaires de plus d'une sorte. Il y a d'abord ceux qui ne voient dans la raison qu'un travail de combinaison et d'élaboration sur des données empiriques : ils n'ont pas de place dans leur système pour une faculté originale de connaître les vérités nécessaires,

> Et le raisonnement en bannit la raison.

Les évolutionnistes la suppriment aussi, lorsqu'ils l'expliquent par les transformations supposées, soit de la sensation, soit de cette chose vague et équivoque qu'ils appellent représentation. N'y a-t-il pas enfin ces esprits épais dont se moquait Voltaire qui prennent leur cinq sens pour du bon sens ? « Terribles gens, dit admirablement Platon dans le *Sophiste,* qui veulent tout saisir de leurs mains et refusent obstinément l'existence à ce qu'ils ne peuvent voir ni toucher. »

De nos jours comme au temps de Platon, c'est au nom de la science qu'on entreprend de dépouiller la nature humaine de ses attributs distinctifs, en les faisant dériver de la nature animale. M. Franck ne l'ignore pas, et il fait ouvertement la guerre à cette prétendue science. Il rompt en visière à l'empirisme, à l'évolutionnisme, au matérialisme. Il ne croit pas que, lorsqu'il s'agit de l'âme, la science s'appelle physique ou chimie ou même physiologie. Pour lui, comme pour Reid, Maine de Biran, Victor Cousin et Jouffroy, il n'y a pas d'autre science de l'âme que la psychologie. Il est d'avis, et toute l'école spiritualiste avec lui, que la célèbre *Préface* de Jouffroy n'a pas été réfutée, que nos pensées, nos sentiments, nos actions volontaires sont des faits réels, que nous sommes capables de réfléchir sur cet ordre de faits et de les observer, non pas seulement d'une manière indirecte chez des êtres que nous ne voyons que du dehors, mais d'abord et directement en nous-mêmes et par conscience. Assurément, la psychologie pure et proprement dite n'exclut pas, elle réclame au contraire — nous l'avons tous dit et imprimé longtemps avant nos contradicteurs[1] — l'indispensable complément de la psychologie comparée. Mais elle la précède et lui fournit ses principes ; elle en surveille et en éclaire la marche nécessairement détournée et périlleuse ; elle en explique les résultats et en redresse les erreurs. La vraie science de l'âme n'admettra jamais par exemple que, par un renversement de la méthode analytique, on explique le connu par l'inconnu, l'homme par la brute, la santé par la maladie, la conscience par l'inconscience, ni que, sous l'empire de préjugés matérialistes, au lieu de dire avec Socrate et Descartes : « Moi, c'est-à-dire mon âme, » on dise : « Moi, c'est-à-dire mon cerveau. »

M. Franck n'est pas de ceux qui transigent avec de telles erreurs, même quand la multitude s'y laisse prendre. Il combat l'évolutionnisme en particulier avec une rare vigueur, partout où il le rencontre. Non content de réfuter cette hypothèse plus ou moins récemment renouvelée des Grecs, il remonte aux origines du mouvement inconsidéré d'opinion qui a mis à la mode en France un système condamné par ses conséquences psychologiques et morales aussi bien que par ses contradictions logiques et métaphysiques. Il dénonce l'incroyable engouement d'un certain public pour des doctrines

---

1. Voir, par exemple, dans mes *Essais de logique* (publiés en 1857), le chapitre intitulé : *De la méthode en psychologie*.

dont le moindre défaut est d'être d'importation étrangère, et il s'exprime là-dessus avec une singulière énergie. « J'avoue, dit-il, que j'éprouve une véritable humiliation pour l'esprit de notre temps à voir la célébrité contemporaine dont jouit cette école à l'heure qu'il est, et l'autorité qu'elle exerce un peu partout, mais nulle part autant qu'en France. On trouverait difficilement, je crois, dans l'histoire entière de la philosophie, autant d'affirmations arbitraires, de chimériques hypothèses, de raisonnements sophistiques, de conclusions contradictoires, de mépris pour l'histoire, la raison, le sens moral et le sens religieux de l'humanité. »

J'aime et j'admire pour ma part cette indignation généreuse, et je ne doute pas qu'elle ne trouve de l'écho chez les amis de la philosophie qui liront ces lignes émues d'un vétéran de la cause spiritualiste; car « le spiritualisme, comme le dit encore M. Franck, n'est pas un système, c'est la philosophie elle-même ». Si l'on trouve cette assertion trop absolue, au moins faut-il convenir que la philosophie, comme tentative d'expliquer toutes choses, a pour unique raison d'être notre croyance instinctive et foncièrement spiritualiste à la légitimité de la faculté qui nous oblige de remonter à des causes et à des principes. Si donc un jour venait où l'homme, abusé par une fausse science, renoncerait à s'élever au-dessus de l'humanité et à écouter cette raison qui lui dit par la bouche de Platon qu'il est « une plante du ciel, non de la terre », ce jour-là la philosophie aurait cessé d'exister.

CHAPITRE IX

PYRRHON ET LE PYRRHONISME [1]

I. — Du doute et du scepticisme en général

Le scepticisme, de même que tout autre système de philosophie, a son point de départ, à la fois dans l'esprit et dans le caractère de l'homme qui en fait profession. Il peut donc être envisagé sous un double aspect et devenir l'objet de deux études assez différentes, mais également dignes d'intérêt et qui se complètent l'une l'autre. Les moralistes et les gens du monde, laissant là les spéculations philosophiques, ne voient guère dans le scepticisme qu'une certaine disposition psychologique et morale dont ils suivent avec curiosité les conséquences dans la vie pratique. Pour les philosophes et pour les historiens de la philosophie, c'est avant tout une opinion ou une thèse abstraite du ressort de la logique et de la métaphysique; mais ils ne sauraient nier que cette doctrine où le doute est expressément érigé en système, ne soit précédée et préparée par une secrète disposition à douter de tout et toujours ; là est le germe du scepticisme et son origine immédiate

[1]. Mémoire lu à l'Académie des sciences morales et politiques en 1876.

dans l'esprit humain ; ce n'est qu'en remontant jusquelà qu'on en peut retrouver la genèse et marquer le point précis où le doute, tourné en habitude et cessant d'être un fait particulier et local, pour ainsi dire, tend à s'emparer de toutes nos facultés.

Le doute, à son début et sous sa première forme, n'a rien qui ne se concilie parfaitement, je ne dis pas seulement avec la science, mais avec la foi. Cette proposition, qui a l'air d'un paradoxe, est l'expression exacte de ce qui se passe. A sa première apparition, en effet, le doute n'est que l'étonnement causé par la nouveauté des objets qui s'offrent à nous. Un spectacle inusité, un phénomène inattendu nous surprend et nous trouble : nous ne savons qu'en penser ; mais nous désirons d'autant plus en pénétrer la nature et la cause. L'étonnement ou l'admiration, comme l'appelait Descartes qui en faisait la première des passions de l'âme, l'étonnement, dis-je, suivant Aristote, est le commencement de la science[1], et ce philosophe y distinguait avec profondeur deux moments, celui qui précède et celui qui suit la connaissance : d'abord, la surprise de l'enfant et de l'ignorant devant le nouveau, l'inconnu, l'inexpliqué, comme par exemple une éclipse de soleil, ou l'incommensurabilité de deux grandeurs, ou les variations que subit une même espèce d'êtres vivants, en changeant de lieu et de climat ; puis, l'étonnement plus sérieux de l'homme de science ou d'expérience en face d'une dérogation à ce qu'il croit être une loi de la nature. Montesquieu, dans ses *Lettres persanes*, donne un exemple très agréable de ces deux manières de s'étonner. Un de

---

1. Platon avait dit la même chose en d'autres termes (dans le *Théétète*, p. 135), en rappelant qu'*Iris* est fille de *Thaumas*.

ses personnages, récemment arrivé à Paris, est frappé de l'espèce d'engouement dont il est aussitôt l'objet : « Jamais homme, dit-il, n'a tant été vu que moi. J'entendais autour de moi un bourdonnement : Ah ! ah ! monsieur est Persan ! C'est une chose bien extraordinaire ! Comment peut-on être Persan ! » Voilà bien la manière de parler et de sentir de gens que toute nouveauté surprend parce qu'ils n'ont jamais réfléchi ; et d'un autre côté, la grave ironie de ce Persan fait assez entendre qu'un Européen sensé devrait plutôt s'étonner qu'un étranger venu de l'Orient lui fût semblable en tout point. Sous ces deux formes, du reste, loin d'endormir ou de paralyser l'intelligence, l'étonnement est un mobile de curiosité et même un aliment de la foi que la curiosité suppose. A vrai dire, ce n'est pas encore le doute ; car dans la surprise naïve que nous cause l'inexpliqué, l'inattendu, l'exceptionnel, il n'entre d'abord aucune défiance de nous-mêmes.

Cette défiance, qui constitue proprement le doute, ne vient que plus tard, avec l'âge et la réflexion. Elle est un fruit de l'expérience, et elle se produit lorsque, ayant commis quelque erreur plus ou moins grave, nous sommes amenés non seulement à reconnaître que nous nous sommes trompés, mais encore à nous dire que, dans la science comme dans la vie, la prudence est mère de sûreté. C'est alors que nous éprouvons le doute, c'est-à-dire cette espèce d'hésitation qui naît de la défiance de soi-même. Alors aussi et alors seulement, le désir de connaître cessant d'être une curiosité vague, irréfléchie, indiscrète, se transforme en amour raisonné de la vérité. L'attention est tenue en haleine par la difficulté mieux sentie des recherches ; l'examen est plus scrupuleux et plus patient ; l'ardeur de savoir est contenue et stimulée tout ensemble par une secrète inquiétude ; on apprend enfin à éviter les partis pris, les témérités, et, là où manque la lumière, à suspendre son jugement. Cette réserve est commandée à l'homme par sa nature même, et elle est, en une certaine mesure, un remède à sa faiblesse : c'est un doute viril, fortifiant, qui assure la marche de la science, parce que, sans étouffer notre curiosité native, il la double de prudence, l'oblige à prendre des précautions contre les causes d'erreur, et fonde la méthode à tous les degrés. Telle est la part qu'il conviendra toujours de faire au doute dans la science humaine: science incomplète, mêlée d'inconnu, en partie hypothétique, souvent approximative ou provisoire, mais, grâce à des méthodes éprouvées, ayant aussi des parties solides, des résultats acquis et définitifs, un domaine incontesté, chaque jour plus étendu, et procédant sans reculer jamais à la conquête de la science universelle.

Jusque-là, on le voit, le doute n'a rien que de raisonnable et de salutaire. Mais de quoi l'homme n'abuse-t-il pas ! Est-il en possession d'une ferme croyance, embrassée avec ardeur dans les belles années de la jeunesse et retenue avec force dans l'âge mûr : il est en danger de devenir fanatique, intolérant pour le moins. A-t-il confiance dans la direction qu'il a donnée à ses recherches philosophiques : son dogmatisme est exposé à toutes les intempérances, à toutes les folies de l'esprit de système ou de secte. Enfin, s'est-il avisé que l'intelligence humaine est sujette à l'erreur, qu'elle varie et se contredit et que, dans toutes ses démarches, elle a besoin d'être surveillée : le voilà qui bientôt va se laisser entraîner sur cette autre pente jusqu'à vouloir douter de tout et toujours. De là, le doute à outrance, universel et systématique, en un mot le doute sceptique. Parvenu à ce point, le doute est excessif et extravagant, aussi excessif et aussi extravagant que le dogmatisme le plus intempérant, avec cette différence que les croyants pèchent par excès de force pour ainsi dire, par une exubérance de jeunesse, d'ardeur et d'enthousiasme, tandis que le sceptique, péchant plutôt par le défaut de tout cela, semble céder à la lassitude, au découragement, ou à un affaiblissement sénile.

Cette appréciation paraît-elle trop sévère? Chacun sait pourtant ce que deviennent les facultés d'un homme en proie à l'incertitude sur le sujet dont il délibère. Évidemment, si cet homme ne veut pas aller au delà de ce qu'il sait, et s'il a pris son parti du doute, il se tiendra sur la réserve. Il ignore les qualités bonnes ou mauvaises de cette chose ou de cette personne, les avantages et les inconvénients de cette action ; il n'en portera donc aucun jugement ; il sera à son égard comme s'il ne pensait pas. Son intelligence ne sera pas seule condamnée à l'inertie ; il se gardera de donner son cœur à ce qui peut-être ne le mérite pas ; il n'aimera pas ce qui peut-être n'est pas bon ; il ne haïra pas non plus ce qui peut-être n'est pas mauvais. Enfin, dans le silence de sa pensée, dans l'indifférence de son cœur, manquant de mobiles pour vouloir, il croira faire sagement de suivre le proverbe qui lui dit : « Dans le doute abstiens-toi. » Voilà ce que produit un doute même partiel et momentané qui, s'étant imposé à l'esprit, lui interdit de juger, de préférer, de choisir, de vouloir et d'agir. Que sera-ce si, au lieu de ce doute passager auquel succédera une période plus ou moins longue de foi et de conviction, il s'agit d'un peut-être perpétuel et d'une disposition constante à se défier de toute croyance, de toute science humaine et même du témoignage de ses propres facultés de connaître ? Qui ne voit que, sous l'empire d'une pareille habitude, l'homme perdra chaque jour quelque chose de ses forces intellectuelles et morales ; qu'à l'activité, à l'initiative personnelle, aux passions généreuses, à la foi, à l'énergie, au dévouement, succèderont chez lui l'apathie, l'indifférence, la sécheresse de cœur, l'hésitation et la froideur pour toutes les nobles causes, l'abstention égoïste, le détachement des devoirs difficiles, la crainte de tout risque et la paresse à s'employer pour autrui ? Quels dangers plus grands, je le demande, peuvent menacer le caractère d'un homme ? Quelle diminution plus grande peut-on concevoir dans sa valeur morale ?

Ce n'est pas ici le lieu de montrer en détail les conséquences fâcheuses d'une disposition habituelle à douter de tout, soit qu'elle se rencontre chez un individu, soit que, répandue dans une nation tout entière, elle s'attaque à ses croyances, à sa littérature et à ses mœurs. Je constate seulement que c'est dans une disposition de ce genre que le scepticisme prend naissance. Si telle est son origine psychologique, on avouera qu'elle est de nature à inspirer *a priori* une médiocre estime pour le système du doute à outrance. Mais si dans le scepticisme on fait abstraction de l'homme et du caractère pour ne s'occuper que de la pensée, il faut lui chercher d'autres origines ; il en faut démêler les motifs, les raisons philosophiques ; et, pour être assuré que celles qu'on lui assigne ne sont pas exclusivement propres à telle ou telle forme de scepticisme, mais essentielles au scepticisme lui-même, il faut ajouter à l'analyse psychologique et morale une étude comparée des écoles sceptiques, dégager les principes fondamentaux du système et les lois générales de son développement historique et logique.

L'illustre chef de l'école spiritualiste, notre maître à tous en philosophie, M. Cousin, accordait au scepticisme une place considérable dans sa classification des systèmes. Il se le représentait comme une des formes essentielles de la réflexion, et par conséquent comme un produit légitime, utile et nécessaire de l'esprit philosophique. Il avouait cependant, d'une part que la foi est plus naturelle à l'homme que le doute, et d'autre part qu'à plus d'une époque le scepticisme a fait défaut et n'a pas eu d'existence distincte en dehors des différents dogmatismes. Ce double aveu nous autorise à nous demander non seulement si le scepticisme est une doctrine semblable à elle-même dans l'antiquité, au moyen âge et dans les temps modernes, mais encore s'il est bien un fait universel et normal, s'il ne serait pas plutôt un accident et une exception, si enfin, au lieu de procéder du bon sens et d'attester le progrès des lumières, il ne serait pas tout simplement la conséquence plus ou moins rigoureuse d'un système exclusif et de quelque parti pris contre tel ou tel ordre de connaissances. Or ce sont là des questions de fait, et, pour y répondre, il faut étudier le scepticisme sous les formes qu'il a prises dans l'histoire.

Au premier coup d'œil jeté sur l'Orient, il paraît très difficile d'y découvrir le scepticisme proprement dit. Parcourez par la pensée les belles contrées comprises sous le nom d'Orient, la Judée, l'Égypte, la Perse, la Chine et l'Inde elle-même, si riche en systèmes philosophiques; vous y chercherez en vain le doute à l'état de doctrine ou de système. C'est un point sur lequel les historiens de la philosophie tombent d'accord. Seul ou presque seul, M. Cousin avance quelque part le contraire, au moins en ce qui concerne les pays de langue sanscrite ; mais il est permis de croire que, sans s'en rendre compte, l'éminent philosophe accommodait en cela l'histoire à sa célèbre théorie des quatre systèmes fondamentaux, et l'on ne voit pas qu'ici son opinion ait fait autorité. M. Émile Saisset lui-même, malgré son attachement bien connu à l'éclectisme, n'hésite pas à déclarer que le scepticisme n'a pas paru dans l'Inde, et il ajoute que c'est faute de réflexions assez profondes, en quoi j'avoue n'être pas tout à fait de son avis.

L'Inde en effet est un pays autrement philosophique que l'Égypte, la Chine, la Perse et la Judée : tous les systèmes y ont eu des partisans, excepté précisément celui qui nous occupe. Le scepticisme n'y peut réclamer aucune des écoles connues, aucun des philosophes dont les écrits, les opinions, ou seulement les noms sont parvenus jusqu'à nous. Ni la Mimansa, orthodoxe ou hétérodoxe, ni la philosophie Védanta, ni la dialectique Nyâya de Gotama, ni la physique Vaïsesika ne portent la moindre trace de préoccupations sceptiques. Il en est de même des deux écoles de philosophie Sankhya, celle de Kapila et celle de Patandjali : ces deux écoles rivales s'accordent entre elles et avec toutes les autres, y compris le bouddhisme, pour proposer à leurs disciples un ensemble de doctrines positives.

M. Cousin, tout en confessant qu'il ne connaît aucun philosophe sceptique en Orient, essaie néanmoins d'établir par le raisonnement qu'il a dû y avoir du scepticisme dans l'Inde. Voici comment : « Nous possédons », dit-il, « de nombreux commentaires du Sankhya et du Védanta qui se font une guerre perpétuelle. De là tirez cette conséquence, qu'il doit y avoir eu dans l'Inde plus ou moins de scepticisme ; car il est impossible que deux systèmes opposés se combattent sans s'ébranler réciproquement. » A cet argument tout conjectural, M. Cousin ajoute ce fait, que les philosophes indiens sont presque unanimes à dire que « le monde est une illusion », et que « l'*illusion* (Mâya) est le nom qu'ils ont donné au monde ».

Rien, il est vrai, n'est plus fréquent dans les écrits de ces philosophes que des expressions paradoxales sur le néant du monde et de l'homme. Mais on doit remarquer d'abord que toutes les écoles font entendre de telles plaintes, et que cela n'empêche pas ces écoles d'être toutes franchement dogmatiques. Ensuite, il ne s'agit pas ici d'un doute, mais d'une négation portant sur la valeur des choses de ce monde. Ce n'est même pas un jugement, un fait intellectuel, mais plutôt un sentiment de répulsion et d'énergique mépris pour la vie que l'homme mène ici-bas; et, bien loin que ce sentiment procède du scepticisme, il y faut voir l'excès d'une forte croyance. Comment, d'ailleurs, s'attendrait-on à rencontrer le scepticisme philosophique là où n'existe même pas ostensiblement le scepticisme religieux ? Les doctrines de tous les philosophes indiens, celle de ce Kapila lui-même que ses adversaires appellent un athée, aussi bien que celles de Patandjali ou du Bouddha Sakhyamoûni, toutes ces doctrines si diverses, si opposées qu'elles paraissent, reposent sur un dogme qui jouit, dans l'Inde et dans tout le monde brahmanique d'une autorité incontestée, le dogme des migrations et de la nature impérissable des âmes. De là un problème qui ne s'est posé nulle part ailleurs sous cette forme et qui témoigne de la profondeur extraordinaire de la misère morale et du désespoir parmi ces races, favorisées entre toutes par la beauté du climat et la richesse du sol, mais courbées sous le despotisme, dégradées par des religions fatalistes et panthéistes, et avilies par le système des castes. Ce qui s'appelle partout ailleurs le problème de la douleur ou de la souffrance a reçu dans l'Inde un nom caractéristique : c'est le problème de la délivrance; et de quoi s'agit-il de se délivrer? De la nécessité de vivre, ou du moins de revivre, suivant cette loi inexorable de résurrection perpétuelle que l'on ne met pas en doute, alors même qu'on la maudit. C'est cette croyance, non l'absence de toute croyance, qui est la cause de ce trouble, de cette horreur singulière de la vie et de ce profond désespoir, si différents de l'apathie, de la légèreté de cœur et de la sérénité moqueuse de la plupart des sceptiques.

L'Orient tout entier, on le voit, paraît étranger au scepticisme théorique. L'Inde, en particulier, est aux antipodes de cette philosophie, non faute de réflexion, comme on l'a dit, mais parce qu'elle y répugne par ses réflexions autant que par ses croyances.

On insistera peut-être; on dira que, s'il n'y a pas de philosophes sceptiques dans l'Inde, on y rencontre cependant le scepticisme, au moins par instants : car de quel autre nom appeler cette opinion qui, contrairement aux données les plus certaines des sens, traite d'illusion le monde visible? N'est-ce pas là du scepticisme, au moins un scepticisme partiel? Soit ; nommons, si l'on veut, scepticisme cette négation ou ce doute persévérant et passionné sur la réalité des choses visibles. Il n'y en a pas moins une différence essentielle à marquer entre ce scepticisme-là et celui dont la Grèce ancienne et l'Europe moderne nous offrent des exemples. La vérité se présente à l'esprit de l'homme sous deux aspects : d'une part, la raison la découvre ou la conçoit dans son essence absolue, éternelle et nécessaire ; d'autre part, les sens et l'expérience en perçoivent les manifestations variables et contingentes. On peut donc distinguer, avec ces deux modes de la connaissance, deux espèces de doute, l'un portant sur les vérités révélées par la raison, l'autre sur les données de l'expérience. Mais, de ces deux doutes partiels, l'un est beaucoup plus radical que l'autre et plus facile à convertir en un doute systématique et universel.

En effet, est-ce la réalité inférieure qui est mise de côté, comme digne de mépris et n'ayant en soi rien de solide ni de substantiel ? Tout n'est pas perdu pour cela ; toute foi n'est pas éteinte ; il reste à l'âme un refuge : elle peut encore croire, espérer, aimer, vivre enfin d'une manière conforme à sa nature, puisqu'il lui reste, dans le monde du divin, tout ce qui est digne d'amour, d'adoration, de dévouement et de sacrifice, ce qui seul peut procurer la paix à l'intelligence et au cœur, combler nos vœux et répondre à nos plus hautes aspirations : le bien, dis-je, le bien absolu et la perfection suprême, source et fin de tout être, ce qu'Aristote appelle le premier intelligible et le premier désirable, τὸ πρῶτον νοητὸν καὶ τὸ πρῶτον ὀρεκτόν. Voilà donc un doute qui non-seulement ne contredit pas la foi religieuse, mais qui peut lui servir d'aliment, et qui n'exclut pas non plus un dogmatisme philosophique et rationnel, mais bien plutôt le fortifie en le faisant planer au-dessus du scepticisme vulgaire.

Au contraire, le doute s'est-il attaqué aux réalités d'en haut, ce doute qui prétend s'appuyer sur l'expérience et sur les faits, ce doute qui semble ne toucher qu'à deux ou trois notions abstraites, tenues provisoirement pour hypothétiques et réservées comme telles à un plus ample informé, ce doute soi-disant partiel, provisoire, inoffensif, — qu'on ne s'y trompe pas, — c'est le principe fatal du scepticisme universel. On peut fort bien, sans cesser d'être dogmatique, négliger tels ou tels faits, laisser même de côté tout un ordre de faits ; on est dans l'erreur, mais on n'est pas contraint par cette erreur de renoncer à toute vérité, à toute certitude, à toute croyance, tandis que, si l'on a une fois taxé d'illusion notre connaissance de la vérité nécessaire, on ne peut persévérer sans inconséquence dans ce doute, à moins de rejeter avec les causes les effets, avec les principes les conséquences, avec l'être nécessaire les êtres contingents ; car l'être nécessaire peut exister ou se concevoir sans les êtres contingents, mais le contingent ne suffit ni à la raison ni à lui-même, et quiconque prétend s'y retrancher se condamne logiquement par cela même à vivre et à se mouvoir dans le vide.

Les historiens, les philosophes et les moralistes ont souvent opposé entre eux les peuples de l'Orient et ceux de l'Occident, en ce qui concerne le sentiment de la réalité. « Les premiers, disent-ils, méprisent la réalité ; ils lui substituent facilement les purs concepts de la raison ou les chimères de l'imagination... Les races occidentales, au contraire, sont douées en général, d'un esprit positif, observateur[1]. » Ainsi s'exprime M. Jouffroy, et il en conclut avec raison que les races de l'Orient sont plus portées au mysticisme et celles de l'Occident au scepticisme. Qu'il me soit permis d'ajouter que le réel n'est pas tout entier dans le visible, et que, le monde

---

1. Th. Jouffroy, *Cours de droit naturel*, 8ᵉ leçon, init.

invisible de la raison ayant aussi sa réalité, une réalité souveraine, il peut y avoir aussi un vif sentiment de la réalité chez ceux qui croient à l'absolu, au nécessaire, au divin, puisque tout vient de là. Si donc c'est une erreur de nier ou de révoquer en doute la réalité sensible, c'en est une plus grande encore de nier ou de révoquer en doute la réalité éternelle.

Est-ce à dire que nous soyons d'avis de remplacer le scepticisme par le mysticisme, c'est-à-dire une erreur appropriée à l'esprit positif des races occidentales par une autre erreur dont s'accommode de préférence le génie contemplatif des Orientaux? Pas le moins du monde; mais, sans donner dans ces exagérations, ne pourrait-on pas dire que, dans la marche assez peu logique de la civilisation, tout n'a pas été progrès; que, par exemple, si l'antique Orient était moins bien partagé que nous pour la science, il n'en était pas de même pour la foi; que, s'il avait moins de méthode et de prudence, il avait plus d'élévation et d'enthousiasme; qu'enfin, si le mysticisme, auquel il a payé un si large tribut, a souvent le tort de trop ravaler les réalités terrestres et de nous faire vivre ici-bas comme dans un désert, le scepticisme, auquel nous sommes enclins, a le tort plus grave encore de fermer les yeux à la lumière d'en haut et aux principes qui rendent tout le reste intelligible. De là cette atonie, cette froideur et ces sécheresses de l'âme si fréquentes parmi nous et que l'Inde, avec toutes ses misères, n'a point connues. Elle n'a connu, je le répète, qu'un doute partiel qui n'est pas le scepticisme et qui n'y conduit même pas, si, en rejetant les apparences phénoménales, on retient d'autant plus fermement l'invisible, l'être absolu, la vérité nécessaire et immuable.

Pour rencontrer le vrai scepticisme, celui qui naît de préoccupations exclusivement empiriques, il faut porter ses regards vers la Grèce où il a pris naissance, et où il a reçu un nom, une méthode, une forme systématique.

II. — Les origines du scepticisme

Le scepticisme philosophique est un fruit de l'esprit grec. Mais, en Grèce comme ailleurs, il ne paraît qu'à la suite et à la faveur du scepticisme religieux. Tant que la religion a des racines dans les âmes, le doute systématique ne saurait s'y établir : il n'est possible qu'après que nos facultés de croire ont été attaquées dans ce qu'elles ont de plus intime, la foi en Dieu et en ses révélations. Cette foi est-elle ruinée, on n'est plus si loin de douter de la vérité absolue sous sa forme rationnelle. C'est ce qui eut lieu chez les Grecs : le scepticisme religieux prépara chez eux le scepticisme philosophique. Si maintenant on se demande pourquoi il en a été ainsi en Grèce, tandis qu'en Égypte, en Perse, en Judée et dans l'Inde, la religion a pu avoir à lutter contre le schisme et l'hérésie, mais sans être jamais remplacée par le scepticisme, au moins dans l'antiquité, les causes n'en sont peut-être pas trop difficiles à découvrir.

Les Grecs n'avaient pas de castes ; ils n'eurent pas même une caste sacerdotale. L'extrême diversité de leurs cultes et de leurs divinités ne permettant pas à leurs prêtres de former un seul corps, ceux-ci ne pouvaient avoir la même autorité que les prêtres de l'Inde ou de l'Égypte.

Ils ne possédaient pas non plus de livres sacrés, pas de Védas comme dans l'Inde, mais seulement des chants, des hymnes, des légendes et récits poétiques, confiés à la mémoire et non à l'écriture. Les maîtres en religion de cette nation d'artistes étaient des poètes de races et de croyances diverses : d'abord, les Orphée, les Linus, les Musée, plus tard, Homère et Hésiode ; tels furent les instituteurs de la Grèce et ses docteurs en théologie[1].

Nous touchons ici à une cause plus profonde de décadence dans l'ordre religieux. L'âme humaine a soif de perfection et de sainteté ; elle aspire à l'infini et ne peut se reposer ailleurs. Or, tandis que l'infini, la perfection, la toute-puissance éclatent partout d'une manière adorable ou terrible, soit dans la religion des Juifs, soit dans les erreurs grandioses de divers peuples de l'antique Orient, l'art et la poésie ayant envahi chez les Grecs le domaine religieux, la sainteté ayant cédé la place à la beauté, et la forme ayant fait oublier le fond, les croyances mythologiques n'eurent bientôt plus de caractère religieux, et les âmes se détachèrent peu à peu d'un culte idolâtre, inférieur à leurs besoins et à leurs aspirations.

La religion, comme la morale, et plus encore que la morale, vaut surtout par l'élévation et la sévérité de ses enseignements. Ce n'est pas par les agréments de son culte, c'est par l'austérité de ses doctrines qu'elle est forte et qu'elle règne sur les consciences. Lorsque, au lieu de s'adresser à l'âme pour la convaincre de péché et l'exhorter à un relèvement moral, elle se contente d'étaler aux yeux des cérémonies pompeuses, et je ne sais

---

1. Cf. plus haut, ch. III, § 2.

quels brillants hochets, propres à flatter l'imagination et les sens, et qui effleurent tout au plus la partie la plus superficielle du cœur,

..... circum præcordia ludit,

elle n'est plus bonne que pour des enfants, non pour des hommes ; elle inspire peut-être encore des poètes, enfants sublimes, mais elle ne suscite plus ni saints, ni héros, ni martyrs ; dès lors ses jours sont comptés : tôt ou tard elle succombe sous l'indifférence ou le mépris.

Telle était la religion, plus esthétique que morale, plus gracieuse qu'austère, plus accommodée aux passions de l'homme que conforme aux perfections de Dieu, dont Homère fut, parmi les Grecs, l'interprète le plus charmant et le plus populaire, je n'ose dire le plus croyant; car la critique a relevé plus d'un passage de ce poète où semble percer une ironie secrète, signe avant-coureur de l'incrédulité qui devait bientôt se faire jour chez presque tous les esprits cultivés. Il est certain, en effet, que, dès que les idées morales et philosophiques s'élèvent et s'épurent, les récits d'Homère, traités publiquement de fables (μύθος), ne tardent pas à être taxées d'immoralité et d'impiété, non seulement par Platon, qui bannit de sa République le prince des poètes, après l'avoir couronné de fleurs, mais avant Platon et Socrate, par Démocrite, Héraclite et Anaxagore, et encore plus anciennement par Pythagore et Xénophane, c'est-à-dire par les fondateurs de deux écoles renommées pour l'austérité morale et l'élévation métaphysique.

Pythagore, suivant ses biographes alexandrins, déclarait hautement aux Crotoniates qu'Homère et Hésiode subissaient aux enfers des supplices proportionnés aux mensonges qu'ils avaient débités et propagés sur la nature des dieux. Quant à Xénophane, nous avons ses propres paroles : dans des vers que nous a conservés Stobée, il proteste avec une ardente indignation contre la folie du vulgaire et des poètes qui attribuent aux dieux nos infirmités, leur prêtent des yeux et des oreilles et les font en tout semblables à des hommes. Ainsi s'exprimaient sur la religion populaire et sur ses interprètes les plus accrédités deux philosophes monothéistes, sous l'empire d'une foi raisonnée au parfait, au divin, à l'unité immuable de l'Être absolu et nécessaire. Après ces critiques qui, ainsi motivées étaient une condamnation, viennent les railleries de Démocrite, des sophistes et enfin du peuple lui-même.

On le voit donc, la place fut prête de bonne heure en Grèce pour le scepticisme philosophique.

Cependant il faut se garder de prendre pour des sceptiques les philosophes que je viens de citer, car ils sont essentiellement dogmatiques. C'est, par exemple, une erreur manifeste de taxer de scepticisme Xénophane, Parménide et Zénon d'Élée, parce qu'ils ont nié la pluralité et le mouvement, appelant énergiquement non-être (τὸ μὴ ὄν) tout ce que perçoivent les sens, en contradiction apparente avec la raison qui connaît l'unité immuable. Ces philosophes sont si peu sceptiques qu'ils représentent, au contraire, le dogmatisme le plus absolu et le plus exclusif qui fût jamais[1]. De même quand le philosophe d'Éphèse, Héraclite, semble nier l'immuable et l'absolu, ce n'est pas là non plus le doute, mais une négation logiquement déduite d'un système, d'une doc-

---

1. Cf. Em. Saisset, *du Scepticisme*.

trine arrêtée. Ce qui est vrai, c'est que dès le vi[e] siècle avant notre ère, les philosophes grecs donnaient déjà plus de prise au scepticisme que ne le firent jamais les philosophes de l'Inde, car ils opposaient beaucoup plus nettement l'un à l'autre le point de vue empirique et le point de vue rationnel. Cette opposition d'ailleurs, ainsi qu'on l'a souvent fait remarquer, exprimait, dans l'ordre intellectuel, l'antagonisme des deux principales races grecques, la race ionienne et la race dorienne : l'une amie du plaisir, de la liberté et de la nouveauté, unissant le goût de l'industrie et du commerce au culte des arts et des sciences ; l'autre plus grave, plus religieuse à la fois et plus guerrière, plus disciplinée, plus attachée aux traditions. Tandis que les colonies doriennes de la Grande-Grèce et de la Sicile, à la voix de Pythagore et de Xénophane, embrassaient des doctrines appropriées au génie mystique de leur race, et où la vérité absolue était exaltée aux dépens de la réalité phénoménale, de manière à motiver l'espèce de doute ou de négation que l'on observe dans l'Inde et chez les mystiques de tous les temps, les colonies ioniennes de l'Asie Mineure et les cités ioniennes en général, Athènes en tête, déjà portées d'elles-mêmes vers un positivisme spirituel, adoptèrent de préférence une manière de philosopher qui, par l'emploi quelquefois exclusif de l'observation, sinon par l'oubli de la vérité absolue, frayait les voies à cette autre espèce de doute dont résulte logiquement le scepticisme proprement dit.

Les négations contraires d'où peut naître un scepticisme partiel ou universel avaient donc été mises en une pleine lumière, quand parurent les sophistes, ces ingénieux et élégants discoureurs, en qui l'on a souvent cru pouvoir personnifier l'esprit de doute. Mais, s'il est vrai qu'on aurait tort de confondre le doute philosophique avec la négation, on serait aussi mal fondé à n'y voir que l'indifférence. On peut être indifférent sans motif ni réflexion, ou par des raisons étrangères à la philosophie ; mais l'erreur que nous appelons le scepticisme est une erreur philosophique. Or les sophistes, les rhéteurs et les démagogues, tous gens de la même famille, n'étaient pour la plupart[1] que des industriels occupés de leur fortune et de leurs intérêts, affamés d'argent, de pouvoir ou de renommée, et se servant, pour arriver à leurs fins, du double talent de la parole élégante et de la discussion dialectique. De même que les démagogues n'étaient pas de vrais patriotes, mais des flatteurs du peuple, vivant et s'enrichissant aux dépens de la chose publique, ainsi les sophistes exploitant la philosophie plutôt qu'ils ne la cultivaient, n'étaient pas des philosophes, mais des hommes avides et déliés, habiles à profiter de la corruption générale, à laquelle ils contribuaient pour leur compte, et qui se chargeaient d'enseigner aux jeunes ambitieux, moyennant beaucoup d'or et d'argent, outre le talent de la parole, les subtilités qui permettent de soutenir avec une égale vraisemblance le pour et le contre. Qu'on prenne les deux coryphées de la sophistique, Gorgias et Protagoras ; qu'on examine leurs thèses favorites, c'est-à-dire que rien n'est vrai et que tout est vrai : on ne leur trouvera pas d'autre sens.

« L'être n'est pas, » dit Gorgias ; et pour le démontrer, il s'appuie tour à tour sur l'éléatisme qui soutient

---

[1]. Voir plus haut, ch. III, § 5, une appréciation moins sévère des sophistes considérés, non plus comme philosophes, mais comme vulgarisateurs.

que l'être est un et immuable, et sur l'évolutionnisme d'Héraclite qui veut que l'être soit multiple et en perpétuel mouvement. La conclusion est qu'il n'y a rien de vrai.

Protagoras, de son côté, mit en avant cette proposition fameuse, que « l'homme est la mesure de toutes choses », parce que, dans l'hypothèse sensualiste, connaître est la même chose que sentir, et que sentir a lieu de mille manières différentes dont chacun est juge dans son for intérieur. Ainsi tout est relatif, parce que tout est sensible, et tout est vrai, parce que tout est relatif.

Tout est vrai, rien n'est vrai : deux thèses contraires en apparence, identiques au fond, puisque l'une comme l'autre autorise à n'avoir nul souci de la vérité, et à plaider indifféremment le vrai ou le faux suivant l'intérêt de chacun et suivant les circonstances. Or les sophistes et leurs élèves ne demandent pas autre chose. Métrodore, Prodicus, Hippias, Diagoras, Euthydème n'ont pas d'autre intention que Gorgias et Protagoras ; ils tendent au même but et sont animés du même esprit. Aucun d'eux n'est proprement un sceptique ; mais, comme le dit très bien M. Émile Saisset, « chez tous, règne un même esprit critique et négatif poussé à ses dernières limites et déshonoré par l'effronterie [1] ». Si c'est là un scepticisme, c'est celui des esprits légers et des cœurs corrompus, ce n'est pas celui dont nous résumons ici l'histoire. On peut affirmer néanmoins qu'au milieu de cette dissolution des idées et des mœurs la philosophie aurait nécessairement abouti au doute systématique, sans la réforme heureusement accomplie par Socrate. Grâce à lui, la philosophie du doute qui com-

---

1. Em. Saisset, *du Scepticisme*, p. 47.

mençait à poindre fut refoulée encore et retenue dans l'ombre pendant deux générations. Peut-être aussi est-ce à lui que le scepticisme grec dut de se prendre au sérieux lui-même et de se donner enfin la forme et l'apparence d'une doctrine.

Jusque-là en effet le scepticisme philosophique n'était qu'en préparation. Il n'était sorti ni de l'incrédulité religieuse, ni de l'opposition des systèmes philosophiques, ni de la polémique instituée par les Eléates au nom de la raison contre les données des sens, ni des graves problèmes que soulevait cette polémique, ni du doute frivole qui était le résultat le plus clair de la sophistique ; mais tout cela le préparait : la dialectique de Zénon en particulier avait profondément ébranlé le dogmatisme philosophique, et il n'y avait pas loin, ce semble, de la sophistique au scepticisme. Avant que Zénon d'Elée fût venu à Athènes, il n'y avait pas eu de luttes entre les philosophes grecs ; c'est sa fameuse dialectique qui avait inauguré entre eux une sorte de guerre civile et qui, après un court triomphe de l'éléatisme sur l'empirisme ionien, avait provoqué les représailles des physiciens et dialecticiens d'Abdère, Leucippe et Démocrite. De même, avant les sophistes, personne n'avait émis de doute sur la valeur du savoir humain ; après eux la philosophie, devenue suspecte à un grand nombre de bons esprits, commença à se défier d'elle-même et, réduite à se justifier, adopta à partir de Socrate un ton dubitatif bien différent de ce ton d'oracle que la tradition prête aux Pythagore, aux Héraclite et aux Empédocle.

Au point où nous sommes arrivés, un grand pas a donc été fait dans le sens du scepticisme ; mais en somme la philosophie est encore dogmatique, et, si elle paraît plus réservée ou plus modeste dans son langage, il suffit de nommer Platon et Aristote pour démontrer que l'esprit grec n'a rien perdu de sa hardiesse ni de son ambition première.

Ce fut Socrate qui eut la gloire immortelle d'arrêter chez ses contemporains les progrès de l'esprit de doute, de retenir la philosophie sur la pente du scepticisme et de retarder d'un siècle l'apparition de ce système, en édifiant sur de nouveaux principes un dogmatisme plus profond et plus solide que tous ceux qui avaient paru jusqu'alors. Je n'ai pas à étudier ici la doctrine et la méthode de Socrate; il n'est besoin pour mon sujet que de caractériser son œuvre en général, et de rappeler quelle était alors la situation des esprits. C'est ce qu'on voit clairement, ce me semble, dans un passage du *Gorgias,* où Calliclès, raillant chez Socrate l'amour de la vérité spéculative, l'accuse tout simplement de « badinage » et attribue ce prétendu manque de sérieux et de sens pratique à une étude trop prolongée de la philosophie. « Laisse-donc là, lui dit-il, la philosophie, et applique-toi à de plus grands objets. J'avoue, Socrate, que la philosophie est une chose amusante, lorsqu'on l'étudie avec modération dans la jeunesse; mais si on s'y arrête trop longtemps, c'est un fléau. Quelque beau naturel que l'on ait, si on pousse ses études en ce genre jusque dans un âge avancé, on reste nécessairement neuf en toutes les choses qu'on ne peut se dispenser de savoir, si l'on veut devenir un homme comme il faut et se faire une réputation. Les philosophes n'ont, en effet, aucune connaissance des lois qui s'observent dans une ville ; ils ignorent comment il faut traiter avec les hommes dans les rapports publics ou particuliers qu'on a avec eux ; ils n'ont nulle expérience des plaisirs et des passions humaines, ni, en un mot, de ce qu'on appelle la vie¹. » (Ne croirait-on pas entendre tel ou tel homme soi-disant sérieux de notre génération ?) — Et le sophiste continue ainsi : « Quand je vois un enfant, à qui cela convient encore, bégayer en parlant et badiner, j'en suis fort aise ; je trouve cela gracieux, noble et séant à cet âge. Mais si c'est un homme que l'on entend ainsi zézayer, la chose paraît ridicule, indécente à cet âge et digne du fouet. Voilà ce que je pense de ceux qui s'occupent de philosophie. Quand je vois un jeune homme s'y adonner, j'en suis charmé, cela me paraît à sa place, et je juge que ce jeune homme a de la noblesse dans les sentiments. S'il la néglige, au contraire, je le regarde comme une âme basse, qui ne se croira jamais capable d'une action belle et généreuse. Mais lorsque je vois un vieillard qui philosophe encore et n'a point renoncé à cette étude, je le tiens digne du fouet, Socrate². »

Ce que dit ici Calliclès, avec une verve que le traducteur n'a pas affaiblie, c'est ce que pensaient à peu près tous les gens bien élevés d'Athènes. On voit assez par là quel mal avaient fait les sophistes et quelle opinion ils donnaient aux autres de la philosophie. Le plus grand tort qu'ils lui faisaient, c'était d'en être regardés eux-mêmes comme les vrais représentants ; si bien que, tout en les combattant, Socrate devait passer pour un d'entre eux et le plus éminent de tous. Interprètes superficiels ou même infidèles des divers systèmes, les sophistes se plaisaient à en accuser les contradictions réelles ou apparentes ; ils aimaient à embarrasser leurs

---

1. Platon, trad. V. Cousin, t. III, p. 295-296.
2. *Ibid.*, p. 297.

interlocuteurs par des difficultés captieuses, et à établir leurs propres thèses par la réfutation des thèses contraires. De tous leurs discours il ne restait à leurs auditeurs qu'une vive admiration pour l'art de discourir où ils étaient passés maîtres. Quant à la philosophie elle-même, la valeur en paraissait au moins douteuse.

Pour attaquer avec avantage de tels adversaires, il fallait, de toute nécessité, savoir manier leurs armes et connaître à fond leur tactique. Quand donc Socrate entra en lutte avec eux, quand il réussit à les confondre, ce fut en grande partie par les mêmes moyens : aucun ne l'égalait en subtilité, en finesse, en force dialectique, ni même en éloquence, lorsque ce philosophe, quittant la forme du dialogue qui lui était familière, se laissait aller à développer un point de morale, de haute politique ou de religion naturelle. Ses auditeurs, sans penser à mal, admiraient donc en lui le plus illustre de tous ceux que le vulgaire désignait par ce nom magnifique et injurieux tout ensemble de sophistes. Puis quand, par une série habilement graduée d'interrogations, ce puissant dialecticien avait fait tomber ses contradicteurs d'une absurdité dans une autre, sa discussion savante et animée provoquait des doutes autrement sérieux que l'élégant et subtil persifflage des Gorgias et des Protagoras. On devait donc, à première vue, le prendre pour un « Jupiter assemble-nues », pour un hardi démolisseur dans l'ordre intellectuel, pour le plus dangereux corrupteur de la jeunesse à qui, mieux que personne, il apprenait à douter. On pouvait aussi se tromper et plus d'un se trompa en effet sur le sens de cette parole célèbre qu'il répétait si volontiers : « Pour moi, je ne sais qu'une chose, c'est que je ne sais rien. »

Cependant, avec un peu d'attention, on pouvait remarquer que cet habile homme, à la différence des sophistes, était plus soucieux d'accroître sa science et sa sagesse que sa fortune ; que le trouble que ses questions jetaient dans les esprits bien faits était propre à les faire rentrer en eux-mêmes et à leur inspirer la modestie; qu'au fond, il s'agissait moins pour lui de controverse que d'édification ; que le *peut-être* par lequel il concluait quelquefois n'avait pas pour but de favoriser l'esprit de doute, mais de poser un jalon sur le chemin de la vérité ; qu'enfin cette formule paradoxale de l'ignorance qui se connaît elle-même contenait un remède contre le doute et contre l'ignorance ; car ce n'est pas une science méprisable que de savoir qu'on ne sait pas. Lorsqu'on sait qu'on ne sait pas, on est prémuni en général contre toute opinion téméraire, et du même coup on se sent stimulé à chercher la vérité qu'on ne possède pas, mais à laquelle on croit et que l'on désire. Taxer de scepticisme cette docte ignorance, ainsi qu'on l'a justement surnommée, ne serait pas moins injuste qu'accuser Descartes d'avoir, par sa méthode, inoculé le doute à la philosophie moderne. En fait, la docte ignorance de Socrate et le doute méthodique de Descartes sont les deux moyens les plus efficaces que l'on connaisse de combattre le doute sceptique. D'ailleurs, ces réfutations, cette ironie victorieuse, ces questions calculées dans une intention dogmatique, et cette science de notre ignorance, tout cela n'était encore que la partie extérieure et préliminaire de cette dialectique supérieure que Socrate était venu substituer à celle des sophistes, et dont il sut faire un art de recherche et une méthode de science, en la dotant de deux procédés inconnus jusque-là, la définition et l'induction, en lui assignant pour point de départ la connaissance de soi-même (Γνῶθι σεαυτόν), et en lui proposant pour but suprême la connaissance et la possession du souverain bien, actuellement réalisé en un Dieu unique, parfaitement bon, juste et saint.

Socrate possédait, par un heureux privilège, deux qualités qui se trouvent rarement réunies dans un même homme : d'une part la puissance de la pensée spéculative au service d'une insatiable curiosité, d'autre part, avec la préoccupation du bien et de l'honnête, la profondeur du sens moral. Sa philosophie, telle qu'on peut la reconstruire à l'aide de Xénophon et de Platon, était la fidèle image de ce grand esprit et de ce grand cœur : elle joignait la pureté à l'élévation ; elle s'appuyait sur une méthode, la première, à vrai dire, que la philosophie grecque eût connue et qui réglait le fond et la forme de la pensée ; elle était vivifiée dans toutes ses parties par l'idée de Dieu conçu tour à tour comme le terme de la science, comme le premier principe de tous les êtres, comme le père et la providence du monde, présent dans la vie humaine, parlant dans la conscience de chacun et inspirant à l'homme de bonne volonté un saint enthousiasme pour le bien. De nos jours une telle doctrine n'aurait pas de quoi nous surprendre ; mais en Grèce, au ve siècle avant notre ère, elle offrait un caractère incontestable d'originalité. Pour la première fois une cause spirituelle et libre était proposée par un philosophe pour rendre compte et de l'homme et de toutes choses ; et pour la première fois aussi la morale la plus pure sortait comme conséquence rigoureuse d'un système où le premier principe pouvait se reconnaître dans l'homme comme dans son image. Ajoutez à cela une conduite conforme à cette noble philosophie dont Socrate fut l'apôtre et le glorieux martyr.

Socrate triompha donc des sophistes et de la sophistique par ses discours, par ses arguments, par son ironie et par la force de sa dialectique, par une doctrine dont la grandeur n'excluait pas la simplicité, et par une vie consacrée tout entière à la vérité et à la vertu. Il fallait tout cela pour opposer une digue aux envahissements du scepticisme, et cette digue n'aurait pas cédé, si les disciples et les successeurs de Socrate avaient été plus fidèles à son esprit, plus fermement attachés à ses enseignements et à ses exemples. Mais, parmi tous les disciples du grand philosophe, combien y en avait-il qu'on pût regarder comme ses continuateurs ? Seul de tous les Socratiques, Platon reproduit tout entier l'enseignement du maître ; il ne cherche même pas à se distinguer de lui ; il le fait parler dans des dialogues où lui-même n'intervient pas ; et, avec un désintéressement admirable, il lui attribue les idées les plus sublimes exprimées dans le plus beau langage qu'ait jamais parlé une bouche humaine : aussi rien n'est-il plus malaisé que de faire la part de Platon dans ses propres écrits. Sans entreprendre ce difficile triage, on peut essayer du moins de marquer une différence d'attitude entre le maître et le disciple vis-à-vis de la sophistique et du scepticisme naissant.

Les *Dialogues* de Platon nous font réellement assister à la lutte de Socrate contre les sophistes ; nous y retrouvons bien l'esprit, la grâce, l'ironie, l'éloquence de cet « attique raffiné » dont parle Timon ; nous y retrouvons aussi le philosophe tout entier, avec ces habitudes scientifiques dont se moque Aristophane dans la comédie des *Nuées*, et avec ces préoccupations morales que Cicéron avait en vue, lorsqu'il écrivait dans ses *Tusculanes* que « Socrate avait rappelé la philosophie du ciel sur la terre ». Mais à ces vivantes peintures il manque, à ce qu'il me semble, un peu de l'ardeur et de l'âpreté de la lutte au moment même où elle avait lieu. On sent que la période tragique est passée et que l'ennemi a été terrassé : on y voit, je crois y voir pour ma part, le sourire du vainqueur et la sérénité du triomphe.

D'un autre côté, en ce qui concerne la doctrine, il est indubitable que la pensée de Platon n'est pas absolument celle de Socrate ; tous les critiques sont de cet avis. Eh bien, à laisser de côté le détail et à ne considérer que l'ensemble ou l'intention générale, la différence me paraît consister surtout en ce que Platon, tout en unissant comme Socrate la métaphysique et la morale, accorde à l'élément spéculatif une prépondérance plus marquée sur l'élément pratique. Dira-t-on qu'il ne se sépare pas de Socrate en cela, mais qu'au contraire, étant le plus philosophe de ses disciples, il a mieux saisi que tous les autres le vrai sens des doctrines du maître ? La chose est possible, j'en conviens, et même je la crois véritable ; mais il est possible aussi qu'il ait imprimé à ces doctrines son propre tour d'esprit. En tout cas, il est certainement le seul qui les ait ainsi comprises, et les autres socratiques ont en général attaché moins d'importance à la spéculation qu'à la pratique.

Xénophon, par exemple, mentionne seulement la dialectique et n'insiste que sur l'enseignement moral de Socrate. On sait qu'Aristippe, auditeur distrait ou prévenu plutôt que fidèle disciple, réduisit toute la philosophie à la science de la vie humaine, et prétendit être d'accord avec Socrate en excluant toutes les recherches scientifiques comme vaines et ambitieuses à l'excès. Chez Antisthène, comme chez Aristippe, la morale domine tout le reste : c'était, il est vrai, la morale du devoir, non celle du plaisir ; mais il faisait aussi peu de cas de la dialectique, ou du moins il s'en tenait à une dialectique toute négative ; il attaquait même cet art des définitions où avait excellé Socrate, et, rejetant la dispute après en avoir abusé peut-être, préférait l'enseignement direct à la réfutation, même pour combattre l'erreur. L'école fondée à Thèbes par Simmias et Cébès reléguait aussi la dialectique au second rang et réservait le premier à la morale. Enfin l'école de Mégare sous Euclide, celle d'Elis sous Phédon, et plus tard celle d'Érétrie sous Ménédème, tout en cultivant l'art de la discussion et même de la dispute, avaient retenu aussi la morale de Socrate, et ce fut cette dernière direction qui l'emporta à la fin sous Stilpon de Mégare.

Il suffit de cette simple énumération pour démontrer que Socrate avait imprimé aux esprits une direction essentiellement pratique. Ce philosophe, en résumé, avait fait deux choses : il avait discrédité la sophistique et, en lui opposant une notion approfondie de la science, il l'avait empêchée d'aboutir à un scepticisme sérieux ; mais d'un autre côté, en insistant sur la mission morale du philosophe, et en ayant l'air de mettre en suspicion les recherches purement spéculatives, il avait créé à son insu un fort courant dans le sens de la philosophie morale, au détriment de la métaphysique et de la théorie. Platon réagit sans doute contre cette dernière tendance. Cependant sa doctrine tout entière était animée d'un souffle de régénération morale, et dans ses parties techniques elle avait quelque chose d'abstrait et de subtil à l'excès qui rebutait le vulgaire et quelquefois même les philosophes. Aussi ses contemporains, en général, assez peu soucieux de métaphysique, préconisaient-ils la morale à l'exclusion de tout le reste. « La sagesse ou une corde ! » s'écriait Antisthène, κτᾶσθαι νοῦν ἢ βρόχον. Être un homme et enseigner à l'être, telle était l'ambition de tous les chefs d'école, et Diogène allumait en plein jour sa lanterne pour découvrir ce que tout le monde cherchait alors : un homme, un caractère. Ces préoccupations de plus en plus accentuées et bientôt exagérées par certaines circonstances, impliquaient le mépris de la spéculation et de la science pure, et elles contribuèrent puissamment à la naissance et au succès du scepticisme pyrrhonien.

Le Pyrrhonisme ayant paru immédiatement après Aristote, il est intéressant de rechercher dans les écrits de ce philosophe où en étaient, dans la seconde moitié du IVe siècle, d'un côté le dogmatisme philosophique, de l'autre les semences de septicisme depuis si longtemps déposées au sein de la société hellénique.

Aristote, héritier de Socrate et de Platon, est plus dogmatique à la fois et moins enthousiaste que l'un et l'autre, plus spéculatif que tous les deux et surtout plus attaché à la science positive. Son vaste savoir est puisé à toutes les sources : l'expérience et le raisonnement, la réflexion personnelle et l'histoire de ses devanciers lui ont fourni des faits, des idées, des principes, et son génie organisateur a coordonné le tout en un système qui est véritablement l'encyclopédie de la science et de la philosophie grecque de ce temps-là. Pour nous borner à ce qui rentre dans notre sujet, nous avons à noter trois choses dans la philosophie d'Aristote : 1° La critique de ses devanciers ; 2° la nature et le caractère propre de son dogmatisme ; 3° la discussion à laquelle il a soumis, non pas le scepticisme, mais les thèses sceptiques accréditées autour de lui.

Il est impossible d'omettre dans Aristote l'historien

de la philosophie : car il est le premier qui ait considéré expressément la revue critique des opinions des anciens comme une indispensable préparation à ses recherches. « Par là, dit-il, on pourra découvrir ce qu'on aura omis, ou l'on prendra plus de confiance dans les résultats entrevus. » La religion et les mythes eux-mêmes y peuvent servir, et il en donne un exemple remarquable au chapitre VIII du douzième livre de la *Métaphysique,* où il s'exprime ainsi : « Une tradition antique transmise sous la forme de la fable nous apprend que les astres sont des dieux et que le divin embrasse toute la nature. Tout le reste, la forme humaine ou les formes d'animaux qui leur sont attribuées, et mille autres inventions de cette sorte, tout cela est bon pour le vulgaire. Dans cette tradition altérée, dans ce débris des arts et de la philosophie d'autrefois, le fond seul est vrai : toutes les essences premières sont des dieux. Dans ces limites, nous acceptons les opinions et la tradition des premiers âges. » La même intention dogmatique préside chez Aristote à l'examen des doctrines philosophiques ; partout il s'applique à faire le discernement du vrai et du faux : car pour lui, les anciens philosophes, Anaxagore en tête, ont tous au moins entrevu une partie de la vérité. Les sophistes sont mis de côté. Socrate au contraire, est loué d'avoir le premier dégagé l'idée de la science et enseigné l'usage philosophique de l'induction et de la définition, qu'il a eu seulement le tort d'appliquer exclusivement à l'étude de la morale[1]. Quant à Platon, après avoir expliqué le développement de sa pensée sous la triple influence de Cratyle, de Socrate et des Pythagoriciens, Aristote dirige contre lui et contre les philosophes de l'Académie

---

1. *Métaphysique,* liv. I, ch. VI, *init.*

une polémique très vive et qui n'est pas toujours exempte d'injustice, mais où perce le désir d'élever toujours plus haut le dogmatisme philosophique. La dialectique platonicienne aspire à la connaissance de l'être ; elle est donc, à ses yeux, très supérieure à la sophistique qui se paye volontairement d'équivoques ; mais elle ne saurait atteindre que la vraisemblance et la probabilité : car elle questionne, elle discute, elle suppose, elle ne démontre pas. « Or celui qui n'a que des opinions, si on le compare à celui qui sait, est par rapport à la vérité dans un état de maladie[1]. »

Un savant jésuite, défenseur attardé de la scolastique au XVIIe siècle, le Père Rapin, dans sa *Comparaison de Platon et d'Aristote*, fait à ce dernier philosophe un mérite singulier de ce qu'il accompagne toujours d'un *peut-être* l'expression de sa pensée personnelle. Cette modestie lui paraît admirable et elle l'est en effet ; mais c'est d'abord à Socrate et à Platon qu'il en faut faire honneur ; ce sont eux qui ont légué à Aristote ces habitudes de langage. Ce philosophe a d'ailleurs une incontestable modération de jugement ; mais au fond jamais homme ne fut moins disposé à douter de lui-même et de ses doctrines. Il a plus que personne la prétention de démontrer et de savoir ; il parle au nom de la science et il enseigne avec autorité, témoin le mot fameux dont la scolastique abusa si fort : δεῖ πιστεύειν τὸν μανθάνοντα, pour apprendre il faut croire. Voici du reste les principaux articles du *credo* aristotélique.

Il y a des principes et des causes, et c'est l'objet de la science d'expliquer par là tout le reste. Les causes secondes supposent d'autres causes, mais non pas à l'in-

---

1. *Ibid.*, liv. IV, ch. IV, *sub fin.*

fini ; il faut s'arrêter, et il y a des premiers principes et des causes premières qui sont l'objet de la philosophie. La science et la philosophie procèdent par l'induction, la définition, la division et la démonstration ; ce qui est démontré est éternellement vrai, ἀληθὲς εἰς ἀεί. Tous les êtres de la nature sont en mouvement ; chacun change et se meut pour devenir en acte ce qu'il est en puissance. L'homme, résumé de la nature, est aussi puissance et acte, matière et forme, corps et âme. L'âme est douée de vie, de sentiment, d'appétit et de connaissance ; par la raison et par la pensée elle participe de l'acte pur et de la perfection divine. Dieu, ou le premier moteur, est en effet le premier intelligible et le premier désirable ; il est la pensée de la pensée et le souverain bien du monde. Tout aspire à ce bien suprême, et le meilleur est à la fin.

Pour Aristote, rien de tout cela n'admet l'ombre d'un doute ; ce dogmatisme élevé et confiant exclut absolument le scepticisme. Mais il n'en est pas de même autour de lui, et ses écrits en donnent la preuve.

La sophistique est discréditée et semble morte : Socrate l'a vaincue ; Platon en a triomphé ; Aristote la juge de haut et la bannit de la science comme un exercice frivole de l'esprit, s'appliquant à l'apparence, à l'accident, au hasard, au non-être ; et cependant, malgré tout son mépris, il en tient compte, il lui fait même une place et lui consacre un traité spécial ; on sent qu'elle n'est pas extirpée, et qu'elle a toujours sa raison d'être dans les habitudes sociales de ces Athéniens, avides de discours, amateurs de subtilités, curieux de nouveautés et de paradoxes.

Il y a encore d'autres paradoxes, d'autres jeux d'esprit que ceux des sophistes, témoin l'école de Mégare, dans laquelle la dialectique, ou plutôt la dispute, est tellement en honneur, qu'elle porte le nom d'école éristique, οἱ ἐριστικοί. Les dialecticiens de Mégare et surtout Eubulide, contemporain et adversaire déclaré d'Aristote, avaient imaginé un certain nombre de sophismes, tels que l'Électre, le Voilé, le Cornu, le Menteur, etc. Ils avaient mis en avant certaines thèses qu'Aristote prend la peine de réfuter, notamment celle-ci : « Il n'y a point de puissance sans acte : l'art de bâtir, par exemple, n'existe comme art et comme faculté que chez celui qui bâtit en effet. » A de telles propositions, Aristote oppose à la fois le raisonnement et l'expérience. « S'il n'y a pas de puissance sans acte, dit-il, il faut nier que celui qui se tient debout ait la puissance de s'asseoir et réciproquement. Dira-t-on que l'architecte le plus habile, s'il ne construit pas actuellement ne pourra jamais construire ; et, s'il est vrai que dans le sommeil nous cessons momentanément, de voir et de sentir, en doit-on conclure que nous ayons perdu pour cela la vue et la sensibilité? A ce compte, comment expliquer le retour du sentiment et de la vision? »

Mais voici qui paraît plus sérieux. Le principe de contradiction, si habilement employé par Zénon d'Élée, puis par Socrate et Platon, et sur lequel Aristote appuie sa théorie du syllogisme et de la démonstration, le principe de contradiction n'a pas été en vain ébranlé par les sophistes qui prétendaient que tout est vrai et que tout est faux. Il est maintenant battu en brèche par Antisthène et par son école. Les cyniques soutenaient, paraît-il, que les contraires peuvent coexister dans la réalité et dans la pensée, et qu'il est impossible d'établir une contradiction absolue entre le *oui* et le *non*, mais seulement des degrés et des nuances intermédiaires. Il paraît aussi que d'autres avaient essayé de démontrer contre Antisthène le principe de contradiction. Aristote combat tour à tour ceux qui contestent cet axiome et ceux qui croient pouvoir le démontrer. En fait, dit-il, il n'y a point de milieu entre l'affirmation et la négation d'une même chose, et il est nécessaire que, l'une étant vraie, l'autre soit fausse et réciproquement. C'est là une vérité première, le principe certain par excellence ; il est même absurde d'en chercher la preuve : car on ne saurait tout prouver, et la démonstration suppose l'indémontrable. On peut seulement réfuter ceux qui, tout en contestant le principe de contradiction, attachent encore un sens à leurs paroles. Il serait certainement inutile et même ridicule de répondre à des gens qui parleraient sans rien dire : en quoi diffèrent-ils des plantes ? Mais celui qui admet seulement que les paroles ont un sens, accorde du même coup qu'il y a quelque chose de vrai absolument, ce qui exclut le contraire : il suffit, le vrai existe, et nous voilà débarrassés de cette doctrine effrontée qui condamnait la pensée à n'avoir point d'objet déterminé[1]. La même chose ne pouvant être en acte les contraires, on ne saurait non plus affirmer et nier en même temps la même chose entendue de la même manière et dans le même sens. Voilà le principe premier, fixe et inébranlable, sur lequel reposent la démonstration et la science.

Aristote, en maint endroit de ses écrits[2], réfute la thèse sceptique que les sens nous trompent. Le préjugé auquel il s'attaque date de loin : de Xénophane à Empédocle, d'Anaxagore à Démocrite, les Éléates et les

---

1. *Métaphysique*, liv. IV, ch. I.
2. Voir notre *Psychologie d'Aristote*, ch. XIV, p. 130 et suiv.

Ioniens, accusaient les sens d'erreur, alléguant tour à tour les changements des objets extérieurs, ceux du sujet qui les perçoit et les prétendues contradictions des sens, soit entre eux, soit avec la raison. Ces objections tant de fois reproduites contre les facultés par lesquelles nous connaissons les phénomènes sensibles ne troublent en rien la foi scientifique du Stagirite. Que lui importent les perpétuelles métamorphoses du monde visible ? La science, suivant lui comme suivant Socrate et Platon, ne porte point sur les choses particulières et soumises au changement : elle a pour objet l'universel et l'immuable. Quant aux variations du sujet et à la mobilité de ses impressions, il n'y a pas lieu de s'en étonner : les relations et les apparences changent nécessairement avec les circonstances dont elles dépendent ; si donc la sensation, chose essentiellement relative, n'est pas toujours et partout la même, cela ne constitue pas une contradiction. En effet, tout ce qui paraît est vrai, mais pour celui à qui il paraît, quand, où et comme il lui paraît, autrement les contraires seraient vrais à la fois. Pour détruire l'argument tiré du sommeil et des songes, et de ce qu'on peut supposer que celui qui croit voir ou entendre est peut-être le jouet d'un rêve, Aristote en appelle simplement à l'expérience par laquelle chacun est assuré de ne pas rêver, alors qu'il se sent parfaitement éveillé et dans son bon sens. Reid lui-même n'a pas mieux parlé sur ce sujet. Il n'a pas eu non plus à inventer la célèbre distinction des perceptions primitives ou actuelles que donne avec certitude chacun de nos sens et des perceptions acquises ou antérieures que nous associons arbitrairement ou par habitude à la perception actuelle. Aristote avait fait la même remarque en d'autres termes, en disant que chaque sens est juge de ses objets propres, qu'il ne s'y trompe jamais au moment où il s'y applique en effet, et que les prétendues erreurs des sens ne portent que sur les qualités des corps connues par accident ou en apparence[1]. Il ajoutait à cela certaines théories particulières et plus ou moins contestables, comme, par exemple, que dans la perception sensible, ce n'est pas le semblable qui connaît son semblable, mais que ce qui connaît devient semblable à ce qui est connu, et réciproquement (il s'agit, bien entendu, non des sens, mais de leurs organes); ou bien encore que les facultés inférieures sont redressées par les facultés supérieures, le toucher par la vue, les sens particuliers par le sens commun, celui-ci par le raisonnement, ce dernier enfin par la raison qui, en acte, est identique à l'être, aux principes, à l'essence.

Voilà comment Aristote discute les doutes émis jusque-là sur la légitimité de nos facultés de connaître. Le soin même qu'il y apporte atteste que ces doutes ou ces négations avaient fait du chemin dans les esprits depuis Socrate, et l'on comprend que, lorsque l'esprit de doute se montra de nouveau, ce fut avec plus de sérieux et de profondeur. Or le dogmatisme d'Aristote, le plus fort sinon le plus élevé que l'antiquité ait produit, fut aussi le dernier avant l'apparition du Pyrrhonisme.

III. — Vie de Pyrrhon

La critique philosophique, aussi bien que la critique littéraire, a été renouvelée dans notre siècle par l'étude comparée de la pensée et de la vie des philosophes et des

1. Cf. Ch. Waddington, *De l'âme humaine*, ch. III, p. 240.

écrivains célèbres. L'histoire des sciences positives pourrait se faire sans avoir égard, pour ainsi dire, aux hommes qui les ont cultivées : la biographie n'y a guère qu'une valeur anecdotique. On n'en saurait dire autant de la philosophie, science humaine par excellence, où l'on voit si bien l'empreinte des sentiments, du caractère et même des circonstances sur les idées et les opinions. Ce n'est pas que cette influence soit également manifeste chez tous les philosophes. Il en est de purement méditatifs, qui n'ont souci que de leur pensée et qui en poursuivent le développement logique, sans se laisser distraire par les événements : ainsi ce Démocrite dédaigneux du vulgaire et que notre La Fontaine a si agréablement mis en scène avec les Abdéritains ; ainsi un Aristote ; ainsi plus tard Descartes, Spinosa, Malebranche, Berkeley, Kant, Maine de Biran. Mais l'indifférence pour les choses du dehors n'est pas, même chez ces méditatifs, aussi complète qu'on pourrait le croire. En pénétrant dans la vie de ces grands hommes, on est tout surpris de voir s'éclairer d'un nouveau jour certaines doctrines qui, à distance, semblaient n'être que des produits de la logique et qui, vues de près, révèlent une âme plus ou moins accessible aux passions humaines et aux influences extérieures. Cela est encore plus vrai de ceux qui, tout en cultivant la philosophie, ont été mêlés aux affaires de leur pays et aux événements de leur siècle, et qui ont fait prédominer dans leurs propres recherches les questions pratiques sur les questions spéculatives, et la morale sur la métaphysique.

Tel fut, entre beaucoup d'autres, le fameux Pyrrhon, cet esprit vraiment original qui, le premier, érigea en système le doute philosophique, et dont le nom est resté synonyme du scepticisme. Les historiens de la philosophie en général glissent trop légèrement à mon gré sur la biographie de ce philosophe, les uns parce qu'elle leur paraît trop peu connue ou trop mêlée de fables, les autres parce qu'ils ne voient pas ce que les faits extérieurs et les dates peuvent avoir de commun avec une théorie du doute universel. C'est là une double erreur. D'abord, quoique, par sa doctrine même et par ses habitudes, Pyrrhon ait donné prise à l'imagination populaire et à celle des écrivains qui en ont tracé des portraits de fantaisie, nous en savons sur son compte au moins autant que sur les philosophes les plus connus de son temps, tels que Xénocrate et Théophraste, Stilpon, Cratès, Zénon, Épicure, Polémon, Crantor, Arcésilas. Ensuite les idées de Pyrrhon n'étaient nullement étrangères au pays ni au temps où il vivait, et, si l'on en veut bien comprendre le progrès et le sens, il ne faut pas oublier que sa vie intellectuelle, aussi bien que sa vie d'homme et de citoyen, se partage en trois périodes correspondant à trois états très différents des esprits et de la société dans le monde grec, savoir avant, pendant et après l'expédition d'Alexandre contre les Perses.

La question de chronologie elle-même est ici d'une importance singulière : car sans elle on a peine à s'expliquer d'une part, la grande célébrité qui a entouré jusqu'à nos jours le nom et l'œuvre de Pyrrhon, et d'autre part le peu de place que ce philosophe et son école occupent réellement dans l'histoire de la philosophie. Il y eut en effet, entre le déclin de l'école d'Aristote sous Théophraste vieillissant et l'avènement des deux grands systèmes d'Épicure et de Zénon, un moment très court où Pyrrhon put croire qu'il avait trouvé la solution des problèmes qui tourmentaient sa génération, et où son enseignement, attirant l'attention des esprits cultivés, put exercer une influence notable. C'était de l'an 315 ou 310 à l'an 300 ou 290, une vingtaine d'années environ. Or les historiens modernes de la philosophie, suppléant par des conjectures mal fondées à l'absence de textes précis, s'en vont répétant que le fondateur du scepticisme philosophique florissait en 340 avant l'ère chrétienne ; et quand ils parlent ainsi, ce n'est pas seulement l'homme, c'est le philosophe et son école qu'ils ont en vue. Mais, en 340, l'école de Platon était encore florissante sous Speusippe et Xénocrate. Ce n'est qu'en 335 ou 334 qu'Aristote, dans tout l'éclat de la gloire et du génie, reléguant dans l'ombre tous les autres philosophes, fonda sa propre école à Athènes, où il enseigna et tint la plume jusqu'en 322, jusqu'à son dernier jour. Eh bien ! ce philosophe, que ses écrits nous montrent si curieux de ce qui se disait sur tous les points de la science, ce critique aussi patient que profond, qui prenait la peine de relever et de réfuter les plus piètres conceptions, les moindres erreurs d'un Eubulide ou d'un Alexinus; ne fait pas une seule allusion au scepticisme, c'est-à-dire à une doctrine jusque-là sans nom et sans représentant et dont l'apparition aurait été à coup sûr, pour un tel observateur, un phénomène philosophique de premier ordre. Pyrrhon et sa doctrine étaient donc inconnus alors, et on n'en sera pas surpris, si l'on veut bien considérer que, de 340 à 335, étant âgé peut-être de 25 ans, il cherchait encore sa voie en philosophie et passait d'une école à une autre, pour s'attacher en dernier lieu à Anaxarque d'Abdère, qu'il accompagna en Asie et jusqu'aux Indes, comme disciple et comme compagnon d'armes, à la suite d'Alexandre. Ce ne fut qu'après la mort de ce prince, en 323 ou même plus tard encore que Pyrrhon revint en Europe et qu'il occupa dans sa patrie une position de nature à lui donner du crédit et de l'autorité.

Les biographes anciens de Pyrrhon assurent qu'il mourut à 90 ans, et quoiqu'ils ne disent pas en quelle année, on a calculé avec vraisemblance que ce dut être environ en 275. Dans cette hypothèse, qui est la plus facile à concilier avec les faits, la date de sa naissance doit être placée vers 365, c'est-à-dire vingt ans après celle d'Aristote, et cinq ou six ans après celle de Théophraste.

Pyrrhon naquit à Élis. Il était pauvre, et il cultiva d'abord la peinture, mais avec peu de succès. Diogène Laërce, qui en parle cependant avec sympathie et d'après ses admirateurs, avoue que c'était un peintre assez médiocre, et qu'on faisait très peu de cas des lampadophores de sa composition qui se voyaient encore dans le gymnase d'Élis au IIIe siècle de notre ère. Il ajoute que, dans sa jeunesse, Pyrrhon se montra d'un caractère orgueilleux et irascible, qu'il recherchait la solitude, voyageait souvent et séjournait peu dans sa ville natale. Peut-être répugnait-il à son orgueil d'y vivre obscur et pauvre ; ou peut-être voyageait-il pour se perfectionner dans ses études philosophiques : car, ayant fini par renoncer à la peinture, il s'était adonné à la philosophie. Ce fut sans doute à Élis même qu'il en prit le goût : on sait en effet que Phédon y avait fondé une école de dialectique, qui fut continuée par Plistanus, puis par Ménédème d'Érétrie, et ce dernier fut, suivant Suidas, un des maîtres de Pyrrhon. Or Ménédème avait suivi les leçons de Stilpon de Mégare. On n'est donc pas surpris de lire dans Diogène Laërce que Pyrrhon eut aussi pour maître un dialecticien de l'école de Mégare ; ce qui est plus difficile à expliquer, c'est que ce dialecticien ne fut pas Stilpon lui-même, mais Bryson, fils de Stilpon. Doit-on conclure de là que Pyrrhon était plus jeune encore à cette époque que nous ne l'avons supposé et qu'il ne connut que plus tard les Mégariques ? Ce qui est incontestable, c'est qu'il fut initié à la philosophie par des hommes qui joignaient à beaucoup de subtilité et d'adresse dans la discussion, un dédain peut-être affecté pour cette même dialectique où ils brillaient. Ménédème en particulier n'avait d'opinion arrêtée sur rien, et l'enseignement de Stilpon concluait au mépris de la spéculation. Telles étaient sans doute les dispositions de Pyrrhon lui-même, lorsqu'il fit la connaissance d'un philosophe de l'école de Démocrite, Anaxarque d'Abdère, surnommé l'*Eudémonique*, qui vivait auprès des rois de Macédoine Philippe et Alexandre, combattait dans leurs armées, et en même temps se faisait fort d'enseigner la philosophie du bonheur. Pyrrhon s'attacha à ce nouveau maître, soit en 338 après la bataille de Chéronée, soit plutôt en 335 après la prise de Thèbes, et bientôt, unissant comme lui le métier des armes à l'étude de la philosophie, il l'accompagna dans la grande expédition d'Alexandre en Asie.

Avant de quitter la Grèce, Pyrrhon avait donc suivi les leçons des subtils dialecticiens d'Élis, de Mégare et d'Érétrie, et, tout en acquérant auprès d'eux le rare talent d'argumentation que plus tard il déploya dans son enseignement, il avait dû, à leur exemple, garder peu d'estime pour cette méthode stérile de discussion ou de dispute. D'un autre côté, il avait été initié par Anaxarque à la philosophie de Démocrite et aux paradoxes de Protagoras ; et, comme ses premiers maîtres avaient ébranlé sa confiance dans la valeur des notions générales, il avait appris des dialecticiens d'Abdère à douter des sens et un peu de toutes choses. En même temps qu'il se dégoûtait de tout dogmatisme spéculatif, il se sentait attiré avec Anaxarque vers les problèmes de la vie pratique. Voilà où en était notre futur sceptique, lorsqu'il s'enrôla sous les drapeaux d'Alexandre en 334.

Il y aurait une étude intéressante à entreprendre et qui ne serait pas un travail de longue haleine : ce serait d'écrire l'histoire de la philosophie au camp et à la cour d'Alexandre en Asie. Ce petit chapitre d'histoire n'a pas été fait, à ma connaissance, et je le regrette : car c'est là précisément qu'il faut chercher les dernières origines de la doctrine de Pyrrhon.

L'ancien élève, le disciple couronné d'Aristote, n'avait pas rompu avec les habitudes intellectuelles de sa première jeunesse. On ne doit pas se le représenter toujours sur les champs de bataille ou dans des orgies avec ses généraux. Il avait emporté avec lui son Homère ; il en relisait les vers dans l'édition qu'en avait donnée Aristote et qui fut surnommée l'édition *de la cassette,* quand il l'eut fait mettre dans un coffret précieux trouvé parmi les dépouilles de Darius. Il n'enviait pas seulement Achille pour avoir été célébré par un tel poète ; il était capable d'envier Homère lui-même pour son divin génie. Il était jaloux de la science qu'il avait acquise. Plutarque lui attribue même une lettre dans laquelle il se plaignait qu'Aristote, qui venait de publier sa *Métaphysique,* eût avili en quelque sorte cette science royale en la communiquant au vulgaire. Il est vrai que, suivant le même Plutarque, Aristote aurait répondu à son ambitieux et ombrageux disciple de ne point s'inquiéter d'une publication qui n'en était pas une, l'obscurité du langage ne permettant pas au commun des hommes de pénétrer de tels mystères. Quoi qu'il en soit de ce fait particulier, il n'est pas douteux qu'Alexandre avait à cœur d'entretenir et d'accroître ses connaissances, qu'il se tenait au courant des travaux du Stagirite, et qu'il lui envoyait de magnifiques échantillons de la faune des contrées qu'il visitait en conquérant et en observateur intelligent. Il veillait à ce qu'on lui expédiât les animaux inconnus en Europe, pour servir à ces descriptions savantes qui font encore aujourd'hui l'admiration de nos zoologistes les plus éminents.

La philosophie occupait une large place dans les pensées et dans les entretiens du héros macédonien. Il avait auprès de lui et dans son intimité le neveu d'Aristote, le philosophe Callisthène ; il avait Anaxarque et Pyrrhon, d'autres encore venus d'Athènes et de divers points de la Grèce, et il ne négligea pas l'occasion de converser soit avec les prêtres d'Égypte, soit avec les mages de Babylone, soit avec les brahmanes de l'Inde, qui excitèrent particulièrement sa curiosité. Nous n'avons à nous occuper ici que de Pyrrhon en quête d'aventures, ou du moins désireux de voir le monde, de comparer les mœurs et les croyances des divers peuples et surtout de se faire une doctrine sur la destinée humaine. Ce que nous avons dit suffit pour faire voir que le philosophe d'Élis avait à qui parler pendant cette longue et lointaine expédition dont on peut croire que le génie d'Alexandre avait mesuré la portée et entrevu les conséquences militaires, politiques, morales et sociales, mais à laquelle une mort prématurée l'empêcha de donner toute sa signification. Pyrrhon était personnellement en faveur auprès de ce prince : il lui récita un jour une pièce de vers qui lui valut une riche récompense[1], et, pour le dire en passant, il est permis de supposer qu'il fit assez bien ses affaires en ce temps-là. Mais revenons à l'histoire de ses idées philosophiques.

L'abdéritain Anaxarque, zélé partisan de Démocrite, exagérait les tendances positivistes de ce philosophe. Il disait volontiers, comme son compatriote Protagoras : « Tout est relatif, πάντα πρός τι », ou même, comme un autre disciple de Démocrite, Métrodore de Chio, dont il avait été quelque temps l'élève : « Je ne sais pas même que je ne sais rien. » Mais il était dogmatique en morale, si l'on entend par là la science du bonheur ; et il ne se contentait pas de l'enseigner, il mettait en pratique ses préceptes qui tendaient tous à donner à l'âme la paix, la sérénité, la constance, qualités précieuses assurément et dans lesquelles il faisait consister le bonheur εὐδαιμονία : de là, le nom d'*Eudémonique* qui lui était communément appliqué. Tel était l'homme dont le caractère et l'exemple, non moins que les leçons, avaient attiré si puissamment Pyrrhon, et « dont il était devenu inséparable, » dit Diogène Laërce, « au point de le suivre jusque dans l'Inde, et de visiter avec lui les mages et les gymnosophistes [2] ».

Malgré son désir d'être agréable à Alexandre, Anaxarque ne se pliait pas plus que Callisthène et les Grecs en général à sa politique orientale, ni surtout à sa fantaisie de se faire rendre des honneurs divins. Un jour à table, ayant rencontré la main du roi, tandis qu'il lui passait la coupe, il lui appliqua ironiquement un pas-

---

1. 10 000 pièces d'or, suivant Sextus Empiricus.
2. Diogène Laërce, *Vie de Pyrrhon*, init.

sage de l'*Oreste* d'Euripide (v. 265), où il est question d'un dieu frappé par la main d'un mortel. Il alla plus loin une autre fois : Alexandre s'étant fait par mégarde une légère blessure, Anaxarque lui montra le sang qui en sortait, et dit en parodiant Homère[1] : « C'est bien là du sang ; ce n'est pas cette liqueur céleste qui coule dans les veines des immortels. »

Cependant Anaxarque n'était pas encore de la force de ces ascètes de l'Inde que les Grecs appelaient gymnosophistes. Pyrrhon ne fut pas peu surpris, dit-on, d'entendre un de ces sages indiens reprocher à son maître deux choses qui faisaient tache dans sa philosophie. La première était qu'on le voyait beaucoup trop dans les palais des rois, et la seconde qu'il n'était pas assez soucieux de former les hommes à la vertu. Ces reproches et ces conseils firent plus d'impression, à ce qu'il semble, sur Pyrrhon que sur Anaxarque.

Pyrrhon était émerveillé de l'incroyable impassibilité des sages de l'Inde, et l'on peut se figurer ce qu'il ressentit en assistant à la mort volontaire de Calanus. Il avait dû s'entretenir plus d'une fois avec lui, autant que le permettait la différence des idiomes ; il eut le temps du moins d'observer à loisir les faits et gestes de cet étrange personnage (brahmane ou bouddhiste, on ne sait), qui, des bords de l'Indus, revint avec Alexandre jusqu'en Perse. Là ce sage (cet insensé, devrais-je dire) résolut, pour prévenir les souffrances de l'extrême vieillesse, de hâter l'heure de la délivrance ; et, voulant en même temps donner aux Grecs une haute idée de sa force d'âme, il fit dresser sur une place de Pasargade un bûcher où il monta en présence d'Alexandre et de

---

1. *Iliade*, V, 340.

son armée; puis, lorsqu'on y eut mis le feu, il se tint debout au milieu des flammes, sans pousser un cri ni faire entendre une plainte, jusqu'à ce que son corps, privé de sentiment, tombât comme une masse inerte dans le brasier. Quel spectacle pour notre philosophe ! La puissance que possède l'homme de se rendre insensible à la douleur et à tous les maux lui fut alors évidente, et il s'appliqua désormais à acquérir cette impassibilité, mais par une recette toute nouvelle et très différente du fanatisme brahmanique.

« C'est de là, » dit un de ses disciples, Ascanius d'Abdère, cité par Diogène Laërce dans sa notice sur Pyrrhon, « c'est de l'Inde qu'il rapporta cette noble philosophie qu'il a le premier introduite en Grèce, l'acatalepsie et la suspension du jugement ». On appréciera d'autant mieux la vérité de ce témoignage qu'on aura mieux compris la nature du scepticisme pyrrhonien et l'intention essentiellement pratique de son auteur. Faire du doute un instrument de sagesse, de modération, de fermeté et de bonheur, telle est, en effet, la conception originale de Pyrrhon, l'idée mère de son système.

Une fois en possession de cette règle de conduite, Pyrrhon y conforma imperturbablement ses actions et ses discours, de manière à mériter les éloges de son maître Anaxarque. Un jour, celui-ci étant tombé près de lui, dans un bourbier, Pyrrhon continua son chemin sans se retourner ni s'émouvoir ; et, comme un peu plus tard quelqu'un lui en faisait des reproches, Anaxarque lui-même loua sans réserve, dans son disciple, cette égalité d'âme. Peut-être l'eût-il moins admirée, s'il se fût souvenu que, comme l'a dit La Rochefoucault, « on est toujours assez fort pour supporter les maux d'autrui ».

Mais il faut reconnaître qu'à l'occasion Pyrrhon savait aussi se montrer fort pour son compte ; et ainsi l'on rapporte qu'ayant été blessé dans un combat, il se prêta à une opération très grave, qu'il supporta sans sourciller.

Après la mort d'Alexandre, les deux soldats philosophes durent songer à revenir en Europe ; mais la date de leur retour est incertaine. Il est probable que, s'étant attachés à la fortune de Ptolémée, ils passèrent par l'Égypte, puis par l'île de Chypre, où une tempête les força de relâcher. C'est là qu'eut lieu la mort tragique d'Anaxarque. Le tyran de l'île, Nicocréon, dont un jour, après boire, le philosophe *eudémonique* avait demandé en riant la tête à Alexandre, le fit saisir et ordonna qu'on le broyât vivant dans un mortier. « Tu peux briser cette enveloppe visible, lui cria sa victime, mais non pas Anaxarque lui-même ! » et son intrépidité au milieu d'un si affreux supplice ne démentit pas cette parole héroïque.

Nourri des leçons et des exemples d'un tel maître, Pyrrhon rentra enfin à Élis, où l'avait précédé une grande réputation de science et de sagesse, et il y mena, dans la compagnie de sa sœur Philista, une conduite sans reproche. Un extérieur imposant, un maintien digne et austère, un régime frugal, des discours dont la gravité n'était pas exempte d'ostentation, le crédit dont il jouissait auprès des rois macédoniens sans que l'indépendance de son caractère parût en souffrir, et par-dessus tout cette noble et heureuse sérénité dont il faisait profession et qui semblait être le fruit de la sagesse et le juste prix d'une vertu peu commune : tout cela concourait à en faire le principal personnage de cette même cité où il avait si mal réussi autrefois à se faire une place.

Ses concitoyens, pleins d'admiration et de reconnaissance pour celui qui leur rapportait les trésors de la sagesse orientale, l'élevèrent à la dignité de grand prêtre : singulières fonctions, on en conviendra, pour le fondateur de la première école de scepticisme.

Précisément, à cette époque, la philosophie subissait ailleurs une sorte d'éclipse ; des révolutions continuelles l'empêchaient de se développer librement : en 308, par exemple, Démétrius Poliorcète en interdit l'enseignement à Athènes. Le vénérable Stilpon, exilé de cette ville et retiré à Mégare, réunissait seul autour de lui de nombreux disciples dont plusieurs, pour l'entendre, avaient quitté l'Académie et le Lycée ; parmi eux, Zénon, jeune encore, se formait à la dialectique et pressentait la philosophie du devoir.

C'est alors, vers l'an 310, que Pyrrhon ouvrit à son tour une école qui brilla quelque temps d'un vif éclat et qui relevait en apparence l'ancienne école d'Élis, en continuant celles de Mégare et d'Érétrie, mais qui, les ayant bientôt absorbées toutes les trois, les entraîna finalement dans sa propre ruine. Pyrrhon passa le reste de sa vie à Élis où il enseignait sa doctrine et argumentait avec une merveilleuse subtilité contre les divers systèmes de philosophie. Il y mourut âgé, dit-on, de 90 ans, estimé et honoré de ses concitoyens qui, à cause de lui et pour favoriser son enseignement, avaient exempté d'impôts les philosophes, entouré de l'admiration de ses disciples, mais déjà oublié dans le reste de la Grèce et effacé par la gloire naissante de Zénon et d'Épicure.

Les détails biographiques qui précèdent sont certainement de nature à jeter quelque lumière, d'abord sur la marche probable des idées de Pyrrhon, à travers les influences de toutes sortes qu'il subit tour à tour, puis sur les causes du brillant succès qu'obtint sa doctrine, au moment où il en fit l'exposition publique. D'une part en effet, si l'on étudie la vie de Pyrrhon avant et pendant la grande expédition d'Alexandre, on reconnaît bien vite l'erreur des historiens de la philosophie qui, transformant en chef de secte l'élève indécis de Ménédème et d'Anaxarque, supposent[1] que son école s'éleva vers 340, c'est-à-dire un peu avant celle d'Aristote, 30 ans environ avant sa date véritable ; et l'on voit d'autre part qu'il n'était pas sorti tout formé, comme le disent ces mêmes historiens, des mains des dialecticiens d'Élis, d'Érétrie et de Mégare, ou même de la lecture de Démocrite, puisque, en réalité, ce ne fut qu'en Asie, après les leçons de sagesse pratique que lui donnèrent Anaxarque et les gymnosophistes de l'Inde et qui exercèrent sur son esprit une action décisive, qu'il conçut enfin le système qui porte son nom. Ensuite, si l'on prend ce philosophe à son retour en Grèce et dans sa politique, et si l'on considère quel était alors l'état moral et intellectuel de la société grecque, on s'assure sans peine que les circonstances ne furent pas étrangères à la rapide et éphémère fortune du Pyrrhonisme.

Il suffit, pour s'en convaincre, de se représenter la Grèce après la mort presque simultanée d'Alexandre, de Démosthène et d'Aristote, pendant les guerres, les dévastations, les révolutions générales et locales auxquelles donna lieu la sanglante rivalité de tant de généraux aspirant à régner, se disputant et se partageant tour à tour ce qui avait été pendant quelques années le monde grec : la Perse, l'Asie-Mineure, la Syrie et la

---

[1]. Comme par exemple M. F. Ravaisson, dans son savant *Essai sur la métaphysique*, t. II, p. 72, 73.

Phénicie, l'Égypte, les îles de la Méditerranée et de l'Archipel, la Thrace, la Macédoine et la Grèce proprement dite. La vie politique était devenue presque impossible au milieu de tant de désordres, devant les triomphes de la force, de la ruse et de la cruauté. Dans cette instabilité de toutes choses, dans cette incertitude du lendemain résultant du mépris de tous les droits, la civilisation attaquée dans son premier principe, qui est la justice, était réduite à un art misérable de jouir, chacun pour soi, le plus vite et le mieux possible, d'un bien-être précaire. Plus de lois, partant plus de liberté ni de patriotisme. Le caractère national lui-même était profondément altéré par l'invasion des mœurs un peu rudes des demi-barbares de la Thrace et de la Macédoine, et en même temps par la contagion de la mollesse et des habitudes serviles des Orientaux. Il ne restait à la Grèce, à Athènes elle-même, que le souvenir flatteur de ses anciennes gloires et ce raffinement excessif des arts de la vie qui est le charme particulier des capitales déchues et qui leur prête encore un air de grandeur. Enfin la culture intellectuelle n'était plus elle-même qu'une jouissance délicate et la philosophie un luxe de l'esprit.

Les philosophes de cette époque tourmentée, s'il en restait encore qui fussent dignes de ce nom, devaient tenir un langage en rapport avec cet état inférieur des esprits et des caractères, soit qu'ils résistassent, comme Zénon, à la corruption générale, soit que, comme Épicure, ils suivissent le courant de la décadence. Tous, comme d'un commun accord, ils désertèrent ces hauteurs de la métaphysique où se complaisaient naguère les Platon et les Aristote. La question de la nature des choses et la recherche des causes premières furent mises de côté, et, l'esprit spéculatif cédant la place à des tendances pratiques de plus en plus marquées, on se mit à la poursuite du bien identifié, non plus avec la vérité, mais avec le bonheur. Enfin ce souverain bien défini par le désir et non par la raison, ce bonheur où l'on aspirait, on en bornait l'idéal à se délivrer de toute inquiétude et de toute agitation.

Que fallait-il donc penser de la vie humaine? Qu'y avait-il à faire pour atteindre au bien et au bonheur? Comment s'y prendre pour réaliser en soi-même la vie heureuse, c'est-à-dire la paix, l'indépendance et l'égalité d'âme? Tels étaient les problèmes que les philosophes se posaient alors avec tout le monde. Zénon y répondit par la doctrine du devoir, Épicure par celle du bonheur. Quel fut, avant eux, le rôle de Pyrrhon? Quelles solutions donna-t-il aux problèmes qui préoccupaient ses contemporains? Voilà ce qu'il nous faut maintenant examiner avec soin.

IV. — Philosophie de Pyrrhon

La pièce de vers dont il a été question plus haut, et que Pyrrhon récita un jour à Alexandre, ne nous est pas parvenue. On ne cite de lui aucun autre ouvrage, et l'on assure que, de même que Socrate, il n'avait pas écrit une ligne sur la philosophie. Son système ne nous est connu que par le témoignage de ses disciples. Encore n'y a-t-il qu'un seul de ses disciples immédiats, Timon le sillographe, dont nous possédions des fragments en assez petit nombre. Dans ces conditions, l'historien de la philosophie est exposé à mêler quelquefois aux idées de Pyrrhon des doctrines d'une date postérieure. Toutefois, si ce danger existe pour le détail des théories et des arguments, il n'en est pas de même de l'ensemble et de l'essentiel ; et on est bien sûr de ne pas se tromper en attribuant à Pyrrhon, d'accord avec toute l'antiquité, les doctrines fondamentales dont on retrouve les traces dans les fragments de Timon ou dans les écrivains qui en appellent directement au témoignage de l'auteur des *Silles* ou de quelque autre pyrrhonien de la même époque. Si donc nous laissons de côté les détails et les développements secondaires, pour nous en tenir à ce que les anciens mettent expressément sous le nom de Pyrrhon, nous ne lui prêterons pas ce qui n'est pas à lui ; tout au plus risquerons-nous de faire un peu plus belle que de raison la part de ses successeurs ; mais en vérité ce ne sera pas les grandir outre mesure. Ce qui importe ici, ce sont les grands traits du système, et ils sont en trop petit nombre et trop caractéristiques pour ne pas appartenir en effet au fondateur de l'école.

Un pyrrhonien des derniers temps, nommé Théodose, déclarait ne pas savoir s'il pouvait se dire sectateur de Pyrrhon, attendu que, rien n'étant connu avec certitude, on ne saurait affirmer que ce philosophe ait pensé comme ceux qui s'intitulent pyrrhoniens. N'étant pas pyrrhonien nous-même, ce scrupule d'un sceptique conséquent à l'excès n'a pas de quoi nous arrêter ; et, bénéficiant de notre situation de dogmatique, nous prendrons sur nous d'exposer et de discuter les doctrines de Pyrrhon d'après le témoignage direct ou indirect, mais unanime, de ses propres disciples.

Il y a lieu de distinguer avant tout dans le pyrrhonisme, comme dans toute philosophie, deux parties ou deux éléments : la théorie et la pratique. Pour la théorie, qui se résume dans le doute universel et systématique, Pyrrhon a mis en œuvre le positivisme matérialiste de Démocrite et les plus célèbres thèses de Protagoras. Pour la pratique, où il propose l'indifférence absolue comme moyen de procurer à l'âme humaine la paix et une sérénité vertueuse, il combine la morale égoïste de Démocrite et d'Anaxarque avec l'abnégation et la résignation des sages de l'Inde, et probablement aussi avec quelques réminiscences de la tradition socratique. Cette distinction logique, nécessaire pour un examen approfondi du pyrrhonisme, ne doit pourtant faire oublier ni le lien indissoluble par lequel le philosophe d'Élis rattachait au doute universel sa doctrine de l'impassibilité, ni la prépondérance tout à fait remarquable dans son système de la pratique sur la spéculation.

I. — *La théorie du doute.*

Au fond la théorie du scepticisme pyrrhonien se réduit à un très petit nombre de thèses fondamentales qui ne sont un mystère pour personne. C'est d'abord l'acatalepsie, ἀκαταληψία, c'est-à-dire l'incompréhensibilité de toutes choses ou, plus exactement, l'impossibilité où se sent le philosophe de rien comprendre et de rien savoir, de sorte que sa science consiste à dire comme Pyrrhon : « Je ne comprends pas, οὐ καταλαμβάνω. » Puis vient la suspension du jugement, ἐποχή, proposée comme le seul parti raisonnable au milieu des incertitudes et des contradictions auxquelles on est sujet, soit qu'on affirme ou qu'on nie comme les philosophes dogmatiques, soit qu'on essaie d'affirmer et de nier tout ensemble comme les sophistes. Enfin, chacun étant assuré de ses impressions, mais nullement de la réalité de leurs objets, l'apparence, τὸ φαινόμενον, est l'unique critérium de la vérité. Tels sont les axiomes essentiels, si l'on peut s'exprimer ainsi, où se résume le pyrrhonisme spéculatif, et auxquels il faut se garder d'ajouter la moindre affirmation : car, suivant Diogène Laërce, Numénius est le seul écrivain ancien qui ait « prêté à Pyrrhon des opinions positives », et Énésidème assure que « jamais ce philosophe n'émit une assertion dogmatique ».

Ces principes du scepticisme pyrrhonien ont été tant de fois exposés et débattus, que le sens en doit paraître assez clair à tout le monde. Un seul point peut-être a besoin d'être expliqué, savoir ce qui concerne l'apparence considérée comme critérium ou comme règle unique de la pensée.

Pyrrhon est certainement le premier qui ait conçu et énoncé l'idée du doute universel et systématique. Entre ceux qui affirment et ceux qui nient, il n'hésite pas seulement : il s'abstient, de parti pris ; il garde, il suspend son jugement (ἐπέχει), et il appelle d'un nom nouveau, ἐποχή, cet état intellectuel, dont il a si bien défini la nature par cette formule même. Son doute n'est pas seulement l'ἀπορία d'Aristote, c'est-à-dire « l'embarras » momentané qui résulte de quelque difficulté, de quelques problème non résolu : c'est une manière de penser qui s'applique partout où l'on peut affirmer ou nier : c'est le doute en permanence. Mais Pyrrhon n'est pas un sophiste : il ne dit pas, comme Métrodore de Chio, qu'il ignore son ignorance et ne sait pas même qu'il ne sait rien ; c'est un douteur qui veut être pris au sérieux et qui, par conséquent, ne doute ni de son doute ni de son ignorance ou de son acatalepsie, ni même de sa pensée ou de ses impressions en général, ou de ce qui lui paraît, τὸ φαινόμενον[1]. Le miel, par exemple, est-il

---

1. Cf. Em. Saisset, art. *Pyrrhon*, dans le *Diction. des sciences philosophiques*.

doux, ou ne l'est-il pas ? « Il me le paraissait hier, » répond Pyrrhon ; « aujourd'hui il ne me le paraît pas : peut-être est-il doux, peut-être ne l'est-il pas ; je ne décide rien (οὐδὲν ὁρίζω), je ne dis ni oui ni non, pas plus l'un que l'autre (οὐδὲν μᾶλλον). » — Autre exemple : Le mouvement existe-t-il ? Il semble à Pyrrhon, il lui paraît que Parménide a eu raison de le nier, mais il lui paraît aussi que Démocrite n'a pas eu tort de l'affirmer. Il ne le nie donc pas, et il ne l'affirme pas non plus : il doute, c'est-à-dire qu'il se refuse à conclure de l'apparence qu'il connaît à la réalité qu'il ne connaît pas. Pyrrhon emploie donc dans un sens opposé au dogmatisme cette distinction fondamentale, reconnue avant lui par tous les philosophes grecs, entre *l'être* et le *paraître*. Les philosophes d'Élée, entre autres, et plus tard Platon, avaient revendiqué la réalité souveraine de l'être que révèle la raison contre le néant des apparences sensibles auxquelles s'attache le commun des hommes. Pyrrhon, au contraire, relève l'apparence et la déclare seule accessible à la connaissance humaine ; mais à la différence d'Épicure, qui opposera dogmatiquement la réalité des phénomènes sensibles à la prétendue incertitude des conceptions rationnelles, Pyrrhon n'affirme pas plus la certitude des sens que celle de la raison. Son ἐποχή n'est elle-même qu'un phénomène, une impression, une apparence, non une conclusion déduite avec certitude de la comparaison et de la réfutation des dogmatismes contraires. Il n'admet aucune certitude absolue sur ce qui est, il ne croit à aucune réalité ; il n'affirme donc le phénomène ou l'apparence que comme apparence, non comme réalité. Cette apparence est-elle quelque chose en elle-même, et qu'est-elle ? Il n'en sait rien, et ne se prononce ni pour l'affirmative ni pour la négative. Il se contente de constater ce qui lui paraît ; quant à ce qui est, je le répète, il suspend son jugement. Voilà en quel sens l'apparence est pour lui une mesure de vérité, un critérium ; et Timon ne l'entend pas autrement quand il dit : « L'apparence est reine et maîtresse partout où elle se présente[1]. » La thèse pyrrhonienne est donc très différente de celle de Protagoras, suivant laquelle l'homme étant la mesure de toutes choses, tout ce qui lui paraît est vrai. Pyrrhon et ses disciples n'admettent ni que tout soit vrai, ni que rien ne soit vrai : ils suspendent leur jugement.

Pour comprendre qu'un philosophe ait pu professer et faire accepter par d'autres philosophes le doute porté à ce point, on a besoin de se rappeler d'une part l'état des sciences si inférieur alors à ce qu'il est de nos jours, d'autre part la hardiesse, sinon la jactance des divers dogmatismes, en exceptant toutefois la philosophie péripatéticienne, à laquelle je crois remarquer que les pyrrhoniens ne s'attaquèrent jamais, par la raison peut-être que Pyrrhon, ayant été absent d'Europe pendant toute la durée de l'enseignement d'Aristote, n'en avait tenu aucun compte dans la suite. L'imperfection des sciences, toutes remplies d'hypothèses et d'incertitudes, autorisait le doute, et il semblait justifié par le contraste choquant du peu que l'on savait et de tout ce qu'on croyait pouvoir affirmer. Déjà le bon sens de Socrate, de Platon et d'Aristote avait substitué aux formes tranchantes des premiers philosophes un langage plus modeste et des formes plus dubitatives. Le « peut-être » de ces philosophes et le « Je ne sais rien » de Socrate n'avaient besoin que d'être généralisés pour devenir l'expression du doute

---

1. Vers des *Icones*, cité par Diogène, l. IX, ch. xi.

systématique. Aussi les anciens ont-ils rangé Pyrrhon parmi les socratiques. Ce n'était pourtant pas de Socrate que lui-même prétendait relever. L'auteur qu'il alléguait de préférence, au rapport d'un de ses amis, le dialecticien Philon d'Athènes, c'était Démocrite, et cela se comprend : car il était d'avis, comme le philosophe d'Abdère, « qu'il n'y a rien de déterminé ni d'absolu[1] ». Il aimait aussi à citer Homère, pour qui il professait la plus vive admiration, non seulement à cause de son génie poétique, mais encore plus à cause de la manière énergique dont il parle de la fragilité, de la vanité et du néant des choses humaines ; et il avait sans cesse à la bouche ce vers de l'Iliade (xxiv, 146) :

« Les hommes sont pareils aux feuilles des arbres. »

On voit par cet exemple et par d'autres semblables que Pyrrhon connaissait et pratiquait déjà cette méthode apologétique dont les pyrrhoniens anciens et modernes, de Timon à Montaigne, ont tant abusé, et qui consiste à retrouver partout le scepticisme, à citer à tort et à travers les poètes et les écrivains de tout genre, enfin à tourner au profit d'un doute paradoxal les pensées les plus sages et les plus mesurées des philosophes dogmatiques. Ce que nous savons des antécédents du scepticisme philosophique en Grèce nous donne lieu de croire que les arguments de cette sorte ne faisaient pas défaut à Pyrrhon : loin de là, théologiens et philosophes, poètes, historiens et moralistes lui fournissaient une inépuisable matière. Aussi prenait-il de toutes mains des armes contre le dogmatisme philosophique. Il ne paraît pas cependant qu'il se soit jamais appuyé sur les so-

---

1. Diogène Laërce, *Vie de Pyrrhon*, init.

phistes : il tenait évidemment à se distinguer de ces discoureurs habiles, mais décriés, et dont le prestige était depuis longtemps évanoui ; aussi Timon, dans ses *Silles*, ne trouve-t-il pas d'injure plus sanglante à lancer contre les philosophes dogmatiques que de les traiter de sophistes.

Pyrrhon avait d'ailleurs à son service des ressources d'une autre nature. Il étonnait, paraît-il, ses disciples et ses auditeurs par la force et la variété des arguments qu'il faisait valoir contre les diverses formes du dogmatisme populaire ou philosophique. On suppose avec vraisemblance qu'il prenait à partie les philosophes contemporains, et que les vers satiriques de son disciple Timon n'étaient qu'un écho des critiques que le maître avait dirigées contre les écoles dogmatiques. Mais, comme il ne nous reste aucune de ces argumentations particulières, on peut supposer aussi qu'il se renfermait dans des considérations générales ; au moins possédons-nous une sorte de catalogue de ses objections les plus ordinaires contre la légitimité de nos jugements : je veux parler des fameux *tropes* ou motifs de doute, au nombre de dix, οἱ δέκα τρόποι τῆς ἐποχῆς.

Cette liste est-elle de Pyrrhon, ou de Timon, ou de quelque sceptique d'une époque plus récente ? La question a été longtemps controversée ; cependant les critiques semblent s'accorder aujourd'hui à reconnaître que ces tropes étaient en usage chez les premiers pyrrhoniens et que, suivant toute vraisemblance, ils datent au plus tard de Timon, s'ils ne sont pas de Pyrrhon lui-même, à qui Diogène Laërce et d'autres historiens les attribuent formellement. En l'absence de toute raison décisive de les ôter au chef de l'école, c'est à lui qu'il me paraît convenable de les rapporter. En voici la substance :

1° Les différences et les inégalités qu'on remarque dans les organes, la constitution, les sentiments, les goûts et les répugnances des animaux, en y comprenant l'homme lui-même, font voir que les mêmes objets ne produisent pas nécessairement les mêmes impressions, et qu'il ne faut pas se hâter de conclure des images sensibles aux objets qu'elles représentent.

2° A ne considérer que l'homme, quelle n'est pas la différence des tempéraments et des aptitudes! Un des exemples rapportés dans ce chapitre pourrait être allégué comme une marque d'authenticité. « Démophon, est-il dit, maître d'hôtel d'Alexandre, avait chaud à l'ombre et froid au soleil. » Pyrrhon, commensal du roi de Macédoine, n'avait-il pas eu l'occasion d'observer lui-même ce Démophon?

3° Nos différents sens nous donnent d'un même objet des idées très différentes ; un même sens appliqué à un même objet, mais dans des milieux différents, n'en est pas affecté de même ; enfin un objet vu dans des miroirs différents ne se ressemble pas à lui-même. Où est la vérité, et comment ne suspendrait-on pas son jugement?

4° Les mêmes objets nous paraissent différents, suivant que nous sommes en santé ou en maladie, endormis ou à l'état de veille, jeunes ou vieux, animés de tel ou tel sentiment, de telle ou telle passion, et même suivant les dispositions du moment. Le sage et le fou ne voient pas, ne jugent pas de même, et le malheur est qu'on ne peut savoir de quel côté est le bon sens, de quel côté la folie.

5° Chaque pays a ses coutumes et ses usages ; chaque nation a ses institutions, ses lois, ses croyances religieuses et morales ; et de cette différence entre les différents peuples résultent des diversités et des contradictions dans la manière de juger du bien et du mal, du vice et de la vertu, du vrai et du faux, de la divinité, de l'origine et de la fin des choses. La même action est juste pour les uns, injuste pour les autres, bonne ici, mauvaise ailleurs. Autres pays, autres dieux; les uns croient à leur providence, les autres non. Autant de motifs pour ne pas se prononcer sur la vérité.

6° Un autre motif de doute se tire du mélange et de la complexité des objets. Aucune chose visible ne se montre à nous pure et sans mélange : elle est unie à l'air, à la lumière, à la chaleur, à l'humidité, à la solidité, au mouvement ou à d'autres forces ; ce sont autant d'obstacles qui s'opposent à ce qu'on puisse démêler les qualités propres à chaque objet.

7° Les aspects des choses, leur grandeur apparente, leur couleur, leurs dimensions, leur figure varient suivant leur distance et leur position par rapport aux autres objets placés dans l'espace ; et, comme nous ne pouvons rien connaître par les sens, abstraction faite du lieu et de la position, la nature véritable des choses nous échappe.

8° Les qualités des corps varient aussi suivant leur température et suivant la vitesse ou la lenteur de leur mouvement. Mêmes variations dans leur action et dans leurs effets.

9° Les mêmes choses nous paraissent naturelles ou étranges, rares et précieuses ou communes et sans valeur, selon que nous les voyons plus ou moins souvent.

10° Enfin nous ne jugeons de la légèreté, de la force, de la grandeur que par opposition à ce qui est pesant, faible ou petit ; et en général les choses ne sont connues que par comparaison. De plus tout est relatif à la pensée, et, tout étant relatif, rien ne peut être connu en soi[1].

Que tous ces motifs de doute aient été employés par Pyrrhon, cela n'est guère contestable ; mais peut-être avait-il laissé à ses disciples le soin, je ne dis pas de les classer, mais de les compter et de les numéroter en les mettant par écrit : car la liste que nous venons de parcourir n'est pas une classification. Au fond les dix tropes se ramènent à une seule objection, la diversité de nos idées, de nos jugements et de nos opinions, et tous les développements de cette objection aboutissent à un grand motif de doute, celui qui est énoncé le dixième, savoir que tout est relatif. Comme d'ailleurs, selon Pyrrhon, on peut toujours à toute raison opposer une raison contraire qui la détruit et qui peut être détruite à son tour, on n'est pas plus en droit d'affirmer que de nier, ou de nier que d'affirmer, et douter de la raison est la seule chose raisonnable.

Voilà, pour l'essentiel, en quoi consistait, dans sa partie spéculative, cette doctrine de Pyrrhon qui étonna et charma quelque temps ses concitoyens, et qui, plusieurs fois renouvelée, soit chez les Grecs, soit chez les nations modernes, a été chaque fois un épouvantail pour les uns, un sujet d'admiration pour les autres, pour tous un phénomène curieux et tout à fait digne d'attention, à cause de la singularité même de ce défi si audacieusement jeté à la raison et à la science de l'homme.

Un savant historien de la philosophie ancienne, Henri Ritter, me paraît avoir traité avec trop de dédain la doc-

1. Diogène Laërce *(Vie de Pyrrhon)* dit que le 9e trope était placé au 8e rang par Phavorinus et au 10e par Sextus. Quant au 10e, il devenait le 8e dans Sextus et le 9e dans Phavorinus.

trine du philosophe d'Élis. Il avance d'abord, non sans raison, qu'elle participe de la décadence scientifique et philosophique qui suivit la mort d'Aristote et qui coïncida avec une décadence politique, sociale et morale dans le monde grec. Je ne ferai pas difficulté de souscrire à ce premier jugement. D'un côté, en effet, cette doctrine ne témoigne pas d'une science très étendue ni d'une connaissance approfondie des divers systèmes et en particulier de l'aristotélisme; elle ne suppose pas même l'étude de la philosophie tout entière, mais seulement celle de la logique ou plutôt de la dialectique. La philosophie de Pyrrhon, prise dans sa partie spéculative, exclut les hautes conceptions et demeure volontairement étrangère à la métaphysique : or c'est là une infériorité manifeste par rapport aux grands systèmes qu'elle avait la prétention de remplacer. Puis, d'un autre côté, au lieu de cet amour de la vérité, de cette foi dans la science, de ces beaux élans de la pensée qui avaient signalé le premier âge de la philosophie grecque, on ne trouve plus ici, sous la forme d'une polémique parfois véhémente, qu'un découragement systématique, une véritable abdication de l'esprit de recherche. Ce sont là, sans contredit, des signes de décadence.

Si d'ailleurs Pyrrhon et ses disciples prétendaient se rattacher à Socrate, ils s'abusaient d'une étrange façon. La doctrine de Socrate n'était nullement flottante, mais au contraire très ferme, très assurée, pleine de confiance et même d'enthousiasme : sa vie et sa mort en font foi. Le doute sceptique de Pyrrhon, comme plus tard le doute académique, était donc fondé sur une fausse interprétation du « je ne sais rien » de Socrate. Cela encore, je l'avoue, n'est ni d'un grand philosophe, ni d'un esprit profond.

Mais où Ritter me paraît tomber dans quelque exagération, c'est lorsqu'il affirme que le doute de Pyrrhon était très superficiel, que ses objections ne portaient que sur les sens, et non sur la raison, qu'enfin on serait fort embarrassé de dire de quoi il a enrichi la philosophie.

J'accorderai que le procès que Pyrrhon fait aux sens, ce qui du moins nous en a été conservé, n'est pas comparable à ce qu'avaient dit Platon et Aristote de l'inconsistance et du peu de portée directe des données sensibles. Mais il s'en faut que les arguments de Pyrrhon soient sans valeur. Il y en a un, le dixième des tropes, qui tend à démontrer la relativité ou le caractère relatif de nos connaissances, et qui à lui seul, s'il était admis sans réserve, suffirait pour motiver le scepticisme : car du moment qu'on croit pouvoir dire que tout est relatif, on est logiquement autorisé à conclure que, la certitude étant impossible, la sagesse consiste à suspendre son jugement.

Remarquons en second lieu que le doute de Pyrrhon est sans exception : les conceptions de la raison y sont sujettes aussi bien que les perceptions des sens. On ne doit pas oublier qu'au temps de Pyrrhon le mot φαντασία, qui revient sans cesse dans ses tropes et qu'on traduit d'ordinaire par représentation ou par notion sensible, n'exprimait pas seulement la représentation sensible, mais toute représentation, toute notion. Aristote lui-même lui attribuait cette double signification, lorsqu'il affirmait que la pensée pure est impossible chez l'homme sans une représentation : et plus nettement encore, lorsque, dans son traité *De l'âme,* il distinguait deux sortes de φαντασία, l'une sensible, l'autre rationnelle. En dehors de l'école d'Aristote et surtout après lui, la philosophie dérivant toujours davantage vers le sensualisme, ce même mot était pris plus expressément encore comme synonyme de la pensée en général. C'est ainsi que l'entendait Pyrrhon, nourri qu'il était de la philosophie de Démocrite ; et c'est ainsi encore qu'un représentant moderne de cette même philosophie, Gassendi, a employé partout dans sa *Logique* le mot *imaginatio* avec le sens général d'idée ou notion simple. Il y a d'ailleurs, dans les différentes expressions du doute pyrrhonien, d'autres termes qui mettent en pleine lumière le caractère universel de ce doute, et qui montrent bien qu'il s'appliquait aussi à la raison et au raisonnement[1].

Mais, dit-on, aucun de ces arguments n'est de l'invention de Pyrrhon ; tout cela avait été dit avant lui, même le πάντα πρός τι, « tout est relatif », qui est de Protagoras. A vrai dire, cela n'importe guère. La gloire de Pyrrhon n'est pas d'avoir inventé, comme ses prédécesseurs, tel ou tel argument contre nos facultés de connaître. Son grand titre comme philosophe et ce qui en a fait un chef d'école, c'est d'avoir été conséquent sans tomber dans les énormités que l'on reprochait à un Protagoras ou à un Métrodore ; c'est d'avoir conçu fortement et d'avoir soutenu en philosophe, non en sophiste, sans contradiction ni concession, le doute proprement dit appliqué à toutes choses, le doute systématique inconnu jusqu'à lui et par lequel il rendait, semblait-il, à l'esprit humain sa liberté, en secouant le joug de tout dogme tyrannique. Ainsi le comprirent ses disciples immédiats, et ils trouvèrent, pour exalter leur maître, des accents qui rappellent les vers de Vir-

---

1. Par ex. : Τὰ νοούμενα, ἀντιλογία, ἰσοσθένεια τῶν λόγων, etc.

gile célébrant Lucrèce, ou ceux de Lucrèce lui-même en l'honneur d'Épicure. Qu'on en juge par cette apostrophe de Timon au sage qui lui apparaissait comme le libérateur des âmes : « Noble vieillard, ô Pyrrhon ! comment et par quelle voie as-tu réussi à te délivrer de l'esclavage des opinions et des futiles enseignements des sophistes? Comment as-tu brisé les liens de l'erreur et de la croyance servile? Tu ne t'épuises pas à scruter l'origine et la fin des choses, ni la nature de l'air qui enveloppe la Grèce. » Cet éloge d'un sceptique par un autre sceptique, ce fol enthousiasme pour une liberté toute négative, celle de ne rien croire, cette admiration pour un système dont tout le mérite est de faire le vide dans la pensée, attestent l'impression profonde que fit, au moins chez quelques-uns, la conception neuve et hardie de Pyrrhon. Triste originalité, j'en conviens, mais originalité réelle et qui ne permet pas de reléguer ce philosophe parmi les esprits sans valeur et sans portée.

Cependant on reproche au doute pyrrhonien, non seulement d'être assez faiblement motivé, mais encore d'être en lui-même très superficiel. Il n'est pas difficile de deviner où tend ce reproche, quand il se rencontre sous la plume d'un compatriote de Kant. Évidemment cela signifie que le philosophe grec a ignoré la distinction soi-disant allemande du subjectif et de l'objectif. Eh bien ! c'est là une erreur manifeste. Si l'on veut bien se rendre compte de ce que Pyrrhon entendait par l'apparence, τὸ φαινόμενον, et de l'opposition qu'il mettait entre l'apparence et la réalité, τὸ ὄν, on verra aisément qu'il connaissait à fond la nature de son propre doute, et qu'il le faisait consister précisément dans cette distinction que les sceptiques ont toujours supposée entre la pensée, conçue par hypothèse comme acte tout subjectif, et l'objet peut-être imaginaire de cette pensée. En quel autre sens pourrait-on prendre le langage des pyrrhoniens disant à tout propos, à l'exemple de leur maître : « Il nous semble que cela est ; mais cela n'est peut-être pas ; » ou bien : « Je n'affirme pas que le miel est doux ; je déclare qu'il me semble tel ; » ou enfin: « Nous doutons, non de ce qui nous paraît, mais de la réalité des choses que nous pensons[1]? » Supprimez la distinction du sujet et de l'objet, que deviennent les motifs de doute allégués par Pyrrhon et ses disciples ? Ils n'ont plus aucune signification. Cela est si vrai, que Diogène Laërce, résumant « les dix tropes de Pyrrhon », dit que « tous ces arguments tendent à établir que les objets, soit des sens, soit de la raison, τὰ ὑποκείμενα τῶν τε φαινομένων καὶ τῶν νοουμένων, changent sans cesse ». Comment soutenir après cela que la distinction du subjectif et de l'objectif est d'invention moderne et germanique ? Maintenant, que Pyrrhon traite d'illusions ou d'habitudes inhérentes à l'humanité ce que d'autres appelleront, avec plus de profondeur peut-être, les formes subjectives de l'entendement, de la sensibilité ou de la raison, au fond la différence est-elle si grande ? Elle est dans les mots plus que dans les choses : car des deux côtés, ce qui est en cause, c'est la légitimité des facultés du sujet pensant, c'est la nature de l'esprit humain. Si donc on veut chercher au système pyrrhonien un analogue dans l'histoire, ce n'est pas chez les sophistes ni dans l'antiquité qu'on le trouvera, mais bien dans le criticisme de Kant, dont Pyrrhon avait tracé d'avance le programme en fondant le doute universel sur le motif sceptique par excellence et sur les antino-

---

1. Diogène Laërce, *Vie de Pyrrhon*, passim.

mies de la raison ou du raisonnement, ἀντιλογίαι, ainsi qu'il les appelait lui-même.

Je constatais tout à l'heure que Pyrrhon se méprenait sur le « Je ne sais rien » de Socrate, lorsqu'il en faisait sortir le doute universel ; mais, s'il l'a mal interprété, il en a cependant tiré parti, et c'est réellement à la suite de Socrate qu'il a pénétré dans l'analyse de la pensée. Il procède donc de ce philosophe d'une certaine manière, savoir de la même manière que Kant procède de Descartes, dont il n'est après tout qu'un imitateur, bien intentionné assurément, mais (l'oserai-je dire ?) quelque peu maladroit et pesamment attardé dans les doutes qui, pour Descartes comme pour Socrate, n'étaient que les préliminaires de la philosophie ou, si l'on peut parler ainsi, les fossés qui bordent la route et où des gens bien avisés ne vont pas s'embourber. Pyrrhon, lui aussi, manqua de cette prudence et de cette sagesse. Embarrassé par les erreurs qu'il attribuait aux sens, troublé par les contradictions qu'il croyait découvrir dans leur témoignage comme dans celui de la raison, arrêté enfin par une prétendue équivalence des thèses contraires et par des antinomies ou antilogies insolubles, il renonça à toute assertion dogmatique et s'en tint aux apparences, c'est-à-dire encore une fois à ses propres impressions prises comme telles, suspendant son jugement sur la réalité de leurs causes ou de leurs objets [1]. Pouvait-il marquer plus nettement la distinction ou plutôt l'opposition sceptique du sujet pensant et de l'objet pensé ? Le scepticisme philosophique est là tout entier ; il n'y en eut jamais d'autre, et c'est Pyrrhon qui en est l'inventeur.

---

1. Diogène Laërce, *ibid.*, vers la fin.

Je vais plus loin. Il n'a pas seulement doté la philosophie d'un système de plus, en apportant, avec une analyse plus subtile, sinon plus profonde, de la pensée, le motif par excellence du doute universel. Il l'a encore enrichie, pour reprendre l'expression de Ritter et répondre à son défi ; oui, il a enrichi la philosophie d'un problème nouveau et des plus considérables : le problème de la certitude ou, pour parler la langue d'Énésidème et des nouveaux Pyrrhoniens, le problème du *critérium* de la vérité. C'est à partir de Pyrrhon que ce problème, inconnu à tous ses prédécesseurs[1], s'est imposé à tous les philosophes, à commencer par Zénon et Épicure, qui les premiers le traitèrent *ex professo* dans le sens du dogmatisme.

Tels sont les mérites réels de Pyrrhon. Plus on est éloigné d'approuver sa doctrine, moins il convient de lui marchander l'éloge et de lui refuser la justice à laquelle il a droit. On peut bien, ce semble, accorder qu'il a fait preuve de pénétration et d'originalité, sans méconnaître pour cela que cette philosophie du doute à outrance, introduite par lui en Grèce, est une philosophie de décadence, très inférieure à ses devancières en métaphysique et aussi incapable (on va le voir) de nous conduire à la vertu et au bonheur que de fonder la science et de nous faire connaître la vérité.

En résumé, la théorie pyrrhonienne du doute se ramène à ces trois points essentiels : 1° la nature des choses nous est incompréhensible ; 2° l'apparence, ou

1. Quand Sextus Empiricus parle du critérium de tels ou tels philosophes antérieurs à Pyrrhon, il est évident qu'il ne les cite pas, mais qu'il les traduit dans la langue philosophique de son temps et de son école. Voir plus loin, chapitre xi, § 4, l'histoire du mot κριτήριον.

l'impression, ou la notion qui s'offre à nous, est notre unique critérium, mais dans un sens purement subjectif ; 3° enfin la suspension du jugement sur toute réalité est la seule attitude raisonnable, le seul moyen efficace d'éviter la contradiction et l'erreur. Voilà bien, ce me semble, les thèses fondamentales dans lesquelles Pyrrhon aurait pu lui-même résumer les principes de toute sa philosophie. Or, c'est la première fois, je le répète, qu'un philosophe faisait une profession explicite du doute universel et systématique. Il était difficile assurément qu'une telle doctrine devînt populaire et rencontrât de nombreux adhérents. Mais pour ceux qui l'acceptèrent et en saisirent la portée, on comprend qu'ils aient pu, comme Timon, saluer en Pyrrhon le hardi penseur qui avait rendu à l'esprit humain sa liberté en secouant le joug des opinions et des systèmes.

2. — *La doctrine du bonheur.*

Cependant il est temps de nous le rappeler, le dernier mot de Pyrrhon n'est pas là. Ce n'est pas en vain qu'après avoir recueilli, dans les écoles de Phédon, de Ménédème et de Stilpon, la tradition très altérée sans doute, mais essentiellement morale du plus sage des Grecs, il avait été le compagnon d'Anaxarque, l'*Eudémonique,* puis le témoin et l'admirateur de la prodigieuse impassibilité des gymnosophistes de l'Inde. A défaut de ces leçons et de ces exemples, il lui aurait suffi d'être de son temps pour donner à sa pensée une direction pratique. Préparé comme il l'était, et vivant à une époque troublée, au milieu d'une génération avide de repos et de bien-être, il se proposa pour but, en philosophant, de découvrir et d'enseigner à ses contemporains un moyen de régler la vie humaine et de se procurer cette paix intérieure qui lui apparaissait à lui aussi comme le bien suprême et qu'il appelait tantôt la vertu, tantôt le bonheur.

La première de ces deux définitions se lit dans Cicéron, qui ne parle jamais de Pyrrhon que comme d'un très austère moraliste, pour qui la vertu est la seule chose désirable : « Pyrrho, virtute constituta, nihil omnino quod appetendum sit relinquit[1]. » L'autre traduction de la pensée de Pyrrhon a pour elle l'autorité de Timon, qui, selon Sextus Empiricus, est « le prophète », c'est-à-dire l'interprète des doctrines de Pyrrhon, ὁ προφήτης τῶν Πύρρωνος λόγων[2]. Timon définit en effet le philosophe « celui qui se propose de devenir heureux, τὸν μέλλοντα εὐδαιμονήσειν[3] ». La suite de notre étude prouvera que ces deux versions ne sont nullement inconciliables.

Une grande école, celle d'Aristote, était alors en possession d'enseigner la science du bonheur. L'auteur de la *Métaphysique* avait identifié le souverain bien avec la perfection de la pensée, et il faisait consister le bonheur dans la possession de ce bien suprême : l'homme, suivant lui, ne peut goûter le bonheur que par moments et comme par éclairs, lorsque, en l'absence de toute agitation extérieure, les appétits sensitifs étant apaisés, les passions réduites au silence, l'âme recueillie en elle-même se livre à la méditation et, parvenue au sommet de la science, participe de la vie divine, parfaite et bienheureuse. Telle était la doctrine élevée, mais un

---

1. *De finibus bonorum et malorum*, l. IV, ch. vi.
2. *Adversus mathematicos*, l. I, ch. liii.
3. Eusèbe, *Préparation évang.*, l. XIV, ch. xviii.

peu froide, un peu méprisante pour la vie sociale et pratique, qu'Aristote avait léguée à Théophraste. Le disciple, exagérant une des préoccupations du maître, ne se contenta pas de réclamer pour le philosophe le calme et le loisir nécessaires pour ses méditations ; il fit entendre des plaintes qu'Aristote eût désavouées contre la nature qui, disait-il, donne à l'homme une vie trop courte pour achever les sciences qu'il a ébauchées. Bien plus, il conseilla ou parut conseiller aux philosophes la recherche des biens du dehors, en émettant cette triste parole : « La vie humaine est régie par la fortune et non par la sagesse, *vitam regit fortuna, non sapientia.* » Ce langage, ces concessions, cette faiblesse morale inaugurant une tendance inférieure, affaiblissaient le sentiment du devoir, diminuaient le prix de la vertu et, comme le dit Cicéron, lui retranchaient ce qui en fait le nerf[1].

Il y eut alors, c'est un fait attesté par l'histoire, une protestation unanime des autres écoles de philosophie contre ces maximes de Théophraste. Quelques-uns même de ses disciples le quittèrent pour s'attacher à Stilpon de Mégare. Ce philosophe, parvenu au terme d'une longue carrière, comptait parmi ses disciples Zénon de Citium. Il avait entrevu, paraît-il, la solution stoïcienne du problème moral ; mais il ne sut pas la dégager de l'appareil dialectique dont il faisait usage, même en parlant de la vertu, et Timon nous le représente au milieu de nombreux disciples occupés comme lui à chercher un mot, au lieu de la chose ou de la réalité souveraine dont les âmes avaient besoin.

C'est dans ce désarroi et cette pénurie de doctrines

---

1. *Tuscul. quæst.*, III, 28 ; IV, 9 ; V, 9 ; *De fin.*, IV, 5.

morales que Pyrrhon vint proposer une solution tout à fait neuve et à coup sûr très originale du problème de la destinée humaine. On demandait aux philosophes comment, à travers les incertitudes de la vie et de la science, le sage peut maintenir son âme en paix, et ce qu'il doit faire pour vivre exempt d'agitation et de trouble. « Accepter cette incertitude et la prendre pour règle, » répondit hardiment Pyrrhon : là est toute sa philosophie, et aussi toute sa morale ; peu de mots suffiront pour en expliquer le sens.

Pyrrhon disait, suivant Timon, que « la recherche du bonheur se réduit à considérer premièrement ce qu'on sait de la nature des choses ; deuxièmement la conduite à tenir à leur égard ; troisièmement les fruits à recueillir de cette conduite[1] ». Or les choses ne nous sont pas connues en elles-mêmes, leur nature nous est incompréhensible : nous n'avons que des apparences peut-être trompeuses, des impressions peut-être mal fondées et qui sont notre unique lumière, notre seul critérium. Dans ces conditions une seule conduite est possible : suspendre notre jugement, ne rien prononcer, ne dire ni oui ni non, pas plus l'un que l'autre. Voici maintenant les fruits de cette sage conduite. Si dans nos discours et dans nos actions, comme dans nos pensées, nous savons nous abstenir de toute opinion dogmatique sur les êtres et les objets dont nous avons des idées, mais dont la réalité nous échappe, les dieux, les hommes, les événements extérieurs et leurs causes cachées ; si nous vivons à l'égard de tout cela dans une complète indifférence, sans nous soucier du qu'en dira-t-on, nous conformant d'ailleurs aux faits, à la cou-

---

1. Aristoclès, cité par Eusèbe, *ibid*.

tume, aux apparences, sans nous y attacher autrement, nous serons à l'abri de toute agitation ; nous vivrons libres, paisibles, indépendants. En effet, une fois affranchis des croyances et des préjugés qui alimentent les passions, nous ne donnerons prise à aucune influence du dehors, à aucune perturbation au-dedans ; nous jouirons enfin d'une parfaite impassibilité. Ainsi le doute engendre l'indifférence, ἀπάθεια, laquelle à son tour produit la sérénité, ἀταραξία.

Apathie, ataraxie : ces mots célèbres, si souvent employés plus tard dans les écoles de Zénon et d'Épicure, étaient déjà usités dans celle de Pyrrhon ; et, s'il n'en fut pas l'inventeur, on peut affirmer qu'il leur donna le premier toute leur signification philosophique et morale. Il faut même faire remonter jusqu'à lui plusieurs paradoxes des stoïciens sur l'indifférence du Sage : « La santé et la maladie, disait-il, lui sont égales ; il ne les sent même pas ; il ne compte pour rien tout ce que les hommes sont portés à appeler des biens : il n'y a pour lui qu'un seul bien, la vertu[1]. » Ainsi s'exprimait le philosophe d'Élis, au rapport de Cicéron. Cependant son apathie et son ataraxie différaient sensiblement de celles de ses deux illustres rivaux. Il ne prétendait pas comme eux régler ou supprimer les passions au nom et par la vertu de quelque principe supérieur, puisqu'il n'en reconnaissait aucun ; mais il s'en affranchissait autant que possible, en leur ôtant toute raison d'être. Surtout il n'affectait pas de rompre en visière au sens commun, et il était d'avis que, comme il est difficile à un philosophe de dépouiller l'humanité, il devait tâcher de mettre sa conduite d'accord avec les choses, ou, s'il

---

1. *De Fin.*, II, 15 ; III, 5 ; IV, 16 et suiv. ; *Tuscul.*, II, 6.

ne le pouvait pas, d'y approprier au moins ses discours. Aussi Énésidème assure-t-il que Pyrrhon n'agissait pas du tout au hasard [1].

Parmi les choses auxquelles il accommodait ses discours et, autant que possible, sa conduite, le grand prêtre d'Élis plaçait au premier rang la loi et la coutume, et il avait grand soin à l'occasion de répéter, de même que son disciple Timon, que sa doctrine ne touchait nullement à la coutume ni au respect des lois : car, disait-il, avec sa subtilité accoutumée, c'est précisément parce que rien n'est honnête ni malhonnête, juste ni injuste d'une manière absolue, que les actions des hommes doivent être réglées par la loi et par la coutume ; elles n'ont pas en effet d'autre principe. Quant à cette expression : « se conformer aux choses, » elle signifiait évidemment : se conformer aux apparences. Les choses proprement dites ou les êtres ne donnant lieu à aucun jugement, à aucune opinion légitime, ce respect tout extérieur de la loi et de l'usage était lui-même exempt de passion. La suspension du jugement était donc au fond sans réserve et sans exception, dans la pratique comme dans la théorie : c'était pour Pyrrhon le commencement et la fin de la sagesse, de la science et de cette vertu où il plaçait l'unique bien de l'homme.

Quelques sceptiques des siècles suivants lui prêtent, il est vrai, d'autres formules. Ils disent, par exemple, qu'il assignait pour fin à l'homme la modération ou la douceur. Mais les interprètes les plus autorisés de sa pensée, Timon et Énésidème, le font parler d'une manière plus conforme à l'esprit de sa doctrine : « la

---

1. Diog. Laërce, *Vie de Pyrrhon*.

fin de l'homme, disait-il, est la suspension du jugement, qui est suivie de l'ataraxie comme de son ombre. »

J'ai déjà cité des vers où Timon saluait avec enthousiasme l'esprit vraiment libre qui était venu enseigner aux hommes à se délivrer du joug des opinions. Voici dans quels termes le même auteur célèbre le sage qui, rompant avec Théophraste, avait conçu et réalisé pour son compte le noble dessein de se rendre indépendant des circonstances et de se soustraire aux atteintes de la fortune : « O Pyrrhon, je souhaite ardemment que tu m'apprennes comment, encore sur la terre, tu mènes cette vie heureuse et tranquille, et comment, seul parmi les mortels, tu jouis de la félicité des dieux. »

Au moment d'apprécier la doctrine morale de Pyrrhon, un rapprochement se fait dans ma pensée entre ce philosophe et un autre personnage bien différent, mais qui s'efforça aussi, comme lui, de vaincre la fortune et de conquérir l'indépendance sans la demander aux biens du dehors. Je veux parler d'un écrivain de la Renaissance, célèbre comme professeur, plus célèbre encore comme adversaire irréconciliable de la scolastique. Ramus, ayant affaire, lui aussi, à des péripatéticiens qui lui reprochaient sa pauvreté, leur déclarait avec indignation qu'ils avaient grand tort, eux et leurs maîtres, de prétendre qu'il faut à un philosophe des loisirs et des richesses, et que, pour sa part, il bornait ses désirs en ce genre à gagner par son travail de quoi se procurer du papier, des plumes et de l'encre. Ce reproche, je l'ai reconnu tout à l'heure, n'était pas sans fondement, et Ramus était bien venu à prouver par son exemple que la misère elle-même n'est pas un obstacle invincible à l'étude de la science et à la recherche de la sagesse. Ce n'est pas qu'Aristote n'eût raison de croire que le calme d'esprit est nécessaire à la méditation philosophique. Mais il n'est pas besoin que la fortune fasse au philosophe des loisirs dorés. La force d'âme d'un Cléanthe ou d'un Ammonius Saccas leur assurait, au sein de la pauvreté, la liberté de l'esprit et l'entière possession de leur pensée. Quant à Ramus, il trouvait cette paix précieuse dans la passion même de s'instruire, dans la saveur d'un travail opiniâtre et dans la conscience du devoir accompli envers la famille qu'il soutenait, envers sa patrie qu'il voulait doter, en langue française, de tous les arts libéraux, enfin envers son Dieu et sa foi religieuse pour laquelle il sut souffrir et mourir avec sérénité. Je comprends et j'admire cette manière de conquérir la paix de l'âme; j'ai plus de peine, je l'avoue, à admirer et surtout à comprendre la méthode de Pyrrhon. Autant j'approuve son généreux dessein de se rendre indépendant des influences du dehors et sa revendication de la liberté de penser devant la tyrannie des opinions humaines, autant j'ai peine à me persuader que l'abstention mystique des ascètes de l'Inde, acceptée par ce Grec à l'esprit délié, aussi subtil que positif, et transformée par lui en un doute absolu conduisant à l'inaction dans l'indifférence, puisse jamais donner à l'âme humaine le calme et le bonheur. La question en tout cas vaut la peine d'être examinée; mais il importe de la bien préciser.

3. — *Conclusion.*

A quoi se réduit au fond cette doctrine, et quel en est le sens ? La vertu en est le premier mot : Pyrrhon la proposait à l'homme comme le souverain bien. Voilà qui est avéré : Cicéron l'atteste avec force et à plusieurs reprises. En doit-on conclure avec Tennemann[1] que la philosophie de Pyrrhon était surtout remarquable par la rigidité de sa morale ? C'est aller un peu trop loin, à ce qu'il me semble. Il ne faut pas faire d'anachronisme ; il ne faut confondre la morale de Pyrrhon ni avec celle de Zénon ni avec celle d'Épicure ; mais, à vrai dire, il était plus près d'Épicure que de Zénon. D'abord, il confondait la vertu et le bonheur, comme son maître Anaxarque, surnommé, pour cela même, l'*Eudémonique*. Il mettait, si l'on veut, le bonheur dans la vertu ; mais qu'entendait-il par vertu ? Une certaine indépendance pleine de calme et de sérénité, résultat nécessaire du doute et de l'apathie, c'est-à-dire de l'indifférence pour le bien comme pour la vérité. Or la vertu ne va pas plus sans l'affirmation et l'amour du bien que la science sans la foi dans la légitimité de nos facultés de connaître. Il n'y a donc pas lieu de se demander si le doute pyrrhonien produit la vertu, puisqu'il en est manifestement incapable ; toute la question est de savoir s'il peut procurer le bonheur.

Certes, il y a quelque chose de très ingénieux et de très original dans cette conception du doute systématique et paisible proposé comme solution à tous les problèmes, à ceux de la vie comme à ceux de la pensée. Mais il s'en faut que cette solution soit aussi simple et aussi facile qu'elle le paraît au premier abord ; elle est pleine au contraire d'incohérences et de difficultés. Remarquons, en effet, que, pour la mettre en pratique, il est nécessaire, suivant le mot de Pyrrhon, de « dé-

---

1. *Manuel de l'Hist. de la phil.*, trad. fr., t. I, p. 155.

pouiller l'humanité », c'est-à-dire d'extirper ou de regarder comme n'existant pas les sentiments, les instincts et les besoins inhérents à notre nature. Aucun homme de bon sens ne l'essaiera ; mais quelle bizarre entreprise pour un philosophe qui avoue ne rien savoir, ne rien connaître que ses propres impressions ou les faits de sa propre nature !

Pour suivre Pyrrhon dans cette voie, il faut marcher d'erreur en erreur et de paradoxe en paradoxe. On commencera par mal juger les hommes, en se trompant avec lui sur les mobiles de leur conduite : car il prétend que les hommes ne croient pas au juste et à l'honnête, et que toutes leurs actions n'ont d'autre principe que la loi positive et la coutume. Puis on devra, sous prétexte de liberté, se rendre esclave de la coutume, faute d'une conviction intime qui donne le courage et la force d'agir par soi-même : car c'est une erreur de s'imaginer que l'indépendance consiste à ne rien croire ; les fermes croyances, bien loin d'asservir la volonté, lui communiquent, avec l'énergie, l'indépendance et la vraie liberté. Le doute, au contraire, n'a jamais été une force ; il laisse l'âme sans défense dans les luttes de la vie ; il ne lui laisse que la triste ressource de les déserter.

Pyrrhon reconnaît que la conduite qu'il propose est difficile à tenir ; mais ce n'est pas assez dire : elle est tout simplement impossible, d'abord parce qu'elle suppose le scepticisme absolu, non seulement en théorie et comme hypothèse, mais comme parti pris et comme règle invariable de l'action et de la pensée, ce qui est contre nature et irréalisable dans un être tel que l'homme, qui possède et acquiert tous les jours des connaissances certaines ; ensuite parce que, pour atteindre à son but, il faudrait que ce scepticisme absolu fût, non pas un fait passager, mais une véritable habitude de l'âme, tandis que, par sa nature même, le doute est intermittent; enfin parce que, pour persévérer dans l'abstention et dans l'indifférence, pour résister avec succès à tant de sollicitations et de raisons d'agir qui s'offrent sans cesse à nous, il faudrait être convaincu que le bien n'est pas là. Or le scepticisme pyrrhonien s'oppose de parti pris à cette conviction comme à toute autre.

Qu'on se représente néanmoins un homme qui aurait reçu en partage une âme assez ferme pour triompher de toutes les tentations de croire à la réalité et d'agir en conséquence. Tel était ou paraissait être Pyrrhon qui, dit-on, réussit à se rendre impassible, après avoir été dans sa jeunesse d'une humeur bouillante et emportée. Peut-être les glaces de l'âge y étaient-elles pour quelque chose. Mais enfin veut-on supposer qu'un homme parvienne à réaliser en lui-même une parfaite indifférence par la pratique du doute universel, systématique, assuré dans sa propre inconsistance? Veut-on admettre que cet homme atteigne ainsi le but pratique du pyrrhonisme, la paix intérieure promise à quiconque aura persévéré dans l'incertitude et dans l'apathie? La paix ainsi obtenue, cette paix invraisemblable et fantastique n'est pas celle à laquelle aspire légitimement l'âme humaine, avec ses instincts intellectuels et moraux, avec son immense besoin de justice et d'amour, de réparation et de progrès continu vers le bien, le beau, la vérité. La paix, pour elle, n'est pas l'inaction, l'inertie; c'est l'activité régulière, l'esprit satisfait, la conscience calme, l'idéal connu, aimé, possédé, ou du moins entrevu et pressenti avec une joyeuse espérance. Rien de tout cela dans l'ataraxie pyrrhonienne. A supposer que la recette qui la procure ne soit pas impraticable et chimérique, le bonheur fondé sur le doute universel n'est évidemment qu'une apparence, une ombre, une illusion : Pyrrhon lui-même n'en aurait pas affirmé la réalité. C'est donc un bonheur peu solide, une paix précaire, un repos sans sécurité. Il faut bien croire, puisque les sceptiques l'affirment, que cette paix a ses jouissances ; mais c'est une paix sans dignité : elle est profondément égoïste, et la notion du devoir en est absente.

Le devoir, voilà surtout ce qui manque à la morale pyrrhonienne, et c'est pour cela qu'elle est impuissante à réaliser le bonheur, aussi bien que la vertu : car le sentiment du devoir n'est pas seulement le principe de la force morale ; la conscience du devoir accompli apporte avec elle la joie et la paix véritable. Pyrrhon était austère, dit-on : c'est possible, et je l'admets volontiers, quoiqu'on ait le droit de lui dire que, dans son système, cette austérité paraît incompréhensible. J'admets, dis-je, très volontiers que, lorsqu'on est aussi détaché des réalités de ce monde que l'étaient Pyrrhon et les ascètes de l'Orient qu'il avait pris pour modèles, on ne soit pas très disposé à leur sacrifier son repos et sa dignité, à leur accorder même son attention ou son affection. Mais, dans cet état mystique, on s'abstient des plaisirs sensibles par dégoût, par mépris ou par défaut de tempérament, plutôt que par foi et par esprit de devoir. L'austérité pyrrhonienne, étant destituée du principe moral, n'était pas, ne pouvait pas être cet esprit de sacrifice et de dévouement au bien qui seul a le secret du bonheur.

CHAPITRE X

LA KABBALE[1]

Lorsque l'auteur de ce livre fut élu, en 1844, membre de l'Académie des sciences morales et politiques, on ne manqua pas de dire qu'il y entrait grâce à certaine *cabale*. Dans le sens sérieux du mot, rien de plus vrai, et c'était justice : car le savant ouvrage, dont M. Franck vient de donner une nouvelle édition, était alors le seul, et il est resté le principal travail philosophique que nous possédions dans notre langue sur un sujet aussi difficile que curieux.

L'Orient et les idées de l'Orient tiennent aujourd'hui une grande place dans les préoccupations des philosophes et des savants. Depuis Voltaire qui appelait l'attention de ses contemporains sur la Chine, et surtout depuis la fondation de la société de Calcutta à la fin du dernier siècle, il s'est formé dans ce sens un grand courant de curiosité. Les noms de Volney, d'Anquetil Duperron, de Champollion, de Colebrooke et d'Eugène Burnouf, entre une foule de vaillants pionniers de la

---

1. Extrait du *Journal des Débats* du 10 avril 1889 sur *La Kabbale ou philosophie religieuse des Hébreux*, par Ad. Franck membre de l'Institut (nouvelle édition, Paris, 1889, in-8).

science, rappellent les conquêtes de l'esprit d'analyse dans des domaines inexplorés jusque-là et réputés inaccessibles. Les langues, longtemps inconnues de la Chine et de l'Inde, les hiéroglyphes de l'antique Égypte, les inscriptions cunéiformes de l'Assyrie et de la Perse ont livré leurs secrets aux philologues de l'Europe. Grâce à eux, l'histoire des littératures et de la civilisation de ces différents pays est devenue possible ; peu à peu la lumière s'est faite dans leur passé le plus lointain, et le préjugé qui leur attribuait une immobilité devenue proverbiale, a fait place à une conception plus conforme à la nature humaine. Comme nous, ces peuples ont eu une histoire, comme nous, ils ont traversé des révolutions politiques, sociales, religieuses ; là, comme partout, l'homme a pensé, lutté, souffert ; il a été l'animal raisonnable, le roseau pensant, l'agent moral que nous connaissons. Chaque jour nous en apporte de nouvelles preuves dans ces explorations, ces déchiffrements et ces exhumations qui se succèdent sans relâche et qui font autant d'honneur à l'esprit humain dans le passé que dans le présent. L'Orient se dévoile ainsi à nos regards, et nous assistons, comme le dit ailleurs M. Franck[1], à « une sorte de renaissance orientale », destinée peut-être à agir aussi profondément sur la civilisation de l'Occident que cette autre renaissance qui, au sortir du moyen-âge, fit revivre les lettres, les arts et les sciences de la Grèce et de Rome.

Le moment est donc bien choisi pour rappeler la part de l'élément hébraïque dans le travail de la pensée philosophique et de la conscience religieuse chez les

---

1. Voir sur ce point la belle conférence sur *Le Panthéisme oriental et le Monothéisme hébreu.* Paris, 1889.

peuples de l'Orient. La philologie, avant toute autre science, a ici son mot à dire ; mais elle n'y suffit pas ; il y faut encore la connaissance des croyances et des systèmes de l'antiquité, de sorte que, pour bien juger de la valeur intrinsèque et de l'importance historique de la kabbale, il faudrait posséder à fond, comme l'auteur lui-même, la langue hébraïque et l'histoire de la philosophie. Heureusement, la science philologique de M. Franck étant incontestée, les profanes peuvent sans trop de témérité aborder directement avec lui les questions de philosophie et d'histoire que soulève la lecture de son livre. Mais il faut avant tout considérer en elle-même la doctrine qu'il a eu surtout à cœur de nous faire connaître. Il a, en effet, analysé et interprété de telle manière les principaux monuments de la kabbale qu'il est facile, en le prenant pour guide, de pénétrer le sens plus ou moins mystérieux de cette doctrine, et l'on se rend compte alors de l'attrait qu'elle a exercé sur la plupart des mystiques modernes, depuis Raymond Lulle et Jean Pic de la Mirandole jusqu'à Swedenborg, Saint-Martin et les théosophes de notre siècle.

I

Le mot *kabbale*, suivant les interprètes les plus compétents, signifie tradition et désigne spécialement une doctrine que ses adeptes font remonter à une révélation divine adressée suivant les uns au premier homme, suivant les autres à Abraham, ou tout au moins à Moïse. Cet enseignement, d'abord secret, a été plus tard consigné par écrit. Les livres originaux devaient être fort nombreux, si l'on en juge par les titres qui nous sont parvenus. Le temps n'en a respecté que deux dont la date et les auteurs sont également controversés. Ils ne sont ni l'un ni l'autre d'une seule main ; car ce sont plutôt des recueils que des compositions suivies, et ils ont manifestement subi des remaniements successifs; des notes, des récits et des commentaires de toute sorte s'y sont peu à peu ajoutés et comme agglutinés, ce qui a donné lieu à certains critiques de nos jours de les traiter comme les élucubrations de quelque faussaire inconnu, postérieur à Maimonide. Mais, malgré les nombreuses interpolations et additions qu'on y remarque, ils semblent bien se rattacher par leur contenu à un mouvement d'idées beaucoup plus ancien.

L'un de ces deux écrits est le *Sepher ietzirah (le Livre de la création)*, l'autre est intitulé : *Zohar (la Lumière)*. Le premier, souvent attribué à Akiba, répond à l'idée qu'on peut se faire d'après le Thalmud de l'*Histoire de la Genèse* : il « renferme un système, non de physique, mais de cosmologie, tel qu'il pouvait être conçu à une époque et dans un pays où l'habitude d'expliquer tous les phénomènes par l'action immédiate de la cause première devait étouffer l'esprit d'observation [1] ». La doctrine essentielle du *Sepher ietzirah* est identique pour le fond à celle du *Zohar*; mais la forme est plus exclusivement allégorique : les nombres et les lettres y jouent un rôle considérable ; les idées y sont exprimées en aphorismes, concis comme les anciens oracles, et dont les termes n'ont le plus souvent ni parenté ni ressemblance avec les expressions d'origine grecque, latine ou arabe qui abondent dans le

---

1. *La Kabbale*, p. 55, 56.

Thalmud. C'est pourquoi M. Franck incline à voir dans ce premier monument de la kabbale, ou du moins dans sa partie la plus ancienne, l'œuvre d'un écrivain contemporain de Philon, mais vivant en Palestine, en dehors de tout commerce avec les Grecs d'Alexandrie.

Le *Zohar* paraît être moins ancien, mais il est beaucoup plus étendu ; il a une plus haute valeur philosophique et porte l'empreinte d'une pensée plus forte. Il traite plus particulièrement de Dieu, des esprits et de l'âme. Même à travers la marche incohérente et désordonnée d'un commentaire allégorique de certaines parties de l'Écriture sainte, on y sent circuler un esprit de libre spéculation, surtout dans la première moitié de l'ouvrage où la théologie métaphysique règne en souveraine absolue. Cette partie contient des théories très élevées et très subtiles présentées souvent avec un enthousiasme qui ne manque pas de grandeur, et dont l'inspirateur paraît être Simon ben Jochaï. Ce personnage original, chef d'une école célèbre, vivait au second siècle de l'ère chrétienne ; ses paroles et son exemple sont sans cesse invoqués dans les livres de la kabbale, et son nom est entouré d'un culte religieux chez tous les kabbalistes. Le récit de sa mort, traduit du *Zohar* par M. Franck, donne au lecteur une idée de l'impression profonde que ses leçons et sa personnalité exceptionnelle avaient laissée dans l'imagination de ses disciples. En lisant ces lignes remarquables, qui rappellent à certains égards le temps et la langue des écrits bibliques, on sent qu'il s'agit d'un fondateur de secte, et l'on n'est pas éloigné de croire que c'est de cet enthousiaste que procède en effet l'école qui prétend avoir rédigé ses leçons et conservé sa doctrine. Qu'était cette doctrine ? quelles étaient ces leçons ? C'est ce qu'il importe surtout de savoir, et c'est ce que M. Franck a mis en pleine lumière, ne se proposant, dit-il, que « le modeste rôle d'interprète », mais s'acquittant de ce rôle en maître habitué à lire dans la pensée des autres et à y voir plus clair qu'eux-mêmes.

II

Voici, d'après M. Franck, les éléments principaux de la kabbale, telle qu'elle est exposée dans le *Sepher ietzirah* et dans le *Zohar*.

C'est d'abord une tentative de libre pensée, mise, il est vrai, sous le couvert de la religion, mais qui, à l'aide d'interprétations allégoriques de l'Écriture, substitue réellement la raison à l'autorité. On s'en aperçoit bientôt à la première inspection des doctrines kabbalistiques sur Dieu, sur le monde et sur l'âme.

Le Dieu de la kabbale n'est plus le Dieu créateur, la cause toute-puissante qui sort librement de son repos pour donner l'être à ce qui n'était pas ; c'est une substance infinie, cause immanente de l'univers, pour laquelle créer n'est pas autre chose que se développer elle-même.

Au lieu de sortir du néant et de former un monde unique, distinct de sa cause, les êtres visibles sont, dans ce système, la réalisation des lois, idées ou formes invariables de la substance infinie : de là deux mondes, l'un intelligible et supérieur, l'autre inférieur ou matériel.

L'homme aussi est conçu tout autrement que dans la Bible. Ce n'est plus une créature intelligente et libre, d'abord innocente, puis rebelle à la loi morale et déchue par sa faute ; c'est d'abord une forme de Dieu et même sa première manifestation, enfermée dans la substance divine dont elle est inséparable en tant qu'*homme céleste* ou forme universelle de l'homme ; puis il y a les hommes particuliers qui en sont des représentations plus ou moins affaiblies.

Dans le *Sepher ietzirah*, la métaphysique tient peu de place. L'idée de Dieu y est dominante, mais c'est par le spectacle du monde qu'on s'y élève. « C'est par l'unité qui règne dans l'œuvre de la création qu'on découvre à la fois et l'unité et la sagesse de la cause. Le livre tout entier n'est pour ainsi dire qu'un monologue placé dans la bouche du patriarche Abraham, » un exposé des raisons pour lesquelles « le père des Hébreux a quitté le culte des astres pour celui de l'Éternel ». Ce sont d'ailleurs des raisons et des arguments tout allégoriques et mystiques, fondés sur la valeur imaginaire des vingt-deux lettres de l'alphabet hébreu et des dix premiers nombres. Réunis sous un point de vue commun, ces deux sortes de signes sont appelés « les trente-deux voies merveilleuses de la sagesse ». Il y faut ajouter trois autres formes désignées par trois termes analogues à ce que nous appelons le sujet, l'objet et l'acte de la pensée. C'est à travers cette idée abstraite de dix nombres, dont chacun représente quelque chose d'infini, qu'apparaissent aux yeux des kabbalistes et l'action divine et l'existence du monde. Les dix nombres divers ou *Sephiroth* sont autant d'attributs de la substance unique qui, par ces déterminations successives, donne naissance à tout ce qui existe. Après ces dix nombres, les vingt-deux lettres interviennent à leur tour dans l'explication du monde : elles se partagent en trois séries appelées symboliquement : 1° les *trois mères* (l'eau, l'air et le feu) ; 2° les *sept doubles* (les sept planètes, les sept jours de la semaine, etc.); 3° les *douze simples* (les douze signes du zodiaque). Au-dessus des lettres comme au-dessus des nombres, au-dessus de l'homme, de l'univers et du temps « est le Seigneur, le Roi véritable qui domine sur toutes choses du séjour de sa sainteté et pendant des siècles sans nombre ». Arrivée à ce degré suprême, la pensée d'Abraham s'éclaire, et le livre a pour dénouement la conversion du patriarche, jusque-là idolâtre, à la religion du vrai Dieu[1]. Mais le vrai Dieu, dans ce système, c'est l'Unité absolue dont l'idée exclut tout dualisme, même celui du Créateur et de son œuvre; car cette Unité est la substance de tous les êtres, la matière à la fois et la forme du monde : doctrine hardie et mystérieuse, dont il est dit, non seulement qu'on n'en doit pas divulguer le secret, mais qu'on ne doit pas même y arrêter sa pensée.

Cette conclusion du *Livre de la création* est pour ainsi dire le point de départ du *Livre de la lumière*. Par un progrès manifeste de la spéculation, les nombres et les lettres, signes extérieurs de la pensée, sont remplacés dans le *Zohar* par les formes intrinsèques, les idées ou la pensée elle-même, identifiée, comme dans le système de Hegel, avec la substance universelle, et dont le développement régulier est substitué à une théorie encore assez grossière de l'émanation.

Au premier aspect le *Zohar* est un simple commentaire des cinq livres de Moïse; mais ce commentaire prend d'étranges libertés avec le texte, écartant le sens littéral, le corps ou le vêtement de la Loi, pour en chercher uniquement le sens élevé ou l'âme au moyen d'une méthode allégorique qui permet de ne voir que des

---

1. *La Kabbale*, p. 116, 117.

figures dans les faits historiques et même dans les préceptes. Grâce à ces procédés d'interprétation, la doctrine ébauchée dans les aphorismes du *Sepher ietzirah* atteint son complet développement, prend conscience d'elle-même et, après s'être exprimée en métaphores poétiques qui ont de la grandeur dans leur bizarrerie, parle souvent la langue plus précise de la métaphysique. C'est ainsi que Dieu est appelé tour à tour « l'ancien des anciens », ou « le mystère des mystères » et « l'inconnu des inconnus ». D'une part, c'est le « vieillard dont la tête brillante de lumière éclaire quatre cent mille mondes », ou « le long visage » dont chaque trait est l'objet d'une description minutieuse et anatomique ; de là les reproches d'anthropomorphisme et de matérialisme adressés quelquefois aux kabbalistes. Mais, d'autre part, en parlant de la génération des dix Sephiroth et de la nature de Dieu, on nous dit qu'avant de créer « il était seul, sans forme, ne ressemblant à rien » ; aussi est-il défendu de le représenter, « même par un saint nom, même par une lettre ou par un point ». — Après avoir produit l'*homme céleste*, Dieu s'en servit comme d'un char pour descendre… Il voulut se faire connaître par ses attributs, par chaque attribut séparément ; il se fit appeler le Dieu de grâce, le Dieu de justice, le Dieu tout-puissant, le Dieu des armées et Celui qui est. Mais « malheur à celui qui oserait le comparer même à un de ses propres attributs » ! La « cause des causes » ne se confond pas plus avec les Sephiroth dans lesquelles elle se manifeste, que la source de la mer ne se confond avec la mer elle-même ou avec les vastes bassins qui la reçoivent.

La première des dix Sephiroth ou déterminations immanentes et hypostatiques de « l'ancien des anciens » est appelée la *Couronne*. C'est la source d'où jaillit une lumière sans fin, et de là vient le nom d'*Infini*, pour désigner la cause suprême, sans forme ni figure, et qu'on ne peut comprendre ni connaître. Ensuite vient la *Sagesse*, qui enferme comme en un point la lumière divine, puis l'*Intelligence* ou le Verbe qui en reçoit les flots. Après quoi, « de même que la mer se partage en sept branches », cette trinité où se résume la substance divine se répand en sept autres vases, savoir : la *Miséricorde*, la *Justice*, la *Beauté*, le *Triomphe*, la *Gloire*, la *Royauté* et le *Fondement* ou la base qui soutient tous les autres attributs, ainsi que la totalité des mondes[1]. Si nous ajoutons à cela que les éléments ou les termes de la trinité formée par les trois premières Sephiroth sont représentés comme des phases successives et nécessaires de l'existence aussi bien que de la pensée, et comme une sorte de processus logique qui constitue en même temps la génération du monde, on comprendra que la théologie kabbalistique ne repose pas seulement sur les idées d'émanation et d'unité de substance, mais qu'elle va au delà jusqu'à l'identité de la pensée et de l'existence[2]. De là une cosmologie où tout ce qui existe est l'expression des idées ou des formes absolues de l'intelligence.

On le voit donc, le panthéisme kabbalistique, comme tout panthéisme, place à l'origine des choses une substance sans attributs, qu'il appelle nettement à plusieurs reprises le non-être ou le néant, et qui par hypothèse se réalise en une série continue de déterminations nécessaires, descendant de l'infini ou de l'existence in-

---

1. *La Kabbale*, 3ᵉ partie, ch. III, *pass.*
2. Cf. *La Kabbale*, p. 143 et suiv.

déterminée, à travers l'intelligence et la sagesse, jusqu'au dernier degré de l'être concret et matériel. Dieu s'achève donc dans le monde, qui en est la perfection, et, pour emprunter les termes mêmes du *Zohar* : « Tout le monde inférieur a été fait à la ressemblance du monde supérieur ; tout ce qui est dans le monde supérieur[1] nous apparaît ici-bas dans une image, et tout cela n'est qu'une seule chose. »

L'homme est le résumé de la nature et l'image de Dieu considéré dans l'ensemble de ses attributs : « Cet Adam céleste a produit l'Adam terrestre, qui est la présence divine sur la terre. » Il est à la fois esprit, âme, vie des sens, et cette âme une et triple, revêtue de lumière tant qu'elle est au ciel, a reçu pour vêtement un corps en venant ici-bas. Le rapport entre ces deux existences de l'âme est expliqué assez nettement dans un passage des plus curieux que M. Franck a traduit en ces termes : « Dans le temps où le Saint, béni soit-il, voulut créer l'univers, l'univers était déjà présent dans sa pensée ; alors il forma aussi les âmes qui devaient dans la suite appartenir aux hommes ; elles étaient toutes devant lui, exactement sous la forme qu'elles devaient avoir plus tard dans le corps humain. L'Éternel les regarda une à une, et il en vit plusieurs qui devaient corrompre leurs voies dans ce monde. Quand son temps est venu, chacune de ces âmes est appelée devant l'Éternel, qui lui dit : « Va dans telle partie de la terre animer tel ou tel corps. » L'âme lui répond : « O maître de l'univers ! je suis heureuse dans le monde où je suis, et je désire ne pas le quitter pour un autre où je

---

1. C'est-à-dire dans les dix Sephiroth. Cf., 2ᵉ partie, ch. IV, p. 162, 163.

serai asservie et exposée à toutes les souillures. » Alors le Saint, béni soit-il, reprend : « Du jour où tu as été créée, tu n'as pas eu d'autre destination que d'aller dans le monde où je t'envoie. » Voyant qu'il faut obéir, l'âme prend avec douleur le chemin de la terre, et vient descendre au milieu de nous[1]. Quoique la déchéance de l'homme soit représentée ici comme un fait naturel et nécessaire où sa volonté n'est pour rien, et non comme la conséquence d'une faute ou même d'une erreur, quiconque a lu les admirables mythes de la *République*, du *Phèdre*, et du *Timée*, sera certainement frappé, en lisant ces lignes du *Zohar*, de l'analogie qu'elles offrent avec les passages où Platon fait comparaître les âmes devant le souverain Démiurge ou devant le trône de la Nécessité pour être instruites de leurs destinées et averties de faire avec soin leur libre choix entre le bien et le mal ; car, dit-il, « la vertu n'a pas de maître ; Dieu est innocent ! » La ressemblance est encore plus complète pour le dogme de la réminiscence que les kabbalistes ont formulé de la manière la plus catégorique, en négligeant, il est vrai, d'y joindre un développement convenable.

Par une inconséquence facile à comprendre, cette philosophie qui met partout la nécessité n'en essaye pas moins de faire une place à la liberté humaine, tout en la regardant comme un mystère. « Si le Seigneur, dit Simon ben Jochaï à ses disciples, n'avait pas mis en nous le bon et le mauvais désir, que l'Écriture nous représente sous l'image de la lumière et des ténèbres, il n'y aurait pour l'homme de la création (l'homme proprement dit) ni mérite ni culpabilité. » C'est par l'amour que l'âme retourne à son principe ; pour l'âme,

---

1. *La Kabbale*, p. 181.

ainsi relevée, la mort est « un baiser de Dieu », c'est-à-dire l'union de l'âme avec la substance dont elle tire son origine, et voici comment l'écrivain mystique parle du séjour des bienheureux : « Dans une des parties les plus mystérieuses et les plus élevées du ciel, il y a un palais qu'on appelle le palais de l'amour ; là se passent de profonds mystères ; là sont rassemblées toutes les âmes bien-aimées du roi céleste ; c'est là que le roi céleste, le Saint, béni soit-il, habite avec les âmes saintes. »

III

Après avoir dévoilé aux profanes le caractère et la signification véritable de la philosophie contenue dans le *Zohar*, l'éminent auteur de *la Kabbale* achève de nous la faire connaître en la comparant aux systèmes philosophiques ou religieux qui présentent quelque ressemblance avec elle et dont il la distingue avec soin, montrant ainsi, chemin faisant, l'erreur de ceux qui lui refusent toute originalité.

Quand et comment les Juifs, qui étaient en possession de la plus pure morale et de la plus rationnelle des religions du monde ancien, furent-ils amenés, — plusieurs d'entre eux du moins, — à chercher une autre solution des problèmes de l'origine du mal et de la destinée humaine ? À quelle époque et sous quelles influences se forma chez eux une philosophie si différente de leur tradition religieuse ? Si l'on veut bien se rappeler que c'est au sein du peuple juif, dans sa langue, sous le couvert de sa religion nationale et en dehors de toute action appréciable des idées philosophiques de l'Égypte, de l'Inde et même de la Grèce, que se forma la Kabbale, une seule hypothèse paraît admissible sur son origine, savoir que ce fut à l'époque de la captivité de Babylone, alors que les juifs, placés sous l'influence immédiate et prolongée de leurs vainqueurs chaldéens et perses, leur firent des emprunts attestés par l'histoire. On sait, par exemple, que les exilés, en rentrant dans leur patrie, y rapportèrent les noms des mois et sans doute aussi les notions astronomiques qui s'y rattachaient ; et l'on est fondé à croire que plus d'une modification se produisit alors, non dans le pur mosaïsme, mais dans le judaïsme rabbinique. M. Franck, d'accord avec M. Munk, fait ressortir avec force, outre l'identité de certaines pratiques religieuses mentionnées dans le *Zohar* et dans le Thalmud, la ressemblance frappante des croyances des anciens Perses avec les éléments essentiels de la Kabbale. Il n'est pas possible, en tout cas, que ces croyances, une fois connues des juifs, ne soient pas entrées pour une part dans le travail des esprits qui se fit chez eux à partir du IIIe siècle et dans le grand mouvement d'idées qui est accusé par la coexistence bien établie des esséniens, des pharisiens, des saducéens et autres sectes antérieures au christianisme, et par l'apparition presque simultanée de Philon et de saint Paul, de Simon le magicien et des premiers gnostiques, puis d'Akiba, bientôt suivi de Simon ben Jochaï et des néoplatoniciens d'Alexandrie.

Je n'ai garde de m'engager à fond dans l'examen de cette épineuse question des origines de la Kabbale. Aussi bien, à part quelques réserves sur les emprunts que les Kabbalistes, si je ne me trompe, ont dû faire à Platon, je ne puis que souscrire aux conclusions de M. Franck. Les voici en substance.

La Kabbale des juifs ne date certainement ni d'Adam, ni d'Abraham, ni de Moïse, et les ouvrages où elle a été consignée n'ont pas la haute antiquité qui leur a été attribuée par une crédulité enthousiaste ; ils ne sont ni dans leur entier, ni d'un seul auteur, ni d'une même époque, et leur publication s'est faite assez tard ; mais leur première rédaction peut être rapportée, sans invraisemblance au premier ou au second siècle de l'ère chrétienne. Quant à la doctrine qui y est contenue, elle est essentiellement d'origine juive, et elle affecte la forme d'une interprétation de l'Écriture sainte ; mais grâce à une méthode allégorique et à un mélange d'idées empruntées aux Chaldéens et aux anciens Perses, on se trouve en présence d'un système où l'enseignement de Moïse et des prophètes est transformé en un panthéisme mystique. Si cette doctrine, formée peu à peu, à partir de la captivité, fut mise à profit par les gnostiques, et après eux par les philosophes d'Alexandrie, on doit lui reconnaître, avec M. Franck, une importance historique égale à sa valeur intrinsèque comme essai de libre spéculation chez le peuple le plus fortement attaché à sa religion nationale.

CHAPITRE XI

LE SCEPTICISME APRÈS PYRRHON.
LA NOUVELLE ACADÉMIE. ÉNÉSIDÈME ET LES NOUVEAUX PYRRHONIENS

I

On a vu plus haut (chap. ix) comment et dans quelles conditions Pyrrhon fonda en Grèce une école de scepticisme. Cette première apparition d'une conception philosophique jusque-là inconnue ne fut pas de longue durée. Ce n'est pas que Pyrrhon n'eût exercé sur ses contemporains aucune influence. Les éloges enthousiastes que lui adressait le sillographe Timon ne restèrent certainement pas sans écho, car il eut, de son vivant, de nombreux disciples. Mais ce qu'on admirait et ce qu'on retint de lui, c'était moins la philosophie du doute que l'austère doctrine du moraliste qui, le premier, avait enseigné aux Grecs à chercher le bonheur dans une sérénité vertueuse, résultant d'une absolue impassibilité. Le mot fit fortune : Stoïciens et Épicuriens exploitèrent à l'envi cette formule originale, et de manière à faire oublier celui qui en avait été l'inventeur.

On peut dire que la même conception du bonheur, qui avait valu au pyrrhonisme un succès rapide et brillant, fut aussi la principale cause de sa chute. Pyrrhon put croire qu'il avait résolu le problème du bonheur; mais évidemment il avait échoué dans son entreprise, et l'on ne tarda pas à lui préférer des philosophes qui, mieux instruits des besoins et des aspirations de l'homme, faisaient reposer leur béatitude sur une base plus solide et surtout moins instable que le doute universel. Tous ceux que préoccupait la question de la destinée humaine ou le souci d'une moralité supérieure, et qui, après avoir traversé le pyrrhonisme, en avaient reconnu l'insuffisance, se tournèrent, les uns vers Zénon et la doctrine du devoir, les autres vers Épicure et la recherche du plaisir. Quant à ceux qui n'attachaient de prix en philosophie qu'à une dialectique subtile, ils trouvaient chez Arcésilas et dans la nouvelle Académie tout ce qu'ils pouvaient désirer en ce genre.

Ainsi fut délaissée et bientôt mise en oubli pour plusieurs siècles la doctrine sceptique de Pyrrhon. Ce philosophe, à vrai dire, représente presque seul, avec Timon, ce qu'on a appelé l'école des anciens pyrrhoniens. Parmi ceux de ses disciples qui lui survécurent, on cite Nausiphane, comme ayant été l'un des maîtres d'Épicure. Quant à Timon, il mourut une trentaine d'années après son maître, sans avoir eu d'école proprement dite et sans laisser après lui un successeur authentique. C'est ce qu'affirme formellement le médecin empirique et sceptique Ménodote, dans un passage rapporté par Diogène Laërce[1]. Ce dernier, il est vrai, énumère, d'après Sotion, plusieurs disciples de Timon, ou des pyrrhoniens ayant vécu à des dates inconnues, et entre lesquels il établit de son chef une succession directe et ininterrompue jusqu'à Enésidème, sans même prendre

---

1. A la fin de la vie de Pyrrhon, l. IX, ch. xii et dernier.

garde que sa liste est beaucoup « trop courte pour le temps qu'elle doit remplir[1] ».

Tel fut le sort de la première grande expérience de scepticisme qui ait été faite chez les Grecs. Sous cette première forme, la philosophie du doute avait porté tout entière sur trois questions que je rappelle ici brièvement, avec les solutions qu'en donnait Pyrrhon :

1° Que savons-nous de la nature des choses ? — L'être ou ce qu'elles sont (τὸ ὄν) nous échappe entièrement ; nous ne connaissons que le phénomène ou ce qu'elles paraissent être (τὸ φαινόμενον).

2° Comment doit-on se comporter à leur égard ? — Renoncer à l'affirmation et à la négation, aux opinions, aux hypothèses et aux systèmes ; éviter ainsi l'erreur, toute cause de passion et de trouble et pour cela suspendre son jugement, douter, s'abstenir (ἐπέχειν) ; voilà la sagesse.

3° Quels fruits recueillera-t-on de cette conduite ? — Le doute (ἐποχή, ἀσκσία) pratiqué avec constance amène à sa suite la liberté d'esprit, l'indifférence ou impassibilité (ἀπάθεια), laquelle a pour résultat le calme, la sérénité vertueuse, en un mot l'*ataraxie*.

II

Cette doctrine originale, après avoir un moment étonné et embarrassé les philosophes, disparut bientôt, mais non sans laisser des traces durables : car elle avait déposé dans les esprits, comme un germe de déca-

---

[1]. C'est ce qu'a très bien démontré M. V. Brochard, *Les sceptiques grecs*, l. III, ch. xvii.

dence et un ferment de discorde, le problème délicat de la légitimité de nos facultés de connaître, ou, en d'autres termes, la question du critérium de la vérité [1].

C'est sur ce terrain que les dialecticiens de l'école stoïcienne et ceux de l'Académie se combattirent si longtemps, les uns au nom d'un dogmatisme auquel on pouvait reprocher quelque étroitesse, les autres au contraire se déclarant insuffisamment éclairés sur la nature des choses, et se bornant à proposer certaines doctrines comme vraisemblables. De là les noms de *Dogmatiques* et d'Incompréhensibilistes ou *Acataleptiques,* appliqués, l'un aux philosophes qui admettaient un critérium, l'autre à ceux qui disaient ne pas le comprendre.

Cicéron, dans ses *Académiques,* a fait l'histoire de cette lutte mémorable, dans laquelle les philosophes de l'Académie se comportaient, non en sceptiques, comme on l'a prétendu, mais en platoniciens qui, soit par tactique, soit par respect humain, ne voulant pas se dire en possession de la vérité, se contentaient d'affirmer la vraisemblance de leurs doctrines.

Ces allures de demi-sceptiques les ont fait considérer à tort comme les héritiers et les continuateurs de Pyrrhon. Mais Timon, le vrai disciple de ce philosophe, n'en jugeait pas ainsi. Il critiquait vivement dans ses *Silles* les dialecticiens de l'Académie, et se moquait de la prétendue acatalepsie d'Arcésilas. Il avait évidemment ses raisons pour voir en lui, non un partisan, mais un adversaire du pyrrhonisme, et il le traitait en conséquence. On objecte à cela le mot plaisant du philosophe

---

1. Et non pas, comme on le dit quelquefois, *de la certitude,* expression tout à fait impropre, puisque l'évidence, ou mieux la certitude est précisément pour les philosophes dogmatiques le critérium de la vérité.

stoïcien Ariston : « Voyez Arcésilas : Platon par devant, Pyrrhon par derrière, Diodore par le milieu. » Et partant de là, des écrivains sérieux parlent couramment du « scepticisme de la nouvelle Académie ». Mais cette épigramme d'un adversaire ne prouve pas du tout, à mon avis, qu'Arcésilas fût le moins du monde pyrrhonien. Pour bien comprendre son attitude réelle et le sens de la révolution qu'il opéra dans l'école, assurément dogmatique, de Platon, il faut se rappeler, d'une part, la première éducation philosophique du chef de la moyenne Académie, d'autre part, l'état des esprits dans l'école platonicienne, au moment où il en prit la direction.

Tout le monde sait que l'ancienne Académie, sous la direction de Speusippe, de Xénocrate et de leurs successeurs immédiats, avait dévié sensiblement de la voie ouverte par Socrate et Platon. Après avoir faussé la théorie des idées, au point de l'identifier presque avec la théorie pythagoricienne des nombres, ces philosophes, oubliant la méthode qui avait présidé à la formation du platonisme, avaient peu à peu mis de côté la dialectique et les recherches purement spéculatives, pour se consacrer à peu près exclusivement à la morale. Leur enseignement, même ainsi réduit, exerçait encore une action puissante, témoin la conversion éclatante de ce jeune débauché, qui, revenant d'une orgie après le soleil levé, entra d'un air effronté, une couronne de fleurs sur la tête et les vêtements en désordre, dans le jardin d'Académus, où le grave Xénocrate discourait de la vertu et du respect de soi-même, et qui en sortit humilié, mais conquis à la philosophie et aux bonnes mœurs. Ce jeune homme était Polémon qui, plus tard, devenu le digne successeur de Xénocrate, eut l'honneur de former des disciples tels que Cratès et Crantor. Comme il avait été amené à la philosophie par la morale, c'est à la morale qu'il s'appliqua de préférence et même d'une manière exclusive. « Le philosophe, disait-il, doit s'exercer à l'action, non aux spéculations dialectiques. Quand on est devenu habile dans ce dernier art, quand on a bu de ce breuvage agréable, mais factice, on peut bien briller dans la discussion, mais non mettre de l'harmonie dans sa conduite et dans son caractère. » Après Polémon, la morale fut encore enseignée avec éclat par Cratès et Crantor. C'est à ces philosophes que succéda Arcésilas. Ce n'est certes pas dans leurs leçons qu'il avait pris le goût de la dialectique ; il l'avait apprise ailleurs.

Arcésilas n'était pas d'Athènes, mais de Pitané ou Pitane, petite ville éolienne de l'Asie-Mineure. Il avait étudié d'abord à Sardes, et lorsqu'il vint à Athènes, il suivit les leçons de Théophraste, qui en fit un dialecticien et un orateur[1]. Quand plus tard il quitta l'école péripatéticienne, au grand regret de Théophraste, si l'on en croit Diogène Laërce[2], ce fut pour s'attacher à Polémon et à Crantor. En prenant, vers l'an 280, la direction de l'école platonicienne, il y restaura l'étude de la dialectique, sacrifiée avant lui à la morale. Or, cette dialectique n'était plus celle que Platon appelait la science des idées, mais celle qu'Aristote définissait l'art de raisonner en matière vraisemblable[3]. Aristote, d'ailleurs, et Théophraste faisaient rentrer l'action et les

---

1. Cf. F. Ravaisson, *Essai sur la métaphysique d'Aristote*, t. II, ch. II, p. 225.
2. Dans la vie d'Arcésilas, l. IV, ch. VI.
3. *Topiques*, I, 1.

affaires humaines dans la sphère du mouvement et de l'opinion [1].

Arcésilas adopta cette manière de voir ; mais, en la rapprochant des *peut-être* de Platon et du *Je ne sais rien* de Socrate, il ne crut pas leur être infidèle. On s'explique donc aisément, par l'influence des chefs du péripatétisme, l'esprit dans lequel Arcésilas introduisit à l'Académie l'étude d'une dialectique qui admettait, non les antinomies ou *antilogies* de Pyrrhon, mais la discussion alternative du pour et du contre, telle que la pratiquait l'école d'Aristote et de Théophraste.

C'est dans ces exercices dialectiques qu'Arcésilas introduisait parfois des arguments empruntés à l'école éristique, ou même, au risque de passer pour sceptique, le mot fameux de Pyrrhon : « Je m'abstiens (ἐπέχω), je suspends mon jugement. » Mais cette ἐποχή, cette espèce d'ignorance dont il faisait profession, n'avait rien de commun avec le pyrrhonisme ; ce n'était qu'une réminiscence de Socrate. Par cette réserve calculée dans l'affirmation des doctrines platoniciennes, Arcésilas prenait une position moyenne entre le dogmatisme excessif de Zénon et le doute systématique de Pyrrhon. Au fond, ce doute académique était un appel au sens commun, aux vraisemblances de la vie pratique, en un mot au croyable (πίθανον) : c'était un moyen d'arriver à cette persuasion raisonnable (πειθώ) que Platon, dans le *Gorgias* et le *Timée*, avait distinguée avec force de la persuasion inintelligente du vulgaire, exploitée si effrontément par les sophistes [2]. Arcésilas, au nom et dans la mesure de cette foi raisonnée au croyable, en-

---

1. Δόξα, τὸ ἔνδοξον. « Τὰ πρακτὰ ἐν κινήσει », disait Aristote.
2. *Gorgias*, p. 454 : δύο εἴδη πειθοῦς.

seignait, sans prétendre à la science, mais avec une grande éloquence et avec l'ascendant d'un caractère auquel le stoïcien Cléanthe rendait publiquement hommage [1], la pure morale que lui avaient transmise Crantor et Cratès. Le succès populaire de ces leçons, où revivait la doctrine de Platon sur les vraies conditions du bonheur, avait le don d'exciter la mauvaise humeur de Timon : « la foule te fait cortège », disait l'auteur des *Silles* à Arcésilas ; « tu plais à la multitude : la belle affaire ! Pourquoi t'enorgueillir et t'enfler comme un sot » ?

L'intention d'Arcésilas, dans son enseignement, était évidemment d'opposer au doute et à l'empirisme des Pyrrhoniens, en même temps qu'à la doctrine trop absolue des stoïciens, le dogmatisme plus élevé à la fois et plus modeste dans son langage, qu'il attribuait à Socrate et à Platon. Bien loin de procéder de Pyrrhon et de le continuer, Arcésilas me paraît avoir entrepris, à sa manière, contre le pyrrhonisme, un mouvement de réaction qui fut suivi par toute l'école platonicienne, et qui, pour être dans la forme moins dogmatique que la philosophie de Zénon ou d'Épicure, n'en contribua pas moins à rejeter dans l'ombre le scepticisme inauguré par le philosophe d'Élis.

Carnéade et les philosophes de la nouvelle Académie continuèrent l'œuvre d'Arcésilas. Longtemps encore ils se déclarèrent comme lui *acataleptiques,* ce qui voulait dire qu'ils n'admettaient pas le critérium des stoïciens ; mais en même temps ils accentuaient plus nettement leur dissentiment avec les pyrrhoniens. Ils distinguaient, au-dessus de ce qui est simplement croyable, des opinions

---

[1]. Diogène Laërce, VIII, 5.

motivées ou même des croyances fermes et indubitables. C'est ce que certains historiens de la philosophie croient pouvoir appeler les degrés de probabilité ou « le probabilisme » de la nouvelle Académie.

En s'éloignant toujours davantage du pyrrhonisme, l'Académie se rapprocha naturellement des autres sectes socratiques, d'abord du péripatétisme, puis du stoïcisme lui-même. Philon de Larisse, qui fut le chef d'une quatrième Académie, après avoir reconnu l'accord doctrinal des trois premières entre elles et avec les péripatéticiens, concédait déjà aux stoïciens la possibilité d'un critérium. Enfin, Cicéron dans ses *Académiques* nous montre son maître Antiochus d'Ascalon, le chef de la cinquième Académie, fusionnant en quelque sorte avec l'école adverse, comme avec une autre branche de la famille platonicienne, et adoptant pour son compte le critérium si longtemps combattu par ses prédécesseurs, tandis que de l'autre côté, à partir de Posidonius, les stoïciens revenaient au dogme platonicien de l'immortalité de l'âme, que les fondateurs de leur école avaient rejeté.

Du jour où les philosophes de l'Académie, renonçant à une polémique qui, au fond, était contraire à l'esprit même du platonisme, eurent fait leur paix avec les philosophes dogmatiques, leur école, reléguée désormais au second plan, laissa le champ libre au stoïcisme en philosophie et dans toutes les sciences. « Je crains qu'ils ne soient les seuls philosophes ! » disait déjà Cicéron, en parlant des stoïciens.

III.

Au lieu de s'expliquer par l'évidente prépondérance du stoïcisme cet effacement de l'école platonicienne et la disparition de la nouvelle Académie, certains critiques, trop ingénieux à mon gré, ont cru voir là un effet « foudroyant » de la vigoureuse polémique dirigée contre l'Académie par le philosophe pyrrhonien Énésidème. Cette supposition, tout à fait imaginaire, a pour cause première une erreur de chronologie depuis longtemps accréditée, et qu'il me paraît utile de combattre.

Il s'agit de l'origine et des débuts de l'école des nouveaux pyrrhoniens, dont l'histoire se trouve mêlée avec celle de la secte, assez mal connue jusqu'ici, des médecins dits *empiriques*. Cette secte, née probablement à Alexandrie, dans le dernier siècle avant notre ère, professait des principes opposés à ceux des médecins dogmatiques de l'école stoïcienne. Quelques-uns de ces médecins empiriques, par esprit de rivalité peut-être, autant que par leurs tendances systématiques, furent amenés à renouveler le procès intenté jadis à l'esprit humain par Pyrrhon.

Le compilateur Stobée nous a conservé un passage de Philon de Larisse qui trouve ici son application. Ce philosophe comparait assez ingénieusement le vrai académicien à « un sage médecin qui, appelé auprès d'un malade (ce malade c'est le pauvre esprit humain), commence par lui parler de sa maladie (la faiblesse de la raison et ses incertitudes), combat ensuite avec vivacité les avis de ses confrères, et finit par donner lui-même le sien[1] ». Ce que les académiciens n'étaient que par comparaison dans ce passage de Philon, les nouveaux pyrrhoniens le furent en réalité : je veux dire de vrais

---

1. « Conclusion dogmatique de cet apparent scepticisme », ajoute avec raison M. Cousin, à qui j'emprunte cette traduction du texte de Stobée. *Histoire générale de la philosophie* (7e édition, 1867), 3e leçon.

médecins, puisqu'ils appartenaient presque tous à la secte des médecins empiriques, à commencer peut-être par Énésidème, qui est généralement regardé comme le fondateur de cette seconde école grecque de scepticisme.

La date d'Énésidème n'est pas encore fixée d'une manière précise et incontestée. Les historiens modernes de la philosophie, se fondant sur ce que, au dire de Photius, un ouvrage perdu d'Énésidème était dédié à un certain L. Tubéron et supposant, on ne sait pourquoi, qu'il n'a jamais existé d'autre Tubéron que celui avec qui Cicéron fût en relation, concluent de là, sans autre preuve, qu'Énésidème vivait en ce temps-là et florissait de l'an 80 à l'an 60 avant Jésus-Christ. Comme Sextus Empiricus, le dernier des nouveaux pyrrhoniens qui ait laissé une trace dans l'histoire, mourut dans la première moitié du IIIe siècle de notre ère, il faudrait, d'après ces historiens, attribuer à cette école une durée d'environ trois siècles. Or, de ces trois siècles on doit, si je ne me trompe, retrancher au moins la moitié, peut-être même les deux tiers.

Un premier point à noter, c'est que, comme le savant Brucker l'a solidement établi [1], l'école de Pyrrhon subit, après la mort de Timon, une longue interruption. Cicéron, au IIIe livre du *De oratore* (chap. 17), parle de cette école comme éteinte depuis longtemps *(jamdiu extincta)*. Aussi bien, chose remarquable, ne cite-t-il jamais Pyrrhon ni les pyrrhoniens, mais seulement les philosophes de l'Académie, dans sa longue argumentation contre la doctrine stoïcienne du critérium.

---

1. *Hist. crit. philos.*, première partie, l. II, ch. XIV, § 7, t. I, p. 1327-1328.

Cicéron n'est pas le seul à ignorer qu'il existât de son temps des philosophes pyrrhoniens. Aucun écrivain connu ne les mentionne durant tout ce siècle. Quant à l'argument tiré de la dédicace d'un ouvrage d'Énésidème, il n'a évidemment quelque valeur qu'à la condition de faire vivre au temps de Cicéron et en relation avec lui le personnage dont le philosophe pyrrhonien cultivait le patronage et dont le nom même n'est peut-être pas authentique[1]. Mais cette hypothèse est en contradiction avec ce fait que Cicéron regardait le pyrrhonisme comme disparu depuis longtemps. Nulle part, d'ailleurs, il ne fait la moindre allusion à l'existence des nouveaux pyrrhoniens, ce qui serait inconcevable, si Tubéron, comme il n'y eût pas manqué, lui avait fait part d'un événement aussi considérable que l'apparition d'une nouvelle école de scepticisme.

Un siècle plus tard, Sénèque, parlant des écoles de philosophie qui n'ont plus de représentants *(sine successore deficiunt),* demande ironiquement où l'on pourrait trouver quelqu'un qui enseigne les doctrines de Pyrrhon[2]. N'est-ce pas dire assez clairement qu'il n'y en a plus de son temps ?

Ce témoignage de deux hommes aussi curieux des choses philosophiques que l'étaient Cicéron et Sénèque, et aussi bien placés pour s'en informer, ne démontre-t-il pas qu'il faut placer après eux ce Tubéron (ou Néron) à qui étaient dédiés les *Discours pyrrhoniens* d'Énésidème ?

Mais voici l'argument décisif. Nous possédons un

1. *Tuberoni, quem alii Neronem vocant,* dit simplement Brucker, qui n'en paraît pas troublé, t. I, p. 1328.
2. Quis est qui tradat præcepta Pyrrhonis ? *Quæst. natural.,* VII, 32.

témoignage authentique sur le temps où Énésidème renouvela le pyrrhonisme, et ce témoignage est irrécusable, venant d'un contemporain et d'un savant philosophe, Aristoclès, le maître et le prédécesseur immédiat d'Alexandre d'Aphrodise dans la direction de l'école péripatéticienne, qui fut précepteur de Septime Sévère et qui, par conséquent, vivait et florissait dans le dernier tiers du second siècle. Aristoclès avait écrit, avec une compétence incontestable, une histoire, malheureusement perdue, des anciens systèmes de philosophie. Eusèbe, qui avait dans les mains cet ouvrage, en a donné de précieux extraits dans sa *Préparation évangélique*. Or, voici dans quels termes il y est fait mention de la renaissance du pyrrhonisme :

« Personne ne se souvenait plus des pyrrhoniens, » dit textuellement Aristoclès, « pas plus que s'ils n'avaient jamais existé, quand, tout récemment, à Alexandrie, un nommé Énésidème a entrepris de ressusciter cette logomachie[1] ».

Le ton de mépris avec lequel semble s'exprimer le philosophe péripatéticien n'a pas de quoi surprendre de la part d'un adversaire déclaré du pyrrhonisme ; mais peut-être se comprend-il mieux encore, si l'on suppose que le rénovateur d'une doctrine depuis longtemps oubliée n'avait pas encore mis par écrit sa très remarquable polémique contre les philosophes dogmatiques.

On voit dans quelle erreur sont tombés les nombreux érudits qui, depuis Fabricius, ont cru pouvoir concilier ce texte formel d'Aristoclès avec l'hypothèse qui fait d'Énésidème le contemporain de Cicéron, comme si les

---

1. Eusèbe, *Preparatio evangelica*, l. XIV, ch. XVIII, vers la fin.

mots « *tout récemment* » (ἐχθὲς καὶ πρώην, littéralement *hier ou avant-hier*), pouvaient signifier « *il y a deux ou trois siècles*[1] ».

Aristoclès ayant écrit dans le dernier tiers du second siècle après Jésus-Christ, c'est au plus tôt vers le milieu de ce siècle qu'Enésidème entreprit d'enseigner à Alexandrie un scepticisme renouvelé de Pyrrhon. Diogène Laërce, il est vrai, lui donne des prédécesseurs, savoir un certain Ptolémée de Cyrène et deux autres personnages aussi peu connus. Mais, même en admettant cette allégation d'un inepte compilateur, dont il est impossible d'opposer sérieusement les assertions à l'autorité d'un témoin aussi compétent qu'Aristoclès, on ne pourrait encore faire remonter les débuts de l'école des nouveaux pyrrhoniens plus haut qu'à la fin du premier siècle, c'est-à-dire après le décret rendu l'an 90 par Domitien pour chasser de Rome les philosophes. De là à la mort de Sextus de Mitylène et de son disciple Saturninus, dont on ne connaît guère que le nom, on ne peut compter au plus qu'un siècle et demi.

Reste-t-il au lecteur quelque doute sur ce point ? Il faudrait alors, semble-t-il, conclure, avec un savant et spirituel érudit, que « la mémoire de ces grands douteurs, devenue elle-même l'objet du doute, subit, par un juste retour, l'arrêt dont ils voulaient frapper l'esprit

---

[1]. Cette locution proverbiale signifie, chez Isocrate, par exemple, *il y a peu de temps*. Voir ces mots dans le *Thesaurus græcæ linguæ* d'Henri Estienne. — M. Ravaisson fait observer (*Essai*, etc, t. II, ch. II, p. 256, note 1, fin) « qu'Aristoclès a pu trouver moderne encore, par comparaison, quoique de beaucoup antérieur à lui, le restaurateur d'une école, tombée depuis trois siècles ». Mais cette conjecture n'est-elle pas aussi invraisemblable qu'insuffisante ?

humain[1] ». Mais pour accepter une telle conclusion, il faudrait avoir absolument renoncé à l'histoire et à la critique historique ; car enfin, en bonne logique, de tout ce qui précède il résulte au moins ceci : que, suivant le premier écrivain qui ait parlé d'Énésidème, et le seul qui l'ait fait en termes précis, ce philosophe enseignait à Alexandrie dans la seconde moitié du second siècle après Jésus-Christ, une doctrine renouvelée de Pyrrhon. Si l'on ajoute à cela qu'il passe pour être né à Cnosse, dans l'île de Crète, on aura dit tout ce que nous savons de sa biographie. Heureusement, son œuvre étant mieux connue que sa personne, il nous est possible d'apprécier l'écrivain et le philosophe.

IV

Timon le Sillographe était le seul avant Énésidème qui eût écrit pour le pyrrhonisme et contre les philosophes dogmatiques ; mais c'était en vers et sur le ton de la satire. Énésidème écrivit en prose ; aux invectives et aux épigrammes de son spirituel devancier, il substitua une discussion régulière, savante, approfondie. Il avait composé trois ouvrages dont nous ne possédons que des fragments : 1° *Discours pyrrhoniens* (Πυρρώνειοι λόγοι ou Πυρρωνείων λόγοι) ; 2° *De la recherche* (Περὶ ζητήσεως) ; 3° *De la sagesse* (αἰτιολογία). La perte la plus regrettable est celle des *Discours pyrrhoniens* ; mais Photius en a donné une analyse dans sa *Bibliothèque* et Sextus en a reproduit des morceaux d'une certaine

---

1. J.-V. Le Clerc, article *Sextus* dans la *Biographie universelle* de Michaud.

étendue en y ajoutant parfois des expositions empruntées à l'auteur pour le fond, sinon pour la forme. Il y a là, en somme, de quoi s'assurer qu'Énésidème était un esprit subtil et sérieux, moins original peut-être, mais plus savant que Pyrrhon, moins brillant et moins ingénieux qu'Arcésilas et Carnéade, mais plus rigoureux et plus profond.

La philosophie du doute est à peu près la même chez Pyrrhon et chez Énésidème ; mais ce qui est différent et en progrès manifeste chez le dernier, c'est la polémique. Ayant affaire à des philosophes à qui la question du critérium de la vérité était familière, il ne se bornait pas à opposer au dogmatisme philosophique en général des lieux communs sur la faiblesse de l'esprit humain et des arguments puisés dans l'arsenal des sophistes. Outre ces ressources, exploitées jadis par Pyrrhon, il avait à son service les inventions dialectiques des Académiciens et de leurs émules du Portique, et il les faisait valoir avec une force, une précision, une netteté supérieures. Non content de combattre le dogmatisme cataleptique des stoïciens sur le terrain choisi par Pyrrhon, il les poursuivait d'une partie à l'autre de leur système, divisé, comme l'était alors la philosophie dans toutes les écoles, en logique, physique et morale[1]. De là, dans la discussion, quelque chose de plus précis, de plus direct et de plus vivant.

En logique, il battait d'abord en brèche le critérium reçu, depuis Antiochus d'Ascalon, par les académiciens aussi bien que par les stoïciens ; puis il attaquait la méthode stoïcienne de démonstration, fondée sur la

---

1. C'est cette division que Molière prête au maître de philosophie du *Bourgeois gentilhomme*.

théorie, alors très en vogue, des signes. En physique, il discutait la distinction des principes actifs et passifs ; il accumulait les difficultés contre les dieux et la providence ; il s'appliquait surtout à démontrer l'inanité de toute recherche scientifique des causes (αἰτιολογία) en établissant, comme David Hume devait l'essayer à son tour, par l'analyse de l'idée même de cause, l'impossibilité de découvrir une cause quelconque. En morale, enfin, il maintenait la distinction fondamentale entre l'être et les apparences et, tout en acceptant dans la pratique les règles de conduite prescrites par les lois et sanctionnées par la coutume, il insistait sur l'incompréhensibilité du bien et du bonheur en soi, et de la vertu elle-même.

On peut juger de l'ampleur de cette entreprise dialectique d'Énésidème par le volumineux traité de son disciple et commentateur Sextus Empiricus contre toutes les formes du dogmatisme (πρὸς τοὺς μαθηματικούς), qui est resté jusqu'à nos jours le monument le plus complet, sinon le plus original, de la philosophie du doute. Sextus n'y a guère mis du sien, et c'est à son maître qu'il faut reporter le mérite d'avoir le premier donné au pyrrhonisme la consistance et l'organisation systématique qui lui avaient fait défaut jusque-là. Mon dessein n'étant pas d'exposer ici en détail l'œuvre d'Énésidème, je me bornerai à en signaler certaines parties, dont on n'a peut-être pas toujours bien compris l'importance ou même le sens véritable. Pour tout le reste, je crois pouvoir en toute sécurité renvoyer le lecteur aux histoires générales de la philosophie ancienne et surtout aux études spéciales consacrées aux anciens et nouveaux pyrrhoniens par deux savants professeurs que j'ai eu l'honneur de compter parmi mes collègues à la Sorbonne, à trente ans de distance l'un de l'autre, MM. Emile Saisset et Victor Brochard.

Le point capital, essentiel, de la polémique d'Énésidème, c'est toujours la question toute pyrrhonienne de la valeur du savoir humain. Mais, en reprenant la pensée de Pyrrhon, et en restaurant sa doctrine, il l'appuyait sur des arguments nouveaux, présentés avec une précision inconnue jusqu'alors, même à ceux qui, avant lui, avaient si longtemps disc sur la légitimité des connaissances humaines. Chose étrange! nulle part dans les *Académiques*[1] où Cicéron a retracé tout au long cette célèbre controverse, on ne rencontre le mot propre, le mot indispensable en cette matière (κριτήριον). Ce n'est pas que ce terme fût inusité, puisqu'on le trouve dans Platon, et même à propos de la fameuse thèse de Protagoras sur « l'homme mesure de toutes choses[2] ». Énésidème n'en est donc pas l'inventeur ; mais il semble bien l'avoir le premier employé avec autorité dans son sens logique, et l'avoir comme imposé aux philosophes. Ce terme, après lui, est si bien passé dans l'usage, que son disciple Sextus le prête imperturbablement aux plus anciens philosophes, disant, par exemple, de Xénophane et de Pythagore, comme de Platon, que, suivant eux, « la raison est le critérium de la vérité ». Or, à supposer que cette expression leur fût connue, elle ne pouvait avoir pour eux qu'un sens psychologique, désignant seulement la faculté par laquelle on juge des choses (τὸ δι'

---

1. Il ne faut pas oublier que Cicéron ne manque jamais de citer en grec les termes techniques dont il essaie d'introduire des équivalents dans la langue latine.

2. *Théétète*, p. 178, b. On le rencontre aussi une fois dans Aristote, mais désignant seulement le sens ou l'organe par lequel nous jugeons des saveurs (*Métaph.*, M, 6, p. 1863, a, 3).

οὗ), non le signe objectif, la règle ou la preuve de la vérité (τὸ καθ'ὅ). La question entendue dans ce sens logique ne date certainement que de Pyrrhon, pour qui elle était la raison d'être et le fondement du scepticisme. Ainsi l'entend à son tour Énésidème : il voit dans l'esprit humain un témoin suspect et qui essaie en vain de démontrer sa véracité. C'est avec ce parti pris qu'il aborde le problème logique ; il y met une sorte de passion, et c'est ainsi qu'il a pu donner toute sa rigueur à la solution sceptique.

Le dogmatisme stoïcien s'appuyait sur deux théories logiques : celle du critérium et celle des signes. La critique de ce dogmatisme, chez Énésidème, comprenait de même deux parties : après le critérium des stoïciens, il combattait leur théorie des signes. Pour bien comprendre cette partie de sa polémique, il importe de se rappeler l'origine de ce débat. A entendre la plupart de ceux qui en ont parlé, il semblerait que la question des signes fût alors toute nouvelle, tandis qu'en réalité elle remonte à Aristote. Vers la fin du second livre des *Premiers Analytiques,* ce philosophe, traitant de l'enthymème, c'est-à-dire du syllogisme en matière vraisemblable, définit ainsi le signe (τὸ σημεῖον) qui y figure comme moyen terme, ou comme preuve, et qu'il distingue d'ailleurs du vraisemblable, en ce qu'il peut avoir une valeur démonstrative : « C'est, dit-il, ce dont l'existence ou la production implique celle d'une chose qui a précédé ou qui suivra[1]. » Et il en donne des exemples empruntés à la science physiognomonique, qui observe et interprète les manifestations des états ou qualités intimes d'un sujet donné. C'est cette méthode,

---

1. *Prem. Analyt.*, II, 27, § 2.

d'origine aristotélique, que les stoïciens employaient dans la science de la nature et que les médecins de cette école appliquaient à l'étude des maladies, comprenant leurs causes, leurs effets et leurs symptômes sous le nom commun de *signes*.

Les stoïciens étaient si bien entrés dans la pensée d'Aristote, qu'ils donnaient ce nom de signes, non seulement aux arguments dialectiques, mais à la démonstration elle-même, remplaçant d'ailleurs le mot *démonstratif* (ἀποδεικτικός) par *indicateur* ou *révélateur* (ἐνδεικτικός), mieux approprié peut-être à l'enthymème, forme habituelle de leurs raisonnements ; car, comme on peut le voir dans les *Topiques* de Cicéron, ils énonçaient d'ordinaire leurs arguments sous cette forme hypothétique ou dubitative : « Si A existe, B existe ». Exemple : Si l'ordre existe dans l'univers, il y a une providence. Et, comme ils admettaient que tous les signes ne sont pas révélateurs, et qu'il y en a de purement *commémoratifs*, c'est-à-dire liés à la chose signifiée par une association d'idées ou de souvenirs (l'éclair, par exemple, annonçant la foudre, et la fumée, la présence du feu), Énésidème s'autorisait de cette distinction pour refuser toute créance aux signes dits révélateurs. Il mettait en doute, non seulement les indications tirées des apparences corporelles pour la connaissance des états de l'âme, mais encore les rapports réputés nécessaires, comme celui de la définition et du défini, ou celui des prémisses et de la conclusion, ruinant ainsi par la base la démonstration elle-même et toute science fondée sur la démonstration. Il appelait ces prétendus signes indicateurs de la vérité des « chimères de l'esprit dogmatique ».

Cette double argumentation, menée avec une extrême

vivacité contre le critérium des stoïciens et contre leur théorie des signes, aboutissait à une condamnation sans réserve de la science et à un défi triomphant à la raison de l'homme de prouver sa propre véracité. La thèse du scepticisme n'avait jamais été formulée avec une pareille hardiesse. Énésidème, en effet, ne se contentait pas de soutenir avec Pyrrhon que la sagesse veut qu'on suspende son jugement parce que l'esprit humain varie et se contredit, et que tout ce dont il juge est relatif (πάντα πρός τι). Il ne prétendait pas seulement, comme les acataleptiques de l'Académie, qu'il n'y a point d'évidence pouvant procurer la certitude. Il ajoutait que notre intelligence, fût-elle en possession de la vérité, serait encore réduite à douter, faute de pouvoir démontrer qu'elle dit vrai, toute proposition étant contestable et contestée, et toute démonstration étant ou une pétition de principe ou un cercle vicieux.

En même temps qu'il poussait ainsi à l'extrême l'esprit de doute, il osait reprocher aux philosophes de l'Académie d'avoir manqué de mesure dans leur critique du dogmatisme stoïcien, et d'avoir opposé une négation absolue à l'affirmation d'un critérium, tandis que le doute des pyrrhoniens était un moyen terme entre le *oui* et le *non*. Il ne se trompait pas d'ailleurs sur le scepticisme apparent de ces philosophes : ils étaient pour lui comme autrefois pour Timon, des adversaires du pyrrhonisme, qui dogmatisaient autrement que les stoïciens, mais qui, en affirmant le vraisemblable, avaient fini par devenir de véritables stoïciens. C'est pourquoi il les combattait à leur tour, et, après avoir rejeté la certitude des sens, il se refusait à admettre qu'ils puissent nous donner même des vraisemblances, créant ainsi, à la secte des médecins empiriques, dont il était l'avocat, une situation contradictoire et presque ridicule, qui ne leur permettait de se dire sérieusement ni empiriques, ni médecins.

Tel est, dans son ensemble, le système de scepticisme professé par Énésidème et dont on ne saurait contester la parfaite cohérence, si l'on ne trouvait dans son commentateur Sextus Empiricus certaines indications qui ont donné lieu de soupçonner au moins des variations dans la pensée du chef des nouveaux pyrrhoniens. Je veux parler de son adhésion à la philosophie d'Héraclite. Les passages de Sextus sont formels : il paraît avéré qu'Énésidème, à une certaine époque de sa vie, professait, au moins en physique, des doctrines empruntées à Héraclite. Était-ce avant ou après avoir écrit les *Discours pyrrhoniens*, c'est-à-dire au début ou à la fin de sa carrière de philosophe ? Ceux qui, comme M. Leander Haas, dans une thèse en latin publiée en 1875 (*De philosophorum scepticorum successionibus*), admettent la seconde hypothèse, concluent de là naturellement qu'Énésidème ne resta pas fidèle au scepticisme, et finit par lui préférer une philosophie dogmatique. Dans l'autre hypothèse qui, au premier abord, paraît infiniment plus vraisemblable, Énésidème aurait commencé à s'instruire à l'école alors dominante des stoïciens, dont la physique était empruntée à Héraclite, et il serait de là passé au pyrrhonisme. La question n'ayant pas été jusqu'ici résolue d'une manière satisfaisante, je crois devoir suspendre mon jugement, et je me borne à constater que c'est comme pyrrhonien qu'Énésidème a fait école, et non comme partisan d'Héraclite.

V

Ses principaux successeurs furent Ménodote, Agrippa

et Sextus Empiricus. Ménodote figure à la fois parmi les nouveaux pyrrhoniens et parmi les médecins empiriques ; mais on a remarqué qu'il ajoutait à l'expérience le raisonnement, sous le nom d'*épilogie*[1]. Agrippa est connu par un essai de classification des motifs de doute, qu'il réduisait à cinq tropes, déduits les uns des autres avec une grande apparence de rigueur. Sextus Empiricus est le plus connu et le plus considérable des nouveaux Pyrrhoniens ; on a de lui deux ouvrages d'inégale étendue : l'un, en deux livres, est intitulé *Hypotyposes pyrrhoniennes* ; l'autre est un grand traité *Contre les Mathématiciens* ou, plus exactement, *Contre les Dogmatiques* ou *Ceux qui enseignent les sciences* (πρὸς τοὺς μαθηματικούς), comme le prouve le détail des 11 livres, le premier étant dirigé contre les grammairiens, le deuxième contre les rhéteurs, le troisième contre les géomètres, le quatrième contre les arithméticiens, le cinquième contre les astronomes, le sixième contre les musiciens, le septième et le huitième contre les logiciens, le neuvième et le dixième contre les physiciens, le onzième contre les moralistes. Sextus mourut vers l'an 220 ou 230 après Jésus-Christ, laissant un disciple, Saturninus, médecin empirique comme lui, mais dont on ne sait absolument rien. C'est donc vers le milieu du IIIe siècle que prit fin la secte des nouveaux pyrrhoniens. Elle disparut, comme jadis l'école de Pyrrhon, devant des formes nouvelles et supérieures des tendances dogmatiques inhérentes à l'esprit humain. Il ne s'agissait plus cette fois des systèmes d'Épicure et de Zénon ;

---

1. Voir dans l'*Histoire de la médecine*, par le Dr Bouchut (1873, t. I, p. 33), des réflexions très justes sur cette addition ou cet amendement au pyrrhonisme.

ils avaient fait leur temps. Le nouveau pyrrhonisme se perdit dans un mouvement d'idées autrement important : d'une part, l'effort suprême du platonisme mystique d'Alexandrie, ramassant pour la défense du paganisme toutes les forces intellectuelles, philosophiques et religieuses de la Grèce et de l'Orient; d'autre part, la foi nouvelle en un Dieu-Esprit, créateur et sauveur, qui allait changer la face du monde, soutenir, même dans sa décadence, le grand empire romain, puis, après sa chute, civiliser les barbares et former la conscience des nations modernes.

CHAPITRE XII

SIMPLICIUS[1]

Ce célèbre commentateur d'Aristote fut un des derniers représentants de l'école néoplatonicienne d'Alexandrie. Né en Cilicie de l'an 500 à l'an 510 après Jésus-Christ, il était encore très jeune lorsqu'il suivit à Athènes les leçons d'Ammonius, fils d'Hermias, avec lequel il fit aussi à Alexandrie des observations astronomiques. Après Ammonius, il eut encore pour maître son ancien condisciple Damascius.

Les temps étaient devenus difficiles pour les philosophes; ceux d'Athènes, privés des revenus de leurs chaires, enseignaient gratuitement lorsque, en 529, un édit de l'empereur Justinien supprima cette école de science païenne. Les derniers néoplatoniciens, pour échapper à la persécution, cherchèrent un asile auprès de Chosroës, roi de Perse. Simplicius était du nombre et, comme ses compagnons, il eut bientôt le mal du pays. De retour à Athènes, il écrivit plusieurs ouvrages de philosophie. Peut-être même lui fut-il permis d'enseigner; car, dans son *Commentaire sur la physique*

---

1. Extrait du *Dictionnaire des sciences philosophiques* de M. Ad. Franck, article *Simplicius*.

d'Aristote, il s'adresse à ses auditeurs : il est donc probable que cet ouvrage était comme un résumé de ses leçons.

On ne sait pas autre chose de la vie de Simplicius. On suppose qu'il mourut en paix à Athènes, au milieu des études pour lesquelles il avait souffert dans sa jeunesse.

Les écrits de Simplicius ne sont pas tous parvenus jusqu'à nous. Parmi ceux qui ont été perdus, les plus regrettables sont sans doute un abrégé de la *Physique de Théophraste*, qui nous eût tenu lieu de cet ouvrage, et un livre sur les syllogismes, où était résumée cette importante théorie.

Simplicius n'est connu aujourd'hui que par des commentaires, dont un sur le *Manuel d'Épictète*. Quatre autres sont consacrés à l'interprétation de quatre traités d'Aristote, savoir : 1° les *Catégories* ; 2° le traité *De l'âme* ; 3° le traité *Du ciel* ; 4° la *Physique*. A ne considérer que les titres de ces ouvrages, on comprend que plusieurs savants aient cru devoir ranger leur auteur parmi les péripatéticiens ; mais cette conjecture n'est pas mieux fondée que celle de Suidas, quand il en fait un stoïcien. Sans parler des relations bien connues de Simplicius avec les philosophes dont il partagea l'exil, il suffit d'ouvrir un de ses livres pour se convaincre qu'il appartient réellement à l'école néoplatonicienne. S'il commente Aristote, c'est suivant la méthode de ses prédécesseurs et dans le même esprit, c'est-à-dire avec l'intention bien marquée de rattacher le péripatétisme à la doctrine commune où l'éclectisme alexandrin avait fait entrer le paganisme tout entier, religion, poésie, philosophie : tel est bien en effet le but principal des philosophes éclectiques d'Alexandrie. Simplicius en particulier, excelle dans cette œuvre de conciliation, parce que, au lieu de s'en tenir à la lettre, il pénètre avec une grande sagacité jusqu'au fond des systèmes dont il veut montrer l'accord. C'est ainsi que, par une habile interprétation, il sait concilier la logique d'Aristote avec la dialectique de Platon, malgré le dissentiment de ces deux philosophes sur les Idées. Il va plus loin : il soutient, non sans raison, que la *forme* est pour l'un ce qu'était l'*idée* pour l'autre. Cette vue, que semble confirmer l'emploi du même terme (εἶδος), explique bien des choses, et permet d'apprécier équitablement la métaphysique péripatéticienne.

Simplicius interprète donc librement la doctrine d'Aristote ; il le justifie au besoin et le défend même contre certains platoniciens, en leur rappelant le point de vue particulier où se plaçait l'auteur de la *métaphysique* ; mais, encore une fois, il n'est pas exclusivement péripatéticien. Il l'est si peu que, lorsqu'Aristote s'écarte évidemment de la doctrine platonicienne, il n'hésite pas à lui donner tort. Il blâme à plusieurs reprises le grand commentateur Alexandre d'avoir fait trop peu de cas de l'opinion de Platon, et d'avoir trop abondé dans le sens d'Aristote.

Bien loin de suivre toujours la doctrine de ce philosophe, il la corrige ou la complète, en y ajoutant, par exemple, l'unité indivisible et immortelle de l'âme humaine tout entière, et en insistant, comme tous les philosophes alexandrins, sur la nature ineffable de l'être suprême. Mais, toutes les fois qu'il est d'accord avec Aristote, comme, après tout, ce philosophe est à ses yeux « le meilleur commentateur de Platon » (ὁ τοῦ Πλάτωνος ἄριστος ἐξηγήτης), il est heureux de s'appuyer sur son autorité et de pouvoir l'opposer à ses adversaires.

Il ne paraît avoir écrit son *Commentaire sur la physique*, que pour répondre à Jean Philopon qui avait attaqué Proclus et l'hypothèse païenne de l'éternité du monde. Le commentaire sur le *Traité du ciel* est destiné à réfuter le même Philopon qui, en défendant la création, avait combattu le mouvement éternel du ciel.

Ainsi s'agitait, au vi^e siècle de notre ère, cette perpétuelle controverse métaphysique entre le système du Dieu-cause et celui du Dieu-substance.

Si Simplicius est imparfaitement péripatéticien dans ses commentaires sur Aristote, que dire de son célèbre *Commentaire sur le manuel d'Épictète* ? Il n'y est question ni d'Aristote, ni de ses écrits, ni de son système ; son nom n'y est pas même cité. Il eût été cependant naturel et facile à un péripatéticien d'établir plus d'un rapprochement entre la morale stoïcienne et certains passages des *Topiques* ou de la *Morale selon Nicomaque*. Platon au contraire est allégué à chaque page, ainsi que Parménide et les pythagoriciens, et, comme ailleurs, Simplicius développe la pensée de Plotin et de Proclus. Seulement ce n'est plus Aristote, c'est Épictète qu'il s'agit en quelque sorte de conquérir au néoplatonisme ; c'est la doctrine forte, mais étroite qui sert ici d'introduction à un système plus large et plus élevé où la liberté est présentée comme l'essence même de l'âme, suivant l'esprit du stoïcisme, mais où l'amour pur de l'idéal et la contemplation du premier principe, « qui n'a pas de nom » sont mis fort au-dessus des vertus élémentaires dans lesquelles se renfermait Épictète (voir la préface de Simplicius sur le *Manuel*). L'âme ainsi purifiée est appelée à une vie meilleure, et elle a pour garant de son immortalité la providence divine, que Simplicius invoque en termes touchants à la fin de son ouvrage.

« Voilà, dit-il, tous les éclaircissements qu'il m'a été possible de fournir à ceux qui liront Épictète. Je me réjouis de ce que ces temps de tyrannie m'ont donné l'occasion d'entreprendre un tel travail. Il ne me reste qu'à finir ce traité par une prière qui en rappelle l'objet :

« Seigneur, père et guide de la raison qui est en nous, fais, je t'en supplie, que nous gardions le souvenir de la noblesse naturelle que nous te devons ; et, puisque nous avons en nous-mêmes le principe de nos mouvements, aide-nous à nous purifier, à nous rendre maîtres du corps et des passions, et à nous en servir comme d'instruments, suivant notre devoir. Aide-nous aussi à redresser notre raison, afin qu'elle soit unie aux êtres réels par la lumière de la vérité. Enfin, le dernier vœu que je t'adresse pour notre salut (σωτηρίαν), c'est que tu daignes dissiper entièrement les ténèbres qui couvrent les yeux de notre âme, afin que, suivant l'expression d'Homère, nous puissions connaître l'homme-Dieu. »

Le caractère religieux de ce passage a été fort remarqué par plusieurs critiques modernes, qui ont cru y trouver des traces de christianisme ; mais, en plusieurs endroits de cet écrit, l'auteur raille « ces nouveaux sages qui font sortir le monde du néant », et dans les lignes mêmes qu'on vient de lire, on a pu voir qu'il maudissait la *tyrannie* des chrétiens. Au reste, il n'est pas étonnant que Simplicius, écrivant au vi[e] siècle, ait employé quelquefois des formes de langage qui étaient devenues populaires. On a insisté plus judicieusement, à mon avis, sur la valeur morale de ce traité, tout rempli d'excellents préceptes. Quant à sa portée philosophique, elle est assez évidente par le seul contenu du livre. Simplicius y traite, dans cinq dissertations : 1° du libre arbitre ;

2° de l'utilité des épreuves ; 3° de la nature et de l'origine du mal ; 4° des obligations spéciales qui résultent de nos diverses relations ; 5° de l'existence et de la nature de la providence divine. Ces dissertations renferment, avec des erreurs fâcheuses, un grand nombre d'idées vraies, exprimées en un langage ferme et précis. En voici quelques exemples, relatifs à notre volonté :

« La liberté est l'essence de l'âme. Un être libre est naturellement maître de soi-même. — L'âme ne saurait être forcée ; l'objet de notre choix peut être hors de nous, mais le choix par lequel nous nous y portons est un mouvement intérieur de l'âme, et, par conséquent, il dépend toujours de nous. — L'âme est la seule cause du mal (moral). »

Simplicius, on le voit, ne commente pas en compilateur, comme son adversaire Philopon, mais en homme qui sait penser et qui appuie ses jugements à la fois sur le raisonnement et sur l'autorité des plus illustres philosophes. Ses commentaires n'ont pas seulement le mérite d'expliquer toujours avec clarté, quelquefois avec profondeur, la pensée d'Aristote ou d'Épictète, rattachée systématiquement au néoplatonisme ; ils se recommandent encore à l'historien de la philosophie par les nombreux fragments d'ouvrages perdus qu'on y rencontre. C'est grâce à son érudition, aussi judicieuse qu'exacte, que l'on peut lire aujourd'hui les textes les plus originaux de certains philosophes, tels qu'Anaximandre et Anaxagore. Pour ce dernier en particulier, c'est sur le témoignage de Simplicius, combiné avec la connaissance des dates, que j'ai cru pouvoir établir plus haut[1] que

---

1. Voir ch. III. *La philosophie grecque avant Socrate*, p. 92 et suiv., et § 6, p. 99, note 1.

Leucippe et Démocrite empruntèrent à Anaxagore le principe fondamental de la philosophie atomistique.

Ce n'est pas que la critique de Simplicius soit à l'abri de tout reproche : il admet sans examen, sur la parole de ses maîtres, l'authenticité de certains écrits faussement attribués à Aristote, au pythagoricien Archytas et même à Orphée. Il fait aussi un usage fréquent des traditions fabuleuses de la Perse et de l'Égypte. Mais, à part cette confiance excessive dans la sagesse de l'Orient, qui est un défaut commun à toute son école, Simplicius mérite l'éloge que lui décerne Fabricius : ses écrits sont bien, en effet, « un répertoire de la philosophie ancienne », et l'on a pu dire que c'était en quelque sorte « le ciment de tous les anciens philosophes, *omnium veterum philosophorum coagulum* ».

TABLE DES MATIÈRES

	Pages.
Préface...	1
Chapitre I. — *Introduction*...	1
Chapitre II. — *Des idées morales dans l'antique Égypte*...	12
Chapitre III. — *La philosophie grecque avant Socrate*.	49
I. Introduction...	49
II. Les origines...	53
III. Le vi^e siècle...	65
IV. Transition du vi^e au ve siècle...	72
V. Le ve siècle...	78
VI. Conclusion...	98
Chapitre IV. — *De l'authenticité des écrits de Platon*.	101
I. Exposé de la question...	102
II. De la critique intime...	111
III. De la conservation des écrits de Platon...	115
IV. Leur classement et leur ordre de composition.	126
V. Platon a-t-il écrit du vivant de Socrate ?	131
VI. Le témoignage d'Aristote et de Cicéron.	136
VII. Appendice...	141
Chapitre V. — *Le Parménide de Platon*...	145
I. La question d'authenticité...	146
II. Unité de la composition...	151
III. Le vrai sens du Parménide...	160
IV. La date du Parménide...	172

TABLE DES MATIÈRES

Chapitre VI. — *Quelques points à éclaircir dans la biographie d'Aristote.* 176
    I. Les problèmes. 176
    II. Première période (384-347). 180
    III. Deuxième période (347-335). 188
    IV. Troisième période (335-322). 194

Chapitre VII. — *Aristote écrivain et moraliste.* . . 208
    I. Des écrits d'Aristote. 208
    II. La morale d'Aristote. 228

Chapitre VIII. — *Platon et Aristote : leur accord fondamental.* 250

Chapitre IX. — *Pyrrhon et le Pyrrhonisme.* . . . 260
    I. Du doute et du scepticisme en général. . . 260
    II. Les origines du scepticisme en Grèce. . . 273
    III. Vie de Pyrrhon. 290
    IV. Philosophie de Pyrrhon. 311
        1° La théorie du doute. 313
        2° La doctrine du bonheur. 324
    V. Conclusion. 340

Chapitre X. — *La Kabbale.* 341

Chapitre XI. — *Le scepticisme après Pyrrhon.* . . 356
    I. Les disciples de Pyrrhon. 356
    II. La nouvelle Académie. 358
    III. La date d'Énésidème. 364
    IV. Le scepticisme d'Énésidème. 370
    V. Les nouveaux Pyrrhoniens. 377

Chapitre XII. — *Simplicius.* 380

CHARTRES. — IMPRIMERIE DURAND, RUE FULBERT.

LIBRAIRIE HACHETTE ET Cⁱᵉ

79, BOULEVARD SAINT-GERMAIN, A PARIS.

BIBLIOTHÈQUE VARIÉE

FORMAT IN-16, BROCHÉ

1ʳᵉ SÉRIE, A 3 FR. 50 LE VOLUME

PUBLICATIONS

LITTÉRAIRES, HISTORIQUES, PHILOSOPHIQUES
SCIENTIFIQUES, ARTISTIQUES, ETC.

Albert (Maurice) : *Les médecins grecs à Rome.* 1 vol.
— *Les théâtres de la foire.* 1 vol.
<small>Ouvrage couronné par l'Académie française.</small>

Albert (Paul) : *La poésie*, études sur les chefs-d'œuvre des poètes de tous les temps et de tous les pays ; 9ᵉ édition. 1 vol.
— *La prose*, études sur les chefs-d'œuvre des prosateurs de tous les temps et de tous les pays ; 8ᵉ édition. 1 vol.
— *La littérature française, des origines à la fin du XVIᵉ siècle* ; 8ᵉ édition. 1 vol.
— *La littérature française au XVIIᵉ siècle* ; 9ᵉ édition. 1 vol.
— *La littérature française au XVIIIᵉ siècle* ; 8ᵉ édition. 1 vol.
— *La littérature française au XIXᵉ siècle ; les origines du romantisme* ; 6ᵉ édition. 2 vol.
— *Variétés morales et littéraires.* 1 vol.
— *Poètes et poésies* ; 3ᵉ édit. 1 vol.

Angellier (Aug.) : *Le chemin des saisons*, poésies. 1 vol.
— *A l'amie perdue*, poésies. 1 vol.

Anthologie grecque, traduite sur le texte publié par F. Jacobs, avec des notices sur les poètes de l'Anthologie. 2 vol.

Aristophane : *Œuvres complètes*, traduction française par M. C. Poyard ; 9ᵉ édition. 1 vol.

Barine (Arvède) : *Portraits de femmes* (Mme Carlyle. — George Eliot. — Une détraquée. — Un couvent de femmes en Italie au XVIᵉ siècle. — Psychologie d'une sainte) ; 3ᵉ édition. 1 vol.
<small>Ouvrage couronné par l'Académie française</small>
— *Essais et fantaisies.* 1 vol.
— *Princesses et grandes dames* ; 6ᵉ édition. 1 vol.
— *Bourgeois et gens de peu.* 1 vol.
— *Névrosés* (Hoffmann, Quincey, Edgard Poe, G. de Nerval). 1 vol.
— *Saint François d'Assise et la légende des trois compagnons.* 4ᵉ édition. 1 vol.
— *La jeunesse de la Grande Mademoiselle* (1627-1652). 3ᵉ édition. 1 vol.
<small>Ouvrage couronné par l'Académie française.</small>

Benoist (A.), recteur de l'Académie de Montpellier : *Essai de critique dramatique* (George Sand, Musset, Feuillet, Augier, Dumas fils). 1 vol.

Bentzon (Mme Th.) : *Questions américaines*. 1 vol.

— *Promenades en Russie*. 1 vol.

Berger (A.) : *Histoire de l'éloquence latine depuis l'origine de Rome jusqu'à Cicéron*, publiée par M. V. Cucheval; 4ᵉ édition. 2 vol.

> Ouvrage couronné par l'Académie française.
> Voir *Cucheval*.

Berger (G.) : *L'école française de peinture, depuis ses origines jusqu'à la fin du règne de Louis XIV*. 1 vol.

Bersot : *Mesmer, le magnétisme animal, les tables tournantes et les esprits* ; 5ᵉ édition. 1 vol.

— *Un moraliste*, études et pensées, précédées d'une notice biographique par Edmond Scherer et d'une photographie de M. Bersot; 4ᵉ édition. 1 vol.

Bertrand, de l'Académie française : *Éloges académiques*. 2 vol.

Bertrand (L.), professeur de rhétorique au lycée d'Alger : *La fin du classicisme et le retour à l'antique dans la seconde moitié du XVIIIᵉ siècle et dans les premières années du XIXᵉ en France*. 1 vol.

Binet (Alf.), directeur adjoint du laboratoire de Psychologie des Hautes-Etudes à la Sorbonne : *Psychologie des grands calculateurs et joueurs d'échecs*. 1 vol.

Boissier, de l'Académie française : *Cicéron et ses amis*; 12ᵉ édition. 1 vol.

— *La religion romaine d'Auguste aux Antonins*; 5ᵉ édition. 2 vol.

— *Promenades archéologiques : Rome et Pompéi*; 7ᵉ édit. 1 vol.

— *Nouvelles Promenades archéologiques : Horace et Virgile*; 4ᵉ édition. 1 vol.

Boissier (suite) : *L'Afrique romaine. Promenades archéologiques en Algérie et en Tunisie*. 2ᵉ édition. 1 vol.

— *L'opposition sous les Césars* ; 4ᵉ éd. 1 vol.

— *La fin du paganisme*; 3ᵉ édition. 1 vol.

— *Tacite*. 1 vol.

Bonet-Maury (G.) : *Le Congrès des religions à Chicago (1893)*. 1 vol.

Bossert (A.), inspecteur général honoraire de l'instruction publique: *La littérature allemande au moyen âge et les origines de l'épopée germanique* ; 3ᵉ édition. 1 vol.

— *Gœthe et Schiller*; 3ᵉ édit. 1 vol.

— *Gœthe, ses précurseurs et ses contemporains*; 3ᵉ édition. 1 vol.

— *La légende chevaleresque de Tristan et Iseult. Essai de littérature comparée*. 1 vol.

Bouché-Leclercq, membre de l'Institut : *Leçons d'histoire grecque*. 1 vol.

Bouillier, de l'Institut : *L'Institut et les Académies de province*. 1 vol.

— *La vraie conscience*. 1 vol.

— *Études familières de psychologie et de morale*. 1 vol.

— *Nouvelles Études familières de psychologie et de morale*. 1 vol.

— *Questions de morale pratique*. 1 vol.

Boulay de la Meurthe (Le comte) : *Les dernières années du duc d'Enghien (1801-1804)*. 1 vol.

Bréal (M.), de l'Institut : *Quelques mots sur l'instruction publique en France*; 5ᵉ édition. 1 vol.

Brédif (L.), recteur honoraire de l'Académie de Besançon : *L'éloquence politique en Grèce; Démosthène* ; 2ᵉ édition. 1 vol.

Brunet (Louis), député de La Réunion : *La France à Madagascar (1815-1895)*; 2ᵉ édition. 1 vol.

Brunetière, de l'Académie française: *Études critiques sur l'histoire de la littérature française*. 6 vol.
> Ouvrage couronné par l'Académie française.
> 1re série : La littérature française au moyen âge. — Pascal. — Mme de Sévigné. — Molière. — Racine. — Montesquieu. — Voltaire. — La littérature française sous le premier Empire ; 5e édition. 1 vol.
> 2e série : Les Précieuses. — Bossuet et Fénelon. — Massillon. — Marivaux. — La direction de la librairie sous Malesherbes. — Galiani. — Diderot. — Le théâtre de la Révolution ; 4e édition. 1 vol.
> 3e série : Descartes. — Pascal. — Le Sage. — Marivaux. — Prévost. — Voltaire et Rousseau. — Classiques et romantiques ; 3e édition. 1 vol.
> 4e série : Alexandre Hardy. — Le roman français au XVIIe siècle. — Pascal. — Jansénistes et Cartésiens. — La philosophie de Molière. — Montesquieu. — Voltaire. — Rousseau. — Les romans de Mme de Staël ; 2e édition. 1 vol.
> 5e série : La réforme de Malherbe et l'évolution des genres. — La philosophie de Bossuet. — La critique de Bayle. — La formation de l'idée de progrès. — Le caractère essentiel de la littérature française. 1 vol.
> 6e série : La doctrine évolutive et l'Histoire de la littérature. — Les fabliaux du moyen âge et l'origine des contes. — Un précurseur de la pléiade : Maurice Scève. — Corneille. — L'esthétique de Boileau. — Bossuet. — Les Mémoires d'un homme heureux. — Classique ou romantique ? André Chénier. — Le cosmopolitisme et la littérature nationale. 1 vol.
> 7e série : Un épisode de la vie de Ronsard. — Vaugelas et la théorie de l'usage. — Jean de La Fontaine. — La langue de Molière. — La Bibliothèque de Bossuet. — L'évolution d'un genre : La tragédie. — L'évolution d'un poète : Victor Hugo ; La littérature européenne au XIXe siècle. — Appendice : Honoré de Balzac. 1 vol.

— *L'évolution des genres dans l'histoire de la littérature*. Tome Ier : Introduction. Evolution de la critique depuis la Renaissance jusqu'à nos jours ; 2e édition. 1 vol.

— *L'évolution de la poésie lyrique en France au XIXe siècle* ; 2e édition. 2 vol.

— *Les époques du théâtre français* (1636-1850). (Conférences de l'Odéon.) Nouvelle édition, revue et corrigée. 1 vol.

Brunetière (suite) : *Victor Hugo*, leçons faites par les élèves de l'École normale supérieure. 2 vol.

Byron (Lord) : *Œuvres complètes*, traduites de l'angl. par Benjamin Laroche. 4 vol., qui se vend. sépar. :
I, *Childe-Harold*. 1 vol. — II. *Poèmes*. 1 vol. — III. *Drames*. 1 vol. — IV. *Don Juan*. 1 vol.

Cabart-Danneville, sénateur : *La défense de nos côtes*. 1 vol.

Caro (E.), de l'Académie française : *Études morales sur le temps présent* ; 5e édition. 1 vol.
— *L'idée de Dieu et ses nouveaux critiques* ; 9e édition. 1 vol.
> Ouvrage couronné par l'Académie française.
— *Le matérialisme et la science* ; 5e édition. 1 vol.
— *La philosophie de Gœthe* ; 2e édition. 1 vol.
> Ouvrage couronné par l'Académie française.
— *Problèmes de morale sociale* ; 2e édition. 1 vol.
— *Mélanges et portraits*. 2 vol.
— *Poètes et romanciers*. 1 vol.
— *Philosophie et philosophes*. 1 vol.
— *Variétés littéraires*. 1 vol.

Carrau (L.), ancien maître de conférences à la Faculté des lettres de Paris : *Étude sur la théorie de l'évolution* aux points de vue psychologique, religieux et moral. 1 vol.

Carraud (Mme Z.) : *Le livre des jeunes filles, simple correspondance*. 1 vol.

Cervantes : *Don Quichotte*, traduit de l'espagnol par M. L. Viardot. 2 vol.

Charmes (F.), membre de l'Institut : *Études historiques et diplomatiques*. 1 vol.

Chateaubriand : *Le génie du christianisme*. 1 vol.
— *Les martyrs et le dernier des Abencerages*. 1 vol.
— *Atala ; René ; les Natchez*. 1 vol.

Chefs-d'œuvre des littératures étrangères (Traduction des). Voir : Byron, Cervantes, Dante, Ossian, Shakespeare.

Chefs-d'œuvre de la littérature grecque (Traduction des). Voir : *Anthologie grecque, Aristophane, Diodore de Sicile, Eschyle, Euripide, Hérodote, Homère, Lucien, Plutarque, Sophocle, Thucydide, Xénophon.*

Chefs-d'œuvre de la littérature latine (Traduction des). Voir : *Juvénal et Perse, Lucrèce, Plaute, Sénèque, Tacite, Tite-Live, Virgile.*

Chevrillon (A.), agrégé de lettres, chargé de cours a la Faculté des lettres de Lille : *Dans l'Inde*. 1 vol.
— *Sydney-Smith et la renaissance des idées libérales en Angleterre au XIX° siècle*. 1 vol.
  Ouvrages couronnés par l'Académie française.
— *Terres mortes*, Thébaïde, Judée. 1 vol.
— *Études anglaises*. 1 vol.

Colson : *Les chemins de fer et le budget*. 1 vol.

Compayré, recteur de Académie de Lyon : *Histoire critique des doctrines de l'éducation en France depuis le XVI° siècle*; 5° édit. 2 vol.
  Ouvrage couronné par l'Académie française et par l'Académie des sciences morales et politiques.
— *Études sur l'enseignement et sur l'éducation*. 1 vol.

Cottin (P.) et **Hénault** : *Mémoires du sergent Bourgogne*; 4° édition. 1 vol.

Coubertin : *L'éducation anglaise en France*. 1 vol.
— *Universités transatlantiques*. 1 vol.
— *Notes sur l'éducation publique*. 1 vol.

Coynart (Ch. de) : *Une sorcière au XVIII° siècle : Marie-Anne de la Ville (1680-1725)*. 1 vol.

Cruppi (Jean) : *Un avocat journaliste au XVIII° siècle : Linguet*. 1 vol.

Cucheval (V.), professeur honoraire au lycée Condorcet : *Histoire de l'éloquence latine depuis la mort de Cicéron jusqu'à l'avènement d'Hadrien (43 avant J.-C., 117 après J.-C.)*. 2 vol.
  Ouvrage couronné par l'Académie française.
  Voir *Berger*.

Dante : *La divine comédie*, traduction P. A. Fiorentino; 13° édition. 1 vol.

Daudet (E.) : *Histoire des conspirations royalistes du Midi sous la Révolution (1790-1793)*. 1 vol. avec 2 cartes.

Deltour, inspecteur général honoraire de l'instruction publique : *Les ennemis de Racine au XVII° siècle*; 5° édition. 1 vol.
  Ouvrage couronné par l'Académie française.

Deschanel (É.), professeur au Collège de France. : *Études sur Aristophane*; 3° édition. 1 vol.

Despois (E.) : *Le théâtre français sous Louis XIV*; 4° édition. 1 vol.

Dieulafoy (Marcel), de l'Institut : *Le roi David*. 1 vol.

Diodore de Sicile : *Bibliothèque historique*, traduite et annotée par M F. Hœfer. 4 vol.

Doniol (H.) : *La Basse-Auvergne, sol, population, personnages, description*. 1 vol.

Du Camp (M.), de l'Académie française : *Paris, ses organes, ses fonctions, sa vie*; 8° édit. 6 vol.
— *Les convulsions de Paris*; 7° édition. 4 vol.
— *La charité privée à Paris*; 5° édition. 1 vol.
— *Souvenirs de l'année 1848*; 2° édit. 1 vol.
— *La Croix rouge de France*, société de secours aux blessés militaires de terre et de mer. 1 vol.
— *Souvenirs littéraires*. 2 vol.
— *Le crépuscule*; 2° édition. 1 vol.

Dugard : *La Société américaine*; 2° édition. 1 vol.
  Ouvrage couronné par l'Académie française.

Duruy (A.) : *L'instruction publique et la démocratie (1879-1886)*. 1 vol.

Duruy (V.), de l'Académie française : *Introduction générale à l'histoire de France*; 4° édition. 1 vol.

Eschyle : *Les tragédies*, traduction française par M. Ad. Bouillet. 1 vol.

Estournelles de Constant (Baron d') : *La vie de province en Grèce*. 1 vol.

Euripide ; *Théâtre et fragments*, traduction française par Hinstin. 2 vol.

Expansion (l') de la France et la diplomatie. Hier, aujourd'hui. 1 vol.

Fabre (J.) *Washington*, libérateur de l'Amérique. 1 vol.

Ferneuil : *La réforme de l'enseignement secondaire.* 1 vol.
— *Les principes de 1789.* 1 vol.

Figuier (L.) : *Histoire du merveilleux dans les temps modernes* ; 3e édition. 4 volumes, qui se vendent séparément.
— *L'alchimie et les alchimistes*, ou Essai sur la philosophie hermétique ; 3e édition. 1 vol.
— *L'année scientifique et industrielle* continuée par Émile Gautier (1895-1901). 7 vol.
— *Le lendemain de la mort* ou La vie future selon la science ; 10e édition. 1 vol.
— *Vies des savants illustres de l'antiquité* ; 2e édition. 2 vol.

Filon (A.) : *Mérimée et ses amis*. 1 vol.
— *La caricature en Angleterre*. 1 vol.

Flammarion (C.) : *Contemplations scientifiques* ; 4e édition. 2 vol.

Fouillée, membre de l'Institut : *La propriété sociale et la démocratie* ; 2e édition. 1 vol.
— *La philosophie de Platon* ; 2e édition. 4 vol.
   Tome I : Théorie des idées et de l'amour.
   Tome II : Esthétique, morale et religion platonicienne.
   Tome III : Histoire du platonisme et de ses rapports avec le christianisme.
   Tome IV : Essais de philosophie platonicienne.
— *L'enseignement au point de vue national.* 1 vol.

Franck (Ad.), de l'Institut : *Essais de critique philosophique*. 1 vol.
— *Nouveaux essais de critique philosophique*. 1 vol.

Funck-Brentano : *Légendes et archives de la Bastille*, avec préface par M. V. Sardou ; 6e édition. 1 vol.

Funck-Brentano (suite) : *Le drame des poisons* ; 6e édition. 1 vol.
— *L'affaire du collier*, d'après de nouveaux documents. 5e édit. 1 vol.
— *La mort de la reine*, les suites de l'affaire du Collier, d'après de nouveaux documents recueillis en partie par A. Bégis. 3e édition. 1 vol.

Fustel de Coulanges, de l'Institut : *La cité antique* ; 17e édition. 1 vol.
   Ouvrage couronné par l'Académie française.

Garnier (Ad.) : *Traité des facultés de l'âme* ; 4e édition. 3 vol.
   Ouvrage couronné par l'Académie française.

Gauthiez (P.) : *L'Italie du XVIe siècle*.
— *L'Arétin* (1492-1556). 1 vol.

Gautier (E.) : *L'année scientifique et industrielle* de L. Figuier, 1895 a 1902. 8 vol.

Gebhart (E.), professeur à la Faculté des lettres de Paris : *L'Italie mystique*, histoire de la Renaissance religieuse au moyen âge ; 3e édition. 1 vol.
— *Moines et papes* ; 2e édition. 1 vol.
— *Au son des Cloches*, contes et légendes ; 2e édition. 1 vol.
— *Conteurs florentins du moyen âge.* 2e édition. 1 vol.
— *D'Ulysse à Panurge*, contes héroï-comiques. 1 vol.

Geoffroy Saint-Hilaire (Etienne) : *Lettres écrites d'Egypte* recueillies et publiées avec une préface par M. E.-T. Hamy, de l'Institut. 1 vol.

Girard (J.), de l'Institut : *Études sur l'éloquence attique* ; 2e édition. 1 vol.
— *Le sentiment religieux en Grèce, d'Homère à Eschyle* ; 3e éd. 1 vol.
   Ouvrage couronné par l'Académie française.
— *Études sur la poésie grecque.* 1 vol.
— *Essai sur Thucydide.* 1 vol.
   Ouvrage couronné par l'Académie française.

Giraud (Ch.) : *La maréchale de Villars.* 1 vol.

Giraud (Victor), professeur à l'Université de Fribourg : *Essai sur Taine.* 1 vol.
   Ouvrage couronné par l'Académie française.

Glachant (P. et V.) *Papiers d'autrefois.* 1 vol.
    Ouvrage couronné par l'Académie française.
— *Essai critique sur le théâtre de Victor Hugo.* 2 vol.

Goumy (E.) : *Les latins* (Plaute et Térence — Cicéron — Lucrèce — Catulle — César — Salluste — Virgile — Horace). 1 vol.

Grandeau (L.), directeur de la station agronomique de l'Est : *Études agronomiques.* 6 volumes, qui se vendent séparément.

Gréard (O.), de l'Académie française : *De la morale de Plutarque* ; 5ᵉ édition. 1 vol.
    Ouvrage couronné par l'Académie française.
— *L'éducation des femmes par les femmes.* Études et portraits ; 5ᵉ édit. 1 vol.
— *Éducation et instruction* ; 4 vol. :
    Enseignement primaire ; 3ᵉ édit. 1 vol.
    Enseignement secondaire ; 2ᵉ édit. 2 vol.
    Enseignement supérieur ; 2ᵉ édit. 1 vol.
    Chaque ouvrage se vend séparément.
— *Edmond Schérer* ; 2ᵉ édit. 1 vol.
— *Prévost-Paradol.* Étude suivie d'un choix de lettres ; 2ᵉ édit. 1 vol.

Guiraud (P.), maître de conférences à l'École normale supérieure : *Fustel de Coulanges.* 1 vol.

Guizot (F.) : *Le duc de Broglie.* 1 vol.
— *Lettres de M. Guizot à sa famille et à ses amis,* recueillies par Mme de Witt, née Guizot ; 2ᵉ édit. 1 vol.
— *Les années de retraite de M. Guizot ;* lettres à M. et Mᵐᵉ Lenormant. 1 vol.

Guizot (Guillaume) : *Montaigne,* études et fragments. 1 vol.

Hanotaux (G.) : *Études historiques sur le XVIᵉ et le XVIIᵉ siècle en France.* 1 vol.

Hauréau (B.), de l'Institut : *Bernard Délicieux et l'inquisition albigeoise* (1300-1320). 1 vol.

Hayem (J.) : *Quelques réformes dans les écoles primaires.* 1 vol.

Hérodote : *Histoires,* traduction française avec notes par P. Giguet ; 6ᵉ édit. 1 vol.

Hervé (E.) : *La crise irlandaise depuis la fin du XVIIIᵉ siècle jusqu'à nos jours.* 1 vol.

Hinstin (G.) : *Chefs-d'œuvre des orateurs attiques,* traduction nouvelle. 1 vol.

Homère : *Œuvres complètes,* traduction française par P. Giguet ; 15ᵉ édition. 1 vol.

Hübner (Comte de) : *Promenade autour du monde* (1871) ; 8ᵉ édition. 2 vol.
— *Sixte-Quint d'après des correspondances diplomatiques inédites* ; 2ᵉ édition. 2 vol.

Ideville (H. d') : *Journal d'un diplomate en Allemagne et en Grèce* (Dresde, Athènes, 1867-1868) ; 2ᵉ édition. 1 vol.

Jacqmin (F.) : *Les chemins de fer pendant la guerre de 1870-1871* ; 2ᵉ édition. 1 vol.

Joly (H.), professeur à la Faculté des lettres de Paris : *Psychologie des grands hommes.* 1 vol.
— *Psychologie comparée : l'homme et l'animal* ; 4ᵉ édition. 1 vol.
    Ouvrage couronné par l'Académie des sciences morales et politiques.
— *Le socialisme chrétien.* 1 vol.

Jouffroy (Th.) : *Cours de droit naturel* ; 5ᵉ édition. 2 vol.
— *Cours d'esthétique* ; 4ᵉ édition. 1 vol.
— *Mélanges philosophiques* ; 6ᵉ édition. 1 vol.
— *Nouveaux mélanges philosophiques* ; 4ᵉ édition. 1 vol.

Juglar (L.), docteur ès lettres : *Le style dans les arts et sa signification historique.* 1 vol.

Jullian (C.), professeur à l'Université de Bordeaux : *Vercingétorix,* avec 7 cartes et plans. 3ᵉ édit. 1 vol.
    Ouvrage couronné par l'Académie française.

Jusserand (J.) : *Les Anglais au moyen âge* : 2 vol.
    La vie nomade en Angleterre et les routes d'Angleterre au XIVᵉ siècle. 1 vol.
    Ouvrage couronné par l'Académie française.
    L'épopée mystique de William Langland. 1 vol.

Juvénal et Perse : *Œuvres,* suivies des Fragments de Lucilius, de Turnus et de Sulpicia. Traduction publiée avec les imitations et des notices par E. Despois. 1 vol.

Kergomard (Mme) : *L'éducation maternelle dans l'école*; 2ᵉ édition. 2 vol.

Kovalewsky (Sophie) : *Souvenirs d'enfance*, écrits par elle-même, traduits du suédois, et suivis de sa biographie, par Mme A.-Ch. Leffler, duchesse de Cajanello. 1 vol.

Laffitte (P.) : *Le suffrage universel et le régime parlementaire*; 2ᵉ éd. 1 vol.

Lafoscade (L.), professeur agrégé au lycée de Lille : *Le théâtre d'Alfred de Musset*. 1 vol.

Lamartine : Œuvres, 35 vol.
   Premières méditations poétiques. 1 v.
   Nouvelles méditations. 1 vol.
   Harmonies poétiques. 1 vol.
   Recueillements poétiques. 1 vol.
   Jocelyn. 1 vol.
   La chute d'un ange. 1 vol.
   Voyage en Orient. 2 vol.
   Confidences. 1 vol.
   Nouvelles confidences. 1 vol.
   Lectures pour tous. 1 vol.
   Souvenirs et portraits. 3 vol.
   Le manuscrit de ma mère. 1 vol.
   Mémoires inédits. 1 vol.
   Poésies inédites. 1 vol.
   Histoire des Girondins. 6 vol.
   Histoire de la Restauration. 8 vol.
   Correspondance (1807-1852). 4 vol.
   Chaque ouvrage se vend séparément.

Langlois (Ch.), professeur à la Faculté des lettres de Paris : *Questions d'histoire et d'enseignement*. 1 vol.

Langlois (Ch.) et **Seignobos**, maîtres de conférences à la Faculté des lettres de Paris : *Introduction aux études historiques*. 1 vol.

Larchey (Lorédan) : *Les cahiers du capitaine Coignet* (1799-1815), publiés d'après le manuscrit original; nouvelle édition. 1 vol.
— *Journal du canonnier Bricard* (1792-1802); 2ᵉ édition. 1 vol.

Larroumet (G.), membre de l'Institut: *La comédie de Molière*; 4ᵉ édition. 1 vol.
— *Etudes d'histoire et de critique dramatiques*. 1 vol.
— *Nouvelles études d'histoire et de critique dramatiques*. 1 vol.
— *Etudes de littérature et d'art*. 4 vol.
— *Marivaux, sa vie et ses œuvres*; 2ᵉ édition. 1 vol.
— *L'art et l'état en France*. 1 vol.
— *Petits portraits et notes d'art*. 2 v.
— *Vers Athènes et Jérusalem*, journal de voyage en Grèce et en Syrie. 1 v.

La Sizeranne (Robert de) : *La peinture anglaise contemporaine; ses origines préraphaélites, ses maîtres actuels, ses caractéristiques*. 2ᵉ édition. 1 vol.
— *Ruskin et la religion de la beauté*; 5ᵉ édition. 1 vol. avec 2 portraits.
— *Le miroir de la vie*, essai sur l'évolution esthétique, avec 34 gravures, 1ʳᵉ série. 1 vol.
— *Le miroir de la vie*, essai sur l'évolution esthétique. 1 vol.
— *Questions d'esthétique*. 1 vol.

Latreille (C.), *François Ponsard et la fin du théâtre romantique*. 1 vol. avec portrait.

Laugel (A.) : *Études scientifiques*. 1 v.
— *L'Angleterre politique et sociale*. 1 vol.

La Vaulx (Cᵗᵉ de) : *Seize mille kilomètres en ballon*. 1 vol.

Laveleye (E. de) : *Études et essais*. 1 v.
— *La Prusse et l'Autriche depuis Sadowa*. 2 vol.

Lavisse (E.), professeur à la Faculté des lettres de Paris : *Études sur l'histoire de Prusse*; 4ᵉ édit. 1 vol.
— *Essais sur l'Allemagne impériale*; 2ᵉ édition. 1 vol.

Lavollée (Ch.) : *Essais de littérature et d'histoire*. 1 vol.

Le Breton (A.) : *Le roman au XVIIᵉ siècle*. 1 vol.
   Ouvrage couronné par l'Académie française.

Léger (Louis), professeur au collège de France : *Russes et Slaves*, études politiques et littéraires. 3 vol.
   1ʳᵉ série : Les Slaves et la civilisation. — Formation de la nationalité russe. — Les débuts de la littérature russe. — La femme et la société russe au XVIᵉ siècle, etc. 1 vol.
   2ᵉ série : Le développement intellectuel de la Russie. — La comédie russe au XVIIIᵉ siècle : Von Vizine. — Les premières années de Catherine II. — En Bohême, notes de voyage. 1 vol.
   3ᵉ série : Un précurseur : Radistchev. — Les Russes en France. — Le Cesarevitch en Orient. — L'enseignement du Russe. — Adam Mickiewicz. — Mickiewicz et Pouchkine. — La littérature tchèque. 1 vol.
— *Le monde slave*, 2 vol.

Lehugeur (A.) : *La chanson de Roland*, traduite en vers modernes, avec le texte ancien en regard. 1 v.

Lemonnier (H.), professeur à l'École des Beaux-Arts : *L'art français au temps de Richelieu et de Mazarin*. 1 vol.
  Ouvrage couronné par l'Académie française.

Lenient, professeur honoraire à la Faculté des lettres de Paris : *La satire en France au moyen âge* ; 4ᵉ édition. 1 vol.
  Ouvrage couronné par l'Académie française.

— *La satire en France, ou la littérature militante au XVIᵉ siècle* ; 3ᵉ édition. 2 vol.

— *La poésie patriotique en France au moyen âge*. 1 vol.

— *La poésie patriotique en France dans les temps modernes*, du XVIᵉ au XIXᵉ siècle. 2 vol.

— *La comédie en France au XVIIIᵉ et au XIXᵉ siècles*. 4 vol.

Lenthéric : *La région du Bas-Rhône*. 1 vol.

Leroy-Beaulieu (A.), de l'Institut : *Un homme d'État russe* (Nicolas Milutine), d'après sa correspondance écrite. Etude sur la Russie et la Pologne pendant le règne d'Alexandre II (1855-1872). 1 vol.

— *La libération et le libéralisme*. 1 vol.

Lévy (Raphaël-Georges) : *Mélanges financiers*. 1 vol.

Lévy-Bruhl : *L'Allemagne depuis Leibniz* (Essai sur le développement de la conscience nationale en Allemagne, 1700-1848). 1 vol.

Lichtenberger (E.), professeur à la Faculté des lettres de Paris : *Étude sur les poésies lyriques de Gœthe* ; 2ᵉ édition. 1 vol.
  Ouvrage couronné par l'Académie française.

Liégeard (S.) : *Au caprice de la plume* (Études — Fantaisies — Critique). 1 vol.

— *Rêves et combats*. 1 vol.

Loir (Maurice) et **de Cacqueray**, lieutenants de vaisseau : *La marine et le progrès*. 1 vol.

Luce (S.), de l'Institut : *La jeunesse de Bertrand Du Guesclin* (1320-1364). 3ᵉ édition. 1 vol.
  Ouvrage qui a obtenu de l'Académie des inscriptions et belles-lettres le grand prix Gobert.

— *Jeanne d'Arc à Domremy* ; 2ᵉ édition. 1 vol.

— *La France pendant la guerre de Cent Ans*, épisodes historiques et vie privée aux XIVᵉ et XVᵉ siècles ; 2ᵉ édition. 2 vol.

Lucien : *Œuvres complètes*, traduction française par M. Talbot ; 4ᵉ édition. 2 vol.

Lucrèce : *De la nature*, traduction française par M. Patin ; 2ᵉ édition. 1 vol.

Malherbe : *Œuvres poétiques*, réimprimées pour le texte sur l'édition publiée par M. Lud. Lalanne dans la collection des *Grands Écrivains de la France*. 1 vol.
  Cette édition ne comprend pas les notes.

Martha (C.), de l'Institut : *Les moralistes sous l'empire romain* ; 6ᵉ édition. 1 vol.
  Ouvrage couronné par l'Académie française.

— *Le poème de Lucrèce* ; 4ᵉ édition. 1 vol.
  Ouvrage couronné par l'Académie française.

— *Études morales sur l'antiquité* ; 2ᵉ édition. 1 vol.

— *La délicatesse dans l'art* ; 2ᵉ édition. 1 vol.

— *Mélanges de littérature ancienne*. 1 vol.

Martin (A.), inspecteur d'Académie : *L'éducation du caractère* ; 2ᵉ édition. 1 vol.
  Ouvrage couronné par l'Académie des sciences morales et politiques.

Martinenche (E.), docteur ès lettres. *La comédie espagnole en France de Hardy à Racine*. 1 vol.

Maulde-La-Clavière : *Les mille et une nuits d'une ambassadrice de Louis XIV*. 3ᵉ édition. 1 vol.

Metchnikoff (L.) : *La civilisation et les grands fleuves historiques*. 1 vol.

Mézières (A.), de l'Académie française : *Shakespeare, ses œuvres et ses critiques*; 5ᵉ édition. 1 vol.
— *Prédécesseurs et contemporains de Shakespeare*; 4ᵉ édition. 1 vol.
— *Contemporains et successeurs de Shakespeare*; 4ᵉ édition. 1 vol.
<small>Ces trois ouvrages ont été couronnés par l'Académie française.</small>
— *Hors de France* : Italie, Espagne, Angleterre, Grèce moderne; 2ᵉ édition. 1 vol.
— *Vie de Mirabeau*. 1 vol.
— *Gœthe*, les œuvres expliquées par la vie (1795-1832). 2 vol.
— *Pétrarque*. Etude d'après de nouveaux documents. Nouvelle édition. 1 vol.
<small>Ouvrage couronné par l'Académie française.</small>
— *Morts et vivants*. 1 vol.

Michel (Émile), de l'Institut : *Études sur l'histoire de l'art* (Diego Velazquez; les débuts du paysage dans l'école flamande; Claude Lorrain; les arts à la cour de Frédéric II). 1 vol.

Michel (Henri) : *Le Quarantième Fauteuil*. 1 vol.
— *Notes sur l'enseignement secondaire*. 1 vol.

Michelet (J.) : *L'insecte*; 12ᵉ édition. 1 vol.
— *L'oiseau*; 18ᵉ édition. 1 vol.

Millet (R.) : *La France provinciale*. Vie sociale. — Mœurs administratives. 1 vol.
— *Souvenirs des Balkans*. 1 vol.
<small>Ouvrage couronné par l'Académie française.</small>

Mismer (Ch.) : *Souvenirs d'un dragon de l'armée de Crimée*. 1 vol.
— *Dix ans soldat*, souvenirs et impressions de la vie militaire. 1 vol.
— *Souvenirs de la Martinique et du Mexique*. 1 vol.
— *Souvenirs du monde musulman*. 1 vol.

Molière : *Œuvres*. 2 vol.

Monnier (M.) : *Les aïeux de Figaro*. 1 vol.

Montégut (E.) : *L'Angleterre et ses colonies australes*; 2ᵉ édition. 1 vol.
— *Types littéraires et fantaisies esthétiques*. 1 vol.

Montégut (E.) (suite) : *Essais sur la littérature anglaise*. 1 vol.
— *Les écrivains modernes de l'Angleterre*. 3 vol.
 1ʳᵉ série (Épuisée).
 2ᵉ série : Mistress Gaskell. — Mistress Browning. — George Borrow. — Alfred Tennyson. 1 vol.
 3ᵉ série : Anthony Trollope. — Miss Yonge. — Charles Kingsley. — Les souvenirs d'un écolier anglais. — Conybeare : un plaidoyer anglican contre l'incrédulité. 1 vol.
— *Livres et âmes des pays d'Orient*. 1 vol.
— *Choses du Nord et du Midi*. 1 vol.
— *Mélanges critiques* (Victor Hugo — Edgar Quinet — Michelet — Edmond About). 1 vol.
— *Libres opinions morales et politiques*; 2ᵉ édition. 1 vol.
— *Dramaturges et romanciers*. 1 vol.
— *Heures de lecture d'un critique*. 1 vol.
— *Esquisses littéraires*. 1 vol.
— *Le maréchal Davout*, son caractère et son génie. — *La duchesse et le duc de Newcastle*. 1 vol.
<small>Voir Shakespeare.</small>

Mortemart-Boisse (Baron de) : *La vie élégante à Paris*; 2ᵉ édition. 1 vol.

Moüy (Comte de) : *Discours sur l'histoire de France*. 1 vol.

Nisard, de l'Académie française : *Etudes de mœurs et de critique sur les poètes latins de la décadence*; 5ᵉ édition. 2 vol.

Noblemaire (S.) : *En congé* (Egypte, Ceylan, Sud de l'Inde). 3ᵉ édit. 1 vol.
— *Aux Indes* (Madras, Nizam, Cashmire, Bengale). 2ᵉ édit. 1 vol.

Nourrisson (J.), de l'Institut : *Les Pères de l'Eglise latine*, leur vie, leurs écrits, leur temps. 2 vol.

Ossian : *Poèmes gaéliques*, traduits de l'anglais par P. Christian. 1 vol.

Paris (G.), de l'Institut : *La poésie du moyen âge*, leçons et lectures. 2 vol.
> 1re série : Les origines de la littérature française ; La chanson de Roland ; Le pèlerinage de Charlemagne ; L'ange et l'ermite ; L'art d'aimer ; Paulin Paris et la littérature au moyen âge. 3e édition. 1 vol.
> 2e série : La littérature française du XIIe siècle ; L'esprit normand en Angleterre ; Les contes orientaux dans la littérature française au moyen âge ; La légende du mari aux deux femmes ; La parabole des trois anneaux ; Siger de Brabant ; La littérature française au XIVe siècle ; La poésie française au XVe siècle. 1 vol.

— *Légendes du moyen-âge*. 1 vol.
> Roncevaux. — Le Paradis de la Reine Sibylle. — La Légende du Tannhäuser. — Le Juif Errant. — Le Lai de l'Oiselet.

Patin : *Études sur les tragiques grecs* ; 8e édition. Trois parties qui se vendent séparément :
> Études sur Eschyle. 1 vol.
> Études sur Sophocle. 1 vol.
> Études sur Euripide. 2 vol.

— *Études sur la poésie latine* ; 3e édition. 2 vol.

— *Discours et mélanges littéraires*. 1 vol.
> Voir *Lucrèce*.

Pellissier : *Le mouvement littéraire au XIXe siècle* ; 6e édition. 1 vol.
> Ouvrage couronné par l'Académie française.

Perthuis (Cte de) : *Le désert de Syrie, l'Euphrate et la Mésopotamie*. 1 vol.

Pichat (Laurent) : *Gaston*. 1 vol.

Picot (G.), de l'Institut : *La réforme judiciaire en France*. 1 vol.

— *Histoire des Etats généraux* ; 2e édition. 5 vol.
> Ouvrage qui a obtenu en 1874 le grand prix Gobert.

Plaute : *Les comédies*, traduction française par M. Sommer. 2 vol.

Plutarque : *Les vies des hommes illustres*, traduction française par M. Talbot. 4 vol.

— *Œuvres morales et œuvres diverses*, traduction française par M. Bétolaud. 5 vol.
> Ouvrage couronné par l'Académie française.

Pomairols (Ch. de) : *Lamartine. Étude de morale et d'esthétique*. 1 vol.
> Ouvrage couronné par l'Académie française.

Prévost-Paradol : *Études sur les moralistes français* ; 8e édition. 1 vol.

— *Essai sur l'histoire universelle* ; 5e édition. 2 vol.

Quinet (Edgar). *Œuvres complètes*. 30 vol.
> Génie des religions. 6e édition. 1 vol.
> Les Jésuites. — L'ultramontanisme. 11e édition. 1 vol.
> Le christianisme et la révolution française. 6e édition. 1 vol.
> Les révolutions d'Italie. 5e édition. 2 vol.
> Marnix de Sainte-Aldegonde. — Philosophie de l'histoire de France. 4e édition. 1 vol.
> Les Roumains. — Allemagne et Italie. 3e édition. 1 vol.
> Premiers travaux : Introduction à la philosophie de l'histoire. — Essai sur Herder. — Examen de la vie de Jésus. — Origine des dieux. — L'Eglise de Brou. 3e édition. 1 vol.
> La Grèce moderne. — Histoire de la poésie. 3e édition. 1 vol.
> Mes vacances en Espagne. 5e édit. 1 vol.
> Ahasvérus. — Tablettes du Juif errant. 5e édition. 1 vol.
> Prométhée. — Les esclaves. 4e édit. 1 v.
> Napoléon (poème). (Épuisé.) 1 vol.
> L'Enseignement du peuple. — Œuvres politiques avant l'exil. 8e édition. 1 vol.
> Histoire de mes idées (Autobiographie). 4e édition. 1 vol.
> Merlin l'Enchanteur. 2e édition. 2 vol.
> La révolution. 10e édition. 3 vol.
> Campagne de 1815. 7e édition. 1 vol.
> La Création. 3e édition. 2 vol.
> Le Livre de l'exilé. — La révolution religieuse au XIXe siècle. — Œuvres politiques pendant l'exil. 2e édit. 1 vol.
> Le siège de Paris. — Œuvres politiques après l'exil. 2e édition. 1 vol.
> La République. — Conditions de régénération de la France. 2e édition. 1 vol.
> L'esprit nouveau. 5e édition. 1 vol.
> Le génie grec. 1re édition. 1 vol.
> Correspondance. — Lettres à sa mère. 2 vol.
> Chaque ouvrage se vend séparément.

— *Extraits de ses œuvres*. 1 vol.

Ralston : *Contes populaires de la Russie*. 1 vol.

Reinach (Joseph) : *Études de littérature et d'histoire*. 1 vol.

Ricardou, docteur ès lettres, professeur au lycée Charlemagne : *La critique littéraire*, étude philos. 1 v.

Richter (J.-P.) : *Œuvres diverses*. Etude et traduction française par M. Emile Rousse. 1 vol.

Rigal (E.), prof. à la Faculté des lettres de Montpellier : *Le Théâtre français avant la période classique*. 1 vol.

Ritter (Eug.), doyen de la faculté des lettres de Genève : *La famille et la jeunesse de J.-J. Rousseau*. 1 vol.
> Ouvrage couronné par l'Académie française.

Rochard (Dr Jules) : *L'éducation de nos filles*. 1 vol.
— *Questions d'hygiène sociale*. 1 vol.

Rosebery (Lord) : *Napoléon; la dernière phase*. 4e édition. 1 vol.

Rousset (C.), de l'Académie française : *Histoire de la guerre de Crimée*; 2e édition. 2 vol.
> Atlas pour cet ouvrage, 1 vol. in-8, cartonné toile, 7 fr. 50

Saint-Simon (Duc de) : *Mémoires*, publiés par MM. Chéruel et Ad. Regnier fils et collationnés de nouveau pour cette édition sur le manuscrit autographe. 22 vol.
> Le tome XXI contient le Supplément, publié par M. de Boislisle, et le tome XXII, la Table alphabétique des Mémoires, rédigée par M. Paul Guérin.

— *Scènes et portraits*, choisis dans les Mémoires, par M. de Lanneau; 3e édition. 2 vol.

Sainte-Beuve : *Port-Royal*; 5e édition, revue et augmentée. 7 vol.

Saintine (X.) : *Picciola*; 53e édition. 1 vol.
— *Seul!* 6e édition. 1 vol.

Salmon : *Conférences sur les devoirs des hommes*; 2e édition. 2 vol.
> Ouvrage couronné par l'Académie française.

Schrœder (V.), professeur au lycée Carnot : *L'abbé Prévost, sa vie et ses romans*. 1 vol.

Sénèque le Philosophe : *Œuvres complètes*, traduction française par M. J. Baillard. 2 vol.

Shakespeare : *Œuvres complètes*, traduites de l'anglais par M. E. Montégut. 10 volumes, qui se vendent séparément.
> Ouvrage couronné par l'Académie française.
> Les tomes I, II et III comprennent les comédies; les tomes IV, V et VI, les tragédies; les tomes VII, VIII et IX, les drames; le tome X, *Cymbeline*, les poèmes, les petits poèmes et les sonnets.

Shakespeare : *Hamlet*, tragédie traduite en prose et en vers par M. Th. Reinach, avec le texte en regard. 1 vol.

Simon (Jules), de l'Académie française : *La liberté politique*; 5e édit. 1 vol.
— *La liberté civile*; 5e édition. 1 vol.
— *La liberté de conscience*; 6e édition. 1 vol.
— *Le devoir*; 15e édition. 1 vol.
> Ouvrage couronné par l'Académie française.
— *L'ouvrière*; 9e édition. 1 vol.

Simonin (L.) : *Les ports de la Grande-Bretagne*. 1 vol.

Sophocle : *Tragédies*, traduites en français par M. Bellaguet. 1 vol.

Souriau (P.), professeur à la Faculté des lettres de Nancy : *L'imagination de l'artiste*. 1 vol.

Spuller (E.) : *Au ministère de l'instruction publique. Discours, allocutions, circulaires*. 2 vol.
> 1re série (1887). 1 vol.
> 2e série (1893-1894). 1 vol.
— *Lamennais*. 1 vol.

Stapfer (P.), doyen honoraire de la Faculté des lettres de Bordeaux : *Molière et Shakespeare*; 4e édition. 1 vol.
> Ouvrage couronné par l'Académie française.
— *Des réputations littéraires. Essais de morale et d'histoire*, 1re série. 1 vol.
— *La famille et les amis de Montaigne. Causeries autour du sujet*. 1 vol.

Tacite : *Œuvres complètes*, traduites en français par J.-L. Burnouf. 1 vol.

Taine (H.), de l'Académie française : *Essai sur Tite-Live*; 6e édit. 1 v.
> Ouvrage couronné par l'Académie française.
— *Essais de critique et d'histoire*; 8e édition. 1 vol.
— *Nouveaux Essais de critique et d'histoire*; 7e édition. 1 vol.
— *Derniers Essais de critique et d'histoire*. 2e édition. 1 vol.
— *Histoire de la littérature anglaise*; 10e édition. 5 vol.
— *La Fontaine et ses fables*; 15e édition. 1 vol.
— *Les philosophes classiques du XIXe siècle en France*; 8e éd. 1 vol.

Taine (H.) (suite): *Voyage aux Pyrénées*; 15ᵉ édition. 1 vol.
— *Notes sur l'Angleterre*; 12ᵉ édition. 1 vol.
— *Notes sur Paris : vie et opinions de Frédéric-Thomas Graindorge*; 13ᵉ édition. 1 vol.
— *Carnets de voyage*, notes sur la province (1863-1865). 1 vol.
— *Un séjour en France de 1792 à 1795*, Lettres d'un témoin de la Révolution française. Traduit de l'anglais; 5ᵉ édition. 1 vol.
— *Voyage en Italie*; 10ᵉ édit. 2 vol., qui se vendent séparément :
  Tome I. *Naples et Rome*.
  Tome II. *Florence et Venise*.
— *De l'intelligence*; 9ᵉ édition. 2 vol.
— *Philosophie de l'art*; 10ᵉ édit. 2 vol.
— *Les Origines de la France contemporaine*; 24ᵉ édition. 11 vol. :
  L'ANCIEN RÉGIME. 2 vol.
  LA RÉVOLUTION. 6 vol. : *L'Anarchie*. 2 vol. — *La Conquête jacobine*. 2 vol. — *Le Gouvernement révolutionnaire*. 2 vol.
  LE RÉGIME MODERNE. 3 vol.
— *Table analytique*. 1 fr.
— *Sa vie, sa correspondance*. 1 vol.

Texte (Joseph), docteur ès lettres, professeur à la Faculté des lettres de Lyon : *Jean-Jacques Rousseau et les origines du cosmopolitisme littéraire. Etude sur les relations littéraires de la France et de l'Angleterre au XVIIIᵉ siècle*. 1 vol.
  Ouvrage couronné par l'Académie française.

Thamin (R.), recteur de l'Académie de Rennes : *Un problème moral dans l'antiquité*; étude de casuistique stoïcienne. 1 vol.
  Ouvrage couronné par l'Académie des sciences morales et politiques.

Thédenat (H.), de l'Oratoire : *Le forum romain et les forums impériaux*. 1 vol. avec 48 plans ou grav.

Théry : *Conseils aux mères sur les moyens de diriger et d'instruire leurs filles*. 2 vol.
  Ouvrage couronné par l'Académie française.

Thomas (Emile), professeur à la Faculté des lettres de Lille : *Rome et l'empire aux deux premiers siècles de notre ère*. 1 vol.

Thucydide : *Histoire de la guerre du Péloponèse*, traduction française par M. Bétant. 1 vol.

Tite-Live : *Histoire romaine*, traduction française par M. Gaucher, professeur au lycée Condorcet. 4 vol.

Tréverret (De), professeur à la Faculté des lettres de Bordeaux : *L'Italie au XVIᵉ siècle*, études littéraires, morales et politiques. 2 vol.
  1ʳᵉ série (Machiavel — Castiglione — Sannazar). 1 vol.
  2ᵉ série (L'Arioste — Guichardin). 1 vol.

Valbert : *Hommes et choses d'Allemagne*. 1 vol.
— *Hommes et choses du temps présent*. 1 vol.

Varigny (De) : *L'Océan Pacifique*. 1 vol.
— *Les grandes fortunes aux États-Unis et en Angleterre*. 1 vol.

Vignon (L.) : *L'exploitation de notre empire colonial*. 1 vol.

Ville-Hardouin : *Histoire de la conquête de Constantinople*. Texte rapproché du français moderne et mis à la portée de tous par M. Natalis de Wailly. 1 vol.

Virgile : *Œuvres complètes*, traduction française par M. Cabaret-Dupaty. 1 vol.

Wallon, de l'Institut : *Vie de N.-S. Jésus-Christ, selon la concordance des quatre évangélistes*; 3ᵉ édit. 1 vol.
— *La sainte Bible, résumée dans son histoire et dans ses enseignements (Ancien et Nouveau Testament)*; 2ᵉ édition. 2 vol.
— *La Terreur*, études critiques sur l'histoire de la Révolution française; 2ᵉ edition. 2 vol.
— *Jeanne d'Arc*; 7ᵉ édition. 2 vol.
  Ouvrage qui a obtenu de l'Académie française le grand prix Gobert.
— *Eloges académiques*. 2 vol.

Weil (H.), de l'Institut. *Études sur le drame antique*. 1 vol.
— *Étude sur l'antiquité grecque*. 1 v.

Worms (R.) : *La morale de Spinoza. Examen de ses principes et de l'influence qu'elle a exercée dans les temps modernes*. 1 vol.
  Ouvrage couronné par l'Institut.

Xénophon : *Œuvres complètes*, traduction française par M. Talbot; 5ᵉ édition. 2 vol.

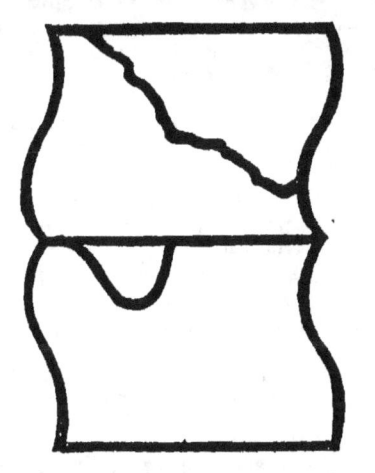

Texte détérioré — reliure défectueuse
NF Z 43-120-11

Librairie HACHETTE et C¹ᵉ, boulevard Saint-Germain, 79, à Paris.

BIBLIOTHÈQUE VARIÉE, FORMAT IN-16
À 3 FR. 50 LE VOLUME

PUBLICATIONS PHILOSOPHIQUES

BOUILLIER, de l'Institut : *La vraie conscience*. 1 vol.
— *Études familières de psychologie et de morale*. 1 vol.
— *Nouvelles Études familières de psychologie et de morale*. 1 vol.
— *Questions de morale pratique*. 1 vol.

CARO (E.), de l'Académie française : *Études morales sur le temps présent* ; 5ᵉ édition. 1 vol.
— *L'idée de Dieu et ses nouveaux critiques* ; 9ᵉ édition. 1 vol.
Ouvrage couronné par l'Académie française.
— *Le matérialisme et la science* ; 5ᵉ édition. 1 vol.
— *Problèmes de morale sociale* ; 2ᵉ édit. 1 vol.
— *Philosophie et philosophes*. 1 vol.

CARRAU (L.), ancien maître de conférences à la Faculté des lettres de Paris : *Étude sur la théorie de l'évolution*. 1 vol.

FOUILLÉE, membre de l'Institut : *L'idée moderne du droit en Allemagne, en Angleterre et en France* ; 4ᵉ édition. 1 vol.
— *La science sociale contemporaine* ; 3ᵉ édition. 1 vol.
— *La propriété sociale et la démocratie*. 2ᵉ édition. 1 vol.
— *La philosophie de Platon* ; 2ᵉ édition.
Tome I : Théorie des idées et de l'amour.
Tome II : Esthétique, morale et religion platoniciennes.
Tome III : Histoire du platonisme et de ses rapports avec le christianisme.
Tome IV : Essais de philosophie platonicienne.

FRANCK (Ad.), de l'Institut : *Essais de critique philosophique*. 1 vol.
— *Nouveaux Essais de critique philosophique*. 1 vol.

GARNIER (Ad.) : *Traité des facultés de l'âme* ; 4ᵉ édition. 3 vol.
Ouvrage couronné par l'Académie française.

GRÉARD (O.), de l'Académie française : *De la morale de Plutarque* ; 5ᵉ édition. 1 vol.
Ouvrage couronné par l'Académie française.

JOLY, professeur à la Faculté des lettres de Paris : *Psychologie des grands hommes*. 1 vol.
— *Psychologie comparée : l'homme et l'animal* ; 3ᵉ édition. 1 vol.
Ouvrage couronné par l'Académie des sciences morales et politiques.
— *Le socialisme chrétien*. 1 vol.

JOUFFROY (Th.) : *Cours de droit naturel* ; 5ᵉ édition. 2 vol.
— *Cours d'esthétique* ; 4ᵉ édition. 1 vol.
— *Mélanges philosophiques* ; 7ᵉ édit. 1 vol.
— *Nouveaux Mélanges philosophiques* ; 4ᵉ édition. 1 vol.

MARTHA (C.), de l'Institut : *Les moralistes sous l'empire romain* ; 7ᵉ édition. 1 vol.
Ouvrage couronné par l'Académie française.
— *Le poème de Lucrèce* ; 5ᵉ édition. 1 vol.
Ouvrage couronné par l'Académie française.
— *Études morales sur l'antiquité* ; 3ᵉ édit. 1 vol.
— *La délicatesse dans l'art* ; 3ᵉ édit. 1 vol.

PRÉVOST-PARADOL : *Études sur les moralistes français* ; 7ᵉ édition. 1 vol.

SIMON (Jules), de l'Académie française : *La liberté politique* ; 5ᵉ édition. 1 vol.
— *La liberté civile* ; 5ᵉ édition. 1 vol.
— *La liberté de conscience* ; 6ᵉ édition. 1 vol.
— *Le devoir* ; 16ᵉ édition. 1 vol.
Ouvrage couronné par l'Académie française.

TAINE : *Les philosophes classiques du XIXᵉ siècle en France* ; 8ᵉ édition. 1 vol.
— *De l'intelligence* ; 9ᵉ édition. 2 vol.
— *Philosophie de l'art* ; 9ᵉ édition. 2 vol.

THAMIN (R.), recteur de l'Académie de Rennes : *Un problème moral dans l'antiquité*. 1 vol.
Ouvrage couronné par l'Académie des sciences morales et politiques.

WORMS (R.) : *La morale de Spinoza*. 1 vol.
Ouvrage couronné par l'Académie des sciences morales et politiques.

www.ingramcontent.com/pod-product-compliance
Lightning Source LLC
Chambersburg PA
CBHW052119230426
43671CB00009B/1051